科创企业运营与上市法律实务

金茂法律丛书

上海市金茂律师事务所◎编著

法律出版社
LAW PRESS·CHINA
北京

图书在版编目（CIP）数据

科创企业运营与上市法律实务 / 上海市金茂律师事务所编著. -- 北京：法律出版社，2021
（金茂法律丛书）
ISBN 978－7－5197－6272－8

Ⅰ．①科… Ⅱ．①上… Ⅲ．①创业板市场－上市公司－公司法－研究－中国 Ⅳ．①D922.291.914

中国版本图书馆 CIP 数据核字（2021）第 254714 号

科创企业运营与上市法律实务 **KECHUANG QIYE YUNYING YU SHANGSHI FALÜ SHIWU**	上海市金茂律师事务所 编著	策划编辑 肖 越 魏艳丽 责任编辑 肖 越 魏艳丽 装帧设计 马 帅

出版发行 法律出版社
编辑统筹 法商出版分社
责任校对 王 丰 郭艳萍
责任印制 胡晓雅
经　　销 新华书店

开本 710 毫米×1000 毫米 1/16
印张 26.5　　**字数** 424 千
版本 2021 年 12 月第 1 版
印次 2021 年 12 月第 1 次印刷
印刷 永清县金鑫印刷有限公司

地址：北京市丰台区莲花池西里 7 号（100073）
网址：www.lawpress.com.cn
投稿邮箱：info@lawpress.com.cn
举报盗版邮箱：jbwq@lawpress.com.cn

销售电话：010－83938349
客服电话：010－83938350
咨询电话：010－63939796

书号：ISBN 978－7－5197－6272－8
定价：108.00 元

凡购买本社图书，如有印装错误，我社负责退换。电话：010－83938349

为金茂律师勤奋著书喝彩

早在十八年前的2003年9月，时任中华全国律师协会副会长、上海市律师协会会长朱洪超律师在给上海市金茂律师事务所成立15周年的贺词——《坚实的步履，辉煌的业绩》中称赞道："金茂所的坚实步履，表现在金茂所律师的勤于思考、勇于探索，出版发行的30多部著作，凝集着金茂律师的心血与经验，在境内外报刊上发表的200多篇论文，字里行间闪烁着拼搏奋斗、激流勇进。他们通过规范发展、诚信服务，不断拓展法律服务业务，注重内强素质、外树形象，阔步走向法律服务的国际舞台。"金茂所成立后的前15年，作为一个新设立的小所，出版律师著作30多部，发表论文200余篇，在律师业务专业研究中真可谓硕果累累。

前辈律师陈泽政、郝素洁、阮国英不仅是资深的大学教授，还是上海滩的名律师。在涉外经济、老年妇女儿童权益保护、国际经济法等领域声名远扬。陈泽政律师编写的《法律问答四百题》一书，获得全国政治理论读物二等奖。

朱妙春律师在金茂所从事知识产权业务的法律服务，是中国知名度极高的知识产权律师，其结合办案实例，编写了多部知识产权法律业务专著，总计字数达数百万，影响深远。在上海市律师协会开展的律师专著、论文评选活动中，金茂所的两位律师双双获得律师专著一等奖。该项殊荣成就了金茂所在律师界的一段佳话，足见金茂律师在业务研究和专著撰写等方面的深厚功底和不俗实力。

斗转星移，继往开来。金茂所已成立33年，已经走过了1/3个世纪的金茂，更加生气勃勃，活力四射！

金茂所进入了一个崭新的发展阶段。为顺应律师业务研究的发展态势，金茂所从律师个人创作，转入整合、汇集全所之力推动律师群体创作的崭新阶段。这一举措，已初见成效。

金茂法律丛书第一批共三部,包括由刘东、何永哲、徐春晖、金盈、谢洁瑾、段洁琦、黄书渊、林旭、施君、许智尧撰写的《外商投资法律实务》,万波、吴颖亮、严海平、马海容、韩春燕、任真、郭君等撰写的《科创企业运营与上市法律实务》,张莹琳撰写的《建设工程全流程实务指引》,均由法律出版社出版发行。该套金茂法律丛书,有的是金茂律师对传统法律服务业务的再阐释、再总结,对其赋予了全新的内容;有的是针对律师的全新业务,以敏锐的目光,作出的前沿研究成果;有的是对律师业务的新颖、热点领域进行全面梳理,提出的全新专业解决方案。

该套丛书的作者,大多数是70后、80后的中青年律师,而金茂所成立后的前15年出版的律师专著的作者,大多是30后、40后的律师前辈,足可见金茂所人才辈出、薪火相传。

1995年9月,我随上海律师代表团走进法国巴黎的某律师事务所,映入眼帘的是桌子上放着的一排出自该所律师之手的法律专著,让人眼睛为之一亮,肃然起敬。毋庸多言,一看便知这是一家由专业素养极高的律师组成的著名律所。

金茂所是一家由众多海派律师组成的沪上名所。海派文化哺育了一批批优秀的律师,而由律师撰写出版的一本本律师专著,又深化了金茂所文化的内涵,拓展了外延。一本本金茂律师专著构成了金茂成长发展史上一颗颗璀璨的珍珠。

让我们为金茂律师群体陆续不断的专业著作出版喝彩!

上海市金茂律师事务所创设律师、合伙人

吴伯庆

2021年6月

CONTENTS 目 录

专题一 公司设立与股权架构

专题二 知识产权与商业秘密

专题三 财务税务合规及筹划

专题四 网络安全与数据保护

专题五 反舞弊与刑事合规

专题六　劳动与人事

专题七　股权融资和债权融资

专题八　上市申请及审核

专题九 上市后再融资

专 题 一

公司设立与股权架构

科创型公司设立中的实务操作及建议

孙　蓉*　吴颖亮**

2019 年 7 月 22 日，上海证券交易所科创板首批 25 家公司正式上市交易，标志着中国资本市场又迈出了重要的一步。科创板上市的公司主要集中于成长性好的高新技术和战略性新兴产业，符合国家战略和经济结构调整方向。为适应高新技术企业的经营特征，科创板的发行上市条件规则相较于传统 A 股资本市场也有所创新，并逐年革新。

本文旨在抛砖引玉，结合笔者在诸多科创型公司投融资交易中提供的法律服务实践经验，从科创型公司成立出发，简要总结公司在初设阶段的登记注册事项、股权和公司治理的设置等过程中常见的部分实务问题，并提出相关对策及建议，以期能帮助各位创业者防范不必要的法律风险，为公司今后的顺利发展、满足上市合规的要求打下良好的基础。

一、公司类型

（一）有限责任公司

中小型的高新技术企业在成立之时，基本上都会选择有限责任公司的形式，并持续经营到发行上市前再改制为股份有限公司。

---

* 孙蓉，上海市金茂律师事务所合伙人，华东政法大学法学硕士，上海市律师协会医疗纠纷业务研究委员会委员，上海市医疗纠纷人民调解专家咨询委员会专家咨询库成员，环保志愿律师，上海黄浦国际商会理事会理事，百华协会（Bay Helix）会员。

** 吴颖亮，上海市金茂律师事务所合伙人，上海外国语大学法语学学士、华东政法大学法律硕士，主要执业领域包括公司法、民商法和国际私法。

事实上，有限责任公司是最常见的公司类型，又称为有限公司。根据《公司法》的相关规定，有限责任公司一般由50个以下的股东出资设立组成，每个股东以其认缴的出资额为限对公司承担有限责任，公司以其全部资产对外承担责任。

相较于股份有限公司而言，有限责任公司有以下特征：

(1)股东人数法定，必须是由50个以下的股东出资设立；

(2)股东一般只以其出资额为限对公司负责，承担有限责任；

(3)公司设立程序简便，有限责任公司的设立仅有发起设立这一形式(股份有限公司还存在募集设立的方式)，注册资本由发起人全额认缴；

(4)组织机构简单，股东人数较少或者规模较小的有限责任公司，可以只设1名执行董事，不设董事会，也可以仅设1名至2名监事，不设监事会。

据不完全统计，目前国内科创板上市的企业，在其改制为股份有限公司发行上市之前，基本上为有限责任公司(如表1-1所示)。

表1-1 科创板上市的企业改制情况

证券代码	上市企业	改制前名称/类型		上市日期	主营业务
688001	苏州华兴源创科技股份有限公司	苏州华兴源创电子科技有限公司	有限责任公司	2019年7月22日	工业自动测试设备与整线系统解决方案
688002	烟台睿创微纳技术股份有限公司	烟台睿创微纳技术有限公司	有限责任公司	2019年7月22日	专用集成电路、红外热像芯片及MEMS传感器设计与制造技术开发
688030	山石网科通信技术股份有限公司	山石网科通信技术有限公司	有限责任公司	2019年9月30日	云计算安全、边界安全、内网安全、数据安全、智能分析管理以及安全服务
688036	深圳传音控股股份有限公司	深圳传音控股有限公司	有限责任公司	2019年9月30日	智能终端产品和移动互联服务
688085	上海三友医疗器械股份有限公司	上海三友医疗器械有限公司	有限责任公司	2020年4月9日	医用骨科植入耗材的研发、生产与销售

续表

证券代码	上市企业	改制前名称/类型		上市日期	主营业务
688123	聚辰半导体股份有限公司	聚辰半导体(上海)有限公司	有限责任公司	2019年12月23日	高性能、高品质集成电路产品的研发设计和销售,提供应用解决方案和技术支持服务
688126	上海硅产业集团股份有限公司	上海硅产业投资有限公司	有限责任公司	2020年4月20日	半导体硅材料产业及其生态系统发展
688819	天能电池集团股份有限公司	天能电池集团有限公司	有限责任公司	2021年1月18日	电动车环保动力电池制造,新能源汽车锂电池、汽车起动启停电池、风能太阳能储能电池的研发、生产、销售,以及城市智能微电网建设、绿色智造产业园建设

(二)股份有限公司

股份有限公司,又称股份公司,是指公司全部资本分为等额股份,股东以其所认购的股份对公司承担责任,公司以其全部资产对公司债务承担责任的企业法人。

根据境内上市的相关规定(《首次公开发行股票并上市管理办法》第8条),发行人应当是依法设立且合法存续的股份有限公司。因此如上表所示,拟上市企业如为有限责任公司,须改制为股份有限公司。

企业改制设立股份公司需设立筹备小组,通常由董事长或董事会秘书牵头,汇集公司生产、技术、财务等方面的部门负责人,全权负责研究拟订改组方案、聘请改制有关中介机构(主要包括保荐机构、会计师事务所及律师事务所)、召集中介机构协调会、提供中介机构所要求的各种文件和资料。

企业改制设立股份公司具体的程序流程如图 1－1 所示：

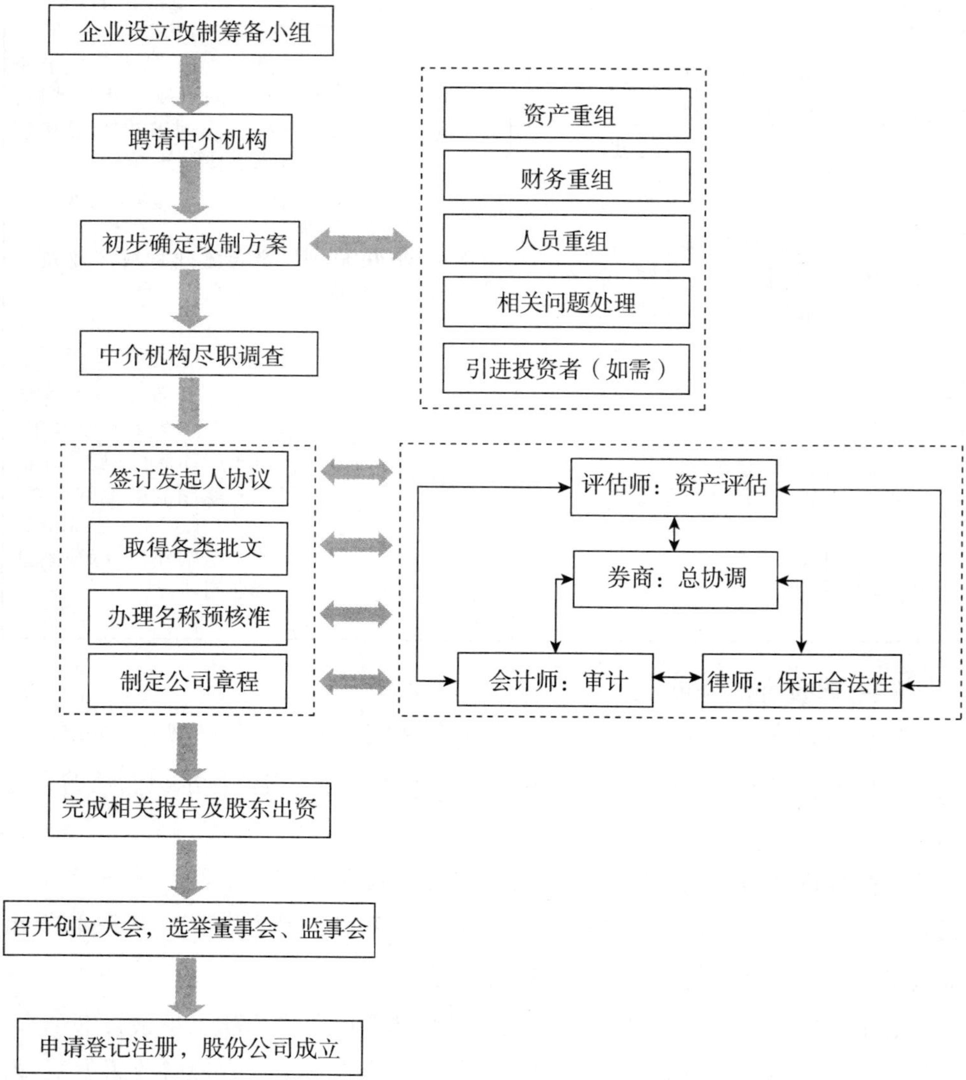

图 1－1　企业改制设立股份公司流程

（资料来源：上海证券交易所 http://www.sse.com.cn）

企业改制涉及多项工作，改制上市更是一项系统工程，因本文将主要针对公司在设立阶段碰到的部分实务问题进行探讨与建议，故上市改制工作本文将不再展开。

二、公司设立的常见问题

目前,随着我国立法的完善和进步,各级政府部门均重视建立良好的营商环境。市场监督管理部门作为公司登记机关,对于企业(包括外商投资企业)的登记/备案流程以及材料要求已基本规范统一,程序也趋于简要便民。但在实务操作中,当创业者们真正着手登记设立企业时,往往会面临不少的疑惑甚至困难。以下将从实践角度出发,从出资方式、注册资本金、注册地、公司股权结构、章程和股东协议等方面列举常见的实务操作问题,帮助创业者们充分了解企业登记设立的过程、条件以及相关实务注意点,并为企业后续合规稳定的经营夯实基础。

(一)出资方式

根据目前的相关法律规定,有限责任公司的股东可以用货币出资,也可以用实物、知识产权、土地使用权等可以用货币估价并可以依法转让的非货币财产出资,但不得以劳务、信用、自然人姓名、商誉、特许经营权或者设定担保的财产等作价出资。对作为出资的非货币财产应当评估作价,核实财产,不得高估或者低估作价。

1. 货币出资

货币出资是最简单常见的出资形式,不涉及财产价值的评估,只要股东按章程约定的金额和时间将货币交付给公司或汇入公司的设立账户,出资义务即为履行。

出资包括平价出资和溢价出资。平价出资是指股东以认缴的注册资本金额向公司承担出资义务。创始股东、员工持股平台一般为平价出资。溢价出资即股东以高于认缴注册资本金额的金额向公司承担出资义务,其出资金额除计入注册资本金外,高于部分计入资本公积。公司通过经营产生价值,公司估值可能高于其注册资本,因此投资者股东以高于公司注册资本金的金额认购公司新增注册资本。

【实务问题1】股东借款是否可以直接转为出资款?

在实务中,我们常被问及公司股东提供给公司的借款是否可以直接转化为等额的货币出资。我们一般建议在公司资金情况允许的情况下,较为简便的做法是通过资金流转的方式将借款转为投资款。

因为股东提供给公司的借款本质上是一种债权，若以此债权作为出资，应属于非货币财产出资。根据相关规定，必须经过评估作价、核实财产后才可认定为出资，所以不能直接通过调整会计科目将借款变为出资款。

当然，在实践中，还可以区分两种情况：

(1)创始股东在公司设立初期，未完成其作为股东的出资义务，但是根据公司的经营需要向公司提供借款；

(2)股东已完成出资，但向公司提供了额外的借款。

在第(1)种情况下，公司不需要办理增资的手续，而在第(2)种情况下的债转股，由于股东已完成出资，所以除评估、股东会决议批准等手续外，公司还须另行办理增资，才可将股东对公司享有的债权转为股权，并将相应金额转计入公司的实收资本。

实践中也有未通过评估作价的货币债权就直接转化为股东出资，并成功挂牌上市的情形，[①]但这种例外情况在拟上市审核中也是满足了相应的条件，才不构成挂牌的法律障碍。条件包括但不限于需证明该等债权系真实且具有准确的价值，不存在重大不确定性；发行人与"债转股"涉及的债权人不存在纠纷或潜在纠纷，未侵害公司及其他股东的权益；该"债转股"不属于重大违法违规，不存在受到行政处罚的风险等。

由于每个项目上"债转股"的情形都不尽相同，与此相关的上市审核政策和监管要求可能也会不时变化，因此在可行的情况下，我们仍建议"债转股"以资金流转的方式进行，即公司先归还股东借款，股东以实际到款再实缴出资额，在账面上形成资金往来，从而避免上市审核的潜在风险。

2. 知识产权出资

对于科创型企业，股东以知识产权出资是一种常见的出资方式。知识产权包括专利、著作权、专有技术等。对该等用于投资入股的知识产权，须同时具备两个基本条件：一是出资人拥有完全、合法、有效的相关知识产权权利，产权关系明晰；二是用于投资入股的知识产权具有一定的价值，可以依法转让。

一般情况下，如果出资人是登记的权利人，如专利权人、著作权人，经具有资

---

① 《广东鸿特精密技术股份有限公司首次公开发行股票并在创业板上市招股说明书》，2010 年 11 月 30 日。

质的评估机构出具正式评估报告，可以评估值作价出资。

【实务问题2】以知识产权出资后，该知识产权被确认无效，出资股东是否承担补足出资责任？

根据我国《专利法》的相关规定，专利分为发明专利、实用新型专利和外观设计专利三种形式，其中发明专利的保护期限为20年，实用新型专利的保护期限为10年，外观设计专利的保护期限为15年。专利权具有时效性，到期后并不能续展从而归于失效。

同样，对于其他的知识产权，如商标、著作权，也存在被确认无效的风险。在此情形下，以此知识产权出资的股东，是否还要履行补偿义务或进行补足出资？

按照目前最高人民法院的观点，出资人以知识产权出资的，知识产权的价值由出资时所作评估确定，出资人不对其后因市场变化或其他客观因素导致的贬值承担责任，除非当事人另有约定。[①]

因此我们建议，如以知识产权出资的，应充分切实履行出资程序，包括对出资的知识产权等非货币财产予以评估，公司出具相关的股东会决议认可评估结果及出资方式等，出资股东及时办理财产权的转移，依法对出资进行工商变更登记。

需要指出的是，最高人民法院《关于适用〈中华人民共和国公司法〉若干问题的规定（三）》规定，因市场变化或者其他客观因素导致出资财产贬值，出资人不承担补足出资责任。因此，如因主观因素导致贬值，或者出资人未办理财产转移手续，则出资人仍面临补足的责任。例如，专利权并非自然到期终止，而是由于出资人作为专利权人未依法缴纳专利年费或声明放弃专利权于期满前终止的，此专利使用权的存续期限会相应短于对于此专利权评估时的剩余期限，会导致专利的实际价值低于评估价，因而会构成公司股东出资不实的情形，根据相关规定，出资人应当对目标公司承担补足责任。

另外一个实务中的常见问题是非专利技术是否可以出资。一般而言，专利权的申请期限较长，申请人最终获得授权需要两到三年左右的时间，因此在实务中，股东往往提出希望以非专利技术（或专有技术、Know-how、技术秘密）作为出

---

① 参见青海威德生物技术有限公司与北京威德生物科技有限公司、殷某、张某公司增资纠纷案，最高人民法院（2019）最高法民终959号民事判决书。

资。从法律角度而言,目前并无法律规定禁止此类出资形式。以《公司法》而言,只要是“可估价、可依法转让”的技术,应当属于可出资的范畴。但此类出资形式在实践中的难点往往在于评估机构如何正确估算技术的价值,同时也要保持与公司登记部门的沟通,并结合个案予以具体分析。当然,不管是以专利技术出资还是以非专利技术出资,公司和技术出资方之间都应当签署相关的技术转让合同并详细载明用于出资的技术方案及评估对价。

(二)公司注册资本的金额及缴纳

公司的注册资本金额也是需要在设立之初考虑的问题。一般而言,注册资本金额应当与实际经营所需资金相匹配,不宜过低,但也不宜过高。

【实务问题3】如何设定合理的公司注册资本金额?

自2013年《公司法》修正后,公司注册资本实缴登记制改为了认缴登记制,并取消注册资本最低限额,意味着股东只要在公司章程规定的出资日期前缴足其认缴的注册资本即可。有些可能会将之片面地解读为,只要在公司章程中将出资日期规定为较长的年限,则可在此期间不出资,因此为对外提升公司的规模和实力设定较高的注册资本金。但这样的解读是存在误区的。

根据目前的法律规定和司法实践,在公司无财产可供执行或具备破产条件时,股东的出资义务将加速到期,如果公司当初的注册资本设置过高而不实缴,此时,股东将面临向公司补缴高额出资款的义务。根据最高人民法院《关于人民法院执行工作若干问题的规定(试行)》第80条的规定与《全国法院民商事审判工作会议纪要》的相关精神,公司在作为被执行人的案件中,在法院已经穷尽一切执行措施但均无财产可供执行时,但如果股东出资不实或存在抽逃出资的行为,法院可以裁定追加股东为被执行人,须在其未缴纳出资或抽逃出资的范围内,对债权人承担责任,不论此时股东的出资义务是否在公司章程规定的实缴期限内。此外,根据《企业破产法》第35条的规定,人民法院受理破产申请后,破产管理人应当要求该出资人缴纳所认缴的出资,而不受出资期限的限制,股东将被要求在公司破产时履行完毕出资义务,补足其未实缴完成的出资额。

从融资角度分析,科创型的公司前期需要大量的研发资金,因此往往需要借助外部资本的力量,引入各轮次的股权私募基金,天使种子轮、创投、VC(风险投资)/PE(私募股权)等。在公司融资过程中,投资人一般都会要求创始股东完成其实缴义务,以避免影响对公司的估值,并将实缴完成作为投前交割条件或投后承诺的义务。

过高的注册资本还可能阻碍后续融资。假设某公司初始注册资本设置为5000万元,则公司第一轮融资的投前估值必须不低于5000万元才能完成投资,否则将面临投资人以每股(每元注册资本)低于1元的价格认购公司新增注册资本或购买创始人的股权,这将是无法实现的。在此情形下,公司将不得不进行减资,而减资涉及通知债权人、登报公告等流程,需数月方可完成,这将极大地影响融资的进程。

因此,对于公司初始注册资本,应根据公司的业务及资金需求等具体实际情况,慎重衡量后设定恰当的且在各股东尤其是创始股东可合理承受风险范围内的金额。如为轻资产公司,可考虑提前做好2~3年的财务预算,注册资本应至少能覆盖1年的财务预算开支。

(三)公司地址

公司选址也是企业建立、投入实际运用前的重要步骤。选址的决定往往会影响企业的运营成本、税收优惠政策、销售渠道、资源利用以及企业的持续发展等多个方面。选址需要综合考虑多方面因素,包括成本、交通、资源支持等。另外,关键考虑因素往往还包括地方政策的支持力度,如产业发展政策,人才引进,土地和租金优惠,税收优惠,财政对高新技术、自主研发技术、技术改造等专项资金支持等。因此实务中,很多企业往往会选择地方政策扶持力度较大的园区作为注册登记地,而如果园区较为偏远,则企业将另觅交通位置和办公环境较佳、更利于研发活动开展的办公场所作为实际经营地。这虽然符合企业的经营需求,但也存在一定的法律风险。

【实务问题4】公司注册地和实际经营地不一致的法律风险有哪些?

《公司法》第10条规定:"公司以其主要办事机构所在地为住所。"所谓主要办事机构所在地,是指决定和处理公司事务的机构所在地,应当以公司的登记为准。

公司住所的法律意义在于:可以据此确定诉讼管辖地,确定法律文书或其他函件受送达的地点,确定登记、税收等其他管理机关,确定债务履行地。此外,在涉外民事法律关系中,公司的住所地也是确认适用何种法律及确定准据法的依据之一。

公司的注册地和实际经营地如果不一致,则面临如下法律风险:

(1)行政处罚风险

经市场监督管理部门查处,根据情节严重程度,公司可能面临警告、限期办理变更登记、罚款、责令停业整顿、扣缴营业执照甚至吊销营业执照等行政处罚。

目前较常见的处罚，则是将公司列入企业异常名录。如果公司注册地址与实际经营地址不一致，相关部门无法联系到公司的，公司可能被市场监督行政管理部门列入企业异常名录，并通过企业信用信息公示系统向社会公开。一般而言，行政管理部门会通过邮寄专用信函的方式与企业联系，经向企业登记的地址两次邮寄无人签收的，视为无法取得联系。因此，公司被纳入企业异常名录，首先对公司的形象造成一定负面影响；其次如果是承接政府部门项目的公司，还有可能被限制或禁入。

(2)诉讼时住所地的确认

如果企业涉诉，住所地法院一般具有管辖权，法律文书可将住所地地址作为送达地。如果公司在其登记地并无可联系人员，将导致无法收到法院文书而失去应诉的机会，由法庭缺席审判，面临败诉的风险。另外，如果公司在诉讼中以实际经营地址与登记地址不一致提出管辖权异议，也存在不被支持的风险。

因此我们建议，如果公司在住所地外的场所从事经营活动，应当依法向该场所所在地公司登记机关申请办理设立分公司登记。另外，注册地至少应有文书信函的收发联络人，避免重要的法律文书延误或遗失，最后承担法律责任。

(四)公司股权结构

设立公司时，需要慎重考虑的首要问题，便是公司的股权结构设置。稳定合理的股权结构是一个公司治理机制的灵魂和基础，而不良的股权结构极易导致公司及股东发生重大法律纠纷，公司陷入僵局而无法正常开展经营，实务中此类的纠纷并不罕见。

从实践情况看，一方面，科创型企业聚集了高层次科研人才，需要为吸引和稳定核心人员而设置相应的激励机制；另一方面，由于企业研发投入高，对资金的需求往往需要通过引入外部投资者，因此实际控制人的股权将因分配给核心员工、联合创始团队以及后续各轮次的融资而不断被稀释。实际控制人面临控制股权被稀释的压力相对更高。因此，对科创型企业，在设立之初即设置一个合理的股权结构尤为重要。

根据我们既往的经验总结，企业股权结构中，创始人(实际控制人)、联合创始团队、重要核心员工、外部投资人是四个重要维度，承载着企业的愿景、资源、人力贡献和资金，因此可从这四个维度来考虑股权结构。

在初创阶段,公司的股东主要是创始人及联合创始团队成员,创始人需将股权尽量控制在67%或更多,以免后续股权因投资人的引进而被过快稀释。联合创始团队成员分别为公司初创期提供技术、资金、资源等,协助创始人使公司起步运转,为创始人的左膀右臂,同时也与创始人共同成为公司初创阶段的股东。为避免股权分散、股东数量繁多造成公司决策不便,若联合创始团队成员较多,建议通过设立公司或合伙企业,以企业主体持有公司股权。

此外,科创板上市的公司都是拥有关键核心技术的科创企业。随着企业的发展,拟科创板上市公司需要进一步网罗优秀人才,如果向其授予公司股份权益,将实现自身利益与公司利益的一体化,从而激发技术创新的积极性。因此员工持股计划是许多科创型公司的实际需求和现实选择。

根据荣正咨询于2021年5月28日正式发布的《中国企业家价值报告(2021)》(以下简称《报告》)显示,对比A股其他板块,科创板开板一年多,股权激励广度就已超过深市主板过去15年的激励广度,并接近沪市主板的股权激励广度。对于同一时间上市的企业,科创板公司股权激励覆盖率远高于A股其他板块。2019年7月22日至2020年12月31日,在科创板215家上市公司中,共有67家上市公司公告了70期股权激励计划,其中乐鑫科技、晶丰明源、航天宏图各公告了2期股权激励计划。《报告》显示,以同一时间赛道比较来看,2019年7月22日科创板开板后上市的各板块企业推出的股权激励计划中,沪市主板9家,覆盖率为7.89%;科创板67家,覆盖率为31.16%;中小企业板4家,覆盖率为5.71%;创业板15家,覆盖率为11.36%。①

【实务问题5】公司何时实施员工股权激励计划?

公司尤其是公司的创始人,须在对员工的股权激励力度和公司控制权的保护之间达成平衡。因此需要考虑何时实施员工股权激励计划以及预留多少股权比例。

实践中,初创企业持股平台常见的股比一般在10%~15%,并可通过如下两种方式预留员工激励股权:

(1)设立之初即预留激励股权并由创始人代持,当员工持股平台搭建好后,

---

① 《11份计划落地背后:科创板上市公司股权激励成必需品》,载《经济观察报》2021年5月29日,https://baijiahao.baidu.com/s?id=1701058047918053018&wfr=spider&for=pc。

由大股东向持股平台转让股权;(2)员工持股平台搭建好以后,以增资即认购公司新增注册资本的方式成为公司股东。

事实上,VC/PE 基金等外部投资者在投资前,都会要求创始人对员工激励股权做好安排,以吸引更多优秀的人才加入,也有利于保持高管和核心员工团队的稳定性。

员工持股平台可采用有限责任公司或有限合伙企业的形式。实务中采用后者的形式居多,其原因主要在于以下几点:

(1)有利于创始人对公司控制。有限合伙企业中,创始人通过担任普通合伙人(GP)及执行事务合伙人,可对持股平台所持有的全部公司股权行使表决权,而与其在有限合伙企业中的财产份额无关。有限公司通常是按照持股比例来行使表决权,但持股平台的股权将大部分授予员工,创始人很难占有较高股比。

(2)从税务角度而言,如果员工持股平台采用有限责任公司的形式,员工转让激励股权时的所得须缴纳两次税,即持股平台出让公司股份时对溢价部分缴纳所得税,再向员工分红时,员工再缴纳个人所得税,即所谓"先税后分"。有限合伙是"先分后税",有限合伙企业持股平台如果转让所持有的公司股份,有限合伙企业不需缴纳所得税,直接在合伙人层面纳税。

(3)从变更手续便利性方面,合伙人的入伙和退伙手续比《公司法》里规定的股东变更更为灵活。

当然,员工股权激励还可采用别的形式,如限制性股票、虚拟股票、股票增值权等。此外,员工股权激励还涉及如何制定实施、税务、改制上市时的安排等。本文因篇幅所限,在此不再展开详细阐述。

(五)公司章程

1. 公司章程的含义及作用

在确认公司股权结构后,还应有配套的执行机制,包括股东会和董事会的议事规则、表决机制等,这些都可以在公司的章程中得以体现。

公司章程可以称为是公司内部的"宪法",它是由设立公司的股东制定,调整公司与股东之间、股东与股东之间的法律关系的主要规范之一,并对公司、股东、董事、监事、高级管理人员具有约束力,体现公司内部组织关系和经营行为的自治规则。

与公司章程相比,《公司法》确立的是对公司普遍适用的一般规则,而对于各个公司的自身实际需求，则可通过章程条款，在公司法所确立规则的基础上加以细化、补充，甚至排除和替代。

2. 章程的记载事项

向登记机关提交的章程中记载的事项，可以分为绝对必要记载事项和任意记载事项。

绝对必要记载事项见于《公司法》第 25 条，包括：(1) 公司名称和住所；(2)公司经营范围；(3)公司注册资本；(4)股东的姓名或者名称；(5)股东的出资方式、出资额和出资时间；(6)公司的机构及其产生办法、职权、议事规则；(7)公司法定代表人。

任意记载事项，即章程如未记载该等事项，并不影响章程效力，其本意在于贯彻公司自治原则，对公司治理仍是不可或缺的，如股东会和董事会的召集和表决程序、股东股权转让的程序、股东间分配红利的方式等。

3. 公司章程与股东协议

当公司开始引入 VC/PE 基金等外部投资者后，会有一系列的交易文件的谈判、签署。其中"股东协议"即其中最重要的交易文件之一。与章程作用不同的是，与投资方签署的股东协议(Shareholders Agreement, SHA)侧重于对于股东权利的约定，而投资方通过该协议达到保护投资人利益的目的。

VC/PE 投资后，投资人一般成为标的公司的少数股东，且并不实际参与公司的经营管理。控股权仍在创始人及其联合创始团队处，且实际负责和控制公司的经营管理。作为少数股东，投资人在公司法下所能得到的保护有限，因而需要通过合同约定来获得进一步保障。

SHA 主要约定的事项包括：董事任命权、特定重大事项的否决权、知情权、对新股的优先认购权(Preemptive Right)、对创始人老股的转让限制(Lock-up)、对老股的优先受让权(Right of First Refusal)、优先清算权(Liquidation Preference)、回购权(Redemption Right)、共同出售权(Co-sale)、强制出售权(又称领售权、拖售权，Drag-Along)、创始人全职和不竞争义务等。投资人通过上述一系列的机制安排，获得能够对被投公司的决策过程、股权变动、经营管理事务和投资退出等方面施加一定程度的影响的权力，从而保护了其自身的权益。

除上述与 VC/PE 基金等外部投资者签署的股东协议外，外商投资企业依据原"三资法"[①]而签署的合资经营合同(Joint-Venture Contract),有时也称为股东协议;或各方合作投资设立公司时,在发起阶段为明确各方投资的权利义务,也会签署投资协议、股东合作协议等类似文件。这些文件约定的也都是公司的股东之间的权利义务关系。

【实务问题6】公司章程与股东协议如有冲突,如何处理?

在实务中,各股东(创始人、投资方等)和公司之间,往往同时签署SHA和公司章程,但公司章程将依法提交市场监督管理部门进行登记,而股东协议并不要求提交备案或审批。[②] 如上述分析,股东协议和公司章程之间,都可对股东之间各自的权利义务予以约定,那么当股东协议与公司章程冲突时,二者将以何为准?司法实践中,因此而导致的商事纠纷也不在少数。

首先,应从两者的约束对象来加以区分。股东协议是股东(创始人、投资人等)之间达成的调整股东内部权利义务关系的文件,主要受合同方面法律法规的调整。根据合同相对性原理,股东协议仅在股东之间内部有效,效力并不涉及第三人。公司章程作为对公司重要和基本问题作出明确规定的公众法律文件,对公司股东以外的债权人以及其他社会公众而言,是其赖以了解公司的基本依据,但对股东来说,公司章程也可视为股东之间的一种契约。

因此,当股东协议与公司章程在实践中发生条款冲突时,首先应区分是针对股东内部的事项(对内情形),还是股东与合理信赖公司章程的第三人之间的事项(对外情形)。

(1)对内情形

如上所述,公司章程和股东协议通常情况下是一种并行的关系,对内调整的事项有重合。当两者在约定上产生冲突时,在司法实践中,通常通过探究股东真实意思表示来判定适用效力问题。

但为避免不必要的争议,我们在为客户提供投融资项目的法律服务过程中,在可行的情况下,一般会建议将投资人在SHA中的特别权利体现在公司章程里。当然,实务中,在将此类公司章程提交市场监督管理部门备案时,存在是否

---

① "三资法"包括《中外合资经营企业法》《中外合作经营企业法》《外资企业法》,2019年3月15日,《外商投资法》通过,"三资法"被《外商投资法》取代。

② 在"三资法"时代,外商投资企业的合资经营合同和公司章程都应交商务部门审查批准。《外商投资法》实施后,合资经营合同不再必须提交登记部门批准或备案。

可以通过审核的不确定性。因此，当审阅、起草交易文件时，股东协议中一般都会明确约定类似表述："如果本协议的规定与公司章程及其修正案、增资协议或各附件的规定有任何抵触，则以本协议的规定为准。各方在此同意，如果发现本协议与公司章程及其修正案抵触或不一致，尽可能立即采取所有必需的或有建设性的行动来修改公司章程及其修正案，以消除此种冲突或不一致"。

（2）对外适用

对外而言，公司章程载明了公司组织和活动的基本准则，是公司的宪章和自治规范，是公司对外进行经营交往以及债权人等第三人了解公司的基本依据。这也符合商事外观主义和第三人信赖利益的原则。在处理股东出资等带有"对外"性质事项时，将优先考虑适用公司章程相关规定。在公司章程规定不明或是无相关规定时，股东协议相关约定可以作为补充适用。

4. 从"三资法"到《外商投资法》

2020 年 1 月 1 日，《外商投资法》正式实施，确立了新时代我国利用外资的基本制度框架，成为国家管理外资的基本法律之一。

《外商投资法》全面取代了原有的"三资法"。《外商投资法》实施之日，"三资法"即宣告同时废止，在此之后新设的外商投资企业，其组织形式、组织机构及其活动准则，均统一适用《公司法》《合伙企业法》《外商投资法》等法律的规定。

对于已经设立的外商投资企业，《外商投资法》第 42 条规定了 5 年的过渡期，在 5 年过渡期内，已经设立的外商投资企业可以继续保留原企业组织形式等。因此，现有的外商投资企业需要在这 5 年过渡期内完成转型，将原先根据"三资法"设置的组织架构按照《公司法》的规定予以调整。

【实务问题 7】现有外商投资企业如何在五年过渡期内完成转型调整?

在"三资法"时代，中外合资企业在公司治理方面最大的特色之一就是董事会为最高权力机构。在《外商投资法》出台后，该等治理机构将成为历史，外商投资企业的最高权力机构将统一适用《公司法》，即为股东会，股东会和董事会的权限将依据《公司法》规定进行分工。

因此，现有的外商投资企业，如采用董事会为最高权力机构的，需要在 5 年过渡期内，修订合资经营合同和公司章程，新设股东会，并调整董事会议事规则。具体调整内容包括以下几点：

(1)将公司最高权力机构从董事会变更为股东会;

(2)增加股东会职权、表决方式等相关条款,股东会的职权至少应涵盖《公司法》所规定的内容(《公司法》第 37 条);

(3)调整董事会职权、产生方式、表决方式和法定人数等相关条款。

由于企业目前董事会一般执行按人数决,而股东会将按股权比例行使表决权,因此现有外商投资企业在就股东会、董事会进行调整时,调整后的席位组成和表决机制未必能完全一致地反映之前的安排,各股东之间须就此重新进行谈判和利益博弈。

三、结语

公司新设过程中,事项往往千头万绪,但始终是以公司的发展为中心。为创业者、投资者们保驾护航,维护商业效率和风险的平衡,是商事律师们永恒的使命。期待在律师团队的协作下,企业能更好地在法律框架内推进各项工作,从而实现企业合规经营、健康有序发展的长远目标。

公司控制权设计及实务策略

刘佳颖*

从“宝能”和“万科”的“宝万之争”到“真功夫”的家族成员之间长达10年的控制权争斗，越来越多的控制权争夺案例，让企业创始人意识到公司控制权和股权结构设计的重要性。尤其创始人和投资人之间的控制权纠葛，不但会影响企业的发展走向和发展速度，甚至会直接影响企业的存亡。本文主要从创业阶段有限责任公司控制权的设置和注意事项展开，兼顾部分涉及股份有限公司控制权的设计。

公司的控制权虽然和股权有关，但在现代的企业治理中，控制权已远不是《公司法》规定的拥有67%的股权就拥有绝对控制权、拥有51%的股权就拥有相对控制权这么简单。在引入投资人、设立员工股权激励的过程中，创始人需要让出或稀释股权，而这往往会导致创始人持有的股权比例低于67%。此时，创始人依然希望能掌握公司的控制权，使企业的发展能按照创始人的思路和方针稳定发展，这就需要通过专业的公司控制权设计得以实现。

一、常见的公司股权红线与控制权解析

公司和合伙制企业是目前最常见的两种经营主体。根据《公司法》的相关规定，公司包括在中国境内设立的有限责任公司和股份有限公司。有限责任公司的股东以其认缴的出资额为限对公司承担责任；股份有限公司的股东以其认购的股份为限对公司承担责任。

---

* 刘佳颖，上海市金茂律师事务所律师，华东政法大学法学硕士，英国布里斯托大学法学硕士。

常见的公司以有限责任公司为主,而所有科创板上市的公司都必须先改制成为股份有限公司才能在科创板上市。

根据《公司法》第 42 条的规定,有限责任公司的股东会会议由股东按照出资比例行使表决权;但是,公司章程另有规定的除外。法条中的“公司章程另有规定的除外”意味着有限责任公司的公司章程中可以设置不按股权出资比例行使表决权,也就是说可以设置同股不同权。

与有限责任公司不同,关于股份有限公司的表决权,《公司法》第 103 条规定,股东出席股东大会会议,所持每一股份有一表决权。但是,公司持有的本公司股份没有表决权。同时,《公司法》第 126 条又规定,股份的发行,实行公平、公正的原则,同种类的每一股份应当具有同等权利。

在《公司法》《证券法》《上市公司收购管理办法》等法律法规和相关规定中,对某些事项划定了股权比例红线,但如果只简单地按照前述法规中规定的股权红线进行设计不一定能绝对地掌握公司控制权。下文将会对这些股权比例红线进行具体解析。

(一)67%股权的绝对控制线

在普遍认知上,持有一家公司 67%的股权即拥有了这家公司的绝对控制权,因为《公司法》第 43 条规定:“股东会的议事方式和表决程序,除本法有规定的外,由公司章程规定。股东会会议作出修改公司章程、增加或者减少注册资本的决议,以及公司合并、分立、解散或者变更公司形式的决议,必须经代表三分之二以上表决权的股东通过”。在实践过程中,很多股东会忽略法条中所提到的“除本法有规定的外,由公司章程规定”。

在 2015 年东莞市新雅乐房地产开发有限公司的与公司有关的纠纷①中,二审法院确认,《公司法》第 43 条规定对公司重大事项作了强制性限制,必须经代表 2/3 以上的表决权股东通过,该法律只是作了下限的要求,并未对上限作出强制性规定,公司章程制定的规定不能低于上述法律规定,但可高于上述法律规定,股东可以通过制定高于《公司法》规定的表决权比例从而达到适当限制大股东或控股股东滥用股东权利的目的。也就是说,公司章程对重大事项的表决规定只要在 2/3 以上 100%以下均为符合法律规定。

---

① 参见东莞市中级人民法院民事判决书,(2015)东中法民二终字第 1746 号。

在杨某与中审会计师事务所有限公司股东会决议撤销纠纷案①中，中审会计师事务所有限公司与其他七家会计师事务所合并，合并后的公司章程规定："对以下事项需经全体股东表决通过：（一）公司合并、分立、变更形式；（二）公司解散；（三）修改章程；（四）股东退出或加入；（五）应当由董事会提请股东大会作出决议的其他重要事项……事务所设董事会，成员为八人，由股东会选举产生"。

2008 年 1 月，在一位股东缺席，一位股东反对的情况下，合计 75% 表决权的股东同意通过了以下决议：（1）同意杨某退出董事会、辞去董事职务；（2）免去杨某公司董事长、总经理职务。其后，杨某诉至法院请求撤销以上股东会决议。

杨某称：（1）根据公司章程第 25 条之规定对于公司合并、分离、解散、变更形式、修改章程、股东退出或加入及应当由董事会提请股东大会作出决议的其他重大事项需经全体股东表决通过方可通过，但本次股东会却违背上述规定，在一名股东缺席，且原告明示反对的情况下，将该章程条款修改为经代表 2/3 以上表决权的股东通过即可生效，并表决通过。（2）选举公司董事、董事长、变更法定代表人属于应由董事会提请股东大会作出决议的重大事项，根据公司章程第 25 条之规定，应由全体股东表决方可通过，原告认为董事、董事长是由全体股东选举产生的，故其变更、罢免亦应取得全体股东一致同意。

其余六位股东则认为，股东会决议内容也没有违反公司章程和法律规定。公司法明确规定公司重大事项需要经过公司有表决权的 2/3 以上股东表决通过，并不是要求一致通过，公司章程第 28 条对表决的方式也有了更明确的规定。全体选举表决通过显然不能理解为一致同意通过，否则将可能导致因一人反对，股东会决议无法通过，这不符合逻辑，也不符合公司法立法的本意。

最终，法院判决认为，从文义上看，"需经全体股东表决通过"与"需经代表三分之二以上表决权的股东通过"的意思明显不一致；从逻辑结构上看，公司章程第 24 条明确股东大会作出决议必须经出席会议的股东所持出资额半数以上通过，其后第 25 条规定特殊情形下"需经全体股东表决通过"，上下文之间已经使"全体"之意十分明确；从公司法的角度看，公司章程第 25 条规定事项均为公司重大事项，公司法规定必须经代表 2/3 以上表决权的股东通过，系对该类事项赞成票的最低限制，公司章程规定高于这一规定的，属当事人意思自治的范畴，应

---

① 参见北京市海淀区人民法院民事判决书，（2008）海民初字第 10313 号。

当具有法律效力。因此,公司章程第 25 条的规定,表明了修改该章程应当由全体股东一致同意。

从上述案例中可以看出,《公司法》对股东会的议事方式和表决程序只规定了表决权的下限,公司章程关于表决权行使方式的规定可以高于《公司法》所规定的下限标准,只要不违反《公司法》的强制规范均可归于公司的自治权范畴。公司章程规定类似"股东会会议应对所议事项作出决议,决议应由全体股东表决通过"条款,虽然可能导致决策机制失灵继而使公司管理陷入僵局,但因旨在防止公司利用资本多数决,修改公司章程侵害小股东利益的情形的出现,仍属于公司的自治权限,为保障公司自治权利的充分实现,司法不能过多地介入干预。这表明了在公司章程另有规定的情况下,持股 67% 不一定就掌握了对公司的绝对控制权。

(二)51% 股权的相对控制权

在实践中,不少企业家和创业者仍会认为只要自己持有了 51% 的股权,就能对公司有相对控制权,但是这一认知并不完全准确。

如果公司章程没有特别约定,单纯对《公司法》来说,持有过半数的股权的股东可以对非重大事项,如聘请会计师事务所、聘请或解聘总经理等形成控制。与 67% 的所谓绝对控制权相同,如果公司章程对决议通过的表决权比例有其他规定的,应从公司章程的规定。

在北京西山国家森林公园有限责任公司(以下简称西山森林公司)、北京新中实经济发展有限责任公司(以下简称新中实公司)与北京市西山试验林场公司(以下简称西山试验林场公司)解散纠纷案[①]中,虽然新中实公司持有西山森林公司 70% 的股权,西山试验林场公司仅持有 30%,但由于西山森林公司的公司章程中约定:股东会议应对所议事项作出决议,决议应由代表 4/5 以上表决权的股东表决通过,但股东会对公司增加或者减少注册资金、分立、合并、解散或者变更公司形式、修改公司章程所作出决议,应由全体股东表决通过。在新中实公司持股 70% 和西山试验林场公司持股 30% 的情况下,前述公司章程实际上是要求了全体一致决,新中实公司的持股虽然超过了 51%,但是由于公司章程的规定,其对西山森林公司既无绝对控制权,也无相对控制权。

① 参见北京市第一中级人民法院民事判决书,(2009)一中民终字第 4745 号。

（三）34%股权的一票否决权

与67%的绝对控制权相对，当持股比例达到34%的股东一致投反对票时，余下66%的股权即无法实现对公司重大事项的控制。当股东最大持股比例为34%至51%，且公司章程无其他特别规定时，大股东可争取和其他方向一致的小股东签订《一致行动人协议》，在协议中明确约定相关的权利和义务，以实现对公司的控制。

（四）30%股权的要约收购线

《证券法》第65条第1款规定："通过证券交易所的证券交易，投资者持有或者通过协议、其他安排与他人共同持有一个上市公司已发行的有表决权股份达到百分之三十时，继续进行收购的，应当依法向该上市公司所有股东发出收购上市公司全部或者部分股份的要约。"

《证券法》第73条第1款规定："采取协议收购方式的，收购人收购或者通过协议、其他安排与他人共同收购一个上市公司已发行的有表决权股份达到百分之三十时，继续进行收购的，应当依法向该上市公司所有股东发出收购上市公司全部或者部分股份的要约。但是，按照国务院证券监督管理机构免除发出要约的除外。"

因此，在持有上市公司30%的有表决权股份后仍继续收购的，收购人需要继续向被收购公司的所有股东发出收购要约，程序复杂，且会造成较高的收购成本。

（五）20%股权的上市公司控制警示线

《上市公司收购管理办法》第17条规定："投资者及其一致行动人拥有权益的股份达到或者超过一个上市公司已发行股份的20%但未超过30%的，应当编制详式权益变动报告书，除须披露前条规定的信息外，还应当披露以下内容：

（一）投资者及其一致行动人的控股股东、实际控制人及其股权控制关系结构图；

（二）取得相关股份的价格、所需资金额、资金来源，或者其他支付安排；

（三）投资者、一致行动人及其控股股东、实际控制人所从事的业务与上市公司的业务是否存在同业竞争或者潜在的同业竞争，是否存在持续关联交易；存在同业竞争或者持续关联交易的，是否已做出相应的安排，确保投资者、一致行动人及其关联方与上市公司之间避免同业竞争以及保持上市公司的独立性；

（四）未来 12 个月内对上市公司资产、业务、人员、组织结构、公司章程等进行调整的后续计划；

（五）前 24 个月内投资者及其一致行动人与上市公司之间的重大交易；

（六）不存在本办法第六条规定的情形；

（七）能够按照本办法第五十条的规定提供相关文件。

前述投资者及其一致行动人为上市公司第一大股东或者实际控制人的，还应当聘请财务顾问对上述权益变动报告书所披露的内容出具核查意见，但国有股行政划转或者变更、股份转让在同一实际控制人控制的不同主体之间进行、因继承取得股份的除外。投资者及其一致行动人承诺至少 3 年放弃行使相关股份表决权的，可免于聘请财务顾问和提供前款第（七）项规定的文件。”

上述条款可以看出当上市公司的股东持股达到 20% 及以上时，为保护其他投资者的利益，将会被要求披露更多、更详细的信息。

（六）10% 股权的召集临时股东会议权、申请解散公司权

1. 召集临时股东会议权

对于有限责任公司来说，根据《公司法》第 39 条的规定，定期会议应当依照公司章程的规定按时召开。代表 1/10 以上表决权的股东，1/3 以上的董事，监事会或者不设监事会的公司的监事提议召开临时会议的，应当召开临时会议。对于股份有限公司来说，根据《公司法》第 100 条的规定，股东大会应当每年召开一次年会。有下列情形之一的，应当在两个月内召开临时股东大会：（1）董事人数不足《公司法》规定人数或者公司章程所定人数的 2/3 时；（2）公司未弥补的亏损达实收股本总额 1/3 时；（3）单独或者合计持有公司 10% 以上股份的股东请求时；（4）董事会认为必要时；（5）监事会提议召开时；（6）公司章程规定的其他情形。

以上法条可以看出，持有 10% 表决权的股东有权提议召开临时股东会议或临时股东大会，但会议召开后是否能通过决议，则仍应按照公司股东表决权的规则进行。

2. 申请解散公司权

《公司法》第 182 条规定：“公司经营管理发生严重困难，继续存续会使股东利益受到重大损失，通过其他途径不能解决的，持有公司全部股东表决权百分之十以上的股东，可以请求人民法院解散公司。”此条是当公司股东之间出现严重

分歧，公司运转受到严重影响，公司出现“股东僵局”时，给予股东解脱困局的权利。但表决权10%以上的股东仅有申请权，最终认定公司是否确实陷入僵局可解散，仍应由人民法院判决。

（七）3%股权的临时提案权

《公司法》第102条第2款规定：“单独或者合计持有公司百分之三以上股份的股东，可以在股东大会召开十日前提出临时提案并书面提交董事会；董事会应当在收到提案后二日内通知其他股东，并将该临时提案提交股东大会审议。临时提案的内容应当属于股东大会职权范围，并有明确议题和具体决议事项。”此条法规仅适用于股份有限公司，且提案是否最终通过依然取决于股东表决权的规则。

（八）1%股权的代位诉讼权

有限责任公司的代位诉讼权无股权比例要求。针对股份有限公司，《公司法》第151条规定，股份有限公司连续180日以上单独或者合计持有公司1%以上股份的股东，可以书面请求监事会或者不设监事会的有限责任公司的监事向人民法院提起诉讼；监事有《公司法》第149条规定的情形的，前述股东可以书面请求董事会或者不设董事会的有限责任公司的执行董事向人民法院提起诉讼。

（九）结语

上述不同的股权红线如67%、51%和34%是在《公司法》的规定下，在公司的章程和制度没有特别设计时的股权红线。在现代公司的运作过程中，尤其是对于需要引入外部投资且期望进行上市的公司的运作，公司的控制权不能简单粗暴地以67%、51%进行设计，而可以通过不同方式的结构设计，做到小股权比例仍能掌握对公司的实际控制权。

二、掌握公司控制权的N种模式

（一）通过小股权控制公司的模式

在公司尤其是初创公司发展的过程中，会不断引入外部投资者，这样创始人的股权比例就会逐渐下降。此时若创始人依然想对公司享有控制权，就要灵活运用《公司法》中各条提到的“公司章程另有约定的除外”设计适合的股权结构模式，以保持创始人对公司的控制权。

1. 有限合伙平台模式

有限合伙平台模式即创始人将有限合伙企业作为持股平台,创始人作为普通合伙人通过执行合伙事务实现对持股平台的控制,并由此间接控制公司。目前在实践中,通过有限合伙平台持股模式是较为常见的股权架构搭建模式。

通过有限合伙平台达成控制公司目的的典型公司是蚂蚁科技集团股份有限公司(以下简称蚂蚁金服)。经过一系列外部融资和员工股权激励之后,蚂蚁金服的大股东杭州阿里巴巴网络科技有限公司目前持有的股权比例为32.647%。为掌握对蚂蚁金服的控制权,最初马云个人100%出资设立了杭州云铂投资咨询有限公司(以下简称云铂投资),以云铂投资这个有限责任公司作为普通合伙人(GP)设立有限合伙持股平台进而持有蚂蚁金服的股权。这样,即便马云在持股平台中仅占极少的份额,但通过控制普通合伙人和协议约定,就能实现对持股平台的控制,进而掌控蚂蚁金服。此外,对蚂蚁金服以及持股平台合伙企业的对外投资企业,马云无须另外增加投资即可获得相应股权或投资份额的控制权。截至2020年8月20日,工商登记显示,马云在云铂投资占股比为34%,其余三位股东均占22%。可见,通过控制有限合伙平台的普通合伙人,在所占总股比极少的情况下依然能控制整个企业。

在蚂蚁金服的架构设计中,我们可以看到,马云以设立的云铂投资作为普通合伙人,而非个人直接作为普通合伙人。因此,虽然普通合伙人对合伙企业的债务承担无限连带责任,但由于在该有限合伙平台中普通合伙人是有限责任公司,实际上马云最终仅以其对云铂投资的出资额为限承担责任。此种模式既能以少量出资控制企业,也规避了无限责任风险。因此,在实践操作过程中,建议以有限责任公司作为有限合伙平台的普通合伙人,进一步降低实际控制人的风险。

2. 工会持股模式

华为技术有限公司(以下简称华为公司)的员工股权激励模式一直广为流传且备受关注。华为由华为投资控股有限公司全资控股(以下简称华为控股)。根据2021年8月17日工商登记显示,任正非持有华为控股0.75%的股份,余下99.25%的股份由华为控股的工会委员会持有。根据任正非接受采访时所称,华为有近9.7万名员工持有华为的股权。但实际上,目前华为员工所持有的是不具有表决权的虚拟股权。员工从华为离职后要将所谓的股权退还给公司,而这一步并不需要工商登记,而是在公司内部登记即可。

华为的工会持股模式有其独特的演变背景。在发展的初期,因无法申请到银行贷款,华为向员工融资以缓解现金流紧张。1990 年开始,员工以 1 元每股参股,以税后利润 15% 作为分红。至 1997 年,华为的员工持股占比为 65. 15% ,子公司深圳市华为新技术有限公司的员工持股占比为 34. 85% 。1997 年后,华为开始股权结构的改制,员工所持股份先是由两家公司的工会集中托管,并代行股东表决权,再经由股权转让,华为 98. 9% 的股权由华为工会持有,任正非所持有的 1. 1% 股权单独剥离。2001 年,华为通过新的股票期权计划,华为员工所持有的不具有表决权的股权被转化为虚拟股。2003 年,华为控股成立,华为原有的内部员工持股、期权激励都被平移至华为控股平台。为给新员工保留发展空间,2008 年开始,华为就对虚拟股实行饱和配股制。在 2013 年与 2014 年,华为相继为外籍员工及国内员工推出奖励期权计划(TUP)。依据 TUP,华为根据员工岗位及级别、绩效分配一定数量的 5 年股权的分红权和增值权,员工无须花钱购买,但在 5 年后清零。华为的股权激励在公司的不同发展阶段进行了多次演变,但不变的是任正非对公司的控制权。

华为控股虽然员工人数众多,但在公司性质上仍属于有限责任公司,自然可以通过公司章程进行同股不同权或任正非具有对股东会决议有一票否决权的设计安排。当然,工会也可以通过公司章程或股东协议指定任正非为工会代表,代位行使工会的股东表决权。同样,在董事会层面,任正非也可借由公司章程的设计对董事会决议享有一票否决权以实现对董事会的控制。

华为的工会持股模式虽然一直广受关注,但对于致力于上市的企业来说,该模式在上市阶段会成为一定的阻碍。证监会法律部〔2000〕24 号《关于职工持股会及工会能否作为上市公司股东的复函》指出职工持股会不再具有法人资格,不能成为公司的股东。证监会法协字〔2002〕第 115 号《关于职工持股会及工会持股有关问题的法律意见》再次指出,为防止借职工会及工会变相发行内部职工股,甚至演变为公开发行前的私募行为,且民政部不再受理职工持股会的社团法人登记,职工持股会不再具备成为上市公司股东和发起人的主体资格,停止审批职工持股会及工会作为发起人或股东的公司的发行申请。

以目前的上市案例来看,几乎都对原本的工会持股情况进行了改制。例如,创业板第一股“温氏股份”在上市前,该公司工会与 6789 名自然人解除代持关系,进行代持还原并进行公证。当然,股权还原可能导致管理层因高度分散的股权失去对公司的控制权。绿地集团采取以有限合伙企业平台模式解决工会持股的问题,将 982 名员工的持股分别装入 32 家有限合伙企业中。

3. 一致行动人模式

《上市公司收购管理办法》第 83 条第 1 款规定:“本办法所称一致行动,是指投资者通过协议、其他安排,与其他投资者共同扩大其所能够支配的一个上市公司股份表决权数量的行为或者事实。”

对于创始人团队股权较为分散,对外不能形成绝对优势的状况,创始人团队可以通过签署《一致行动协议》,依靠共同掌握的股权,就能对后来的投资者产生制衡。此外,为了避免一致行动人内部无法达成一致的情形,可以在协议中明确最终以某一创始股东的意见为准。

采取一致行动人模式的典型案例是 2010 年上市的蓝色光标。五位创始人在公司上市后各自持股不到 10%,谁都无法实现对公司的控制。五位创始人为了掌握公司的控制权,在上市前便签署了《一致行动协议》,就董事会、股东大会的表决权、提案权以及董事、监事候选人的提名权作出相同意思表示的约定。此外,协议本身也规定了严格的禁止或限制退出条款。五位创始人又于 2010 年 1 月 6 日签署《一致行动协议》的补充协议,约定任何一方擅自退出一致行动的,应当承担 1000 万元的违约金。通过这样的安排,原本五人各自不到 10% 的股权被绑定至 47%,更好地实现了对公司的控制。

另一经典案例为同样在 2010 年上市的新开源。三位股东王东虎(持股 26.59%)、杨海江(持股 12.93%)、王坚强(持股 12.93%)在 2009 年 4 月 26 日签署了《一致行动协议》,使合计持股 52.45% 实现了对公司的实际控制。其后,三位股东又多次续签《一致行动协议》,一直延续对公司的实际控制。

4. 委托投票模式

《公司法》第 106 条规定:“股东可以委托代理人出席股东大会会议,代理人应当向公司提交股东授权委托书,并在授权范围内行使表决权。”委托投票模式,即“表决权代理”,是指公司部分股东通过协议约定,自愿将其所有的投票权委托给其他特定股东行使。公司的创始人在引入外部投资,致使自身股权被稀释时,可以通过签署《投票权委托协议》达到控制公司的目的。

上市公司慈文传媒在 2019 年 2 月 27 日发布公告:马中骏先生及其一致行动人王玫女士、叶碧云女士、马中骅先生以每股 13 元的价格,分两次将持有的

71,479,928 股股份(占公司总股本的 15.05%)转让给华章天地传媒投资控股集团有限公司(以下简称华章投资)。同时,基于彼此信任,马中骏先生、王玫女士、叶碧云女士、马中骅先生同意将其持有的慈文传媒股份(截至协议签署日,上述 4 名股东所持上市公司股份合计 117,725,135 股)之表决权委托至华章投资,委托期限至 2022 年 6 月 30 日。

上述交易完成后,江西省出版集团公司全资子公司华章投资将成为公司单一拥有表决权份额最大的股东,即公司的控股股东,江西省人民政府将成为慈文传媒的实际控制人。

5. 虚拟股权模式

虚拟股票是一种常见的员工激励措施。这类"股票"并不显现在公司的股票总量上,但根据公司内部章程协议的规定,虚拟股票同实际股票一样享有收益权。在公司实现业绩目标后,持有虚拟股票的激励对象享有相应的分红和股价升值收益。当然,激励对象除分红权外,并无表决权和所有权,更不能将其转让和出售。

与虚拟股票类似,虚拟股权的持有者,也仅有分红权,并无表决权和所有权,不能转让和出售。但不同之处在于,虚拟股权在公司内部是真实存在的,由激励对象以外的个人或管理层集体享有,以全部或部分分红的形式对享有者进行股权激励。

采取虚拟股权模式的典型案例是在"新三板"上市的北京精冶源新材料股份有限公司(以下简称精冶源)。精冶源于 2015 年 5 月 6 日公告了一份《虚拟股权激励方案》,其中对激励的对象、激励的职位、个人能力系数、业绩考核等均作出了详细的规定,并且明确指出"虚拟股权指公司授予被激励对象一定数额的虚拟股份,被激励对象不需出资而可以享受公司价值的增长,利益的获得需要公司支付。被激励者没有虚拟股票的表决权、转让权和继承权,只有分红权"。

虚拟股权模式既有效地激励了员工,又可以将对公司的控制权继续掌握在实际的股东手里。但虚拟股权的具体激励方案应结合不同公司的实际情况,制订适合的激励计划,包括激励对象、激励标准、授予数量的确定和虚拟股权的对价等。

6. 双层企业架构模式

双层企业架构模式是创始人通过个人持股和其他公司持股的双重模式,掌握对公司的控制权。

三六零安全科技股份有限公司(以下简称三六零公司)自美国退市后,通过借壳江南嘉捷回归A股上市。根据重组报告书披露,三六零公司的创始人周鸿炜以持有23.4%的股份合计控制上市后的三六零公司共计63.7%的投票权。周鸿炜采取的双层企业架构模式主要由三部分构成:

第一,周鸿炜直接持有三六零公司12.14%的股份和投票权。

第二,周鸿炜实际控制了持有三六零公司48.74%股份的天津奇信志成科技有限公司(以下简称奇信志成公司)。周鸿炜持有的奇信志成公司的股权比例仅为17.38%,其他36家机构股东的持股比例为82.62%。奇信志成公司的股东在《股东协议》与《补充协议》中约定,奇信志成公司在对三六零公司行使股东表决权时,根据周鸿炜的指示进行表决。此外,周鸿炜也是奇信志成公司的执行董事,而执行董事选举需由周鸿炜提名,且周鸿炜有权随时提名新的执行董事人选以取代其提名的执行董事。通过这样的设计安排,周鸿炜仅以少量的持股比例,实际控制了奇信志成公司,进而控制该公司持有的三六零公司全部股份的控制权。

第三,周鸿炜直接和间接持有天津众信股权投资合伙企业(有限合伙)99.1%的份额,从而控制该合伙企业对三六零公司2.82%股份的投票权。

【实务问题1】签订股东协议注意要点

股东协议,即股东间签署的协议,涉及的股东包括创始人股东、外部投资人股东、员工股东以及股权转让后的股东。不同股东间签署的股东协议内容条款的设置不尽相同,各有侧重。但无论哪种协议,都必须遵循可控原则,即能够对签署各方构成约束,否则一旦失控就可能失去对公司的控制权。以下就股东协议中常见的要点进行分析。

(1)公司出资

对于股东协议中涉及出资问题的,如增资的股东,应当明确各股东认缴的注册资本金额、出资方式、出资时间及实缴注册资本的时限。除此之外,股东协议应明确股东未能出资时的违约责任和变通措施,如其股份可由其他股东代缴并取得相应股权等,减少日后因股东未履行出资义务出现的纠纷。

(2)表决权分配

表决权是公司股东参与公司事务管理与决策的主要途径。就股东拥有的表决权比例而言，股东可以依据认缴或实缴的出资比例，也可以设置“同股不同权”。就重要事项的表决权而言，可以设置不同于《公司法》规定的表决权比例或为某些股东创设“一票否决权”，以达到控制公司的目的。

(3)融资安排

公司的扩大必然会涉及融资，而融资则会导致股东股权的稀释。为了能够继续控制公司，股东可以在股东协议中约定股权稀释比例的范围或底线，以及创始股东在股权比例低于多少后可享有的特殊权利。

(4)利润分配

利润分配是股东投资公司的最终目的。一般而言，公司的利润分配与股权比例一致。但在实践中，许多公司为了体现股东的贡献值，以更好地发挥股东的管理能力、渠道资源和工作积极性，会对利润做出不同于股权比例的约定。

(5)股权转让安排

有限责任公司股东对外转让股权在《公司法》中有明确约定，但股东间的转让并无限制。因此，若股东基于风险防范和股权结构的考虑，可以通过股权协议或公司章程作出具体规定。

(6)公司的“人合性”

公司的股权可能被依法继承，同样也可能在股东离婚时被分割。基于有限责任公司的“人合性”，股东协议或公司章程可以明确规定，股权只能转让不能继承以及公司(或其他股东)有权或强制性买断判决给离婚股东前配偶的股权。

(7)股东个人重大意外

股东个人可能因突发重大事件不能再履行公司职责，此时可在股东协议或公司章程中明确规定，如将表决权委托给其他股东行使，以此保证公司的经营管理正常进行及控制权正常交接。

(8)《一致行动协议》

《一致行动协议》也是股东协议的一种，通过表决权的绑定，以实现持股占比较小的股东控制公司的目的。签署《一致行动协议》应当首先注意股东一致行动的范围，范围越具体明确，可操作性越强。协议的期限也至关重要。此外，在协议中应当明确无法达成一致意见时的解决方案，如以某股东的意见为准等。

【实务问题2】公司章程中的控制权设置要点

公司章程可以比作公司的“宪法”,是公司的“根本大法”。公司章程规定公司的宗旨、组织机构设置及其运行等涉及公司根本性、方向性的问题,是公司设立的前提,是公司存续和运营的基础,是公司解散和清算的根据。

在上文中提出的股东协议中的控制权要点的许多内容同样适用于公司章程的设计。但应当注意股东协议与公司章程的区别。股东协议是公司股东以出资设立、经营公司为目的,而在股东之间约定权利义务的文件。公司章程是由发起设立公司的投资者制定的,对公司、股东、董事、监事、高级管理人员具有约束力的文件。公司章程是调整公司内部组织关系和经营行为的自治规则,依法属于我国《公司法》所规制的范围。

由于公司章程需要经工商部门备案,因此公司章程具有公示对抗效力,写在公司章程中的股东特殊权利的效力可以延伸至公司股东之外的第三人。

例如,投资人希望在公司对外提供担保时有一票否决权。如果该等条款约定在公司章程中,那么在公司未取得投资人同意的情况下提供担保的,公司股东之外的第三人很难主张自己毫不知情;但如果该等条款仅约定在股东协议中,由于股东协议往往“秘而不宣”,第三人无法知晓股东协议的内容,法院在处理该等争议时还需要考虑第三人的信赖利益。

但是,恰恰是由于公司章程需要经工商部门备案,可以公开查询,投资人也需要考虑自身的保密需求,那些不想为公众所知的股东特殊权利往往会写在股东协议中。因此,投资人需要在自身保密需求和公司章程公示效力的权衡中找到平衡点。

(二)通过董事会控制公司的模式

董事会是公司的经营决策机构。董事会由董事组成,董事由股东会/股东大会选举而成。董事会对内掌管公司事务,对外代表公司执行经营决策。

公司创始人想要通过董事会实现控制公司的目的,往往会通过扩大董事会职权,控制董事会人选和董事会议事规则等途径实现。

1. 扩大董事会职权

《公司法》第46条规定了董事会的10项职权,并设有兜底条款允许公司规定其他职权。实践中常见的情形是,创始人通过扩大董事会职权,将本归属于股东会的职权赋予董事会,从而架空股东会达到控制公司的目的。典型案例是贵州报业宾馆案。①

2009年,徐某与贵州黔中报业发展有限公司(以下简称黔中报业公司)共同出资成立安顺绿洲报业宾馆有限公司(以下简称报业宾馆公司),徐某持股49%,黔中报业公司持股51%。

双方共同订立的章程除了选举董事和审批董事会报告这类涉及董事会自身事项无法授权董事会的以外,其他本属股东会的职权已全部授权董事会,甚至董事会决议可以解散公司。徐某在董事会5个席位中只占据1个,即只有20%的表决权。徐某作为小股东也无法修改公司章程。因此,黔中报业公司对报业宾馆公司拥有绝对的控制权。

徐某诉至法院,请求确认公司章程中将股东会职权交由董事会行使的条款无效,案件最终上诉至贵州省高级人民法院。法院认为,报业宾馆公司章程将股东会修改章程、增加或减少注册资本以及公司合并、分立、解散或者变更公司形式的权利规定由董事会行使,违反了《公司法》第43条的"必须"规定,应属无效。但法院同时认为,《公司法》第37条和第46条以列举的形式规定了股东会和董事会的职权,从两条法律规定来看,董事会、股东会均有法定职权和章程规定职权两类。无论是法定职权还是公司章程规定职权,强调的都是权利,在没有法律明确禁止的情况下,权利可以行使、可以放弃,也可以委托他人行使。公司章程将股东会的其他非"必须"职权授权董事会行使,并不违反法律强制性规定,应属有效。

虽然在徐某的努力下,董事会的部分权利回归股东会,但黔中报业公司持股51%,仍然控制报业宾馆公司。

但过度扩大董事会职权,架空股东会也会带来经营僵局的风险。与报业宾馆公司案件相似的是长春东北亚物流有限公司(以下简称东北亚物流公司)案。最高人民法院裁定认为,东北亚物流公司的股东会机制失灵、原告(第二大股东,持股49%)的利益受损并且通过其他途径无法解决冲突,最终支持原告解散东北亚物流公司的诉请。②

2. 通过控制董事人选控制董事会

董事的身份可以与股东无关。《公司法》仅规定了由股东会选举和更换董

---

① 参见贵州省高级人民法院民事判决书,(2015)黔高民商终字第61号。

② 参见最高人民法院民事裁定书,(2017)最高法民申2148号。

事,除此之外并无更多关于选聘董事的规定,这给予了股东选董事很大的自由。公司创始人可以在公司章程或与外部投资者的协议中明确董事的产生规则。创始人通过控制董事人选以控制董事会也是常见的操作方式,如著名的阿里巴巴的合伙人模式。

阿里巴巴的合伙人模式是通过控制董事会达到以极少股份控制公司的目的。阿里巴巴的合伙人制度并非《公司法》意义上的合伙人,而是一种架构董事会之上的管理组织。成为阿里巴巴的合伙人需要满足一系列条件,包括在阿里巴巴工作 5 年以上并持有股份。但合伙人不设人数限制,由合伙人委员会管理合伙人的选举,无须经过股东大会。此外,合伙人委员会提议和执行高管年度奖金池分配。

阿里巴巴的合伙人制度的关键在于公司章程规定其具有对董事会董事的多数提名权,而通过与大股东软银与雅虎签订的《一致投票协议》达到被提名者基本通过。即便提名未获得通过或被提名人离开董事会,阿里巴巴合伙人也有权另外任命临时董事直至下一届股东大会召开。

而若要求修改公司章程中关于合伙人提名权的相关条款,则需要获得出席股东大会股东所持有的表决权票数 95% 以上才可通过。因此,只要阿里巴巴的管理层持股达 5% ,阿里巴巴的合伙人模式的权利将持续有效。

3. 通过修改表决规则而控制董事会

《公司法》第 48 条规定,董事会的议事方式和表决程序,除本法另有规定的外,由公司章程规定。董事会决议的表决,实行一人一票制。可见,《公司法》给予了股东很大的自由度去创设规则。实践中,较常见的是通过为特殊董事设置“一票否决权”以达到在一定程度上控制董事会的目的。

(三)通过股东会控制公司的模式

有限责任公司的股东会由全体股东组成,股东会是公司的权力机构,决定公司的重大事项。

与通过董事会层面控制公司类似,创始人也可以通过改变股东会职权与修改表决权规则而控制公司。

由于股东会与董事会的表决方式不同,前者一般按照出资比例表决,后者则按人数表决;并且股东会与董事会的人员构成并不一致。因此,把具体的职权放在股东会还是董事会会对公司的控制权产生不同的效果。此外,《公司法》第 37

条对股东会的职权设有“公司章程规定的其他职权”的兜底条款，这给调整股东会职权留下了很大的空间。

就股东会的表决比例而言，《公司法》设有许多规定，公司创始人可在公司章程中另行约定以达到在股东会层面控制公司的目的。

1. 分红与优先认缴出资的表决比例

根据《公司法》第 34 条的规定，公司的分红和优先认缴出资原则上以股东实际缴纳的比例进行，除非全体股东另有约定。因此，当公司创始人的实缴比例较低时，可以在公司章程制定时就对分红和优先认缴出资问题作出不一样的安排。

2. 引入新股东的表决比例

根据《公司法》第 71 条的规定，股权对外转让的，应由半数以上股东同意，除非公司章程另有规定。因此，若创始人想要在日后保持公司的相对稳定，则可考虑在公司章程中为自己设置“一票否决权”；若创始人想适时转让股权退出，则可在公司章程中规定较低的表决比例。

3. 重大事项表决比例

《公司法》第 43 条规定，修改公司章程、增减注册资本以及公司的合并、分立、解散或变更公司形式都需 2/3 以上表决权的股东通过。在创始人股东所持表决权比例小于 1/3 时，若想要对公司的这些事项保有控制权，则应在公司章程中作出高于这个表决比例的规定，以为自己设置“一票否决权”。

除上述三种常见的表决权比例安排之外，公司章程可以对《公司法》规定的表决比例作出修改的地方仍有许多，如《公司法》第 16 条公司对外担保问题。对于不同的事项的表决权比例，《公司法》的规定不尽相同，公司章程也有较大的修改空间，这也是公司控制权设计的空间。

当然，有限责任公司的章程有更高的自由度。依据《公司法》第 42 条的规定，有限责任公司的股东可以“同股不同权”，这为创始人股东对公司的控制提供了更为直接的方式。

【实务问题 3】股东会会议召开细节要点

(1)股东会会议的召集

据《公司法》第 40 条的规定，有限责任公司股东会会议的召集人应按以下顺位确定：首先应当由董事会(执行董事)召集；董事会不能履行或者不履行召集股东会会议职责的，由监事会(监事)召集；监事会(监事)不召集的，代表 1/10 以上表决权的股东方可以自行召集。

若代表1/10以上表决权的股东越过董事会(执行董事)、监事会(监事),径行召集临时股东会会议,法院一般认为该种情况属于股东会召集程序存在严重的程序瑕疵,进而导致相关股东会决议不成立或者被撤销的后果。

与股东会会议的召集问题类似,股东会会议的主持也应当遵循《公司法》的相关规定。

(2)股东会会议的通知

召开股东会前进行通知是股东能够参加股东会的前提。不论采取何种方式通知,应确保每名股东收到通知,保证每名股东对公司相关事务的知情权、参与权和决策权。股东参加股东会会议与其出资情况无关,无论该股东是否已实缴出资,也无论其持股多少,只要其为记载于股东名册的合法股东,均有权利参加会议。

若因不合理的通知方式导致股东未能参与股东会的,相应的股东会决议可能因为不满出席人数或表决人数导致决议无效,未出席股东也可基于股东会召集程序瑕疵请求人民法院撤销决议。

合理的通知送达方式首先以公司章程中列明的送达地址书面送达,以更具时效性的电子送达方式作为补充,在必要的时候,也可采取公告送达的方式。

实践中常见的问题是未事先通知审议事项的股东会决议是否有效。《公司法》确未对会议通知的形式和记载内容作出明确规定,司法实践中对未事先通知股东审议事项的决议是否有效仍存在不同认识,裁判观点和裁判结果也有较大差异。虽然《公司法》未对有限公司会议通知的记载内容作出明确,但是,若公司章程中规定会议通知必须明确会议议题,判决就以会议通知未事先通知审议事项为由撤销该会议决议。违反公司章程未将审议事项事先通知而作出的相应决议则因违反公司章程而同样面临被撤销的法律风险。因此,为确保决议效力,在发送相关会议通知时,尽量列明审议事项,以避免决议效力受到质疑。

(四)通过管理层控制公司的模式

管理层是公司、企业或组织机构中处于管理地位、负有管理责任的团队或人员。虽然管理层的权力在股东会和董事会之下,但是管理层对公司战略实施和日常业务管理、人员管理、机制设置有较高的权力,对公司的发展有重要的影响。

但《公司法》仅规定,总经理由董事会选聘,副总和财务负责人由总经理提名，董事会选聘。实践中，创始人可以通过约定管理层人员的选聘和解聘规则以间接控制管理层。

例如，在公司章程或股东协议中约定公司创始人或某一股东对总经理的提名权。此外，在2016年万科之争激烈时，众多上市公司对公司章程进行了修改，加入了防止野蛮人收购的"黄金降落伞"条款。当公司被并购接管时，如董事、监事、总经理和其他高级管理人员任职未满而需解除或终止其职务的，需要支付上一年度年薪10倍以上的经济补偿金，以此提高被新股东强行更换管理层的门槛。

在所有权与经营权分离、股东与管理层不重叠的公司中，股东对管理层控制的主要目的是实现更好的业绩和股东回报。因此，较为常见的做法是，投资人与管理层签订业绩对赌协议或实行有条件的股权激励，以激励和约束管理层为公司做出更好的业绩。

三、员工持股平台控制权设置

企业发展到一定阶段，为提高团队积极性和创造性以及用有限的薪资留住公司管理层及核心员工，普遍会采用一种长期激励机制——股权激励。股权激励通常包含：限制性股票模式、期权模式、股票增值权模式、期权和限制性股票相结合模式等。企业实行股权激励，可由员工直接在公司持股，也可以设立持股平台持股。设立持股平台的优势主要在三个方面：股东人数上限、股权稳定、创始人控制权稳定。首先，拟上市公司的股东人数上限要受到《公司法》的限制，不利于大规模地实施股权激励，而持股平台则可以进行多层嵌套。其次，在员工直接持股的模式下，员工的流动性将会导致企业频繁进行工商变更登记。最后，股权激励意味着公司股权更加分散，创始人的股权被稀释，而通过控制持股平台可以更好地保证创始人对公司的控制权。

目前的持股平台主要有两种模式：有限责任公司模式与有限合伙企业模式。在有限合伙企业模式下又可以细分为由创始人直接担任普通合伙人的模式和以创始人设立的有限责任公司担任普通合伙人的模式。不同的持股平台设计具有不同的优势，在此不做展开，如有限合伙企业在税收上会优于有限责任公司。在此仅就创始人对持股平台的控制权问题展开讨论。

对于采用有限责任公司模式设计的持股平台，创始人可以在公司章程中设置"同股不同权"的规定,为自己保留最大的控制权。此外,创始人也可在持股平台中担任法定代表人、执行董事以及总经理,以保证持股平台参与公司决策时的效率和安全。

相对于有限责任公司而言,有限合伙企业是持股平台的主要模式。有限合伙企业中的普通合伙人只需要极少的出资即可控制整个持股平台,而激励对象全体作为有限合伙人(LP)不参与经营管理。一般而言,普通合伙人由创始人直接担任,虽然可能承担更多的风险,即无限连带责任,但只要明确约定该平台除认购和转让股权外,不从事任何其他经营活动,就可以规避这一风险。如果持股平台也进行对外投资活动,创始人的风险也并非无法规避,即创始人可单独设立一个有限责任公司作为持股平台的普通合伙人。通过这样的安排,创始人既可以通过有限责任公司间接地控制持股平台,又可以有限责任公司的出资为限承担责任来减少风险。

公司控制权的设计应在公司设立运营的一开始就有规划,而不是在遇到问题时才想到去纠正。公司的控制权设计应既符合法律的规定,又符合不同公司的发展需要,应深度地理解法律、运用法律。

员工股权激励计划实务

汉京琳[*]

一、员工股权激励制度的历史沿革及现状

对于科创型企业,核心人才可以说是企业第一生产力。如何留住核心人才是现代企业在发展过程中面临的一个不容小觑的考验。为了维护企业的稳定性,实现对核心人才的长期激励,在企业的发展过程中衍生出了一种由企业核心员工以股东身份参与企业决策、分享利润、承担风险的模式,促使核心员工更为勤勉尽责地为公司长期发展服务。

员工激励的雏形来自20世纪50年代初美国辉瑞制药公司(Pfizer)设计的一套员工持股方案,其初衷是为了有效避免高管过高的现金工资带来的高额个人所得税,通过将高管薪酬进行拆分,转变成"现金+股权"的模式,降低高管的现金薪酬金额,从而有效降低个人所得税。

20世纪50年代中叶,美国经济学家路易斯·凯尔索(Louis Kelso)提出,当社会变得越发工业化时,资本要素对生产的贡献要大于劳动,而现存资本主义主流企业制度的主要问题是,尽管所有的工人拥有他们的劳动,但拥有资本并能够取得资本收入的却只有很少的一部分,工人在总体上只能从劳动中获得收入。资本主义虽然能够创造出经济效率奇迹,但它却不能创造出经济公平。资本的急剧集中和贫富差别迅速扩大,由此造成社会的分配不公已成为美国社会潜藏的巨大危机。基于此理论,凯尔索与几名律师及投资银行家共同设计了一套真

---

* 汉京琳,上海市金茂律师事务所合伙人,上海海事大学海商法学士,美国注册法务会计师协会会员,上海律师协会物流专业委员会委员,上海市破产管理人协会个人会员,具有证券、基金业从业人员资格,曾作为黄浦区优秀青年律师代表参加内地与香港青年律师交流培训项目。

正意义上的“员工持股计划”(Employee Stock Ownership Plans,ESOP),使员工可以同时获得“劳动收入”以及“资本收入”两种形态的收入。但受制于当时禁止借款购买股票的法律限制,凯尔索的员工持股计划并未得到大规模的推广。

随着越来越多的企业所有者认识到企业所有者与经营者之间的代理问题,员工股权激励计划也逐渐被广大企业所接受。甚至是雇佣终身制盛行的日本,在经历了泡沫经济以后,也逐渐摒弃以主银行制度为核心的网络导向型体制,引入英美企业支配理论,对原本的董事会制度进行了大刀阔斧的改革,并逐渐推行董事激励制度,形成了独特的以认股权激励与退职金激励相结合的日本激励模式。

我国真正引入股权激励计划是在20世纪90年代初。1993年万科成了A股市场第一批“吃螃蟹”的企业,推出中国首个上市公司股权激励计划。这项股权激励计划时间跨度较长,以3年为单位分为三个阶段,所有员工均按协议价格持有股票,3年后支付股票对价进行交易。计划在推出之初得到了主管部门的批准,但在第一阶段发布后,囿于政策变化最终流产。

2002年11月,财政部、科学技术部联合发布《关于国有高新技术企业开展股权激励试点工作的指导意见》,在政策层面上正式认可股权激励制度。2006年1月起,随着《上市公司股权激励管理办法》(试行)、《国有控股上市公司(境外)实施股权激励试行办法》、《国有控股上市公司(境内)实施股权激励试行办法》相继出台,以及修订后的《公司法》《证券法》的实施,为企业股权激励营造了全新的法律环境以及兑现机制,我国企业的股权激励进入了一个全新的发展阶段。针对各企业的差异化,企业在股权激励的方式上也逐渐显现了个性化的特征,越来越多的企业将股权激励作为完善公司治理结构、充分调动企业核心人员积极性的有效手段。我们科创企业在设立时通常具有规模较小、成长性高的特点,公司高管和技术人员任职基本依靠市场竞争行为,因此吸引和稳定人才、完善公司治理结构对于我们科创企业来说属于基本生存需求。

据统计,仅2020年度,A股就有440家上市公司共计公告448个股权激励计划,较2019年增长32.94%——其中首期公告数量为240个,较2019年增长34.83%;多期公告数量为208个,较2019年增加30.82%。创业板超越主板成为股权激励计划公告数量最多的板块,达到154个,占总公告数量的34.38%;沪主板股权激励计划公告数量为121个,占总公告数量的27.01%;中小板股权激励计划公告数量为 100 个，占总公告数量的 22.32%；科创板 2020 年公告了 62 个股权激励计划，占总公告数量的 13.84%；深主板股权激励公告数量为 11 个，占总公告数量的 2.46%。推行过股权激励的 A 股上市公司在整体市场中的覆盖率中，创业板覆盖率达到 62.00%——创业板超过一半的上市公司已推行过股权激励计划；科创板企业也因其科创属性而对于人才有高度的需求，在科创板开板至 2020 年年底的一年半多时间内，选择进行股权激励的企业达到了科创板总企业数的 31.16%。[①]

二、员工股权激励的意义

虽说股权激励在目前上市公司市场中覆盖率如此之高，但我们还是需要指出，股权激励并非管理企业与员工的万能工具，而是一把“双刃剑”，正确的股权激励对企业能有正面的效果，而使用不善即可能成为公司的“慈善”、“福利”甚至会产生“负激励”效应。因此，在实施员工股权激励计划时，首先要了解公司是否适合做股权激励以及股权激励的目的是什么。

（一）员工股权激励的前提

1. 企业本身良好的成长性

员工之所以希望参加公司的股权激励计划，是对公司良好未来的预期以及从公司分取一定的剩余价值。对于现阶段虽然并未实现较高盈利的企业，通过实施股权激励后，使核心员工对公司前景具有美好预期，实现良好的激励效果。而针对一些原本便连年亏损、商业模式存在问题的企业，在未调整原本商业模式的情况下，即便进行股权激励也不会创造奇迹，并且员工对于股权激励的参与热情也不会很高，强行推进反而会造成企业人才的流失。

2. 建立有效的内部管控体系

只有在建立了有效的内控体系以及约束机制以后，企业才能顺利实施股权激励计划，避免核心员工为达考核目标不择手段，而这往往是企业在前期急于留住核心人才时容易忽视的一点。2001 年发生在美国的安然破产案便是其中的典型，在当时公司董事会制度和独立的外部审计制度有明显缺陷的前提下，公司依

① 数据源于上海荣正投资咨询股份有限公司发布的《2020 年度 A 股上市公司股权激励实践情况统计与分析报告》。

然推行了股票期权计划，高管为实现表面的高收益急功近利，串通安达信会计师事务所制作假账，导致这个电力、天然气以及电讯公司巨头最终走向破产。

3. 建立有效考核机制，明确股权激励对象

股权激励的一大目的便是留住重点员工和业务骨干，因此如何划取激励范围是在实施计划前所必须考虑的问题。一般对于核心员工的激励方式应采取阶梯化的形式，通过绩效考核，制定不同的激励方式，实现吸引和挽留企业高素质人才的目的。

（二）员工股权激励的目的

1. 捆绑核心员工、股东和公司的利益，形成"一荣俱荣"的战略关系

在传统的劳资关系中，员工、股东和公司之间的利益往往是对立的，员工无法从其劳动中实际分享公司的利润，于是便容易滋生贪污腐败、在职消费、消极怠工等情况。虽然一部分企业会通过严苛的内控机制限制员工的上述行为，但人类的本性是趋利的，一个完善合理的员工股权激励计划可以将员工、股东以及公司利益放至同一层面上，将各方的利益紧密捆绑在一起，使员工自觉考虑公司的利益。员工获得的股权激励额度越大，其消极怠工的成本也就越大，在形成利益共同体后，各方原本的矛盾也得以缓解，降低了公司对员工的监督成本，形成核心员工、股东和公司"一荣俱荣"的战略合作关系。

2. 令核心员工站在股东立场分摊企业发展的风险

核心员工参与公司股权激励计划的收益源于对公司未来的良好升值预期，但公司未来的发展既受核心员工自身工作情况的影响，也会受到许多不确定因素的影响。这种未来的不确定性导致员工既有可能获得收益，同时也承担着不确定因素带来的风险。对于参加股权激励计划的员工来说，收益与风险是并存的。股权激励的目的正是通过让员工变成股东，拥有一定的剩余价值索取权，使员工站在股东的角度考虑问题，通过合理的运作以及适当的冒险，为公司获取更高的利益。

3. 留住人才、激励人才、吸引人才，提升公司的核心竞争力

通过高薪和奖金方式来吸引人才、稳定人才往往会提高企业的经营成本，给企业现金流带来较大的压力，而站在员工的角度，股份对员工的吸引力远比现金报酬要大，通过股权激励使员工对公司更有归属感和认同感，达到激发员工积极性和创造性的目的。

4. 提高企业利润，吸纳外部资金

股权激励的授予条件一般是企业利润或收入达到一定目标，在此情况下，激励对象想要获得股权就会尽最大的努力来完成既定的业绩。在成为企业的股东后，为实现更高的收益，激励对象也会尽力提高企业收入，降低经营成本。同时，员工获取股权所缴纳的出资款也为企业带来一部分的现金流，降低了企业的融资成本。

三、几种常见的员工股权激励的方式

（一）干股

1. 概述

干股是在公司治理中逐渐产生的一种分红方式，并非一个严格的法律概念，通常以一个有效的赠股协议为前提，受赠的股东不必实际出资就能占有公司一定比例的股份。由于没有实际出资，干股的受赠者仅按照协议享有一定的分红权，是否被赋予表决权等实际的股东权利视具体协议约定。在一定程度上，这可以被视为一种分红协议，并非真正意义上的股东权利。但如果将干股股东的分红比例记载于公司章程之中，通过公司股东变更，在工商登记备案后，如无特殊约定，干股股东所享有的权利义务将与实际出资的股东一致。

2. 取得方式

干股的取得方式主要包括以下几种：

（1）干股可以是部分股东对股东之外的人赠与股份，也可以是全体股东对股东之外的人赠与股份。

（2）干股可以在公司创设时通过掌握人力资源、专业技术、经营理念等资源而取得，也可以在公司存续期间通过其职位、身份而取得。如果新的股东在公司存续期间取得公司干股，而公司并没有增资发行新股的，则原有股东所持股权比例将会得到稀释。

（3）干股可以是附条件的赠与，也可以是未附条件的赠与。如何制定赠与条件是公司签订附条件的干股赠与协议的关键。在附条件的股权赠与协议中，所附条件对股权的转让方和受让方均具有约束力，如果双方就所附条件产生争议的，工商机关在办理登记时也通常难以认定，最终只能通过法院或仲裁的结果办理变更登记，将耽误公司股权登记进程。

3. 优势

首先，从员工角度看，干股的授予可以激发员工的工作动力。发展前景不明朗、员工抗风险能力弱、没有充足资金购买公司股权是绝大多数初创型企业所面临的问题。干股模式恰恰是为了弥补这些固有的缺陷。由于取得干股并不需要员工拿出真金白银，符合干股赠与协议所设定的条件即可取得一定的公司分红权，这种分红权给予了员工充足的动力以达成超额业绩目标。

其次，从公司角度看，干股也有利于增加投资人的积极性，提高资源使用率。通常投资人虽然掌握大量资金，但由于缺乏专业领域的知识与技能而难以涉足新兴领域，而干股模式将掌握技术、信息及管理技能的人力资本投入企业，使资本与人力资源有机结合，提高投资的积极性。

最后，干股模式通过将企业的人力资源与业绩挂钩，规避了传统公司治理结构下的委托代理矛盾，能有效调动干股受赠者的积极性和创造性，提高劳动效率，且在一定程度上规避道德风险。

4. 典型案例

1984 年 11 月柳传志带领中科院计算机所的 11 名员工在海淀区注册成立的中科院计算所新技术发展公司，也就是联想公司的前身。创立第二年，公司就上交了 100 万元的利润，从投资的角度来看，计算所的投资成本就已经收回了。这时候曾经有传闻说，中科院的领导打算让柳传志等创业员工实施 MBO，将计算所改制为民营企业，但是被柳传志拒绝了，他向中科院的领导提出在产权 100% 属于国家的情况下，希望能将灵活的人事权、财务权、决策权交给企业。从经济学产权的角度来分析，联想是国有民营企业，这种产权属性的企业在我国绝不多见，这也是联想能成功的关键所在。

1993 年，联想迎来了第一个“瓶颈”期，第一次没有完成既定目标，产品库存严重积压。经过分析，柳传志认为主要原因是决策层能力的问题。当时联想的决策层是跟随柳传志创业的元老，他们由于知识和精力限制，应该退下来了，但是这些需要退下来的老同志没有到退休年龄，这时是退居二线。对于当初为联想贡献了青春和精力的创业元老，他们非常愿意并支持将年轻人推到领导岗位上去，也希望联想的事业能有更快更好的发展，但要求老同志无声无息地退出舞台，对他们来说是很委屈的。

在这样的契机下，柳传志向中科院的领导提出了在联想实施股权激励的想法。在领导的支持下,联想实施了干股分红激励方案。在每年的可分配利润中,中科院占20%,计算所占45%,联想集团的管理层和员工占其余35%。该方案的设计兼顾了各方的利益诉求,代表国有资产的中科院和计算所享受所有的资本增值,给改革营造一个安全的外部环境。

此次干股分红激励方案对于联想管理层的新老更迭是一个非常重要的政策支持。分红权的实施将退下来的老同志和刚提拔的新人利益捆绑起来,使原来官居要职的老同志自愿退下来,而且愿意用自己的资源扶持新人,为企业度过瓶颈期提供了有力的支撑。

(二)股份期权

1. 概述

股份期权指激励对象被赋予在未来特定的时间内、按事先约定的价格购买一定数量公司股份,也可以放弃购买股权的权利。该种激励方式的特点在于,被激励对象要获得股份必须行权,而是否行权可以由激励对象自行决定。当公司股价在高于行权价的条件下,激励对象行权后方能获利,如公司股价低于行权价,激励对象可以选择不行权。另外需要注意的是,期权本身是不能转让、赠与的,但是可以继承。

股份期权目前是国际上使用最为广泛的激励模式,但在行权时间和数量上有限制,且需要行权对象自己为行权支付资金。股份期权涉及授予日、行权条件、等待期等概念。授予日即公司将期权授予给激励对象的日期。行权条件可以分为业绩条件和非业绩条件。业绩条件就是指公司在未来必须达到事先约定的水平,激励对象才能行权,如年净利增长率;非业绩条件就是与公司业绩无关的条件,如公司需要达到约定的市值条件,激励对象才可以行权。等待期即期权在授予后,不能立即行权,必须等待一段时间后才能开始行权。股份期权需要特别强调的是当股价跌破约定价格时则失效,无激励意义。

2. 优势

股份期权的优势包括以下几个方面:

(1)利益一致:通过授予核心人员期权,公司能将企业的利益和核心人员个人的利益结合起来,实现经营者与资产所有者高度一致,令被激励的对象为公司长期勤勉尽责地提供服务。

(2)方式灵活:被激励对象获取股份期权是行使一项选择权,选择权的本身掌握在被激励对象的手中。激励对象可以根据自身及公司的经营状况来判断是否行权。作为激励方式来说股份期权为被激励对象提供了更高的灵活性。

(3)具有保障:股份期权通过特殊的行权方式在一定程度上锁定了被激励对象的风险范围,如果被激励对象选择不行权的,则不会有任何额外的损失,为被激励对象提供了更高的保障。

(4)降低成本:股份期权对于企业来说也是赋予了经营者一定的选择权,在不确定的情况下实现预期收入。在股份期权的激励模式下,公司无须提供现金支出,有利于企业在控制成本的前提下留住人才。

(5)激励力度较大:从企业发展角度,科创型企业的公司股份溢价空间较大,如将可能溢价的股份作为对公司核心人员的激励方式,对其激励的力度也将十分巨大。

(6)实现报酬多样化:随着企业发展,核心人员的工资报酬对于企业的现金流来说也将产生很大的影响。通过授予核心人员股份期权的方式可以变相将一大部分通过现金发放的劳动报酬发放延后,为公司缓解现金流紧张的局面。

3. 典型案例

苏宁电器股份有限公司(以下简称苏宁电器)创办于1990年12月,总部位于南京市。2007年苏宁电器成功上市,证券代码为002024。

2007年1月,苏宁电器首次提出进行股权激励的尝试,但方案中存在激励对象包括2名监事会成员且未有预留份额等问题,未获得监管机构通过而流产。

2008年7月,苏宁电器再次提出进行股权激励方案,但由于国内外经济形势不好导致证券市场整体低迷,行权价格每股58元,到2008年年末时每股仅为18元,实际上导致激励对象无法行权获取收益,故终止此次计划。

2010年,苏宁电器第三次提出股权激励计划方案并最终得以正常实施。此次激励对象包括公司董事、总裁、副总裁、财务负责人,总部各管理中心副总监以及中高层管理人员、部分副经理级以上核心业务骨干及信息技术研发人员,各地区总部、地区管理中心、重要子公司负责人以及副经理级以上核心业务骨干,销售规模、经营绩效具有代表性的优秀连锁店店长等,合计248人,占员工总人数的0.38%。授予激励对象8469万份股票期权,股票数量为8469万股,占公司股本总额的1.21%。股票来源为公司向激励对象定向发行,股票为人民币普通股(A股)。授予股票期权的行权价格为每股14.5元,后经公司董事会审议调整为每股14.4元。

该次股权激励计划将行权条件分为四期，第一个行权期的条件为苏宁电器2010年度销售收入较2009年增长率不低于20%，且归属于上市公司股东的净利润较2009年度增长率不低于25%。第二个行权期要求苏宁电器2011年度销售收入较2009年复合增长率不低于20%，且归属于上市公司股东的净利润较2009年度复合增长率不低于25%。第三个行权期要求苏宁电器2012年度销售收入较2009年复合增长率不低于20%，且归属于上市公司股东的净利润较2009年度复合增长率不低于25%。第四个行权期要求苏宁电器2013年度销售收入较2009年复合增长率不低于20%，且归属于上市公司股东的净利润较2009年度复合增长率不低于25%。

苏宁电器推出此项股票期权激励计划的动因在于降低企业营业成本，大幅提高营业利润，解决企业资金短缺问题；与竞争对手海尔、国美、格力等当期利润相比，苏宁电器当时的利润存在下降趋势，需要建设和开辟新的物流路线和储存点，从而提升市场竞争能力。另一项需求是解决优秀员工离职率高的问题，主要分布在中层管理者和门店店长之间。但囿于行权条件标准的设置问题，苏宁电器的股权激励并未达到预期的效果，这也值得后续企业吸取一定的经验。

4.注意事项

(1)注重员工的意愿。股份期权计划在一定程度上会减少被激励对象的现金收入，如未给员工树立良好的预期，广泛征求员工意见，则可能产生负激励效果。

(2)适当调整员工的现金收入。由于股份期权是一种未来的经济收益，相较于稳定的工资收入而言具有一定的不确定性，如以此取代员工的现时经济效益必然会导致员工不满，降低对公司的预期，因此即便实施了股份期权计划，也不可过多地调整员工的现金收入。

(3)实施层面以及周期的选定。股份期权的实施不能视为部分核心人员的特权而将其局限于特定人员或特定层面，它的实施层面越广泛，对企业发展起到的稳定作用越大。同时，由于企业的战略目标的实现是一个长期的过程，股份期权的激励要想发挥实际作用也应制定一个较长的周期。

(4)建立公开透明的实施机制。股份期权的操作过程应该公开透明，并且有事先确定的完善的配套管理制度和绩效考核制度，以增加员工的认同感和信心，让员工真正理解计划的内容以及行权的方式也能让方案整体实施更加顺利,达到预期的效果。

(三)限制性股票

1. 概述

限制性股票指公司按照预先确定的条件授予激励对象一定数量的本公司股份,但激励对象只有在满足特定的工作年限或业绩目标,符合股权激励计划规定条件时才可出售限制性股票并从中获益,否则公司有权将限制性股票收回或以激励对象购买时的价格回购。公司采用限制性股票,目的是激励高管人员将更多的时间和精力投入到某个或某些长期战略目标中。其优点是无须支付现金,有助于激励对象将精力集中在长期战略,努力完成业绩考核目标;缺点是激励对象在满足授予条件的情况下获得股份之后,股份价格的涨跌会直接增加或减少限制性股票的价值,进而影响激励对象的利益。但从另一个角度来说,激励对象获得实际股份后,对公司享有一定的所有权,这种所有权的分散会增加公司管理难度。

2020 年 6 月,中国证券监督管理委员会发布《创业板上市公司持续监管办法》,调整股权激励制度,扩展可以成为激励对象的人员范围,放宽限制性股票的价格限制,并进一步简化限制性股票的授予程序,也使科创板企业更倾向于实施此种激励模式。自 2020 年 6 月创业板注册制改革制度落地以来,至少 20 家创业板公司选择了第二类限制性股票激励。

2. 与股份期权的比较

(1)权利与义务的对称性

股份期权持有人只有行权获益的权利,没有必须行权的义务,在权利义务的行使条件上并不对称。股份期权授予激励对象未来以约定价格取得公司股份的权利,若未来公司股价偏低,激励对象选择不行权即可,并不会产生现实的资金损失。限制性股票的权利义务则是对称的,股价下跌则激励对象取得的限制性股票的价值直接下滑。这种激励方式下激励对象利益与公司捆绑得更紧,其惩罚性将促使激励对象业绩目标的完成。

(2)激励结果上的不同

股份期权给予激励对象可以在一定时期内以一定执行价格购买一定数量公司股票的权利。若股价在执行价格以下,激励对象所拥有的股份期权收益为零,只有股价超过执行价格行权才有意义。而股价代表企业的价值,不是短期业绩所能决定的,所以这也势必倒逼激励对象站得更高,看得更远,作出有利于公司长远发展的决策,从而提升企业品牌形象和综合竞争力,使股价上扬。限制性股票的激励对象只有在工作年限或业绩目标符合股权激励计划规定条件的,才能出售限制性股票并从中获益。这种激励方式一般所规定的一定时期内的目标多为业绩目标,业绩目标有可能造成短期经营行为。

可见,股份期权将管理者的薪酬与公司长期业绩联系起来,鼓励管理者更多关注公司长期持续发展,而不仅仅将注意力集中在短期财务目标上;限制性股票的激励机制可能导致管理者的短期化行为和企业长期的利益受损。

3. 典型案例

上海泓博智源医药股份有限公司(以下简称泓博医药)成立于 2007 年 12 月,是一家新药研发及原料药生产企业公司,总部坐落于上海浦东新区张江高科技产业园东区。2017 年泓博医药实现营业收入 13,470.24 万元,同比增长 25.87%,实现归属于挂牌公司股东的净利润 1992.11 万元,同比增长 47.52%,经营周期内取得了显著的进步。泓博医药致力于以科技创新为驱动力创建具有特色的“智力型”企业,注重人才的引进和培养。

2018 年 3 月 9 日,泓博医药发布公告《上海泓博智源医药股份有限公司限制性股票激励计划(草案)》。草案内容规定公司拟以 5.50 元/股的价格向激励对象授予限制性股票 175 万股(约占公司目前股本总额 5555.3333 万股的 3.15%);其中首次授予 87.50 万股(约占公司总股本的 1.58%),预留 87.50 万股(约占公司总股本的 1.58%)。股票的来源为公司将新建一家有限合伙企业受让公司股东上海鼎蕴投资管理咨询合伙企业(有限合伙)部分公司股票,激励对象通过持有新建有限合伙企业的合伙份额从而间接持股公司股票。该激励计划有效期自限制性股票授予之日起至激励对象获授的限制性股票全部解除限售或回购之日止,最长不超过 10 年。授予的限制性股票自工商登记日起至公司成功上市之日止为锁定期。上市后满足解锁条件的激励对象可以在法定锁定期届满后根据二级市场情况在 2 ~3 年及以上期间内分期出售,激励对象个人单年度合计出售股数不得高于上市前持股总数的 50%。值得注意的是,本次泓博医药股权激励在法定高管上仅泓博医药财务总监李世成参与为 3.00 万股;其他均为非法定的中层管理人员,此部分人员合计获授 84.50 万股,占本次激励计划首次授予的96.57%，占公司股本总额的1.53%。该限制性股票激励计划不涉及公司层面业绩考核，但需激励对象在泓博医药任职。员工个人绩效考核连续两年不及格（或泓博医药董事会判定为不及格情形）时，个人当期限制性股票不得解锁，至满足特定的条件后，由泓博医药指定第三方原价回购。

泓博医药所进行的限制性股票激励除了建立健全公司长效激励机制，完善公司薪酬考核体系，稳定和吸引高管、核心员工，进一步完善公司治理结构，有效地将股东、公司和经营者个人利益结合在一起外，更重要的目的是要确保公司未来发展战略和经营目标的实现。激励计划与个人绩效考核挂钩有助于公司未来战略目标的实现。作为新三板中快速发展的新药研发及原料药生产企业，泓博医药希望通过限制性股票激励计划助力公司发展成为新药创制和原料药工艺创新研究的领军企业。

（四）股票增值权

1. 概述

股票增值权是公司授予激励对象的一种权利，受激励对象可以在规定的时间内获得一定数量的数额股票价值上升所带来的收益，但不拥有这些股票的所有权。股票增值权主要特征包括以下几点：(1)受激励对象不实际拥有股票的所有权，也不具有股东的表决权、配股权、分红权等权利；(2)股票增值权不可用于转让、提供担保等；(3)股票增值权的收益与股票价值挂钩，每一份股票增值权的收益=股票市价－授予价格。

正是由于受激励对象对股票不具有所有权，操作条件相对宽松，对原有股东的利益影响相对较小，也更容易通过股东会审核。和其他激励方式一样，股票增值权也是一种长期的激励方式，它的行权期甚至往往会超过任期，以便规避激励对象的短期行为。

但由于公司的估价与激励对象的业绩并非直接挂钩，股票增值权的激励效果也相对来说比较有限。当公司股价下行时，激励对象无法取得收益激励效果便无法体现，而公司股价上行时需要摸出真金白银给受激励对象，因此对公司的现金流要求也比较高。

股票增值权的有效期可由公司自行规定，一般为授予之日起6～10年；兑换方式可以是全额兑现，也可以是部分兑现。另外，股票增值权的实施可以是用现金实施，也可以折合成股票或股份加以实施，还可以是现金加股票或股份的组合形式。

2. 与股份期权的比较

(1)激励标的

股份期权的激励标的是企业的股份,受激励对象在行权后可以获得股份完整的所有权,成为公司真正意义上的股东。股票增值权是一种虚拟的股权激励工具,激励标的物仅仅是估价和激励对象行使价格之间的差价的升值收益,并不能获得股份的所有权。

(2)激励来源

股份期权采用的是“企业请客,市场埋单”的方式,激励对象最终获得的收益实际是由市场来支付的。股票增值权对于企业来说是真金白银的付出,受激励对象的收益都是由企业通过现金支付的,实际上可以看作企业奖金的一种延期支付方式。

3. 典型案例

湖北富邦科技股份有限公司(以下简称富邦股份)成立于 2007 年 1 月 22 日,注册地位于应城市经济技术开发区,经营范围包括增值肥料、微生物肥料、包衣肥料等,系农业物联网概念股。2016 年富邦股份(证券代码:300387)实施股票增值权激励计划,激励对象共计 5 人,均为外籍管理人员、核心业务(技术)人员。激励计划总计授予 480,000 份股票增值权,占激励计划签署时公司股本总额 12,468 万股的 0.38%。激励计划的有效期为自股票增值权授权日起 6 年。每份股票增值权自授权日起 6 年内有效。行权时间分四个行权期:第一个行权期自授予日起 24 个月后的首个交易日起至授予日起 36 个月内的最后一个交易日当日止,行权条件为相比 2015 年,2017 年富邦股份净利润增长率不低于 32%,荷兰诺唯凯公司(Novochem)净利润增长率不低于 15%;第二个行权期自授予日起 36 个月后的首个交易日起至授予日起 48 个月内的最后一个交易日当日止,行权条件为相比 2015 年,2018 年富邦股份净利润增长率不低于 52%,荷兰诺唯凯公司净利润增长率不低于 29%;第三个行权期自授予日起 48 个月后的首个交易日起至授予日起 60 个月内的最后一个交易日当日止,行权条件为相比 2015 年,2019 年富邦股份净利润增长率不低于 75%,荷兰诺唯凯公司净利润增长率不低于 45%;第四个行权期自授权日起 60 个月后的首个交易日起至授权日起 72 个月内的最后一个交易日当日止,行权条件为相比 2015 年,2020 年富邦股份净利润增长率不低于101%,荷兰诺唯凯公司净利润增长率不低于63%。

四、员工股权激励计划的诉讼风险

随着实施股权激励计划的企业日渐增多,所涉及的诉讼也呈逐年增长趋势,其中包括员工离职时的股权激励收益兑现问题、对员工参加股权激励计划的资格问题、无偿赠与/代持股权的效力问题、相关协议、股东会决议的效力问题等,在制定股权激励计划时就应当注意聘请专业机构进行风险防范工作。本章中,我们主要列举几种典型的风险及应对措施供读者了解。

(一)退出机制不完善,离职员工股权无法回收

员工的股权激励计划具有较强的人身/岗位依附性,大多数企业会在设计员工持股计划时要求员工在与公司终止劳动关系后转让其所持有的全部股权以达到维持员工稳定性的目的。但由于章程文件存在矛盾、程序上存在瑕疵以及退出机制设计本身的不完善,导致员工股权激励计划在实施过程中遭受重重阻碍。

以下以发生在某规划公司的一则纠纷为例:①

规划公司于2004年改制成立,前员工彭某参加改制后对规划公司持股1.8%。公司章程规定:与公司有正式劳动关系是股东的必要条件,和公司终止劳动关系的股东必须转让其出资;公司内部实行股随岗变原则。2005年2月23日,彭某申请辞职。2005年3月11日,规划公司作出解除与彭某劳动合同关系的决定。

2005年8月23日,规划公司通知彭某召开临时股东大会。2005年9月11日,规划公司股东大会决议经2/3以上表决通过了《股权管理办法》,彭某投了反对票。该办法第5条规定:原始股股东如发生辞职、被公司辞退、开除等情况,从而导致与公司解除劳动关系,则丧失持股资格,其所持股份应当转让,由公司董事会代理受让后转入预留股;原始股股东如发生退休、劳动合同到期不再续签、死亡等情况,从而导致与公司终止劳动合同,则丧失持股资格,其所持股份应当进行转让,由公司董事会代理受让后转入预留股。第14条规定:股东因为岗位发生变化、解除或终止劳动合同关系而导致其所持有的股份必须转让,其转让的

① 详见江苏省南京市鼓楼区人民法院民事判决书,(2012)鼓商初字第1087号;江苏省南京市中级人民法院民事判决书,(2013)宁商终字第1337号民事判决书。

股份所对应的权利和义务终止时间与岗位发生变化、解除或终止劳动合同关系时间相同。第15条规定：股东因为岗位发生变化、解除或终止劳动合同关系的，其股权转让手续必须在岗位发生变化、解除或终止劳动合同之日起30日内办结。第16条规定：股东任职岗位发生变化后，拒绝按规定转让股权的，视同放弃自由转让，其全部股权按强制转让规定办理。

2006年，彭某起诉规划公司，要求法院确认《股权管理办法》无效。南京市鼓楼区人民法院一审判决驳回彭某的诉讼请求。彭某不服该一审判决，提起上诉。南京市中级人民法院二审判决驳回上诉，维持原判。

南京市中级人民法院二审判决认为，公司章程体现了全体股东的共同意志，是公司、股东的行为准则。《股权管理办法》中有关以公司章程"股随岗变"为基础所形成股份强制转让的内容，不违反法律和行政法规的禁止性规定，也不违反公司章程，应认定有效，对全体股东（包括在表决时投同意票、不同意票、弃权票的股东）均有约束力。但关于强制股份转让价格，涉及股东的自益权，对投不同意票、弃权票的股东不发生法律效力。

2012年，规划公司另案提起诉讼，向南京市鼓楼区人民法院起诉彭某称：根据公司章程及《股权管理办法》，彭某在2005年3月11日与规划公司正式解除劳动合同关系后就不再具有股东资格，故请求法院确认彭某享有的分红权截至2005年3月11日。

彭某答辩并反诉称：彭某从未转让股权，至今仍是公司登记备案的股东，应当依法享有股东分红权，但规划公司自2004年至今未再向其分红。请求法院驳回规划公司的诉讼请求，并判令规划公司按1.8%比例向彭某支付2004年至案件起诉时的分红款938,898.72元。

该案结果以法院判决规划公司向彭某支付2004年度至2011年度的分红938,898.72元及相应利息而告终。从中我们不难发现，正是由于规划公司在制定《股权管理办法》时存在纰漏，且未对股权回购价格事先明确，导致在员工离职时公司无法收回股权。

（二）行权条件不合理，离职员工仍获股权

对于行权条件未成就（或不明确）的期权，员工对未来可能获取的一定份额的股权或股票就享有期待权，在满足行权条件后，员工可以支付行权价格并获得相应股权/股票。实践中，我们往往发现一些企业在期权的行权时间上设置过于宽泛或在行权条件上设置门槛过低，导致员工即便在已经提出离职的情况下，仍可继续以其在职时的条件行权，致使员工股权激励计划挽留人才的目的落空。

以早年“搜房网”与离职高管孙某的股票之争为例：①

孙某于2000年3月16日加入搜房媒体技术(北京)有限公司(由北京搜房房天下网络技术有限公司(以下简称搜房公司)全资拥有的子公司，以下简称北京搜房公司)，先后担任公司网站内容总监、公司副总经理及总编辑等职务。为奖励孙某为公司所做的贡献并进一步激发其工作积极性，北京搜房公司的境外母公司即搜房公司分两次共授予孙某总计55,000股的期权。具体授予情况为：(1)2001年10月1日授予孙某共50,000股的期权，其中，10,000股的期权行权价格为1港元/每股，从孙某加入公司之日起(2000年3月16日)，每满1年可以行权1/3，另外40,000股的期权行权价格为2港元/每股，从授予之日起(2001年10月1日)，每满1年可以行权1/3。(2)2002年10月1日授予孙某5000股的期权，行权价格为5港元/每股，从授予之日起(2002年10月1日)，每满1年可以行权1/4。孙某就以上55,000股的期权与搜房公司签订了《股票期权协议》。搜房公司经重组后已于2010年9月在美国纽约证券交易所正式挂牌上市(股票交易代码：SFUN)，其最新(2011年3月4日)股价为每股19.95美元。

2009年7月1日，因搜房公司机构调整，孙某被迫离职。孙某在正式离职之前的2009年6月23日，以其在搜房公司的工作信箱向搜房公司的董事长莫某全发了电子邮件。信中明确提出要求认购已经可以行权的全部股票55,000股。同日，莫某全用电子邮件回复道：“我已经知道你的要求，会充分考虑此事。但到目前为止，还没有任何员工进行过期权转换，这主要是公司的问题。在公司有明确解决方案之前，我能承诺的是承认你的要求是合理的，待公司有明确解决方案时一并解决。”2009年7月9日，孙某就期权行权事宜又与莫某全通电话，主要内容：“我的邮件就是公司的证明。现在你明确提出来了，我给你回了这个邮件，认可这个事了，所以，对我自己来说，我会在处理这个事情的时候，一样会把你包含进来，不会忘了你这块，或者故意对你有什么其他的不公……”2009年7月15日，孙某通过EMS快递向莫某全寄去“关于期权行权的书面请求”，并于2009年7月21日与莫某全通电话并作了录音，莫某全在电话中确认他已经收到该书面

① 详见北京市第一中级人民法院民事判决书，(2011)一中民初字第5995号。

请求。2010 年 7 月 1 日，在搜房公司即将上市前夕，也是公司成立 11 周年之际，孙某再次向莫某全发出电子邮件，信中询问有关期权行权解决方案并再次提出了行权要求。2010 年 9 月 23 日，孙某得知搜房公司在美国纽约证券交易所上市的消息后，再次向莫某全发出电子邮件，并在信中再次提出了行权要求。2011 年 2 月 1 日至 27 日，孙某又多次与搜房公司联系并要求行权，但搜房公司一直推诿、搪塞，至今不予办理。孙某认为搜房公司的上述行为已构成违约，导致孙某至今未能按照《股票期权协议》对 55,000 股股票进行行权，因此向北京市第一中级人民法院提起诉讼，请求判决搜房公司给付孙某股票期权项下的 55,000 股股票。

该案结果以法院判决搜房公司向孙某给付 55,000 股股票而告终。搜房公司败诉原因正是由于其未妥善设置期权的行权及权利灭失的条件，导致孙某即便在 2009 年 7 月 1 日已经与搜房公司解除劳动关系的情况下，股票期权至 2009 年 7 月 31 日方才失效，而在这一个月内，孙某即便已经离职仍可依据其与公司之间的《股票期权协议》主张行权。

（三）向员工提供借款用于购买股权，员工离职后“股财两空”

员工参与股权激励计划时，出于企业现金流的考虑，也为使核心员工在一定程度上与公司共担风险，大多需要员工支付一笔金额较大的股权对价。为解决员工的资金筹措问题，有些股权激励计划会约定在员工工资中扣除一部分作为股权对价，有些会引入银行作为资金提供方，由企业提供担保，银行直接贷款给员工，还有一些企业或实际控制人会向员工提供借款用于购买股权。但在实践中，部分公司在授予股权时未同步与员工签订借款合同，即未约定股权对价借款的偿还期限，也未约定如员工拒不偿还欠款时公司是否有权收回股权，导致在公司与员工度过“蜜月期”发生纠纷后，员工不愿意偿还借款，而其手中所持有的股权公司亦难以收回，造成公司“股财两空”的不利局面。

下文以康得新复合材料集团股份有限公司（以下简称康得新公司）与其退休员工的一起纠纷为例：[①]

刘某曾系案外人康得投资集团有限公司（以下简称康得集团）副总裁。刘某

---

① 详见北京市海淀区人民法院民事判决书，（2014）海民初字第 14556 号；北京市第一中级人民法院民事判决书，（2014）一中民（商）终字第 8637 号；最高人民法院民事裁定书，（2015）高民（商）申字第 01373 号。

作为康得集团的核心员工,符合康得新公司所制定并实施的该公司核心员工股权激励管理办法(以下简称管理办法)中规定的核心员工股权激励条件。2007年6月22日,北京博大万邦国际中小企业投资顾问有限公司(以下简称博大公司)及康得新公司与刘某签订核心员工股权激励协议(以下简称激励协议)。根据协议约定,刘某认购康得新公司定向增发的股票34.5万元,刘某通过博大公司间接持有康得新公司增发新股时的股票。博大公司、康得新公司及刘某三方必须遵守管理办法以及北京康得印刷器材股份公司核心员工股权激励首次认购实施细则(以下简称实施细则)。

根据管理办法和实施细则的规定,刘某必须以自有资金购买,且应一次性足额缴纳认购激励性股票的对价。对于自有资金不足的核心员工,康得集团还制定了借款政策。刘某在签订了激励协议后,告知博大公司、康得新公司和康得集团需要公司安排借款,于是康得集团为刘某代缴了博大公司的注册资金。

然而,博大公司及康得新公司依据合同完成持股安排后,刘某始终未缴纳认购股票的对价,亦未签署与康得集团的借款合同。激励协议同时约定,在刘某违反该协议第4条相关规定时,博大公司及康得新公司有权按照该条款的约定,对刘某所持激励性股票进行收回或回购。根据激励协议第4条的规定,康得新公司股票上市后3年内为该激励性股票的锁定期,在激励性股票锁定期内,如刘某与康得新公司终止劳动关系,则博大公司及康得新公司有权以成本价回购刘某持有的激励性股票。

2010年7月5日康得新公司股票上市,而刘某于2011年11月30日起就与康得集团终止劳动关系,因此博大公司主张刘某违反了激励协议的约定,该激励性股票应予以收回。针对刘某的持续违约行为,博大公司及康得新公司在多次追索未果的情况下,于2013年9月23日向刘某发送关于解除激励协议通知函,通知刘某鉴于其违约行为,解除激励协议。但是,刘某认为其虽已离职但仍系博大公司股东,并向法院起诉对博大公司主张其股东权利。在刘某起诉后,博大公司与康得新公司亦向法院提起诉讼,要求确认两公司与刘某所签激励协议已于2013年9月24日解除。

经审理,法院认为,刘某所持激励股权增资款项确系以刘某名义存入公司资本账户,故刘某对公司的增资义务应视为已经完成。至于出资款是其本人自有资金还是第三人垫付,仅涉及刘某与第三方之间的债权债务关系,并不影响刘某出资行为本身的法律效力。康得新公司的情况在科创企业中并不是个例,如何在向员工提供购股资金时预判员工违约的风险,也是我们科创企业在制定股权激励计划时不得不纳入考虑的一点。

专 题 二

知识产权与商业秘密

科创企业上市过程中知识产权争议预防及恶意诉讼应对策略

——兼析正当维权与恶意诉讼的边界

郭　君*

科技型、创新型企业通常均具备成长迅速的共性，但往往发展前期实现盈利困难，所以当资金不足成为科创企业的主要压力时，上市融资便是科创企业寻求资金支持的备选路径之一。科创板作为我国A股市场与国际化接轨过程中资本市场制度改革的特殊产物，为国内科创型企业发展带来机会。与此同时，科创板对企业知识产权提出了更高的要求，使科创板拟上市企业面临机会与风险共存的境遇。

中国证券监督管理委员会（以下简称证监会）2019年3月1日发布的《公开发行证券的公司信息披露内容与格式准则第41号——科创板公司招股说明书》（以下简称《第41号准则》），不仅要求发行人在招股说明书中披露技术先进性、研发技术产业化情况、[①]核心技术及技术来源，[②]尤对上市产生更大影响的是，就

---

* 郭君，上海市金茂律师事务所合伙人，北京大学法学学士，上海市侨办、上海市徐汇区老干部局、信访办、浦东新区民宗委、上海市海港综合经济开发区等政府部门法律顾问，上海市青年创业导师团导师，曾荣获上海市徐汇区三八红旗手、徐汇区司法行政系统先进个人、青年律师优秀论文一等奖等荣誉，执业领域为知识产权、商法。

① 《第41号准则》第27条。

② 《第41号准则》第54条。

企业的重大知识产权资产，不得发生阻碍公司上市的重大诉讼。①

统计显示，2019 年 3 月 22 日至 2021 年 4 月 28 日，上海证券交易所共计公布受理了 554 份申报稿，299 家注册生效，99 家企业因主动撤回而终止，其中主动撤回者，不乏身陷专利诉讼之情形。

一、诉讼在科创板申报企业上市过程中具有重大影响

1.《第 41 号准则》对发行人核心技术涉诉的规制

（1）要求发行人对与企业重大技术相关的诉讼风险包括可能对发行人合法合规性及持续经营产生影响的法律风险，应及时予以披露。②

（2）发行人不得存在核心技术、商标的重大权属纠纷，重大偿债风险，重大担保、诉讼、仲裁等或有事项，否则视为企业不具备直接面向市场独立持续经营的能力。③

2. 基于《第 41 号准则》的上述规制，拟上市科创企业存在遭遇专利诉讼的风险

科创板上市进程中，专利诉讼堪称是竞争对手狙击拟上市企业的基本手段。安翰科技（武汉）股份有限公司（以下简称安翰科技）是 99 家主动撤回上市申请的企业之一。该公司在招股说明书中曾披露其研发的“磁控胶囊胃镜系统”机器人兼具精准磁控、人工智能、微光学成像、图像处理、无线传输等多项核心技术，获得国内外授权专利 51 项，该等专利的授权及后续的专利申请被该公司认为其已形成有效知识产权壁垒构成安翰科技在招股说明书中明文昭示的“知识产权优势”。但 2019 年 11 月 25 日，安翰科技及其券商向上海证券交易中心提交《安翰科技（武汉）股份有限公司关于撤回首次公开发行股票并在科创板上市申请文件的申请》。

安翰科技在短短 6 个月时间内作出从主动申请上市到主动撤回上市两个截然相反的重大公司决策，引人关注。经查，信息公示平台显示安翰科技自 2019 年 3 月 22 日递交科创板上市申报稿后，开始卷入诉讼。2019 年 5 月 10 日，原告

① 《第 41 号准则》第 62 条。
② 《第 41 号准则》第 33 条。
③ 《第 41 号准则》第 62 条。

重庆金山医疗器械有限公司(以下简称金山科技)向重庆市第一中级人民法院同时提起6起诉讼,其中5起案由为专利权属纠纷,①1起为侵害发明专利权纠纷,②被告均是安翰科技。2019年11月27日即安翰科技向上海证券交易所递交撤回上市文件申请后的第3日,金山科技向重庆市第一中级人民法院递交5份撤诉申请,将5起专利权属纠纷案全部撤回。前后时间的紧密相随,不难推断诉讼行为的狙击目标与企业上市相关(见表2-1)。

表2-1　金山科技 vs. 安翰科技行动时间对比

安翰科技申请上市时间	金山科技提起诉讼时间	安翰科技撤回上市申请时间	金山科技撤诉时间
2019年3月22日	2019年5月10日	2019年11月25日	2019年11月27日

3. 竞争对手提起专利侵权诉讼或权属主张,起到了延缓拟上市企业上市进程的负面效果

安翰科技在遭遇金山科技组合诉讼后,于2019年8月13日作出及时反击,将金山科技的5项专利向国家知识产权局提出宣告专利无效的申请,并成功使金山科技作为侵权诉讼权利基础的5项专利被宣告无效,可谓一举制胜。同年,安翰科技向重庆市第一中级人民法院提起5起"因恶意提起知识产权诉讼损害责任纠纷案"。③ 另,对于金山科技起诉安翰科技侵害发明专利权纠纷案,已于2020年8月14日经由重庆市第一中级人民法院判决。法院认为,被诉侵权产品没有落入涉案专利权利要求保护范围,从而将金山科技的诉讼请求予以驳回。

然而,有效反击并不会让企业的尴尬消弭,毕竟安翰科技被迫止步上市已成事实。

二、正当维权与恶意诉讼的边界

安翰科技经历与金山科技的诉讼对决后,其法定代表人吉朋松于2020 IP talk峰会上指出,恶意诉讼为科创企业带来三大毒害:阻碍发展、毒害科创、浪费

---

① 参见重庆市第一中级人民法院民事裁定书,(2019)渝01民初395号、(2019)渝01民初396号、(2019)渝01民初397号、(2019)渝01民初398号、(2019)渝01民初399号、(2019)渝01民初401号。

② 参见重庆市第一中级人民法院民事判决书,(2019)渝01民初402号。

③ 参见重庆市第一中级人民法院民事判决书,(2019)渝01民初430号、(2019)渝01民初434号、(2019)渝01民初435号、(2019)渝01民初436号、(2019)渝01民初437号。

资源,呼吁既要反对专利侵权,更要打击恶意诉讼。那么,拟上市企业但凡被诉就涉及恶意诉讼了吗?下文即对正当维权与恶意诉讼的识别进行研究。

1. 专利权利人在企业上市期间提起专利诉讼是否属于主观恶意

以原告湖南快乐阳光互动娱乐传媒有限公司(以下简称芒果 TV)诉被告上海量明科技发展有限公司(以下简称量明公司)因恶意提起知识产权诉讼损害责任纠纷一案[①]为例。

该案原告诉称:原告系湖南广播电视台新媒体机构。被告量明公司系非专利实施主体。2018 年 6 月被告获知原告处于重组上市的关键时期,在明知其请求缺乏事实和法律依据的情况下,对原告提起专利侵权诉讼,不正当行使诉讼权利。量明公司在专利侵权诉讼中的主观恶意明显,主要体现在:(1)量明公司明知芒果 TV 实施的方法未侵害其专利权。量明公司据以提出专利侵权的是专利号为 ZL201110251343.1,名称为"信息超期触发广告数据输出的方法及系统"的发明专利,在专利申请、专利无效或是在专利侵权诉讼阶段,量明公司都明知涉案专利权利要求 1 中涉及的网络信息是与用户操作相关联的,必须是缓存、事先上传或者收藏过的内容,涉案专利的方案要解决的技术问题是"如何控制运营商由于网络数据信息存储时间增长而导致的运营成本增加",其方案涉及对存储时间的检测以及存储时间与预期时间期限的比较。而在专利侵权诉讼(2018)粤 73 知民初 1909 号案(以下简称 1909 号案)中,芒果 TV 的被诉方案是在网络视频中插播广告的方法,网络视频并不是用户存储的数据,不存在因用户存储数据导致运营成本增加,是否插播广告也不取决于该视频的存储时间,芒果 TV 的被诉方案与用户操作完全无关,明显不落入涉案专利的保护范围;网页视频播放过程中插播广告的方法为公知技术,量明公司将其纳入涉案专利保护范围并据以起诉,主观恶意明显。(2)量明公司明知自己缺乏事实依据。在 1909 号案开庭审理过程中从未进行过任何侵权比对,没有尽到初步的举证责任,当庭撤诉。量明公司的恶意诉讼行为,给芒果 TV 的重组上市造成了不利影响,请求量明公司依法赔偿芒果 TV 损失及合理支出共计 100 万元。

就量明公司的诉讼行为是否具有主观恶意的问题,广州市知识产权法院认为:"企业上市期间并非专利侵权诉讼的'禁诉期',上市企业也并非知识产权维

---

① 参见广州知识产权法院民事判决书,(2019)粤 73 知民初 1584 号。

权的‘避风港’。针对拟上市企业提起诉讼的恶意认定，应当在全面审查原告事实依据和诉讼证据的基础上，评判原告的主观状态综合认定，而不是仅凭起诉时间和起诉对象片面推断。本案中，涉案专利授权公告时间为 2017 年 12 月 5 日，1909 号案的起诉时间是 2018 年 6 月，从专利授权到发现涉嫌侵权行为再到起诉，各事件的时间节点基本符合常理，无法证实量明公司的起诉存在恶意。并且，根据芒果 TV 在本案中提交的《关于湖南快乐阳光互动娱乐传媒有限公司业绩真实性专项核查报告》《关于中国证监会上市公司并购重组审核委员会审核意见的回复》《发行股份购买资产并募集配套资金暨关联交易实施情况暨新增股份上市公告书》等材料记载，至少从 2018 年 3 月芒果 TV 筹备重组上市工作起，至 2019 年 5 月芒果超媒股份有限公司发布上市告知书，芒果 TV 筹备重组上市事宜并未明显受到 1909 号案诉讼影响。进一步地，芒果 TV 亦未提交证据证实量明公司存在通过诉讼获取不正当利益的行为。因此，芒果 TV 主张量明公司选择在芒果 TV 上市的关键时期起诉具有恶意，其诉讼目的是获取非法或不正当利益，证据不足，本院不予认定。”

笔者作为该恶意诉讼案被告量明公司的诉讼代理人，对判决书所载“企业上市期间并非专利侵权诉讼的‘禁诉期’、上市企业也并非知识产权维权的‘避风港’之喻，印象极为深刻。从诉讼策略来看，权利人可能会选择被告‘最痛’的时间启动维权，如被告上市的关键阶段。如果专利维权的权利基础正当，且对于侵权事实的存在与否尽到合理的举证义务，则选择什么起诉时机并不是判断是否构成恶意诉讼的依据，或构成是否定性为恶意诉讼要考虑的因素。相反，行为人明知其权利基础存在瑕疵，甚至通过专利申请创设有瑕疵的权利基础，再通过积极的行动将对方当事人拖入诉讼程序，以此达到某些维权之外的目的，则构成恶意。专利权利设置的目的，是通过法律保护让权利人的智力成果始终处于专有或专属的状态，非专利权人要想使用他人的专利技术，必须依法征得专利权人的授权或许可，这是人类长期从事商业交流和竞争产生出来的规则。任何一个专利权利的设置者，都不应违背诚信原则利用法律获取不正当利益，否则应当承担法律后果。广州市知识产权法院对本案的裁判相当于对类案权利人如何正当维权作出了指引。

2. 识别正当维权和恶意诉讼，应当兼顾专利案件的特殊性

安翰科技在专利诉讼反击战中，将原告金山科技的系列专利提起专利无效

宣告请求,并最终得到专利复审委员会的支持。继而安翰科技提起系列“因恶意提起知识产权诉讼损害责任纠纷案”,将金山科技诉至重庆市第一中级人民法院。但这里需要注意的问题是,是否因为现有技术抗辩成功便可以认为对方诉讼行为具有恶意。

最高人民法院审理的罗某彬、重庆市德拉尔塑胶有限责任公司与刘某曦因恶意提起知识产权诉讼损害责任纠纷申请再审[(2014)民申字第1710号]案件中指出:“专利技术特征的对比判断具有一定的专业性、复杂性,因此不能简单地以被控侵权人提出了现有技术抗辩或者相关在先公开的专利技术资料的事实,就认定专利权人对其专利权是否有效有确定无疑的判断。判断专利权人是否明知存在公知技术而申请专利、是否明知专利权无效而恶意进行诉讼,应该根据在具体案件中对方当事人提交的相关证据,进行个案审查。”

关于专利案件的特殊性即专业性和高度的复杂性,仍以前述芒果TV与量明公司案件为例讨论。

原告芒果TV认为,被告量明公司提起前案专利侵权诉讼后,未能向法庭提供可做侵权比对的证据,并当庭撤诉,提起专利侵权诉讼明显缺乏事实依据,主观恶意明显。本案中,所涉专利确具特殊的专业性和高度的复杂性。量明公司申请的名称为“信息超期触发广告数据输出的方法及系统”的发明专利,于2011年8月29日申请,于2017年12月5日获得授权(专利号为ZL201110251343.1),审查时间长达6年。其专利技术本身的专业性、复杂性不言而喻。基于其专业性,专利审查期间审查员需根据专利技术方案检索大量国内外专利文献,通过对比文件来判断专利申请是否具有创造性;同时,审查员要根据检索到的对比文件对专利申请提出审查意见,与专利申请人存在多次交互沟通、严格论证的过程,可谓极尽审慎。而诉讼期间确定专利是否侵权又是一个复杂的过程,当事人需有证明侵权事实存在的证据及明晰的侵权比对分析,人民法院需要通过诉讼程序和规范的裁判尺度加以确认,故一般并不苛求当事人在诉讼之初就必须精准确定侵权事实成立。也是因为涉案专利的特殊专业性,原告的举证能力受到严峻考验,量明公司前案侵权诉讼代理人技术理解能力受限,未能当庭精准向法庭提供侵权比对点,未在开庭中顺利完成技术特征比对。

但举证不利的败诉结果或诉讼中的撤诉措施,均不作为判断专利权利人提起专利侵权诉讼是否具备主观恶意的识别依据。在量明公司与芒果TV专利侵权诉讼案中,量明公司存在举证不利情况,即量明公司以无法明确侵权比对对象当庭撤诉。但广州知识产权法院认为,量明公司的当庭撤诉并不违反法律规定,亦未明显损害他人合法利益。量明公司原代理人(专利侵权纠纷案)在庭前未做好充分的诉讼准备,直接导致庭审中花费大量时间仍无法确认比对对象,严重浪费庭审时间。该行为虽不妥当,却未上升到违法程度,亦无法从该行为中看出量明公司起诉时具有恶意。

3. 非专利实施主体提起专利诉讼并不是知识产权恶意诉讼的判断依据

芒果 TV 认为量明公司作为非专利实施主体,其主要的盈利模式是利用自身掌握的专利来发起诉讼,从而获得高额赔偿来获取利益,属于业内俗称的"专利流氓",向芒果 TV 发起诉讼系属恶意。

但纵观全球,各国专利法中并未规定专利的拥有者必须当且仅当自己实施专利时才能进行诉讼。专利制度鼓励专利的实施,在全球当下的专利实践中,并未对专利实施有硬性要求,亦未对非专利实施主体的地位加以任何限制(强制许可除外)。法律亦不存在禁止非专利实施主体申请专利的规定,反而国家政策鼓励申请、运营、转化专利,因此,只要专利制度允许未付诸实施的专利的存在,则非专利实施主体必然存在。人民法院不能简单因行为人未实施专利而认定其起诉为恶意诉讼。

在芒果 TV 与量明公司专利恶意诉讼案中,广州知识产权法院认为,至于芒果 TV 主张量明公司非专利实施主体的问题,由于法律未禁止非实施主体的专利权人获得专利权并以专利权为基础进行维权,芒果 TV 仅以此为由主张量明公司存在主观恶意,于法无据。

4. 恶意诉讼构成要件在实务中的把握

构成恶意诉讼,则应当至少具备如下条件:(1)专利权利人的诉讼行为主观上存在恶意;(2)专利权利人存在虚构权利基础、提起专利诉讼、诉请赔偿的侵害行为;(3)专利权利人的诉讼行为导致对方当事人遭受经济损失的损害后果;(4)专利权利人的诉讼行为与被告的受损后果有因果关系。其中,专利权利人是否存在主观过错是区分恶意诉讼与正当维权的关键点,应结合事件背景、行为动机、行为后果等加以综合判断。

主观过错的判断标准:明知其诉讼行为缺乏法律上的依据和事实上的根据,以损害对方当事人利益或为自己谋取不正当利益为诉讼目的。

裁判角度：对因恶意提起知识产权诉讼损害责任纠纷案件，首先按一般侵权案件的构成要件进行审查，针对专利权利人的权利基础、提起诉讼的主观状态、侵权事实依据以及诉讼行为等进行多角度的分析；对于加害行为要件，一般重点审查在先诉讼的被告是否完全胜诉；对于损害结果要件，重点审查在先诉讼的被告是否为诉讼有实际支出、有无其他损失；对行为违法性可暂不作审查，而在先诉讼中原告的恶意，应作为审理关键点；关于在先诉讼中原告恶意的认定，重点审查在先诉讼中原告之起诉是否具有一定的权利基础和事实基础、是否有超出诉讼的其他目的、是否存在明显不当的诉讼行为。不能简单以维权诉讼的不利结果推定原告的诉讼恶意，对因恶意提起知识产权诉讼必须依法保持较高的认定标准。

三、预防及应对恶意诉讼

正如上文所述，科创企业在上市进程中遭遇的专利诉讼，并非一概论之为恶意诉讼，但也并非没有恶意诉讼企业就不存在专利诉讼的风险。主动识别和防控专利诉讼风险从而防患于未然，是冲击科创板的企业应当增强的必要能力。

1. 提升专利侵权诉讼风险的防控能力

(1)如何预防同业竞争/非实施主体提起潜在诉讼风险。企业应建立专利情报分析机制→掌握企业在市场竞争中所处的坐标位置，以情报信息判断具备诉讼可能性的竞争对手→分析竞争对手的专利技术，提前做专利侵权对比分析→检索专利文献整理目标专利无效宣告资料→形成布局与应对方案。

(2)如何避免自主研发或合作开发技术的侵权隐患。应主动对新技术方案进行评价分析。委托专业机构完成自由实施尽职调查→根据调查结论制定风险防范预案。

(3)将共有、受让、职务发明等专利权利来源进行体系化管理，做到权属清晰。

(4)建立核心技术人员技术来源风险排查预案。

(5)解决核心技术人员与专利权属的最终关系。

(6)做好职务发明纠纷风险预判。

(7)建立商业秘密管理体系。

2. 对专利诉讼的应对策略

企业上市前期、上市过程中以及上市后都会成为遭遇专利诉讼常见时间点。

其中竞争对手提起的专利侵权诉讼或权属主张,其诉讼动机或为延缓拟上市企业的上市进程,或为从商业上打压已上市企业。

并非所有专利诉讼对科创板企业都会形成重创,但报告期内重大诉讼必然是有影响重大的。此处的重大诉讼的“重大”有两个标准:一是跟主营业务有没有关系,二是诉讼对未来企业利润是否产生影响。因此,企业要以应对重大诉讼的标准,对专利诉讼做充分的预案。

详尽的应对策略需针对企业的实际情况做定性分析和风险排序,制定相应的应对措施和切合企业需要的整体策略。本文简要针对常规风险,列举如下措施:

(1)以民事诉讼证据标准推行企业知识产权管理措施,保留有效的管理痕迹是未来庭审的证据利器;

(2)委托专利律师就企业知识产权管理现状做诊断式评估(包括审核制度、合同文件等)出具专项法律意见书;企业根据法律意见及时落实整改意见;

(3)由专利律师对企业核心技术保护方案、专利布局及权属证明等进行效力评估,培育诉讼证据;

(4)通过专业人员检索竞争者专利技术相关文献,将知识产权评议工作常态化,积累素材,以积极作为防范诉讼风险;

(5)早期识别诉讼风险,提前积累检索专利文献,整理目标专利无效宣告资料。

浅析科创板企业核心技术通过技术秘密方式保护的问题

翟正洪*

证监会在修订《科创属性评价指引(试行)》说明中提到,科创板各项制度设计必须紧紧围绕培育出更多具有“硬科技”实力和市场竞争力的创新企业,这是检验科创板是否成功的首要标准。这次完善科创属性评价指标体系,总的思路是:聚焦支持“硬科技”的核心目标,突出实质重于形式,实行分类处理和负面清单管理,进一步丰富科创属性评价指标并强化综合研判;压实中介机构责任,强化制度规则执行情况的监督检查,从源头上提高科创板上市企业质量。

科创板强调突破关键核心技术与创新。因此,《上海证券交易所科创板企业发行上市申报及推荐暂行规定》第3条规定,科创板优先支持符合国家科技创新战略、拥有关键核心技术等先进技术、科技创新能力突出、科技成果转化能力突出、行业地位突出或者市场认可度高等的科技创新企业发行上市。科创板聚集了大量技术型企业,科创板的上市审核对核心技术、知识产权相关的问题尤为关注。上海证券交易所在问询函中关注的重点是拟申请或正在申请科创板上市企业的核心技术和知识产权的法律状态。

一、信息披露中涉及技术秘密的规定

《公开发行证券的企业信息披露内容与格式准则41号——科创板企业招股

* 翟正洪,上海市金茂律师事务所律师,东华大学工学学士、西南政法大学法律硕士,具有技术经纪人、知识产权贯标内审员资质,主要执业领域为知识产权。

说明书》第62条规定,发行人应分析披露其具有直接面向市场独立持续经营的能力。生产型企业具备与生产经营有关的主要生产系统、辅助生产系统和配套设施,合法拥有与生产经营有关的主要土地、厂房、机器设备以及商标、专利、非专利技术的所有权或者使用权,具有独立的原料采购和产品销售系统;非生产型企业具备与经营有关的业务体系及主要相关资产。第54条规定了核心技术及技术来源和技术先进性及具体表征的信息披露。其中规定,"发行人应披露主要产品或服务的核心技术及技术来源,结合行业技术水平和对行业的贡献,披露发行人的技术先进性及具体表征。披露发行人的核心技术是否取得专利或其他技术保护措施、在主营业务及产品或服务中的应用和贡献情况"。

二、案例简述

技术方案的知识产权保护方式有两种,一种是专利保护,另一种是技术秘密保护。技术型企业的核心技术中,一般会有部分内容不适合申请专利,或出于保密考虑选择不申请专利。并非所有的技术方案都适合通过申请专利的方式加以保护。在很多情况下,核心技术作为技术秘密进行保护更有利于企业获得竞争优势。

未申请专利的非专利技术,上海证券交易所通常关注申报企业对技术秘密的关注问题。以下通过一个典型案例予以分析。

苏州瀚川智能科技股份有限企业《首次公开发行股票并在科创板上市招股说明书(申报稿)》重大事项主要风险因素特别提示技术泄露风险:"企业主营产品科技含量较高,并拥有大量的核心技术,现阶段主要通过技术秘密方式保护。尽管企业采取了建立健全了保密制度、加大保密技术投入及申请境内外专利等措施对技术予以保密。但上述措施并不能完全保证技术不外泄,如果出现技术外泄的情况,可能给企业生产经营造成不利影响。"从招股书上可以看出,该企业核心技术14项,拥有专利44项,通过查看其专利清单,其发明专利有10项,实用新型专利32项。14项核心技术均通过技术秘密方式进行保护。报告期内,企业依靠核心技术开展生产经营所产生的收入占营业收入的比例均在98%以上,企业主要通过其自有的核心技术贡献营业收入。

上海证券交易所《关于苏州瀚川智能科技股份有限企业首次公开发行股票并在科创板上市申请文件的审核问询函》(以下简称问询函)询问:"关于核心技

术的保护措施。根据申报材料披露,发行人主营产品科技含量较高,并拥有大量核心技术,现阶段主要通过技术秘密方式保护。企业采取了建立健全保密制度、加大保密技术投入及申请境内外专利等措施对技术予以保密。请发行人:(一)说明核心技术未申请专利的原因,是否涉及权属纠纷;(二)说明针对技术保密的内控制度及关键条款内容,相关内控制度是否健全有效;(三)报告期内企业是否发生核心技术泄密事件,如是,请披露相关情况及其对企业经营的影响及解决措施。"在《关于苏州瀚川智能科技股份有限企业首次公开发行股票并在科创板上市的科创板上市委会议意见落实函》(以下简称落实函)进一步询问:"请发行人在招股说明书中补充披露技术秘密的认定标准,进一步说明核心技术的具体内容及产品应用。"可见,科创板上市委会议针对技术秘密重点关注的问题主要涉及两个方面:一是技术秘密的认定标准,二是技术保密的保护措施。

三、技术秘密的秘密性认定

作为一项本质是信息且并非通过注册或登记产生、取得的权益,技术秘密的归属及权利范围并不像商标权或专利权那样清晰和明确。技术秘密涉及经营者利益和公共利益两个方面,技术秘密的认定标准过低,可能限制自由竞争、阻碍技术发展,而认定标准过高,又违背了保护经营者合法权益的立法本意。因此,技术秘密本身是否成立一直是难点。实践中,通常以秘密性、保密性、价值性三个构成要件作为技术秘密的认定标准。秘密性是技术秘密最核心的属性,即"不为公众所知悉"是技术秘密的认定标准重点,保密性则是技术秘密最基础的属性。

根据《反不正当竞争法》、最高人民法院《关于审理侵犯商业秘密民事案件适用法律若干问题的规定》对商业秘密的规定,商业秘密包括技术信息、经营信息以及其他商业信息。技术信息主要包括与技术有关的结构、原料、组分、配方、材料、样品、样式、植物新品种繁殖材料、工艺、方法或其步骤、算法、数据、计算机程序及其有关文档等信息。

因此,本文中的技术秘密为技术信息的商业秘密。技术秘密是为了解决某项技术问题而经由智力劳动得到的设计、程序、工艺方法等,其内在应包含技术手段或其组合,如果不包含任何技术手段,也不能解决任何技术问题,则不属于技术秘密的保护客体。技术秘密是按照客观标准进行认定,即指商业秘密中的秘密性要件,总体上应当以技术秘密不为所属领域的相关人员普遍知悉和容易获得为标准。同样,如果一项技术具有以下特征,可以认定有关技术为公众所知悉:在所属领域属于一般常识或者行业惯例;该技术仅涉及产品的尺寸、结构、材料、部件的简单组合等内容,所属领域的相关人员通过观察上市产品即可直接获得;技术已经在公开出版物、公开的报告会、展览等或者其他媒体上公开披露;技术所属领域的相关人员从其他公开渠道可以获得。但构成技术秘密通常不是孤立的单一结构,而是由若干技术形成的整体技术方案,因此对技术秘密非公知性的考查,不能割裂来看单一技术要素,应当从整体上考虑技术方案的非公知性。将为公众所知悉的技术进行整理、改进、加工后形成的新技术方案,符合不为公众所知悉的要求。由此可知,即便构成技术方案的所有技术均为公众所知悉,但若由其构成的整体技术方案满足"不为所属领域的相关人员普遍知悉"和"不容易获得"的要求,仍应当认定该技术方案满足"不为公众所知悉"的标准。

对于技术秘密而言,技术秘密的具体表现形式为技术秘密点,即通常所称的秘点。清晰明确的秘点正是界定技术秘密权利内容、权利范围以及权利边界的基础和前提。在具有承载技术秘密的合法载体的基础上,首先需要明确的就是秘点的具体内容。结合技术秘密的基本概念以及法定构成要件来看,技术秘密应当限定在确定的合法载体所固定的技术信息中属于非公知信息且具有相当价值的部分。因此,技术秘密的秘点应当仅包括技术内容,其范围应当合理,内容应当具体、清晰、明确,技术性表述应当严谨规范,并与所属领域内的公知技术予以区分。

四、技术保密的保密性认定

判断技术秘密是否具有保密性,可以从以下几个方面考虑:(1)主观性,即主观上应有保护该项信息的意愿,具体表现为为了达到防止信息泄露的目的而采取了相应措施;(2)客观性,即所采取的措施在正常情况下足以防止涉密信息泄露;(3)适应性,体现为所采取的措施应具有"合理性"和"相应性",即保密措施要与信息的商业价值等具体情况相适应;(4)区别性,即对待及处置涉密信息的手段应与一般信息有明显区分。

技术秘密的保密措施,本质上是对其载体所施加的保密措施,防止技术秘密通过载体泄露。因此,技术秘密载体的形式和特性也直接影响对技术秘密的保密措施的认定。由此可见,载体是技术秘密权利期间、权利归属以及内容范围的基本依据。如果技术秘密载体本身的形式及承载的内容不清楚明确或存在瑕疵,甚至真实性存疑,则基于该载体的所有技术秘密均难以成立。

五、技术保密的保护措施

为防止技术秘密泄露,应采取合理保密措施。根据技术秘密及其载体的性质、存在形态、技术秘密的价值、保密措施的可识别程度、保密措施与技术秘密的对应程度以及保密意愿等因素,认定是否采取了相应合理的保密措施。科创板企业保密措施的合理性审查应符合:(1)采取的保密措施要与被保密的客体相适应,以他人不采取不正当手段或不违反约定就难以获得为标准;(2)采取的保密措施,在通常情况下足以使相对人意识到该技术是需要保密的技术;(3)保密措施应当与该技术自身需要采取何种程度的保密措施即可达到保密要求相适应,通常情况下,适当性原则并非要求保密措施万无一失。

具有下列情形之一,在正常情况下足以防止商业秘密泄露的,应当认定采取了相应保密措施:(1)签订保密协议或者在合同中约定保密义务的;(2)通过章程、培训、规章制度、书面告知等方式,对能够接触、获取商业秘密的员工、前员工、供应商、客户、来访者等提出保密要求的;(3)对涉密的厂房、车间等生产经营场所限制来访者或者进行区分管理的;(4)以标记、分类、隔离、加密、封存、限制能够接触或者获取的人员范围等方式,对商业秘密及其载体进行区分和管理的;(5)对能够接触、获取商业秘密的计算机设备、电子设备、网络设备、存储设备、软件等,采取禁止或者限制使用、访问、存储、复制等措施的;(6)要求离职员工登记、返还、清除、销毁其接触或者获取的商业秘密及其载体,继续承担保密义务的。

六、技术秘密与专利

《科创属性评价指引(试行)》《上海证券交易所科创板企业发行上市申报及推荐暂行规定》都支持和鼓励形成核心技术和主营业务收入相关的发明专利(含国防专利)合计50项以上的企业申报科创板发行上市。因此,对于科创板拟上市企业来讲,相关的技术是选择技术秘密保护,还是选择专利保护,或者两者结合起来进行保护,应结合自身的经营发展情况,从技术、法律、市场等方面综合考虑之后做出选择。

专利制度“以公开换保护”的制度环境下，专利赋予企业一定时空内对特定技术发明的排他权，因而成为企业保护创新的重要手段。但专利保护具有不确定性，披露的信息也容易被竞争对手针对规避，或建立专利围墙。技术秘密有时更能有效减缓知识溢出、建立先发优势，达到保护创新、维持竞争力的作用，但也存在技术泄露风险、发现困难、维权成本高的弊端。

科创板拟上市企业可以从以下三个方面考虑，相关的技术是选择技术秘密保护，还是选择专利保护：

(1)反向工程的难易程度。对于企业的科研成果，如果其他企业不可能通过反向工程或者很难通过反向工程而获得该技术，那么，企业宜选择技术秘密保护；对于容易被其他企业反向工程获得技术的科研成果，企业宜选择专利保护。

(2)科研成果价值的期限长短。现代科技发展迅速，有时不到半年时间，技术就已被淘汰，因此，企业应评估自己企业的科研成果价值的期限。如果该科研成果的期限不超过专利法保护的期限，那么，企业可以选择专利保护。但是，对于企业的科研成果，如配方，会长期源源不断地为企业带来经济利益，那么，企业可以选择技术秘密保护，因为，技术秘密保护不受期限限制。

(3)能够获得专利的可能性高低。我国专利法对授予专利规定了严格的三要件，即新颖性、创造性与实用性。企业通常会有一些技术改进或革新等，但又不具备专利的条件。如果企业将这些改进或革新申请专利，而结果未被授予专利，那么该技术改进或革新将变成公知技术，任何企业均可任意使用。技术成果开发完成后，企业应事先分析该科研成果被授予专利的可能性，对于被授予专利可能性高的科研成果，可以选择专利保护。对于被授予专利可能性低的科研成果，宜采用技术秘密保护。

七、结语

综上所述，技术秘密保护或专利保护选择并不意味着非此即彼，需要综合考虑行业特点、技术迭代周期、侵权取证难度以及泄密发生可能性等维度全面考虑。

科创板拟上市企业专利权属风险识别与应对

王翠平*

科创板由习近平主席于2018年11月5日在首届中国国际进口博览会开幕式上宣布设立,是独立于现有主板市场的新设板块,是国家通过证券市场改革促进科技创新的举措。与以往其他证券市场板块相比,科创板放宽了对财务指标的要求,让更多科创企业通过科技创新进入资本市场。

截至2021年4月28日,科创板申报企业554家,注册生效288家。符合条件的科创板企业需要具备主营业务的持久竞争优势,而其主营业务的竞争优势需来自可以持续领先的核心技术和创新能力。专利作为核心技术的主要表现形式,为科创板上市审核过程中的重中之重。企业上市审核期间是遭遇专利相关诉讼的高发时期,竞争对手容易在这一敏感时期来提起专利侵权诉讼或者权属主张,以延缓拟上市企业的上市进程。科创企业在准备及上市审核过程中应注重自身技术研发管理、核心技术人员管理,以识别其中的专利权属风险;在遇到专利权属纠纷时,应在涉案专利技术的产生过程及涉案专利技术在拟上市企业所有专利技术中的传承性等方面提供充分的证据来应对。

一、核心技术及核心技术人员的来源

(一)核心技术的来源

1.源于企业自身研发

从科创板受理企业申请的情况来看,科创企业的核心技术主要依靠自主研

* 王翠平,上海市金茂律师事务所律师,专利代理师,电子科技大学工学学士、同济大学法学硕士,主要执业领域为知识产权。

发。科创企业核心技术从无到有的过程,需要进行研发过程的有效管理,也即将核心技术的产生过程进行规范化,留下核心技术人员将核心技术产出的痕迹/载体,如制定项目方案书、人员职责分配表,召开研发立项会议、例会、项目评审会,保留会议邀请、签到、制作会议纪要等。

科创企业核心技术自身研发过程中的研发管理的完善,既体现了企业的持续创新能力,同时也保证了技术研发全过程的可跟踪性,对确保专利技术归属的稳定性具有重要意义。审核组在问询中曾多次提到,要求企业就研发管理情况、核心技术及专利的形成过程等情况进行说明。毕竟专利技术是科创企业的核心竞争力,一旦企业与员工就专利技术归属产生争议,势必会对企业上市产生重大影响。

从司法实践的情况来看,法院在认定职务发明的标准上逐渐趋于严格。过去,只要单位提供的证据能够证明员工在单位负责产品研发工作,且单位的经营范围与发明创造的用途相一致,即可将涉案专利认定为职务发明。[①] 但是,在2021年宣判的大连东鼎工业设备有限公司与维翰(大连)工业设备有限公司专利权权属纠纷一案[②]中,最高人民法院提出,是否属于《专利法实施细则》第12条第1款第3项规定的“在原单位承担的本职工作或者原单位分配的任务有关的发明创造”,应从员工身份关系、在原单位从事或被分配的工作、涉案专利与工作内容的相关性等方面进行评判。对于本职工作或被分配的工作都不包括技术研发、改造工作,不能仅基于争议专利与单位授权的在先专利属于相同发明思路而认定属于职务发明创造。同时在上海微创医疗器械(集团)有限公司与上海纽脉医疗科技有限公司专利权属纠纷一案[③]中,上海市高级人民法院认为,职务发明认定所涉争议发明创造的技术特征与发明人在原单位履行本职工作所接触技术方案并不要求相同,只要具有一定的关联性即可,在此关联性判断需综合考虑两者是否属于同一技术领域、解决的技术问题是否相同、技术手段是否具有传承性

---

① 佛山市顺德区特立智能锁业有限公司与刘某实用新型专利实施许可合同纠纷及专利权属纠纷案,广东省高级人民法院(2009)粤高法民三终字第9号民事判决书。

② 大连东鼎工业设备有限公司与维翰(大连)工业设备有限公司专利权权属纠纷案,最高人民法院(2020)最高法知民终1335号。

③ 上海微创医疗器械(集团)有限公司与上海纽脉医疗科技有限公司专利权属纠纷一案,(2017)沪民终328号。

等因素,而非简单判断两者技术方案相比是否具有专利授权意义上的创造性,亦无须进行技术特征的一一比对。

由此可见,科创企业重视研发管理、确保研发过程按照计划实施对其职务发明的确认至关重要,而缺乏有效的技术研发管理,其代价有可能是失去技术本身。从招股说明书披露的信息来看,绝大部分企业专门设置了技术委员会或者研发企划人员等职能部门对具体研发工作进行领导或管理,具有包括根据研发需求制订开发目标、设计研发计划、成立项目组确定负责人制定研发方案、对方案的可行性进行评估与验证、提交立项评审等功能。但是仍有部分企业的披露并不充分,在针对审核组问询核心技术及专利形成过程的回复中未能按照要求进行披露。

2. 与第三方合作开发或委托研发

除了自主研发,企业还可以选择与第三方合作开发或者委托第三方开发技术,并就技术成果归属做出自由约定。

在合作研发的过程中,因研发项目产生的技术成果归属往往是被审核的重点,因技术合作开发产生的技术成果包括技术方案、技术资料、技术秘密,如项目研发使用的设备、材料、工艺、参数、加工和试验方法、图纸等技术内容,涉及的知识产权包括专利权、专利申请权、作为发明人的署名权等。在技术合作开发合同中,为保障研究成果的商业化使用,企业一般会要求就项目开发所产生技术成果享有独占性的全部权利,其他合作方未经许可,不得自行实施或以许可方式许可第三方实施。这种安排的优势在于保障了企业对技术实施的排他权,排除市场竞争,使企业能够充分获得研发产品带来的经济价值。

从申报科创板企业的招股说明书看来,大部分企业约定合作项目所产生的技术成果归已方所有,也有少部分项目采取各自拥有所开发技术成果所有权的方式。

技术委托开发是产生技术的另一种方式。为了提高研发效率,节省研发成本,企业可以根据自身情况将部分研发项目委托其他外部单位进行研发,由企业向研发单位支付技术服务费用。需要注意的是,委托开发与合作开发属于两种不同的法律关系,合作开发是各方当事人共同从事研发开发工作,而委托开发是研究开发方凭借自身的技术研发能力独立完成研究开发成果,因而法律针对这两种情况作出了不同的规定。在没有另外约定的情况下,委托开发的技术研究成果,申请专利的权利属于实施技术开发方,而不是委托方。因此,针对技术委托开发合同,要更加慎重地对待专利(申请)权归属问题。审核组在评估发行人委托研发行为时,重点关注委托研发的内容是否属于核心技术、合同对技术研究成果归属的约定、受托方的相关信息、各方权利义务安排、技术保密措施以及责任划分等情况。

3. 第三方许可/转让

科创企业中也不乏对外许可技术或者接受技术许可的情况。在江苏北人机器人系统股份有限公司招股说明书中就披露了公司在用于未来在智能装备领域的研究和业务拓展获得苏州大学的专利实施许可，在用于未来在航天领域等离子弧焊方面的研究和业务拓展获得上海交通大学的专利实施许可，并披露了许可技术的主要内容、许可类型以及许可使用的时间、地域范围和许可费用等。[①]

（二）核心技术人员的来源

科创企业的核心技术主要由其研发人员开发完成，而核心技术人员是研发人员中的中坚力量，因此核心技术与核心技术人员之间存在较强的相关性，核心技术往往通过专利技术表征出来。核心技术人员作为科创企业的专利技术的职务发明人，与专利技术的获得有着天然的联系。专利技术的来源主要在核心技术人员，若核心技术人员的技术来源存在瑕疵，则拟上市企业就可能存在专利技术权属风险。

二、专利权属风险的识别与预防

（一）专利权属风险的识别

1. 核心技术人员的职务发明纠纷风险识别

核心技术人员是专利技术的主要来源，拟上市企业需对核心技术人员进行详细的披露。结合《专利法》第 6 条第 1 款[②]及《专利法实施细则》第 12 条[③]的规

---

① 参见江苏北人机器人系统股份有限公司招股说明书（注册稿），载东方财富网，http://data.eastmoney.com/notices/detail/688218/AN201910231369561983,JWU2JWIxJTlmJWU4JThiJThmJWU1JThjJTk3JWU0JWJhJWJh.html。

② 《专利法》第 6 条第 1 款规定："执行本单位的任务或者主要是利用本单位的物质技术条件所完成的发明创造为职务发明创造。职务发明创造申请专利的权利属于该单位，申请被批准后，该单位为专利权人。……"

③ 《专利法实施细则》第 12 条规定："专利法第六条所称执行本单位的任务所完成的职务发明创造，是指：（一）在本职工作中作出的发明创造；（二）履行本单位交付的本职工作之外的任务所作出的发明创造；（三）退休、调离原单位后或者劳动、人事关系终止后 1 年内作出的，与其在原单位承担的本职工作或者原单位分配的任务有关的发明创造。专利法第六条所称本单位，包括临时工作单位；专利法第六条所称本单位的物质技术条件，是指本单位的资金、设备、零部件、原材料或者不对外公开的技术资料等。"

定,从核心技术人员的经历能够识别出有关职务发明的问题。例如,宁波容百新能源科技股份有限公司的核心技术人员田某某在2018年1月之前为中国计量大学教师,在离开原单位未满1年的2018年12月作为发明人申请了专利,该专利就可能引发权属纠纷。再如,2019年11~12月,歌尔声学对拟上市企业苏州敏芯微电子股份有限公司(以下简称敏芯微电子)提起的5件专利权权属纠纷中,其中涉及敏芯微电子的副总经理梅某某(核心技术人员)及其他从歌尔声学跳槽的员工作为发明人的专利。敏芯微电子当初埋下的风险为歌尔声学的又一次专利进攻提供"武器"。

专利权属纠纷的风险识别中,还存在核心技术人员多处任职缺少协议约定的风险。多处任职的情况是产生专利权属纠纷的另外一个因素。例如江苏北人机器人系统股份有限公司核心技术人员朱某某、林某等同时在上海交通大学任职,并在此期间产生多项公司专利,存在发生专利申请权或专利权属纠纷的风险;西安铂力特增材技术股份有限公司的核心技术人员黄某某,同时为西北工业大学教授,但并未披露就其个人成果与西北工业大学进行约定。

2. 基于合作开发/委托开发的专利权属风险识别

合作开发/委托开发的情况主要涉及两个问题,一个是核心技术来源的合法性和正当性,另一个则是核心技术对应专利权属纠纷问题。

在已经申报的科创型企业中,大多数的核心技术为自主研发,部分企业的核心技术存在基于技术许可的再创新和合作开发的情况。针对后者便涉及技术来源的合法性问题。这一合法性问题需要有拟上市企业与合作方/技术研发受托方之间的合同约定作为保障,其中包括权利归属、收益分配等。核心技术对应专利权属纠纷风险,亦需要依据合作开发/委托开发合同约定的开发成果及基于此产生的专利(申请)权的归属内容进行识别。

(二)专利权属纠纷时的预防

1. 技术研发管理

科创企业应制定并有效执行《技术研发管理规范》,实现技术人员入职、技术研发过程、离职的体系化规范。通过人力资源、研发、知识产权等部门协调,实现技术人员尤其是核心技术人员的技术研发管理,防止涉及核心技术人员的专利权属风险发生。对入职的技术人员,提前做好背景调查,防止研发过程中侵犯他人知识产权,避免相关专利权属纠纷,尤其关注研发人员在入职未满1年内的发明创造，以防止落入其原单位的职务发明范围。技术人员入职签署的劳动合同中，约定知识产权归属、保密义务以及竞业禁止，并做出在职期间不使用任何涉及他方技术秘密的承诺。技术人员在职开展研发工作期间，以项目为单位可以通过技术研发的立项报告、研发记录、结题报告、年度绩效考核表、工作笔记记录、参会记录、会议纪要签收等方式进行研发过程的追踪和记录。技术人员离职时，签订知识产权归属和竞业禁止协议，防控人员流失造成的技术流失和技术秘密的泄露。

2. 专利技术来源的约定

专利（申请）权虽然是法定权利，但无论是自主研发还是合作/委托开发均涉及法定之外的意定内容。从自主研发来说，发明人可以与其所在单位通过约定改变其权利归属，因此，科创企业应当与技术人员设置关于专利（申请）权归属的约定，以强化权利归属。对于合作/委托开发来说，我国《民法典》和《专利法》关于合作/委托开发的规定采用了意定优先的方式，而且法定的规则也极其有限，难以解决合作/委托开发中的复杂法律问题。专利（申请）权来源的契约化可以在一定程度上预防专利权属纠纷风险。

（三）专利权属纠纷的应对

拟上市企业在上市前遇到专利权属纠纷时，在分析涉案专利技术与控告方主张的技术方案不同而且没有关联性的同时，应对涉案专利技术方案产生过程进行充分举证，以从横向角度证明涉案专利技术方案来源于其研发人员的独立研发，以及应对涉案专利技术与其其他专利技术具有传承性进行分析，以从纵向角度证明涉案专利技术属于拟上市企业自身的传承性及必然性。

1. 涉案专利技术方案产生过程的证明

第一，涉案专利技术研发过程的完整记录，从涉案专利技术对应项目的立项、方案评审、研发方案确定、研发进程的阶段性验收、研发总验收、研发成果申报等，可以证明涉案专利属于拟上市企业研发团队的共同研发成果。

第二，上述研发过程对应涉案专利产生的逻辑，涉案专利技术在何种背景/需求下产生，项目立项时希望解决的技术问题，解决该技术问题的过程，解决该技术问题产生的技术效果，最终形成涉案专利技术成果。

上述证据材料以及对应的专利技术产生的逻辑，可以证明涉案专利技术方案并非发明人执行控告方的任务或者主要是利用控告方的物质技术条件所完成的发明创造。但该部分能够充分举证,需要拟上市企业具有规范的知识产权管理体系。该体系的有效执行有赖于部门之间的协同,且针对专利的权属问题风险的防控则应赋予知识产权管理者代表以一定权限,才能统筹进行上市前的风险处置。

2. 涉案专利技术与其他专利技术具有传承性的证明

第一,涉案专利技术应为拟上市企业核心技术中的某一核心技术或隶属于某一核心技术的普通技术分支。拟上市企业应当围绕其核心技术整体研发脉络,从最早的核心技术研发及后续核心技术的迭代/革新过程进行梳理分析,将涉案专利技术在核心技术整体研发脉络中进行研发时间点、解决技术问题等角度的定位,分析对于拟上市企业随着其核心技术发展和迭代产生涉案专利技术的传承性及必然性。

第二,基于涉案专利技术与拟上市企业核心技术发展脉络的传承性,可从技术领域、解决的技术问题不同、技术手段没有传承性等角度,进一步分析涉案专利技术与控告方技术方案的不同,并非涉案专利发明人执行控告方的任务,与控告方向其分配的任务也不相关。

三、结语

总之,科创板拟上市企业应当注重技术研发管理,详细记录技术研发过程,尤其是核心技术人员对核心技术的研发过程,做好专利技术来源的约定,根据《专利法》、《专利法实施细则》及《民法典》相关规定判断专利权属风险;在上市过程中遇到专利权属纠纷时,向法官或审核组提供涉案专利技术产生过程的完整证据链,并分析涉案专利技术属于核心技术整体链条上对应的某个对应技术分支,以从横向及纵向的角度分析涉案专利技术属于自身独立研发及与其核心技术发展脉络具有传承性。此外,从上海市高级人民法院《关于服务保障设立科创板并试点注册制的若干意见》第 12 条规定,我们可以识别到人民法院对拟上市企业专利权属纠纷案件的司法价值导向。这一规定将作为科创企业处理专利权属纠纷的现实指引:“强化涉科创板公司知识产权保护。加强科技创新类知识产权保护力度,依法审理涉科创板上市公司专利权、技术合同等知识产权案件,准确认定知识产权合同效力和责任承担,加大惩处侵犯技术类知识产权行为的力度,有效维护科创企业知识产权合法权益和公平竞争秩序。审慎处理涉发行上市审核阶段的科创企业的知识产权纠纷，加强与上海证券交易所的沟通协调，有效防范恶意知识产权诉讼干扰科创板顺利运行。”

科创板软件信息类企业知识产权问题研究

谢瑞强*

从2019年3月18日上海证券交易所科创板审核系统开始受理股票发行上市申请以来，截至2021年4月，已有77家[①]上海证券交易所（以下简称上交所）列明的“软件和信息技术服务业”企业提交了上市申请，其中已有19家企业处于终止注册状态，相较科创板整体审核通过率明显较低。软件和信息技术服务类企业占到科创板整体申请量的14%左右，仅次于“计算机、通信和其他电子设备制造业”和“专用设备制造业”位于申请量的第三位。根据梳理，目前提交上市申请的77家软件信息类企业主要的业务领域涉及工业软件、办公软件、金融软件、数据管理和安全控制平台等细分领域，在所处技术领域中普遍展现了“软硬结合”的技术密集型和知识产权密集型特点，为包括航空航天、[②]芯片制造在内的高精尖行业提供重要的平台化支持。本文主要分析了科创板软件信息类企业的知识产权问题，并针对上市审核过程中的知识产权问题相关审核问答做出重点审核，最后提出建设性的法律意见。

一、软件信息类企业科创板上市过程中的主要知识产权问题

软件信息类企业在科创板上市过程中主要知识产权问题是如何围绕科创属

---

* 谢瑞强，上海市金茂律师事务所合伙人，专利代理师，湖南大学工学学士、复旦大学法律硕士、同济大学国际知识产权学院管理学博士，CCAA 知识产权管理体系注册审核员，拥有版权经纪人资质、高级技术经纪人，执业领域为知识产权。

① 数据来源于上海证券交易所科创板专栏。

② 毛凌野：《磨剑十年，国产遥感软件破局前行——专访航天宏图董事长王宇翔》，载《卫星应用》2020年第5期。

性要求展示企业核心技术和主营业务的行业领先性和市场竞争力。软件信息类企业与技术相关的知识产权布局一般表现为专利权、软件著作权和技术秘密。

(一)知识产权布局与企业主营业务和主要产品及服务中的核心技术的关联性

为落实科创板定位,支持和鼓励硬科技企业在科创板上市,中国证券监督管理委员会(以下简称中国证监会)在其公布的《科创属性评价指引(实行)》中的基础性指标中明确对企业提出了包括专利在内的知识产权数量和质量要求,并在选择性指标中要求企业核心知识产权应当与其主营业务收入及主要产品和服务中的核心技术具有清晰关联。为了与软件信息类企业的知识产权实际状况相适应,在2021年的《科创属性评价指引》修订中提出,软件行业不适用专利指标的要求,研发投入占比应在10%以上。此外,《科创属性评价指引(试行)》的选择性指标还包括发行人依靠核心技术形成的主要产品(服务),属于国家鼓励、支持和推动的关键设备、关键产品、关键零部件、关键材料等,并实现了进口替代。

根据以上要求,软件信息类企业在上市前及上市审核过程中应当对包括专利权、软件著作权和技术秘密在内的核心知识产权进行分类和梳理,并对主营业务和核心技术进行可描述化的定性分析,最终形成专利权、软件著作权和技术秘密与主营业务及核心技术的关系对应表,并可在申请文件中予以主动披露。

(二)知识产权布局与企业技术先进性与竞争力的关联

中国证监会在其公布的《公开发行证券的公司信息披露内容与格式准则第41号——科创板公司招股说明书》中规定"发行人的业务及其模式具有创新性的,还应披露其独特性、创新内容及持续创新机制",并指出,"发行人应披露主要产品或服务的核心技术及技术来源,结合行业技术水平和对行业的贡献,披露发行人的技术先进性及具体表征。披露发行人的核心技术是否取得专利或其他技术保护措施、在主营业务及产品或服务中的应用和贡献情况"。

梳理目前可用的技术先进性定性或定量分析工具,除了国家机关或社会团体等的公开奖励信息外,软件信息类企业可以通过对自身专利、软件著作权的文献价值及经济价值的分析,获得更具说服力的技术先进性披露和证明范式。

(三)知识产权布局与企业风险控制的关联

软件信息类技术企业往往具有信息密集型的特点,大量资金的投入主要集中在核心团队和核心知识产权的新创过程中,因此企业知识产权的布局和运营也会对企业风险控制产生重大影响。科创板上市过程中的信息披露的核心环节即包括结合科创企业特点,对企业各种风险控制因素做出明确表述。《公开发行证券的公司信息披露内容与格式准则第41号——科创板公司招股说明书》第33条对技术风险披露做出要求,“技术风险,包括技术升级迭代、研发失败、技术专许可或授权不具排他性、技术未能形成产品或实现产业化等风险”。

软件信息类企业在科创板上市过程中应当重视对核心知识产权的管理和核心技术团队的控制,并对知识产权布局的技术路径的发展风险、竞争风险和市场化风险做出有说服力的阐述和分析。

二、软件信息类企业科创板上市知识产权问题的审核与答复重点梳理

本文对77家上交所列明的“软件和信息技术服务业”企业进行了逐条文本分析和企业概况检索,着重对其中专注软件类产品的20家企业进行了审核阶段问询及答复文件的详细分析,从而梳理了软件信息类企业科创板上市问询与答复阶段的核心要求和重点问题(见表2-2)。

表2-2 科创板部分软件信息类企业基本情况

受理时间	状态	公司名	省份城市	融资金额/亿元	技术领域
2019年3月27日	注册生效	虹软科技股份有限公司	浙江	11.32	人工智能图像识别
2019年4月3日	注册生效	北京龙软科技股份有限公司	北京	2.55	煤炭工业
2019年4月9日	注册生效	北京宝兰德软件股份有限公司	北京	2.84	电信通信
2019年4月12日	注册生效	苏州工业园区凌志软件股份有限公司	江苏	2.65	金融相关
2019年4月19日	注册生效	北京致远互联软件股份有限公司	北京	3.49	协同管理
2019年5月8日	注册生效	北京金山办公软件股份有限公司	北京	20.50	办公软件
2019年6月3日	注册生效	普元信息技术股份有限公司	上海	3.34	SOA云应用软件
2019年6月11日	注册生效	杭州光云科技股份有限公司	浙江	3.49	电商软件

续表

受理时间	状态	公司名	省份城市	融资金额/亿元	技术领域
2019年6月13日	注册生效	泽达易盛(天津)科技股份有限公司	天津	4.37	医药领域
2019年6月21日	注册生效	开普云信息科技股份有限公司	广东	4.61	数字媒体
2019年6月27日	注册生效	山大地纬软件股份有限公司	山东	3.79	智慧城市
2019年7月10日	注册生效	深圳市财富趋势科技股份有限公司	深圳	7.78	证券交易
2019年12月27日	注册生效	上海新致软件股份有限公司	上海	5.25	金融相关
2020年3月23日	注册生效	福建福昕软件开发股份有限公司	福建	4.07	办公软件
2020年4月9日	注册生效	广州中望龙腾软件股份有限公司	广东	6.01	CAD工业设计
2020年5月19日	终止注册	北京芯愿景软件技术股份有限公司	北京	4.65	芯片EDA设计软件
2020年6月22日	终止注册	深圳微众信用科技股份有限公司	深圳	2.59	银行征信
2020年6月30日	终止注册	上海博科资讯股份有限公司	上海	6.37	信息管理
2020年6月30日	提交注册	广州市品高软件股份有限公司	广东	5.69	云计算
2020年7月30日	提交注册	国泰新点软件股份有限公司	江苏	29.00	智慧城市

(一)关于软件信息类企业的科创属性

中国在上交所设立科创板的核心政策目标即为“落实创新驱动发展战略,增强资本市场对提高我国关键核心技术创新能力的服务水平,促进高新技术产业和战略性新兴产业发展”。由此可见,科创板上市过程中审核机构即使将某类型企业初步划归为软件信息类企业,但仍需结合其实际情况和产业定位确认其符合科创属性的基本要求。

如在《关于上海新致软件股份有限公司首次公开发行股票并在科创板上市申请文件的审核问询函》[上证科审(审核)〔2020〕45号]中,上交所要求“发行人、保荐机构结合业务实质说明定位合理性，结合上述问题，充分论证发行人是否属于新兴软件，是否符合推荐指引相关规定，是否符合科创板定位，并提供充分理由。该等论证不得简单罗列或重复申报材料已有内容，应充分体现内在逻辑性和客观性”。

由此可见，软件信息类企业应当充分理解《上海证券交易所科创板企业上市推荐指引》的相关规定，结合自身软件定位及所处技术应用场景定位，明确“新兴软件”的概念，并在知识产权布局过程中考虑与科创属性相适应的技术领域设定，从而在审核问询与答复过程中的科创属性相关问题中获取主动。

(二)关于软件信息类企业的技术应用场景

通过对重点软件信息类企业的实例分析，可以发现目前申请科创板上市的软件类企业均有较为明确的技术应用场景，其中业务领域为金融服务、工业软件、联合办公、云计算、智慧城市、医疗健康、电子商务等领域。上交所在上市审核问答阶段一般均会对软件信息类企业所属行业的基本情况及产品应用场景进行质询和明确。

例如在《关于北京金山办公软件股份有限公司首次公开发行股票并在科创板上市申请文件的审核问询函》[上证科审(审核)〔2019〕227 号]中，上交所要求发行人“结合研发管理情况、研发人员数量、研发团队构成及核心研发人员背景情况、研发投入情况、研发设备情况、技术储备情况等，分析发行人现有研发体系是否具备持续创新能力或发行人技术持续创新的机制，在研项目的主要方向及应用前景，技术储备及技术创新的具体安排”。而在《关于北京龙软科技股份有限公司首次公开发行股票并在科创板上市申请文件的审核问询函》[上证科审(审核)〔2019〕29 号]中，上交所要求发行人“以投资者理解的语言补充披露发行人为客户提供的主要服务或者产品内容、用途及涉及的主要技术，与地理信息系统、煤矿空间信息处理的关系”。

综上所述，科创板上市中的审核过程非常重视软件信息类企业对其业务落地应用场景进行适应性和优势性的具有说服力的解释披露，而企业核心专利等涉及的 IPC 分类和技术领域描述可以对以上信息披露提供有效的支持和证明。

(三)关于软件信息类企业的技术先进性

基于软件行业的特性，其产品更新换代较一般产品更快。此外，软件行业的技术先进性不仅体现在其程序源代码的效率及稳定性等软件本身特征上，也体现在与其结合的硬件及产业所展示的发展路径和技术应用的先进性上。上交所在上市审核问答阶段也非常重视询问软件信息类企业的技术先进性。

例如，在《关于北京宝兰德软件股份有限公司首次公开发行股票并在科创板上市申请文件的审核问询函》[上证科审(审核)〔2019〕62 号]中，上交所要求发行人"(1)逐项补充披露竞争对手在该等技术领域的表现，是否存在能够实现所披露技术优点的替代技术；(2)补充披露国内外主要竞争对手应用服务器采用的技术路线，电信、政府、金融等领域中适用的主要技术路线，充分披露发行人的技术是否具备兼容性，对比同行业可比公司是否具备技术优势及依据；(3)逐项补充披露发行人核心技术是共有技术还是特有技术，属于特有技术的，补充披露该等技术的研发难度及技术壁垒"。又如，在《关于广州中望龙腾软件股份有限公司首次公开发行股票并在科创板上市申请文件的审核问询函》[上证科审(审核)〔2020〕178 号]中，上交所要求发行人披露"打破欧美垄断的具体情况，替代进口的主要产品，以及打破欧美垄断的具体依据"以及"结合比较结果说明主要技术水平处于国内领先地位等表述是否具有充分依据"。

结合以上情况可以看出，软件信息类企业应当充分明确自身技术路径和产业发展情况，并能结合自身及主要竞争对手或行业领先者的知识产权布局阐述技术发展状况和技术成果所处的研发竞争地位及技术发展前景。

(四)关于软件信息类企业的技术风险

根据对重点企业招股说明书的分析，软件信息类企业的技术风险主要体现在技术路径选择错误、软件代际升级失败、技术秘密泄露风险、开源软件依赖性、软件应用场景所处行业需求波动、软件应用场景对应客户集中度过高并容易实现替代等方面。

例如，在《关于杭州光云科技股份有限公司首次公开发行股票并在科创板上市申请文件的审核问询函》[上证科审(审核)〔2019〕378 号]中，上交所要求发行人披露"(1)核心技术的开发过程，是否存在对开源软件的依赖，是否存在法律风险，上述核心技术在发行人生产经营中的作用、对发行人业绩的贡献程度，在核心技术或产品、服务中的运用情况；(2)核心技术的市场前景以及是否存在较高替代性，与同行业竞争对手的对比情况；(3)随着用友、金蝶等传统软件企业开始转型 SaaS 服务，发行人所面临的竞争态势以及相较用友、金蝶等传统软件企业是否存在竞争劣势和差距”。

软件信息类企业在科创板上市审核过程中应当正视自身技术风险，在审核问询回复过程中可以使用专利分析检索等工具对技术发展路径、技术领域竞争烈度、技术成熟度和可替代性等进行定量化研究，增强整理问询答复中的针对性和说服力。

（五）关于软件信息类企业的知识产权权属

软件信息类企业是典型的知识密集型企业，其核心资产往往在于企业掌握的核心技术及知识产权，因此其知识产权权属问题可能会对公司的估值产生重大影响，也是上交所上市审核阶段的关注重点。

例如，在《关于山大地纬软件股份有限公司首次公开发行股票并在科创板上市申请文件的审核问询函》[上证科审（审核）〔2019〕432 号]，上交所结合申请企业校办高校的特征要求发行人“结合山东大学战略部署、对外投资情况、山东大学教职工在发行人持股、任职情况、公司与山东大学共有专利、共同申报课题、共同研发项目、发生关联交易等诸多事项，充分论证其在技术研发、客户获得、业务开展、财务管理等方面是否依赖山东大学，是否与山东大学存在人员、资产、技术等混同情况”。又如，在《关于国泰新点软件股份有限公司首次公开发行股票并在科创板上市申请文件的审核问询函》[上证科审（审核）〔2020〕625 号]中，上交所关注申请上市企业在合作开发中的软件著作权权属问题，要求发行人“结合公司的业务类型，说明公司申请软件著作权的正当性，是否侵犯客户或第三方的合法权益，软件著作权与公司产品、服务之间的关系，报告期内是否存在软件著作权转让或许可，相关收入实现的具体情况，与他人共有软件著作权的，请进一步说明共有背景、原因，双方权利义务及对发行人和本次发行上市的具体影响”。

软件信息类企业应当及时梳理上市前及上市过程中的软件著作权、专利权等核心知识产权权属情况及权属变化情况，尤其对共有产权及基于技术合同产生的知识产权进行梳理，并在知识产权布局阶段尽量考虑知识产权权属的相关性和自主性，避免在科创板上市审核阶段陷入被动。

三、关于软件信息类企业科创板上市知识产权体系构建的建议

(一)软件信息类企业核心知识产权体系建立应当注重落地场景,实现"软硬结合"

软件信息类企业应当在建立知识产权体系时重视与应用场景相结合的布局和管理方式。软件信息类企业特别是以软件为主要产品和服务的软件企业在科创属性定位中往往存在"整体偏软、不够硬核"的问题,特别是非工业软件领域的申请企业更加容易遇到审核机构对于其是否为"新兴软件"产业的定位质疑。软件信息类企业在日常知识产权创设和管理工作中如果能够偏向于各类科技落地场景进行针对性构建,则会为后期科创板上市过程中的信息披露和问询答复奠定良好基础。

(二)软件信息类企业核心知识产权体系建立应当注重分级分类,实现"安全可控"

软件信息类企业在发展过程中还应当对自身的技术可能产生的知识产权进行分级分类管理。

首先,对软硬件相结合的且容易被反向工程破解的核心技术应当及时进行专利保护布局,并根据保护策略对部分发明专利采取预审或加速审查等方式尽快获得发明授权,以形成核心专利保护组合。

其次,对不易反向工程或非专利保护客体的纯软件代码等重要核心技术,应当及时申请软件著作权保护,并且建立涵盖针对企业内外部的技术秘密保护制度和运行机制,尽量保证核心技术和核心研发团队的稳定与安全。

最后,应当根据知识产权与核心技术的关联性和重要性排序对知识产权的确权和维权进行分类管理,对核心知识产权要重点投入人力和财力,联合企业外部法律服务资源,同时进行知识产权挖掘、布局、确权和保护,要尽量获得最为合理与有利的保护范围。对重要性较低的知识产权可以采取内部管理为主的保护方式,但也应当建立清晰、明确的管理台账。

(三)软件信息类企业核心知识产权体系建立应当注重全流程管理,增强所辖知识产权对核心技术及主营收入的解释说明能力

根据对目前软件信息类企业针对知识产权问题问询的书面答复分析,相当部分企业仍未在企业日常的知识产权管理体系中建立起全流程、有针对性的知

识产权布局和管理维护机制，因此在回答相关问询问题时也无法进行更具说服力的回应。

建议软件信息类企业在日常的技术研发项目中，从立项到研发再到实践落地到客户服务的过程中建立全流程的知识产权管理制度，同时针对核心技术链、核心工艺链和核心产业链进行有针对性的知识产权布局和覆盖，从而增强企业所有知识产权对其主营业务的支撑力和技术先进性的证明力，也为科创板上市审核的顺利通过提供助力。

企业科创板上市过程常见专利障碍及其应对策略

彭世明*　谢瑞强**

随着科创板上市公司数量逐渐增多,上交所对于科创板与其他板认定标准开始逐渐清晰。科创板强调“面向世界科技前沿、面向经济主战场、面向国家重大需求”板块定位,突出上市企业“硬科技”属性,因此,在上市审查过程中也对企业核心产品及技术相关的核心专利进行重点审查。2021 年以来科创板出现申请大量撤回的现象,其中包括柔宇科技、京东数科、禾赛科技等市场关注度较高的企业。纵观撤回企业,过半数以上在上市审查中出现了专利障碍情况,影响了企业的科创属性评价及价值评估。本文将针对科创板上市企业中涉及常见的专利障碍问题进行解读分析,并给出应对策略。

一、企业科创板上市过程常见专利障碍

(一)专利权属与状态存在瑕疵

1. 专利权属不明,造成研发能力和技术独立性质疑

例如山西锦波生物医药股份有限公司,上交所于 2020 年 6 月 1 日受理该企业上市申请,该企业的核心技术是在不同研发阶段形成的一系列技术,包括专利技术及非专利技术。招股说明书披露,公司发展早期依靠合作研发获取了核心技术专利(公司持有 70% 的专利权),之后通过多年的产业化研发及工艺改进,

---

* 彭世明,上海市金茂律师事务所律师,专利代理师,武汉科技大学工学学士,执业领域为知识产权。

** 谢瑞强,上海市金茂律师事务所合伙人,专利代理师,湖南大学工学学士、复旦大学法律硕士、同济大学国际知识产权学院管理学博士,CCAA 知识产权管理体系注册审核员,拥有版权经纪人资质、高级技术经纪人,执业领域为知识产权。

形成了以两大核心功能蛋白原料生产及终端产品开发为主的核心技术。2019年贡献公司主营业务收入的专利技术共计13项,公司均对其享有完整专利权,其中3项系公司设立初期受让自实际控制人杨霞,3项系公司与复旦大学合作研发所得,7项为公司自行研发并申请的专利技术。

因上述共有专利为公司核心技术专利,另外,3项专利实际控制人为杨霞,由此引发上交所认为该企业专利权属不明,核心技术对合作研发存在依赖,并对企业持续经营能力依赖于合作研发或相关单位等问题提出质疑。最终该企业于2020年12月28日提出主动撤回。

2. 专利数量等重要信息披露前后不一致,违反审查规定

例如长沙兴嘉生物工程股份有限公司,上交所于2020年5月29日受理该企业上市申请。根据招股说明书,该企业拥有53项发明专利,其中有多项受让自实际控制人黄逸强以及长沙兴加生物技术有限公司、长沙兴悦天华生态农业开发有限公司;多项专利被质押给汇丰银行(中国)有限公司长沙分行;同时2项核心技术专利即将到期,且其申报稿的签署日是2020年5月29日,因其中3项专利还未公告及下证,但已经计入企业的发明专利数量中,并形成主营业务收入(总计7项发明专利)。其上会稿的签署日是2020年10月26日,此时上表中所有发明专利按理说均公告授权并下证,但无论招股说明书还是《法律意见书》中,均有提到部分专利仅取得了《授予发明专利权通知书》,专利权证书尚在办理中。以上信息披露中的矛盾情况引发上交所对研发投入和发明专利数量等信息披露前后不一致的质疑。最终,该企业于2020年11月26日终止上市。

3. 核心专利存在质押情况,对持续经营构成不利影响

例如传神语联网网络科技股份有限公司,上交所于2019年11月22日受理该企业上市申请。根据招股说明书,该企业为国内领先的人工智能语言服务提供商,属于人工智能软件开发行业,所申请专利250项(在审及已授权数量),已获授权105项,其中发明专利73项,拥有计算机软件著作权176项。根据上交所查询可知,该企业共经历三轮问询,每轮均涉及核心专利问题。其中第二轮涉及核心专利质押,由此引发对企业持续经营构成重大不利影响的关注。最终该企业于2020年9月11日申请主动撤回。

（二）专利布局与管理存在漏洞

1. 专利申请布局时缺乏延续性和稳定性，企业长期研发能力受到质疑

例如昆腾微电子股份有限公司，上交所于 2020 年 8 月 11 日受理该企业上市申请。根据招股说明书披露内容，该企业拥有 41 项发明专利、49 项实用新型专利、6 项外国专利权。其中有 30 项发明专利的授权时间在 2017 年以前，报告期内获授发明专利时间集中在 2017 年，2019 年无新增获授发明专利。

上交所在问询函中要求该企业说明应用于核心技术发明专利的获授时间、发明专利申请时间较早且报告期较少等情况，说明相关专利是否仍具有先进性、认定核心技术先进性的依据是否充分、是否具备持续创新能力。企业答复 2019 年至今，公司已申请正审查的发明专利有 13 项。但经过查询，该企业因自 2016 年开始，发明专利申请数量明显下滑，2016 年 3 件，2017 年 0 件，2018 年 0 件，且结合其招股说明书可见其主要销售产品专利为 2015 年之前所申请，上交所自然会质疑企业上市后持续研发能力。最终该企业于 2020 年 12 月 25 日主动撤回上市申请。

2. 专利管理制度不健全、核心技术专利即将到期，影响企业估值

例如北京天科合达半导体股份有限公司，上交所于 2020 年 7 月 4 日受理该企业上市申请。可查该公司拥有 33 项已授权发明专利（其中境内已授权 27 项、境外已授权 6 项），符合《科创属性评价指引（试行）》第 2 款第 5 项的相关要求。境外已授权专利中，3 项为美国、3 项为日本；其中 3 项涉及该公司核心技术的发明专利将于 2023 年 11 月 14 日到期；因该公司负责专利缴费的员工工作疏忽，未能及时缴纳专利年费而导致该公司与中科院物理所共有的 3 项专利失效。2019 年 12 月 9 日，该公司与中科院物理所签署补偿协议，约定就 3 项失效的共有的专利向中科院物理所补偿 36.38 万元。该公司因部分专利失效计提无形资产减值损失 491.07 万元。

因专利失效问题引发上交所对于相关专利管理制度是否健全有效以及是否对生产经营造成重大不利影响的关注。最终该企业于 2020 年 10 月 16 日申请主动撤回。

3. 拥有专利为境内专利，缺乏海外市场国专利布局，可能影响境外销售

例如上海合晶硅材料股份有限公司，上交所于 2020 年 6 月 19 日受理该企业上市申请。根据招股说明书可知，该企业及其子公司拥有境内专利共计 85 项，

包括发明专利16项,其中4项发明专利的申请日在2010年以前,2项专利为继受取得。该企业及其子公司拥有专利均为境内专利,2项早期专利有效期较短,企业与前员工共有部分发明专利。

由此引发上交所对于企业海外专利的取得是否存在法律障碍,可能影响企业海外销售;超过专利保护期产品可能对经营产生重大不利影响;与前员工共有专利可能涉及企业重要经营产品,可能导致存在潜在纠纷等问题的关注。最终该企业于2020年12月8日申请主动撤回。

(三)专利与核心产品或技术对应性不足,造成核心技术知识产权保护力度不足

1. 专利与核心产品的匹配度不足

例如北京芯愿景软件技术股份有限公司,上交所于2020年5月19日受理该企业上市申请。根据招股说明书可查,该公司授权专利仅10项,形成主要业务专利中仅2项为自主申请取得。

由此引发上交所对受让取得专利与产品匹配度的关注。同时,该企业非专利技术占比过高,存在反向工程等问题。最终该企业于2020年12月31日申请主动撤回。

科创板上市审查中对企业专利的要求不只在数量和类型上,还提出了"主营业务收入""核心技术和主营业务收入"的对应匹配标准,即要求企业发明专利的保护内容与形成主营业务收入的产品和核心技术相对应。

2. 专利获得情况与申请资料中所述技术优势对应性不足

例如深圳市贝斯达医疗股份有限公司,上交所于2019年3月27日受理该企业上市申请。根据招股说明书可知,该公司拥有28份医疗器械产品注册证书,其中三类产品10份,剩余均为二类;9项发明专利,其中6项发明专利是继受取得;31项实用新型专利;50项非专利专有技术,未与公司拥有核心技术的披露内容有效对应。

随后,上交所针对其中专利提出问询,要求企业就拥有的核心技术取得专利、专有技术的明细,与主要产品的对应关系,帮助投资者理解相关专利、专有技术对公司生产经营的重要性程度提出问询。最终该企业于2019年8月7日终止上市。

(四)存在专利侵权风险或正在进行的专利侵权诉讼,造成核心技术价值不可控

1. 企业存在大量专利侵权诉讼,构成生产经营不利影响的重大风险

例如桂林智神信息技术股份有限公司,上交所于2020年5月26日受理该企业上市申请。根据招股说明书披露,该企业拥有11项发明专利、66项实用新型专利、51项外观设计专利,公司核心技术体现在控制算法、电机、结构组件、智能软件等方面。2018年深圳市大疆灵眸科技有限公司(原告)因不服国家知识产权局专利复审委员会(被告)对其专利号为ZL201630508592.8和ZL201430207007.1的专利作出的无效宣告决定,分别向北京知识产权法院提起2起诉讼,请求撤销无效宣告决定,该企业作为第三人参与诉讼。2019年北京知识产权法院作出一审判决,判决驳回原告诉讼请求。截至目前,该案件正处于二审审理过程中。

由此引发上交所对于该企业是否存在因诉讼结果对该企业的生产经营产生重大不利影响的风险的关注,以及目前的知识产权保护措施不能完全防止机密资料被泄露,且第三方可能仍会以其他方式获取或使用该企业的知识产权。监控他人未经授权使用公司知识产权较为困难,且可能无法完全阻止盗用行为或机密资料的泄露等风险。该企业可能须不时采用诉讼手段以维护自身合法利益,这会产生较高成本并干扰公司的运营,分散管理层的精力,从而对公司的业务造成不利影响。最终该企业于2020年9月1日申请主动撤回。

2. 企业存在大量专利侵权诉讼,通过主动应对化解风险

例如九号机器人有限公司(以下简称九号机器人),上交所于2019年4月17日受理该公司上市申请。通过招股说明书可查,该企业是小米产业链下的一家电动滑板车公司,是科创板受理的首家注册地在境外的拟上市企业。据其在2020年5月12日公开的答复中显示,围绕九号机器人的平衡车产品,发生了87项境内外诉讼和仲裁,其中有62项与知识产权相关的诉讼,其中九号机器人作为原告主动发起的诉讼境内47起,境外12起,九号机器人作为被告,侵犯他人专利权的诉讼有3起,其中境内1起,境外2起。其他诉讼主要涉及用户使用平衡车造成伤害的民事诉讼。

该企业在上市过程中也遭遇专利诉讼,但主要为该企业作为原告主动发起的诉讼。该企业作为被告的境内诉讼中,其竞争对手"东莞易步机器人有限公司"提出九号机器人侵犯其专利号为ZL201010612690.8"弹性复位机构及使用

该弹性复位机构的转向机构”的发明专利，并要求赔偿1000万元。从拟上市的该企业提起诉讼时间来看，自2019年年初，该企业便发起各类专利诉讼，与该企业上市时间有一定重合。不难发现，该企业目的通过发起专利维权诉讼，以彰显企业专利管理能力和技术能力强劲，从而使得被提起专利侵权之诉的专利在其持有上百件专利库中不那么突出。这一定程度上，缓解了对IPO过程中上交所对该专利诉讼影响的问询力度。最终2020年9月22日，该企业注册生效。

二、科创板专利障碍主要应对策略

（一）针对核心技术产品、服务进行专利布局，提升知识产权保护力度

针对核心技术产品，企业需要进行专利挖掘。专利挖掘是指在技术研发或产品开发中，对所取得的技术成果从技术和法律层面进行剖析、整理、拆分和筛选，从而确定用以申请专利的技术创新点和技术方案。

简言之，专利挖掘就是从创新成果中提炼出具有专利申请和保护价值的技术创新点和方案，成为企业的无形资产。

发明专利是专利法保护的专利的三种类型之一，是指对产品、方法或其改进所提出的新的技术方案，主要包括产品结构、方法类和用途类的发明专利。

（1）产品结构：例如，产品的具体结构都是由哪些零部件组成的，生产设备结构都是由哪些部件组成的等；

（2）方法类：例如，产品制造、加工方法、生物医药中化合物合成方法、芯片中检测方法、计算方法等；细胞培养、扩增等方法；污泥处理、垃圾处理等方法；

（3）用途类：例如，发现了某类药品还具有治疗其他疾病的用途等。

（二）强化专利管理能力，核心专利优先审查加快专利授权、无效宣告、专利复审速度

通过上文可知，企业上市过程中核心专利如正在申请中，因专利尚未最终授权，故将其作为核心专利披露时无法得到上交所肯定，且部分企业因上市过程中涉及核心专利诉讼、纠纷等原因而暂缓上市进程。面对此类困境，企业可以采取专利优先审查程序，加快专利审查速度。

根据《专利优先审查管理办法》可知，涉及节能环保、新一代信息技术、生物、高端装备制造、新能源、新材料、新能源汽车、智能制造等国家重点发展产业及其他对国家利益或者公共利益具有重大意义的发明、实用新型、外观设计专利申请

及专利复审和无效宣告案件，均可提起专利优先审查程序。对于发明专利，国家知识产权局将在45日内发出第一次审查意见通知书，并在1年内结案；实用新型和外观设计申请在2个月内结案；专利复审案件在7个月内结案；发明和实用新型专利无效宣告案件在5个月内结案。

企业通过提升自身专利管理能力，并配合律所等外部专利法律服务机构，能够有效地建立起避免专利障碍的内控体系，从而在科创板上市审查问询与答复过程中获得主动。

（三）根据市场国布局原则，通过PCT申请等方式及时进行境外专利布局

PCT是专利合作条约（Patent Cooperation Treaty）的简称。PCT是在专利领域进行合作的国际性条约，涉及专利申请的提交、检索、审查等合作内容。通过该条约，我国企业只要提交一件专利申请，即可在指定成员国中发生效力。截至2021年5月，共有193个成员国加入该合约，涉及绝大部分国家和主要经济体。

发行人产品所主要销售市场均可通过PCT的方式进入境外国家，并根据公司战略在该区域提前布局专利，以通过挤压竞争对手市场份额的方式，为后续产品销往该区域起到专利屏障的作用。

（四）针对专利侵权诉讼风险及时进行专利FTO调查及侵权规避设计

根据案例检索，多家企业在冲击IPO过程中因涉及重大专利诉讼而面临上市进程被中止或延缓的情况。建议企业在上市前可以通过对核心产品及技术进行FTO（Freedom-to-Operation）报告等方式明确专利侵权风险，做出前期预警，并及时进行规避设计和制订应对策略，从而提高企业上市进程的稳定性。

FTO报告是指专利律师等中立第三方机构针对技术实施人在不侵犯他人专利权的情况下可自由实施核心技术的书面检索分析报告。通过FTO排查潜在专利侵权风险，找出潜在存在风险专利，从而提前准备不侵权理由和证据或规避方案，以应对竞争对手的专利侵权风险之诉。

科创属性认定下的企业知识产权政策解读

彭世明*

自设立科创板并试点注册制以来，科创板始终坚守“面向世界科技前沿、面向经济主战场、面向国家重大需求”板块定位，支持和鼓励“硬科技”企业上市。截至2021年5月10日，科创板已经累计受理了546家企业的上市申请。随着科创板注册制的深度推进，科创板成了国内硬科技企业上市的首选之地。

综观多家IPO项目，核心技术、知识产权问询成为审核科技属性的重中之重。在知识产权中，持续的发明专利是最能直观评价并体现企业稳定的科技创新能力的重要因素之一。

本文将结合科创板上市政策，对发行人上市过程中涉及的知识产权政策、问询及回答予以解读，从而把握监管机构的审核要求，系统性、针对性的事先准备，对未来准备在科创板上市的企业予以参考和指引。

一、科创属性基本指标

《上海证券交易所科创板企业发行上市申报及推荐暂行规定》(2021年4月修订，以下简称《科创板上市暂行规定》)第4条对上市企业领域进行限定，第5条属于科创板上市基本门槛，第6条为第5条特别条款。第5条基本门槛中，限定了4项基本指标，分别是：

(1)最近3年累计研发投入占最近3年累计营业收入比例5%以上，或者最近3年研发投入金额累计在6000万元以上；其中，软件企业最近3年累计研发投

* 彭世明，上海市金茂律师事务所律师，专利代理师，武汉科技大学工学学士，执业领域为知识产权。

入占最近3年累计营业收入比例10%以上。

(2)研发人员占当年员工总数的比例不低于10%。

(3)形成主营业务收入的发明专利(含国防专利)5项以上,软件企业除外。

(4)最近3年营业收入复合增长率达到20%,或者最近1年营业收入金额达到3亿元。采用《上海证券交易所科创板股票发行上市审核规则》第22条第2款第5项上市标准申报科创板发行上市的发行人除外。

二、科创板属性的特别条款及对应材料

部分发行人未达到《科创板上市暂行规定》第5条科创属性要求的,可根据《科创板上市暂行规定》第6条申报科创板:

(1)拥有的核心技术经国家主管部门认定具有国际领先、引领作用或者对于国家战略具有重大意义;

(2)作为主要参与单位或者核心技术人员作为主要参与人员,获得国家自然科学奖、国家科技进步奖、国家技术发明奖,并将相关技术运用于主营业务;

(3)独立或者牵头承担与主营业务和核心技术相关的国家重大科技专项项目;

(4)依靠核心技术形成的主要产品(服务),属于国家鼓励、支持和推动的关键设备、关键产品、关键零部件、关键材料等,并实现了进口替代;

(5)形成核心技术和主营业务收入相关的发明专利(含国防专利)合计50项以上。

如发行人符合上述条款内容,针对每项条款可提交相应准备材料为:

(1)由国家主管部门出具,并将认定意见作为《科创板定位专项意见》的认定意见;

(2)有关奖项取得的时间、有关核心技术人员入职发行人的时间(社保、劳动合同、税务记录等)、发行人或相关人员在奖项中所起的作用(相应奖项,以及所承担具体职责及内容等),以及奖项相关技术如何运用于主营业务(与主营业务产品、工艺等相对应的材料)、报告期内相关收入占主营业务收入比例;

(3)项目的任务合同书等法律文书,有关项目的组织单位、所涉及的合作方、发行人在项目中所起的作用相关材料(项目参与人员所承担主要内容及相应人员在发行人公司在职材料,情况说明等材料);发行人所承担项目属于国家重大

科技专项子项目的，子项目与总体项目的关系的相应材料；

（4）报告期内依靠核心技术形成产品或服务的收入占比说明，有关产品或服务属于国家鼓励、支持和推动的关键设备、关键产品、关键零部件、关键材料等的明确依据（可结合国家主导产业目录或政策文件的说明材料），以及实现进口替代的具体依据；

（5）有关专利与核心技术和主营业务收入相关的材料。

三、披露信息豁免条款及对应材料

《科创板上市暂行规定》虽然反复强调第3条至第6条论证的重要性，但部分企业拟披露信息往往涉及国家秘密或商业秘密、披露后会违反国家法律法规或影响公司利益时，企业可以按照以下方式进行处理：

发行人及其保荐机构应当在提交发行上市申请文件或问询回复时，一并提交关于信息豁免披露的申请文件（以下简称豁免申请）。

1. 豁免申请的内容发行人应在豁免申请中逐项说明需要豁免披露的信息，认定国家秘密或商业秘密的依据和理由，并说明相关信息披露文件是否符合招股说明书准则及相关规定要求，豁免披露后的信息是否对投资者决策判断构成重大障碍。

2. 涉及国家秘密的要求发行人从事军工等涉及国家秘密业务的，应当符合以下要求：

（1）提供国家主管部门关于发行人申请豁免披露的信息为涉密信息的认定文件；

（2）提供发行人全体董事、监事、高级管理人员出具的关于首次公开发行股票并上市的申请文件不存在泄密事项且能够持续履行保密义务的声明；

（3）提供发行人控股股东、实际控制人对其已履行和能够持续履行相关保密义务出具承诺文件；

（4）在豁免申请中说明相关信息披露文件是否符合《军工企业对外融资特殊财务信息披露管理暂行办法》及有关保密规定；

（5）说明内部保密制度的制定和执行情况，是否符合《保密法》等法律法规的规定，是否存在因违反保密规定受到处罚的情形；

（6）说明中介机构是否根据国防科工局《军工涉密业务咨询服务安全保密监

督管理办法》取得军工企业服务资质；

(7)对审核中提出的信息豁免披露或调整意见，发行人应相应回复、补充相关文件的内容，有实质性增减的，应当说明调整后的内容是否符合相关规定、是否存在泄密风险。

3. 涉及商业秘密的要求发行人因涉及商业秘密提出豁免申请的，应当符合以下要求：

(1)发行人应当建立相应的内部管理制度，并明确相关内部审核程序，审慎认定信息豁免披露事项；

(2)发行人的董事长应当在豁免申请文件中签字确认；

(3)豁免披露的信息应当尚未泄露。

例如，北京富吉瑞光电科技股份有限公司，披露公司主要以军品业务为主，部分信息涉及国家秘密，涉密信息主要包括涉军供应商或客户具体名称、涉军采购或销售量价信息、从事军品科研生产和销售所需资质、相关项目的真实名称等内容。根据《军工企业对外融资特殊财务信息披露管理暂行办法》等法规的相关规定，军工企业涉密信息应采取脱密处理方式进行披露，部分无法进行脱密处理或者进行脱密处理后仍存在泄密风险的信息，军工企业应当取得国防科工局的豁免披露批复或者向交易所申请豁免披露。公司已获得国防科工局《关于北京富吉瑞光电科技股份有限公司在科创板上市特殊财务信息豁免披露有关事项的批复》(科工财审〔2020〕1169 号)。

四、科创板核心要素之知识产权权属归属、专利数量、专利与产品匹配度

根据《科创板上市暂行规定》第 5 条和第 6 条的规定，充足的核心技术的发明专利数量对突出企业研发能力的作用不言而喻。根据上交所公开资料可查，少数申报企业满足“形成主营业务收入专利满足 5 项发明专利”的要求，但存在原始取得发明专利数量达不到 5 件以上，部分重要专利系继受取得或与他人共有，与产品匹配度不足，从而引发上交所对企业持续经营存在重大不利影响的关注。一般以下几点内容企业及保荐机构需要格外说明：

(1)继受取得或与他人共有专利的重要性，与所提供产品或服务的内在联系。

(2)继受取得或与他人共有专利的背景、过程，是否存在瑕疵、纠纷和潜在

纠纷。

（3）原权利人、共有人的基本信息，共有人使用或许可专利的具体情况。涉及控股股东、实际控制人或其控制的其他企业的，还应分析对独立性的具体影响。

（4）涉及《专有技术（专利）实施许可合同》和/或《专利转让合同》等同类合同，针对各合同中的核心内容，发行人及保荐人还需在招股说明书中明确：相关资产的具体用途、对发行人的重要程度、未投入发行人的原因、租赁或授权使用费用的公允性、是否能确保发行人长期使用、今后的处置方案等，并就该等情况是否对发行人资产完整和独立性构成重大不利影响发表明确意见。

以北京芯愿景软件技术股份有限公司为例，因获得授权专利仅10件，形成主要业务专利中仅2件为自主申请取得，而且公司非专利技术占比过高，存在反向工程等问题，最终导致冲击科创板失败。下文为上交所问询：

（1）专利权人无偿转让的原因及合理性；

（2）专利权人转让专利原因，发行人受让该专利前是否已经实施该项专利以确定是否存在关联关系及潜在利益安排；

（3）转让方可继续实施专利的原因及商业合理性，原专利权人是否需要支付授权费用及费用的支付方式及费用的公允性，专利权属是否存在纠纷或潜在纠纷；

（4）受让取得的专利，发明人是否在发行人处任职，主要发明多通过受让取得的原因，发明人自主研发能力是否有局限性；

（5）非专利技术的内容和构成，不采取专利方式进行知识产权保护的原因。

针对此类问询，发行人北京芯愿景软件技术股份有限公司及保荐机构民生证券股份有限公司答复如下：

（1）无偿转让专利权利人公司天津易哲微电子技术有限公司是与发行人同一控制下的公司，为公司内部创业平台，所有员工均来源于发行人全资子公司芯愿景软件有限公司（以下简称天津芯愿景），后因上市对董监高任职事项进行梳理和规范时，注销专利权人，并经股东统一讨论后决定将专利无偿转让给天津芯愿景，对天津芯愿景，无不利影响，且截至问询函回复之日，3项专利发明人均在天津芯愿景任职。

（2）公司合作通过产业论坛会议结识，除转让专利外不存在其他业务合作情况,不存在关联关系及潜在利益安排。转让专利的原因是公司实际控制人与专利权人沟通技术问题时获知对方存在解决相关问题的专利技术,故双方协商转让专利事宜。关于转让后保留专利使用权,因专利权人在应用该专利技术方案业务领域较小,故同意转让后继续保留专利使用权。受让时间为2020年2月10日,受让专利前未曾使用该专利。

(3)经双方协商,参考上述评估价值及授权实施专利事宜,最终决定公司需向专利权人支付对价10万元,并授权专利权人继续实施该专利以避免产生侵权风险,专利权不存在潜在纠纷。

(4)受让取得的专利发明人是否在公司任职,专利权人为发行人全资子公司,发明人在公司任职外,其他受让专利发明人均不在公司任职。关于公司通过受让取得专利,自主研发能力是否具有局限性,因部分发明人为公司员工,具有一定自主研发能力,截至问询回复,公司取得了11项专利,近60项软件著作权和20余项集成电路布图设计专有权,公司具有自主研发能力。

(5)第一,公司通过软件著作权保护了大部分技术成果;第二,公司部分核心技术因取证、举证困难无法通过专利进行实质性保护;第三,公司采取了其他措施如"数据加密、集中存储、安全隔离、禁止下载等措施"保护非专利技术。

如在上海康鹏科技股份有限公司的问询与答复中,发行人在答复时,通过论证专利产品与同行业专利文献及行业最新文献,列出关键指标对比清单(如通过该专利方法或装置,使得产品工艺、安全性、稳定性等得到提升,副产品含量降低,生产或使用产品时环境危害小、成本降低等),从而突出发行人核心技术先进性的关键指标、具体表征和创新性,在境内外同同行业发展水平中所处位置及比较优势。

五、科创板核心要素之"持续创新"并"稳定经营"

因企业上市后需要长期给予股东带来回报,即便在上市那一刻满足要求,企业长期稳定的创新能力和经营能力也是上交所格外关注的因素。

(一)考察企业持续经营能力

考察企业持续经营能力主要包含以下几个方面:

(1)发行人所处行业受国家政策限制或国际贸易条件影响存在重大不利变化风险;

(2)发行人所处行业出现周期性衰退、产能过剩、市场容量骤减、增长停滞等情况;

(3)发行人所处行业准入门槛低、竞争激烈,相比竞争者发行人在技术、资金、规模效应方面等不具有明显优势;

(4)发行人所处行业上下游供求关系发生重大变化,导致原材料采购价格或产品售价出现重大不利变化;

(5)发行人因业务转型的负面影响导致营业收入、毛利率、成本费用及盈利水平出现重大不利变化,且最近一期经营业绩尚未出现明显好转趋势;

(6)发行人重要客户本身发生重大不利变化,进而对发行人业务的稳定性和持续性产生重大不利影响;

(7)发行人由于工艺过时、产品落后、技术更迭、研发失败等原因导致市场占有率持续下降、重要资产或主要生产线出现重大减值风险、主要业务停滞或萎缩;

(8)发行人多项业务数据和财务指标呈现恶化趋势,短期内没有好转迹象;

(9)对发行人业务经营或收入实现有重大影响的商标、专利、专有技术以及特许经营权等重要资产或技术存在重大纠纷或诉讼,已经或者未来将对发行人财务状况或经营成果产生重大影响;

(10)其他明显影响或丧失持续经营能力的情形。

例如北京木瓜移动科技股份有限公司(以下简称木瓜移动),“2018 年,木瓜移动向 Facebook 采购额占全年采购额的 91.99%,相关收入亦主要依赖 Facebook 渠道实现,而其采购占 Facebook 亚洲收入和广告总收入的比重较低,相关合同条款对其业务的可持续性亦存在不利影响,公司未在申报稿招股说明书显要位置充分揭示上述情况对公司持续经营能力的不利影响”。最终该企业于 2019 年 7 月 8 日申请主动撤回。

针对上述第 9 项的企业,如发行人处于重大诉讼或仲裁,保荐机构和发行人律师应当全面核查报告期内发生或虽在报告期外发生但仍对发行人产生较大影响的诉讼或仲裁的相关情况,包括案件受理情况和基本案情,诉讼或仲裁请求,判决、裁决结果及执行情况,诉讼或仲裁事项对发行人的影响等。

发行人控股股东、实际控制人、控股子公司、董事、监事、高级管理人员和核心技术人员涉及诉讼或仲裁的比照上述核查要求执行。

涉及主要产品、核心商标、专利、技术等方面的诉讼或仲裁可能对发行人生产经营造成重大影响，或者诉讼、仲裁有可能导致发行人实际控制人变更，或者其他可能导致发行人不符合发行条件的情形，保荐机构和发行人律师应在提出明确依据的基础上，充分论证该等诉讼、仲裁事项是否构成本次发行的法律障碍并审慎发表意见。

又如傲基科技股份有限公司，上交所于2019年9月12日受理该企业上市申请。但该企业涉及专利诉讼，被美国NPE公司在得克萨斯州东区联邦地区法院起诉，宣称侵犯其专利权，该批专利主要技术为移动终端充电技术，导致发行人因诉讼造成重大不利影响。最终该企业于2020年4月30日主动撤回。

（二）强化企业持续创新及稳定经营的建议

首先，及时将企业研发产品申请专利，提升知识产权保护能力，对实现某一核心技术目标的所有规避设计方案全部申请专利，在该领域保证专利数量的领先。挖掘核心产品中每一项研发步骤、制作工艺，甚至产品上下游领域的专利，避免被竞争对手“卡脖子”。

其次，尽量避免以第三方授权作为核心技术、核心商标而建立商业运营；对于开源技术，在开源技术基础上形成企业独有的发明专利，以避免竞争门槛过低，市场不稳定等不利影响。

再次，提高企业内控管理，建议长期稳定研发结构，保持技术不断创新的机制、技术储备及技术创新，核心技术申请多项发明专利，形成知识产权矩阵；研发计划、过程、主要利用本单位物质、技术条件等内容进行保存留档，以应对核心技术人员职务发明权属不清等潜在风险；提高企业内控标准，委托专业机构管理和布局知识产权管理体系，明确公司知识产权管理内容和流程。

最后，通过租赁取得的知识产权等核心技术的，与权利人签订期限较长的书面知识产权独占许可合同（专利权人放弃使用该知识产权），授权期限应涵盖专利的有效期，如涉及商标需包括续展期，防止合同到期后被权利人撤回，从而影响发行人的持续经营能力；通过专业评估机构，约定公允的价格。涉及控股股东、实际控制人等获得相应核心知识产权的，应按照发行人内部决策程序，并经由董事会、股东大会审议通过，并就以上相关材料存档备案待查。委托第三方开发或共同开发的专利，委托合同中明确专利权归属，保证长期专利权稳定性。

专 题 三

财务税务合规及筹划

拟上市公司股改过程中税务问题法律实务

孙晓波* 沈 粤** 韩春燕***

公司上市前股份制改革不仅是公司组织形式的简单改变,而且是一个复杂的系统性工程,涉及公司股权结构、内部管理制度、业务结构、财务结构、税收筹划等诸多方面问题。在梳理了百余家科创板拟上市公司监管问询函后,本篇文章把关注点落在有限责任公司股份制改革进行过程中,涉及转增股本、派发股利、股权转让情况下企业所得税及个人所得税的缴纳问题,并在此基础上进行分析与总结,以期对公司及自然人股东合法纳税、合理解决涉税问题有所助益。

一、股改过程中转增股本相关所得税问题

根据《公司法》的规定,公司有两种类型,一是有限责任公司,二是股份有限公司,其中股份有限公司包括了上市公司。《首次公开发行股票并上市管理办法》(2020 年 5 月 15 日)第 8 条规定:“发行人应当是依法设立且合法存续的股份有限公司。经国务院批准,有限责任公司在依法变更为股份有限公司时,可以采取募集设立方式公开发行股票。”第 9 条规定:“发行人自股份有限公司成立后,持续经营时间应当在 3 年以上,但经国务院批准的除外。有限责任公司按原账面净资产值折股整体变更为股份有限公司的,持续经营时间可以从有限责任公司成立之日起计算。”根据上述规定,有限责任公司为了满足 3 年的持续经营

---

* 孙晓波,上海市金茂律师事务所律师,上海财经大学硕士,具有证券从业资格和基金从业资格。

** 沈粤,上海市金茂律师事务所律师,上海交通大学硕士,上海市律师协会信托业务研究委员会委员。

*** 韩春燕,上海市金茂律师事务所合伙人,华东政法大学法学学士,曾任上海市律师协会证券业务委员会金融工具业务研究委员会委员,现任上海市律师协会并购业务委员会委员,上海市黄浦区金融法律服务律师志愿团成员,上海市巾帼志愿团成员,2011 年获“上海市第四届优秀女律师”。

时限要求，需要在股改过程中按原账面净资产值折股整体变更为股份有限公司，然后再进行公开募集发行股票上市。

有限责任公司在整体变更股份有限公司过程中，根据《公司法》第95条“有限责任公司变更为股份有限公司时，折合的实收股本总额不得高于公司净资产额。有限责任公司变更为股份有限公司，为增加资本公开发行股份时，应当依法办理”的规定，折股总额必须小于或者等于公司的净资产，而且，为了满足持续经营时间连续计算的要求，股改过程中一般需要按照公司原账面净资产值折股。

（一）自然人股东个人所得税问题

1. 不以盈余公积、未分配利润转增股本的情况

用于折股的公司净资产一般是由实收资本、资本公积、盈余公积和未分配利润组成。如果有限责任公司在变更后公司注册资本（总股本）未发生变化，个人股东变更前后的持股数及持股比例未发生变动，剩余盈余公积和未分配利润并未转为注册资本而是转入资本公积，不存在以盈余公积、未分配利润转增股本的情况，则在改制的时间点上，个人股东未取得个人收益和所得，因而不存在缴纳个人所得税的情况。例如，快可电子有限责任公司整体变更前的注册资本为4800万股，整体变更后股本未增加，仍为4800万股，剩余盈余公积和未分配利润转入资本公积，不存在以盈余公积、未分配利润转增股本等情况。发行人在整体变更设立股份公司时，股本与变更前注册资本一致，原未分配利润和盈余公积转入资本公积。该部分资本公积未转增股本，亦未通过扣缴义务人的往来会计科目分配至个人名下，因此在股改的时间点，暂不存在缴纳个人所得税的情况。

2. 以盈余公积、未分配利润转增股本的情况

如果公司在股改过程中，利用资本公积金、盈余公积金、未分配利润转增股本，那么增加注册资本时自然人需要缴纳的个人所得税亦要区分两类情况。

（1）利用盈余公积金、未分配利润转增股本的情况。国家税务总局《关于股份制企业转增股本和派发红股征免个人所得税的通知》（国税发〔1997〕198号，以下简称国税发〔1997〕198号文）规定，“一、股份制企业用资本公积金转增股本不属于股息、红利性质的分配，对个人取得的转增股本数额，不作为个人所得，不征收个人所得税。二、股份制企业用盈余公积金派发红股属于股息、红利性质的分配，对个人取得的红股数额，应作为个人所得征税”。《国家税务总局关于盈余公积金转增注册资本征收个人所得税问题的批复》（国税函〔1998〕333号）规定，

"青岛路邦石油化工有限公司将从税后利润中提取的法定公积金和任意公积金转增注册资本，实际上是该公司将盈余公积金向股东分配了股息、红利，股东再以分得的股息、红利增加注册资本。因此，依据《国家税务总局关于股份制企业转增股本和派发红股征免个人所得税的通知》（国税发〔1997〕198 号）精神，对属于个人股东分得再投入公司（转增注册资本）的部分应按照'利息、股息、红利所得'项目征收个人所得税，税款由股份有限公司在有关部门批准增资、公司股东会决议通过后代扣代缴"。国家税务总局《关于进一步加强高收入者个人所得税征收管理的通知》（国税发〔2010〕54 号）规定，"加强企业转增注册资本和股本管理，对以未分配利润、盈余公积和除股票溢价发行外的其他资本公积转增注册资本和股本的，要按照'利息、股息、红利所得'项目，依据现行政策规定计征个人所得税"。

根据上述文件的精神，明确了盈余公积金、未分配利润转增股本的情况属于应缴纳个人所得税的部分，自然人股东则须缴纳个人所得税。

（2）利用资本公积转增股本的情况，是否应缴纳个人所得税需要分两种情况。国税发〔1997〕198 号文规定，"一、股份制企业用资本公积金转增股本不属于股息、红利性质的分配，对个人取得的转增股本数额，不作为个人所得，不征收个人所得税"。国家税务总局《关于原城市信用社在转制为城市合作银行过程中个人股增值所得应纳个人所得税的批复》（国税函〔1998〕289 号，以下简称国税函〔1998〕289 号文）规定，"二、《国家税务总局关于股份制企业转增股本和派发红股征免个人所得税的通知》（国税发〔1997〕198 号）中所表述的'资本公积金'是指股份制企业股票溢价发行收入所形成的资本公积金。将此转增股本由个人取得的数额，不作为应税所得征收个人所得税。而与此不相符合的其他资本公积金分配个人所得部分，应当依法征收个人所得税"。

根据上述规定，一种情况是，在股改过程中需要引进新的投资人，通过股票溢价发行收入所形成的资本公积金认购股票形成了资本溢价款再转增股本，这样就符合了国税发〔1997〕198 号文和国税函〔1998〕289 号文的免税要求。但该投资行为一般不建议在股改审计基准日后至取得股份公司营业执照前进行，建议股改完成办理股改的工商变更登记手续之后进行具体增资操作，或者跟当地监管部门沟通协商具体操作口径，以免发生无法被认定连续经营时限的被动情况。当然，实践中也有个例，如光大证券在股改过程中同时完成了股改、增资、减资的过程,但该公司事前取得了财政部、商务部及中国证券监督管理委员会的批准。上述情况下,股份制企业股票溢价发行收入所形成的资本公积金转增股本不属于股息、红利性质的分配,对个人取得的转增股本数额,不作为个人所得,不征收个人所得税。

另一种情况是,将资本公积、盈余公积和未分配利润转增股本,这属于改制过程中注册资本(总股本)增加。虽然个人股东表面上并未实际获得现金,但实际上可以将该过程分解为两个步骤,即先将公司的利润通过股息和红利向个人股东分配,之后再用股息和红利增加股本。这种形式并不符合股份制企业股票溢价发行收入所形成的资本公积金相关规定,属于个人股东分得利润再转增注册资本的情况,应征收个人所得税。

在需要缴纳个人所得税的情况下,如果公司以未分配利润、盈余公积、资本公积向个人股东转增股本,通常自然人股东一次性需要缴纳个人所得税金额比较高。如果一次性缴税困难,可以根据《关于个人非货币性资产投资有关个人所得税政策的通知》(财税〔2015〕41 号)"三、个人应在发生上述应税行为的次月15 日内向主管税务机关申报纳税。纳税人一次性缴税有困难的,可合理确定分期缴纳计划并报主管税务机关备案后,自发生上述应税行为之日起不超过 5 个公历年度内(含)分期缴纳个人所得税"的规定向税务机关提出申请分期缴纳。

上述的个人所得税的计算利率参照全国人民代表大会常务委员会《关于修改〈中华人民共和国个人所得税法〉的决定》(主席令第四十八号)第 3 条规定利息、股息、红利所得的个人所得税税率为 20%。

另外,如果公司股东为合伙企业,根据财政部、国家税务总局《关于合伙企业合伙人所得税问题的通知》(财税〔2008〕159 号)规定"二、合伙企业以每一个合伙人为纳税义务人。合伙企业合伙人是自然人的,缴纳个人所得税;合伙人是法人和其他组织的,缴纳企业所得税。三、合伙企业生产经营所得和其他所得采取'先分后税'的原则"的通知精神,基于"先分后税"的原则,上述转增股本所得利益待合伙企业实际取得分配利益后,由自然人合伙人分别缴纳个人所得税。

在实际的操作中,自然人股东的个人所得税缴纳扣缴,一种是转股时由公司作为代扣代缴义务人提前计提,另一种是自然人股东出具承诺函保证按时足额缴纳。

(二)企业股东企业所得税问题

国家税务总局《关于贯彻落实企业所得税法若干税收问题的通知》(国税函〔2010〕79 号)第 4 条中规定,"企业权益性投资取得股息、红利等收入,应以被投资企业股东会或股东大会作出利润分配或转股决定的日期,确定收入的实现。被投资企业将股权(票)溢价所形成的资本公积转为股本的,不作为投资方企业的股息、红利收入,投资方企业也不得增加该项长期投资的计税基础"。

由上述规定可以看出,有限责任公司整体变更为股份有限公司视同利润分配行为,按以下原则处理:

(1)盈余公积和未分配利润进行转增时视同利润分配行为。不同于个人股东,公司制企业进行分红时,法人股东不需要缴纳所得税。但如果法人股东与公司所适用的所得税率不一致时,法人股东需要补缴所得税差额部分。

(2)根据国税发〔1997〕198 号文精神,对不属于股份制企业股票溢价发行收入所形成的资本公积金,将此转增股本由法人取得的数额,比照上款办理,即需要补缴所得税差额部分。

二、派发股利的税费

有关派发股利中的个人相关税收政策为《个人所得税法》第 2 条规定:"下列各项个人所得,应当缴纳个人所得税:……(六)利息、股息、红利所得……纳税人取得前款第五项至第九项所得,依照本法规定分别计算个人所得税。"

有关派发股利中的个人独资企业和合伙企业相关税收政策为国家税务总局《关于〈关于个人独资企业和合伙企业投资者征收个人所得税的规定〉执行口径的通知》(国税函〔2001〕84 号)第 2 条规定:"个人独资企业和合伙企业对外投资分回的利息或者股息、红利,不并入企业的收入,而应单独作为投资者个人取得的利息、股息、红利所得,按'利息、股息、红利所得'应税项目计算缴纳个人所得税。以合伙企业名义对外投资分回利息或者股息、红利的,应按《通知》所附规定的第五条精神确定各个投资者的利息、股息、红利所得,分别按'利息、股息、红利所得'应税项目计算缴纳个人所得税。"

有关派发股利中的企业的相关税收政策为《企业所得税法》第 26 条规定:"企业的下列收入为免税收入:……(二)符合条件的居民企业之间的股息、红利等权益性投资收益;(三)在中国境内设立机构、场所的非居民企业从居民企业取得与该机构、场所有实际联系的股息、红利等权益性投资收益……”《企业所得税法实施条例》第 17 条规定：“企业所得税法第六条第(四)项所称股息、红利等权益性投资收益，是指企业因权益性投资从被投资方取得的收入。股息、红利等权益性投资收益，除国务院财政、税务主管部门另有规定外，按照被投资方作出利润分配决定的日期确认收入的实现。”

有关派发股利的确认时点为《企业所得税法实施条例》第 17 条第 2 款规定：“股息、红利等权益性投资收益，除国务院财政、税务主管部门另有规定外，按照被投资方作出利润分配决定的日期确认收入的实现。”国家税务总局《关于利息、股息、红利所得征税问题的通知》(国税函〔1997〕656 号)规定：“扣缴义务人将属于纳税义务人应得的利息、股息、红利收入，通过扣缴义务人的往来会计科目分配到个人名下，收入所有人有权随时提取，在这种情况下，扣缴义务人将利息、股息、红利所得分配到个人名下时，即应认为所得的支付，应按税收法规规定及时代扣代缴个人应缴纳的个人所得税。”

有关派发股利所对应税率为《个人所得税法》第 3 条规定，利息、股息、红利所得的个人所得税税率为 20%。

根据上述法律法规规定，公司派发现金股利时，获利的自然人股东和有限合伙企业的合伙人应按照 20% 的税率缴纳个人所得税，其他法人股东则免征企业所得税。如果未获得股息、红利分配的上述股东可不缴纳此项税费。发行人在进行详细说明并提供已缴纳税费的材料的同时建议取得税务局出具的《涉税信息查询结果告知书》，证明纳税人(发行人)没有存在违法违章记录。

三、股权转让税费

个人股权转让时，应依据《股权转让所得个人所得税管理办法(试行)》(国家税务总局公告 2014 年第 67 号)第 4 条的规定，“个人转让股权，以股权转让收入减除股权原值和合理费用后的余额为应纳税所得额，按‘财产转让所得’缴纳个人所得税。合理费用是指股权转让时按照规定支付的有关税费”，以及第 5 条的规定，“个人股权转让所得个人所得税，以股权转让方为纳税人，以受让方为扣缴义务人”。

居民企业股权转让的法律依据是《企业所得税法》第 4 条第 1 款规定“企业所得税的税率为 25%”，以及第 6 条规定“企业以货币形式和非货币形式从各种来源取得的收入,为收入总额。包括:……(三)转让财产收入……";《企业所得税法》第1条规定"在中华人民共和国境内,企业和其他取得收入的组织(以下统称企业)为企业所得税的纳税人,依照本法的规定缴纳企业所得税",《企业所得税法实施条例》第16条规定"企业所得税法第六条第(三)项所称转让财产收入,是指企业转让固定资产、生物资产、无形资产、股权、债权等财产取得的收入"。

非居民企业股权转让的法律依据是《企业所得税法》第4条第2款规定"非居民企业取得本法第三条第三款规定的所得,适用税率为20%",以及第37条规定"对非居民企业取得本法第三条第三款规定的所得应缴纳的所得税,实行源泉扣缴,以支付人为扣缴义务人。税款由扣缴义务人在每次支付或者到期应支付时,从支付或者到期应支付的款项中扣缴"。

由上述相关规定可以看出,股权转让税费应首先厘清谁是纳税人,谁是扣缴义务人,这样可以直接找到相应的税费纳税主体,进行追本溯源的工作:

(1)个人或合伙企业股权转让所得应缴纳的个人所得税,以股权转让方即个人或合伙企业为纳税人,以受让方为扣缴义务人;

(2)居民企业转让股权的,转让股权的企业本身为纳税人并缴纳税款;

(3)非居民企业转让股权应缴纳的所得税实行源泉扣缴,以支付人为扣缴义务人。

站在发行人角度来看,股权转让涉及三种形式:一是发行人转让股权。这种情况下发行人是转让股权的纳税人,应提供纳税凭证。二是发行人受让股权,如果发行人受让的是个人或合伙企业股权,则个人或合伙企业应缴纳税款,发行人为扣缴义务人;如果发行人受让的是企业的股权,则转让股权的企业为纳税义务人,发行人无需缴纳税款也不是扣缴义务人。三是发行人股东之间转让股权。这种情况下不管发行人的股东是个人、合伙企业还是企业,发行人对股东之间转让股权事项均无纳税义务或代扣代缴义务,所有的涉税缴纳均为股东应尽的义务。

科创板上市公司员工持股计划与股权激励计划涉税法律实务

孙晓波*　沈　粤**　韩春燕***

近年来,很多企业尤其是对人才要求极高的科创企业越来越多地开始实施员工持股计划或股权激励计划。这两个名词更是频繁地出现在上市公司的公告当中。本文将对员工持股计划及股权激励计划进行总结,并着重对这两类计划中需要注意的税务问题进行分析,以期对科创企业该部分税务合规性管理有所助益。

一、员工持股计划与股权激励计划的区别

从激励员工的性质角度来讲,员工持股计划与股权激励计划都可以将员工的利益与公司的利益结合在一起,调动员工的工作积极性,实现员工与公司“风险共担、利益共享”,但两者从诸多方面有一定的区别。

从理论基础来看,路易斯·凯尔索(Louis Kelso)于1958年提出“二元经济学理论”,并发表在与著名的哲学家莫迪默·艾德勒(Mortrimer Adler)合著的《资本主义宣言:如何用借来的钱让8000万工人变成资本家》一书中。按照其理论,生产要素只有两种:资本与劳动。其宣称,员工持股是“民主的资本主义”,由此,凯尔索提出了员工持股计划。

股权激励的理论依据主要是经济学家米契尔·詹森(Michael C. Jensen)和

---

* 孙晓波,上海市金茂律师事务所律师,上海财经大学硕士,具有证券从业资格和基金从业资格。

** 沈粤,上海市金茂律师事务所律师,上海交通大学硕士,上海市律师协会信托业务研究委员会委员。

*** 韩春燕,上海市金茂律师事务所合伙人,华东政法大学法学学士,曾任上海市律师协会证券业务、金融工具业务研究委员会委员,现任上海市律师协会并购业务委员会委员、上海市黄浦区金融法律服务律师志愿团成员,上海市巾帼志愿团成员,2011年获“上海市第四届优秀女律师”称号。

威廉·麦克林(William H. Meckling)于20世纪70年代提出的“代理人理论”。股权激励使公司建立了有效的激励机制,即剩余索取权与控制权配置机制,使经营者的长期利益与企业的效益和股东的利益紧密联系并趋向一致。委托代理理论是股权激励产生的动因,也是股权激励起源的基本理论。

从激励对象角度来看,员工持股计划与股权激励计划有一定的重合,但侧重点不完全相同。根据中国证券监督管理委员会(以下简称证监会)《关于上市公司实施员工持股计划的指导意见》中明确“员工持股计划的参加对象为公司员工,包括管理层人员”。此规定明确员工持股计划的适用对象一般为本企业全体在职员工,具有普惠性质。根据证监会《上市公司股权激励管理办法》规定,股权“激励对象可以包括上市公司的董事、高级管理人员、核心技术人员或者核心业务人员,以及公司认为应当激励的对公司经营业绩和未来发展有直接影响的其他员工,但不应当包括独立董事和监事。外籍员工任职上市公司董事、高级管理人员、核心技术人员或者核心业务人员的,可以成为激励对象”。

可以看出,股权激励计划适用范围更小,一般仅限于对企业经营管理有重大影响的董事、高管及其他关键性人物,激励对象对公司的重要性突出,激励性更加明显。

从授予及实现条件来看,员工持股计划更多体现全体员工的参与性,通常并无严格的考核要求。股权激励则设置了更多限制性条件,比如有较严格的业绩考核标准、最低的服务年限、科技研发成果等。《上市公司股权激励管理办法》更是规定“激励对象为董事、高级管理人员的,上市公司应当设立绩效考核指标作为激励对象行使权益的条件”,对激励对象的行权条件进行了硬性的规定。

从持有方式来看,员工持股计划一般通过有限合伙企业或资管计划、信托计划等资产管理资质的机构管理,股权并非由员工直接持有,员工并不实质享有相应的决策权,仅享有相应的收益权。股权激励行权条件成就时,被激励对象一般将直接获得公司股权,在解除限售条件后可自由兑现,也可以选择继续持有并享有相应的决策权。

二、科创板上市公司员工持股计划、股权激励计划政策的创新

根据2018年6月6日证监会发布实施的《首次公开发行股票并上市管理办法》和《首次公开发行股票并在创业板上市管理办法》(以下合称《首发管理办

法》)的规定,实施股权激励的发行人应股权清晰,控股股东和受控股股东、实际控制人支配的股东持有的发行人股份不存在重大权属纠纷。如果拟上市公司制定股权激励计划且在上市后实施,容易被监管机构认为股权不清晰,从而无法满足《首发管理办法》的要求。不仅如此,发行人上市前为实施股权激励及员工持股计划而搭建的持股平台通常需穿透至自然人计算发行人股东数量,如拟上市公司股东全部依法穿透计算后总人数超过 200 人,则需要对超出的股东人数进行规范清理或按照《非上市公众公司监管指引第 4 号——股东人数超过 200 人的未上市股份有限公司申请行政许可有关问题的审核指引》(证监会公告〔2013〕54 号)的监管要求申请行政许可。

证监会于 2018 年 8 月 15 日发布的《上市公司股权激励管理办法》,上海证券交易所于 2019 年 3 月 3 日发布的《上海证券交易所科创板股票发行上市审核问答》(以下简称《科创板审核问答》),并于 2019 年 4 月 30 日发布的《上海证券交易所科创板股票上市规则》(以下简称《科创板上市规则》)对科创板相关股权激励有了整套的制度安排。这套制度安排对科创板拟上市公司股权激励及员工持股计划有了更加宽容的规定及要求,有利于满足科创企业留住人才的迫切需求。

(一)允许企业带股权激励计划上市

根据《科创板审核问答》的规定,科创板上市企业允许科创企业带着首发申报前制定、准备在上市后实施的期权激励计划上市。激励对象范围可以包括上市公司的董事、高级管理人员、核心技术人员或者核心业务人员,以及公司认为应当激励的对公司经营业绩和未来发展有直接影响的其他员工,独立董事和监事除外。单独或合计持有上市公司 5% 以上股份的股东、上市公司实际控制人及其配偶、父母、子女以及上市公司外籍员工,在上市公司担任董事、高级管理人员、核心技术人员或者核心业务人员的,可以成为激励对象。科创企业应当充分说明前述人员成为激励对象的必要性、合理性。激励计划的必备内容与基本要求、激励工具的定义与权利限制、行权安排、回购或终止行权、实施程序等内容,应参考《上市公司股权激励管理办法》的相关规定予以执行。期权的行权价格由股东自行商榷确定,但原则上不应低于最近 1 年经审计的净资产或评估值。发行人全部在有效期内的期权激励计划所对应股票数量占上市前总股本的比例原则上不得超过 15%,且不得设置预留权益。在审期间,发行人不应新增期权激励计划,相关激励对象不得行权。在制订期权激励计划时应充分考虑实际控制人稳定,避免上市后期权行权导致实际控制人发生变化。激励对象在发行人上市后行权认购的股票,应承诺自行权日起3年内不减持,同时承诺上述期限届满后比照董事、监事及高级管理人员的相关减持规定执行。

(二)闭环原则计算员工持股计划人数

针对股东最多200人的限制问题,《科创板审核问答》中采取了员工持股计划穿透计算的"闭环原则",放宽了上市前员工持股计划中持股人数限制。员工持股计划穿透计算的"闭环原则"是指员工持股计划符合以下要求之一的,在计算公司股东人数时,按一名股东计算;不符合下列要求的,在计算公司股东人数时,穿透计算持股计划的权益持有人数:

(1)员工持股计划遵循"闭环原则",在首次公开发行股票时不转让股份,并承诺自上市之日起至少36个月的锁定期,且锁定期内只能向员工持股计划内的员工转让退出,则员工持股计划不予穿透计算,按一名股东计算。

(2)员工持股计划未遵循"闭环原则",但员工持股计划由员工持有,依法设立、规范运行,且已经在基金业协会依法依规备案,则员工持股计划不予穿透计算,按一名股东计算。

(3)不符合前述任一要求的,员工持股计划需穿透计算该计划权益持有人数,公司股东人数合计不得超过200人。与此同时,发行人应在招股说明书中充分披露员工持股计划的人员构成,是否遵循"闭环原则",是否履行登记备案程序、股份锁定期等内容。保荐机构及发行人律师应当对员工持股计划是否遵循"闭环原则"等情况进行充分核查,并发表明确核查意见。

(三)增加了拟上市企业员工持股计划的平台类型

根据《科创板审核问答》的规定,拟上市企业通常不仅可以选择公司或者合伙企业作为员工股权激励的持股平台,还可以通过资产管理计划等持股平台间接持股,但需要对资产管理计划进行核查及信息披露。

三、员工持股计划与股权激励计划的纳税政策

(一)员工持股计划纳税政策

员工持股计划一般可以通过多种方式实现,如通过资管计划取得股票、由员工直接取得股票、通过有限合伙平台取得股票等。股票的来源也有多种途径,如

员工从二级市场直接购买、上市公司回购本公司股票再出售给员工、认购非公开发行股票、大股东的自愿赠予等。对于员工持股计划的个人所得税,一般会在股票的获取和出售两个阶段征收。

我国税法上并无针对《关于上市公司实施员工持股计划试点的指导意见》(证监会公告〔2014〕33 号)中规定的这类"员工持股计划"的特别税收规则。由于员工持股计划兼具股权激励及股东的一般投资人特征,在不存在明确税收政策的前提下,可能会参照股权激励税收政策及股票投资的一般税收政策处理。由于每个地区对员工持股计划的征收规则可能会有不同的操作口径,建议企业在施行该计划之前和地方税务机关进行充分的沟通。

(二)股权激励计划纳税政策

1. 非上市公司纳税政策

财政部 国家税务总局《关于完善股权激励和技术入股有关所得税政策的通知》(财税〔2016〕101 号)规定:

"一、对符合条件的非上市公司股票期权、股权期权、限制性股票和股权奖励实行递延纳税政策:

(一)非上市公司授予本公司员工的股票期权、股权期权、限制性股票和股权奖励,符合规定条件的,经向主管税务机关备案,可实行递延纳税政策,即员工在取得股权激励时可暂不纳税,递延至转让该股权时纳税;股权转让时,按照股权转让收入减除股权取得成本以及合理税费后的差额,适用'财产转让所得'项目,按照 20% 的税率计算缴纳个人所得税。

股权转让时,股票(权)期权取得成本按行权价确定,限制性股票取得成本按实际出资额确定,股权奖励取得成本为零。

(二)享受递延纳税政策的非上市公司股权激励(包括股票期权、股权期权、限制性股票和股权奖励,下同)须同时满足以下条件:

(1)属于境内居民企业的股权激励计划。

(2)股权激励计划经公司董事会、股东(大)会审议通过。未设股东(大)会的国有单位,经上级主管部门审核批准。股权激励计划应列明激励目的、对象、标的、有效期、各类价格的确定方法、激励对象获取权益的条件、程序等。

(3)激励标的应为境内居民企业的本公司股权。股权奖励的标的可以是技术成果投资入股到其他境内居民企业所取得的股权。激励标的股票(权)包括通过增发、大股东直接让渡以及法律法规允许的其他合理方式授予激励对象的股票(权)。

(4)激励对象应为公司董事会或股东(大)会决定的技术骨干和高级管理人员,激励对象人数累计不得超过本公司最近6个月在职职工平均人数的30%。

(5)股票(权)期权自授予日起应持有满3年,且自行权日起持有满1年;限制性股票自授予日起应持有满3年,且解禁后持有满1年;股权奖励自获得奖励之日起应持有满3年。上述时间条件须在股权激励计划中列明。

(6)股票(权)期权自授予日至行权日的时间不得超过10年。

(7)实施股权奖励的公司及其奖励股权标的公司所属行业均不属于《股权奖励税收优惠政策限制性行业目录》范围(见附件)。公司所属行业按公司上一纳税年度主营业务收入占比最高的行业确定。

(三)本通知所称股票(权)期权是指公司给予激励对象在一定期限内以事先约定的价格购买本公司股票(权)的权利;所称限制性股票是指公司按照预先确定的条件授予激励对象一定数量的本公司股权,激励对象只有工作年限或业绩目标符合股权激励计划规定条件的才可以处置该股权;所称股权奖励是指企业无偿授予激励对象一定份额的股权或一定数量的股份。

(四)股权激励计划所列内容不同时满足第一条第(二)款规定的全部条件,或递延纳税期间公司情况发生变化,不再符合第一条第(二)款第4至6项条件的,不得享受递延纳税优惠,应按规定计算缴纳个人所得税。

……

四、相关政策

(一)个人从任职受雇企业以低于公平市场价格取得股票(权)的,凡不符合递延纳税条件,应在获得股票(权)时,对实际出资额低于公平市场价格的差额,按照‘工资、薪金所得’项目,参照《财政部 国家税务总局关于个人股票期权所得征收个人所得税问题的通知》(财税〔2005〕35号)有关规定计算缴纳个人所得税。

(二)个人因股权激励、技术成果投资入股取得股权后,非上市公司在境内上市的,处置递延纳税的股权时,按照现行限售股有关征税规定执行。……”

财政部、国家税务总局、证监会《关于个人转让上市公司限售股所得征收个人所得税有关问题的通知》(财税〔2009〕167号)规定,“一、自2010年1月1日起，对个人转让限售股取得的所得，按照‘财产转让所得’，适用20%的比例税率征收个人所得税。……三、个人转让限售股，以每次限售股转让收入，减除股票原值和合理税费后的余额，为应纳税所得额。即：

应纳税所得额＝限售股转让收入－（限售股原值＋合理税费）

应纳税额＝应纳税所得额×20%。”

根据上述政策规定可以看出，个人因股权激励取得股权后，非上市公司在境内上市的，处置递延纳税的股权时，应按照现行限售股有关征税规定执行。

（1）如果被激励对象在转让被激励的股权时所属公司已上市，但由于被激励对象取得股权激励时是非上市公司，因此被激励对象不能享受个人在上海证券交易所、深圳证券交易所转让从上市公司公开发行和转让市场取得的上市公司股票所得免征个人所得税的优惠政策，而应按照财政部、国家税务总局、证监会《关于个人转让上市公司限售股所得征收个人所得税有关问题的通知》（财税〔2009〕167号）的规定，视同限售股，按照“财产转让所得”，适用20%的比例税率缴纳个人所得税。

（2）在符合递延相关条件的七种条件情况下，非上市公司的被激励对象在取得股权激励时不纳税，仅需在股权转让环节缴纳“财产转让所得”（税率20%）项目的个人所得税即可。

（3）如果不符合递延条件，被激励对象则需要按照下述上市公司股权激励政策缴纳个人所得税。

2. 上市公司纳税政策

财政部、国家税务总局《关于个人股票期权所得征收个人所得税问题的通知》（财税〔2005〕35号）规定：

“一、关于员工股票期权所得征税问题

实施股票期权计划企业授予该企业员工的股票期权所得，应按《中华人民共和国个人所得税法》及其实施条例有关规定征收个人所得税。企业员工股票期权（以下简称股票期权）是指上市公司按照规定的程序授予本公司及其控股企业员工的一项权利，该权利允许被授权员工在未来时间内以某一特定价格购买本公司一定数量的股票。上述‘某一特定价格’被称为‘授予价’或‘施权价’，即根据股票期权计划可以购买股票的价格，一般为股票期权授予日的市场价格或该价格的折扣价格，也可以是按照事先设定的计算方法约定的价格；‘授予日’也称

‘授权日’,是指公司授予员工上述权利的日期;‘行权’,也称‘执行’,是指员工根据股票期权计划选择购买股票的过程;员工行使上述权利的当日为‘行权日’,也称‘购买日’。

二、关于股票期权所得性质的确认及其具体征税规定

(一)员工接受实施股票期权计划企业授予的股票期权时,除另有规定外,一般不作为应纳税所得征税。

(二)员工行权时,其从企业取得股票的实际购买价(施权价)低于购买日公平市场价(指该股票当日的收盘价,下同)的差额,是因员工在企业的表现和业绩情况而取得的与任职、受雇有关的所得,应按‘工资、薪金所得’适用的规定计算缴纳个人所得税。对因特殊情况,员工在行权日之前将股票期权转让的,以股票期权的转让净收入,作为工资薪金所得征收个人所得税。员工行权日所在期间的工资薪金所得,应按下列公式计算工资薪金应纳税所得额:股票期权形式的工资薪金应纳税所得额=(行权股票的每股市场价－员工取得该股票期权支付的每股施权价)×股票数量。

(三)员工将行权后的股票再转让时获得的高于购买日公平市场价的差额,是因个人在证券二级市场上转让股票等有价证券而获得的所得,应按照‘财产转让所得’适用的征免规定计算缴纳个人所得税。

(四)员工因拥有股权而参与企业税后利润分配取得的所得,应按照‘利息、股息、红利所得’适用的规定计算缴纳个人所得税。”

财政部、国家税务总局《关于个人股票期权所得缴纳个人所得税问题的补充通知》(国税函〔2006〕902 号)进一步规定:

“四、凡取得股票期权的员工在行权日不实际买卖股票,而按行权日股票期权所指定股票的市场价与施权价之间的差额,直接从授权企业取得价差收益的,该项价差收益应作为员工取得的股票期权形式的工资薪金所得,按照财税〔2005〕35 号文件的有关规定计算缴纳个人所得税。

……

六、部分股票期权在授权时即约定可以转让,且在境内或境外存在公开市场及挂牌价格(以下称可公开交易的股票期权)。员工接受该可公开交易的股票期权时,应作为财税〔2005〕35 号文件第二条第(一)项所述的另有规定情形,按以下规定进行税务处理:(一)员工取得可公开交易的股票期权,属于员工已实际取

得有确定价值的财产,应按授权日股票期权的市场价格,作为员工授权日所在月份的工资薪金所得,并按财税〔2005〕35 号文件第四条第(一)项规定计算缴纳个人所得税。如果员工以折价购入方式取得股票期权的,可以授权日股票期权的市场价格扣除折价购入股票期权时实际支付的价款后的余额,作为授权日所在月份的工资薪金所得。(二)员工取得上述可公开交易的股票期权后,转让该股票期权所取得的所得,属于财产转让所得,按财税〔2005〕35 号文件第四条第(二)项规定进行税务处理。(三)员工取得本条第(一)项所述可公开交易的股票期权后,实际行使该股票期权购买股票时,不再计算缴纳个人所得税。"

财政部、国家税务总局《关于股票增值权所得和限制性股票所得征收个人所得税有关问题的通知》(财税〔2009〕5 号)规定:"一、对于个人从上市公司(含境内、外上市公司,下同)取得的股票增值权所得和限制性股票所得,比照《财政部国家税务总局关于个人股票期权所得征收个人所得税问题的通知》(财税〔2005〕35 号)、《国家税务总局关于个人股票期权所得缴纳个人所得税有关问题的补充通知》(国税函〔2006〕902 号)的有关规定,计算征收个人所得税。"

税务总局《关于股权激励有关个人所得税问题的通知》(国税函〔2009〕461 号)规定:"根据个人所得税法及其实施条例和财税〔2009〕5 号文件等规定,个人因任职、受雇从上市公司取得的股票增值权所得和限制性股票所得,由上市公司或其境内机构按照'工资、薪金所得'项目和股票期权所得个人所得税计税方法,依法扣缴其个人所得税。"

国家税务总局《关于个人所得税有关问题的公告》(国家税务总局 2011 年第 27 号公告)规定:"企业由上市公司持股比例不低于 30% 的,其员工以股权激励方式持有上市公司股权的,可以按照《国家税务总局关于股权激励有关个人所得税问题的通知》(国税函〔2009〕461 号)规定的计算方法,计算应扣缴的股权激励个人所得税,不再受上市公司控股企业层级限制。"

财政部、国家税务总局《关于完善股权激励和技术入股有关所得税政策的通知》(财税〔2016〕101 号)规定:"二、对上市公司股票期权、限制性股票和股权奖励适当延长纳税期限。(一)上市公司授予个人的股票期权、限制性股票和股权奖励,经向主管税务机关备案,个人可自股票期权行权、限制性股票解禁或取得股权奖励之日起,在不超过 12 个月的期限内缴纳个人所得税。《财政部 国家税务总局关于上市公司高管人员股票期权所得缴纳个人所得税有关问题的通知》

（财税〔2009〕40 号）自本通知施行之日起废止。（二）上市公司股票期权、限制性股票应纳税款的计算，继续按照《财政部 国家税务总局关于个人股票期权所得征收个人所得税问题的通知》（财税〔2005〕35 号）、《财政部 国家税务总局关于股票增值权所得和限制性股票所得征收个人所得税有关问题的通知》（财税〔2009〕5 号）、《国家税务总局关于股权激励有关个人所得税问题的通知》（国税函〔2009〕461 号）等相关规定执行。股权奖励应纳税款的计算比照上述规定执行。”

2019 年 1 月 1 日《个人所得税法》修正施行后，上市公司股权激励的计税方式有所调整。《关于个人所得税法修改后有关优惠政策衔接问题的通知》（财税〔2018〕164 号）规定：“（一）居民个人取得股票期权、股票增值权、限制性股票、股权奖励等股权激励（以下简称股权激励），符合《财政部 国家税务总局关于个人股票期权所得征收个人所得税问题的通知》（财税〔2005〕35 号）、《财政部 国家税务总局关于股票增值权所得和限制性股票所得征收个人所得税有关问题的通知》（财税〔2009〕5 号）、《财政部 国家税务总局关于将国家自主创新示范区有关税收试点政策推广到全国范围实施的通知》（财税〔2015〕116 号）第四条、《财政部 国家税务总局关于完善股权激励和技术入股有关所得税政策的通知》（财税〔2016〕101 号）第四条第（一）项规定的相关条件的，在 2021 年 12 月 31 日前，不并入当年综合所得，全额单独适用综合所得税率表，计算纳税。计算公式为：

应纳税额 = 股权激励收入 × 适用税率 − 速算扣除数

（二）居民个人一个纳税年度内取得两次以上（含两次）股权激励的，应合并按本通知第二条第（一）项规定计算纳税。

（三）2022 年 1 月 1 日之后的股权激励政策另行明确。”

根据上述上市公司相关税收政策可以看出，上市公司员工得到股权激励后需缴纳的税额一般分两次缴纳：

（1）员工行权时：个人所得税 = [购买日公平市场价（指该股票当日的收盘价）− 从企业取得股票的实际购买价（施权价）] × 股票数量 × “工资、薪金所得”税率（适用 3% ~45% 的超额累进税率）；

（2）员工将行权后的股票再转让时：个人所得税 = [限售股转让收入 −（限售股原值 + 合理税费）] × “财产转让所得”税率（适用固定 20% 税率）。

在 2021 年 12 月 31 日前，取得的股权激励（含多次）的金额不并入当年综合所得,全额单独适用综合所得税率表计算纳税,在一定程度上给激励对象一定的节税优惠。不仅如此,上市公司授予个人的股票期权、限制性股票和股权奖励,经向主管税务机关备案,个人可自股票期权行权、限制性股票解禁或取得股权奖励之日起,在不超过 12 个月的期限内缴纳个人所得税。

3. 科创板上市公司的特殊纳税政策

《科创板审核问答》中明确科创板拟上市公司可以存在首发申报前制定期权激励计划并在上市后实施的情形。此举不仅有利于科创板企业维持人才稳定,实际上也在税收方面给予了股权激励对象一定的优惠。

按照《关于完善股权激励和技术入股有关所得税政策的通知》(财税〔2016〕101 号)政策的规定,科创板企业股权激励如果是在上市之前进行了备案,则股权激励对象可以适用“备案 + 延迟纳税 + 20% 税率”的个人所得税计算方式,而目前上市公司的股权激励适用的则是“行权时纳税(工资薪酬所得 45% 税率) + 转让时纳税(财产转让所得 20% 税率)”。如果股权激励对象将获得较大额的股权收益金额,则该税收方面有较大的优势。

科创企业运营中的税务合规

韩春燕*

为了鼓励科技进步,2008 年《企业所得税法》在全国范围内引入针对高新技术企业税收优惠政策。2019 年科创板的推出则是落实创新驱动科技强国战略的重大举措,是中国资本市场推进供给侧改革的重要环节,对于助推资本市场改革、科技创新发展有着重大意义。正如《关于在上海证券交易所设立科创板并试点注册制的实施意见》所强调的,科创板的定位是坚持面向世界科技前沿,面向经济主战场,面向国家重大需求,主要服务于符合国家战略、突破关键核心技术、市场认可度高的科技创新企业。相应地,也推出了一系列覆盖科创型企业的税收优惠政策。税务机关在鼓励合规企业充分享受优惠政策的同时,也加大力度检查并惩处不合规的企业,从而创造一个公平的税收环境,为国民经济的平稳发展夯实基础,也有利于企业的持续发展。

笔者试通过本文,对高新技术企业在经营中可能面临的税务合规问题进行总结,供大家借鉴。

一、高新技术企业的税务合规

根据现有国家政策,经认定为高新技术企业的,可以享受企业所得税减按 15% 征收、技术转让产生的所得税减免及亏损结转年限延长等优惠措施。从科创板企业的行业性质来看,很多拟上市企业都属于高新技术企业,具备高新技术

---

* 韩春燕,上海市金茂律师事务所合伙人,华东政法大学法学学士,上海市律师协会金融工具业务研究委员会委员,上海市黄浦区金融法律服务律师志愿团成员,上海市巾帼志愿团成员,2011 年获“上海市第四届优秀女律师”称号。

企业资质,并享有税收优惠政策。

根据科技部、财政部、国家税务总局以国科发火〔2016〕32 号印发修订后的《高新技术企业认定管理办法》,高新技术企业认定需要满足如下要求:

(1)企业申请认定时须注册成立一年以上。

(2)企业通过自主研发、受让、受赠、并购等方式,获得对其主要产品(服务)在技术上发挥核心支持作用的知识产权的所有权。

(3)对企业主要产品(服务)发挥核心支持作用的技术属于《国家重点支持的高新技术领域》规定的范围。

(4)企业从事研发和相关技术创新活动的科技人员占企业当年职工总数的比例不低于 10%。

(5)企业近三个会计年度(实际经营期不满三年的按实际经营时间计算,下同)的研究开发费用总额占同期销售收入总额的比例符合如下要求:

①最近一年销售收入小于 5000 万元(含)的企业,比例不低于 5%;

②最近一年销售收入在 5000 万元至 2 亿元(含)的企业,比例不低于 4%;

③最近一年销售收入在 2 亿元以上的企业,比例不低于 3%。

其中,企业在中国境内发生的研究开发费用总额占全部研究开发费用总额的比例不低于 60%。

(6)近一年高新技术产品(服务)收入占企业同期总收入的比例不低于 60%。

(7)企业创新能力评价应达到相应要求。

(8)企业申请认定前一年内未发生重大安全、重大质量事故或严重环境违法行为。

在上述八项要求中,研发费用占比、高新产品(服务)收入占比以及重大事故三项要求,相对较难满足和/或维持,成为很多企业最终申请或延续高新技术企业资质未果的主要原因,也导致了高新技术企业的涉税风险。具体分析如下:

关于研发费用占比,是指研发费用占销售收入的比例需要达到一定的标准(3% ~5%)。但对于很多生产型企业来说,因其销售收入相对较高,研发费投入的标准并不易实现。如果采用突击办法临时解决比例维持问题,则会面临较大的涉税风险。

关于高新产品(服务)收入占比,是指高新产品(服务)收入占企业总收入的比例需要达到60%的标准。这里的总收入,不仅包括日常的营业收入,还包括企业的非经营性收入,如出让股权的资本利得、转让企业资产所得、对外投资的股息红利、捐赠及补贴款项等。如果当期其他收入占比较大,则会影响高新技术企业资质的获取和维持。

关于重大事故,是指企业申请认定前一年内未发生重大安全、重大质量事故或严重环境违法行为。这就要求企业在安全生产、产品质量管理及环境合规方面加强管理和培训,避免发生重大事故以致一票否决。

对已认定的高新技术企业,还需要企业注重后续管理:

(1)企业获得高新技术企业资格后,应每年5月底前在"高新技术企业认定管理工作网"填报上一年度知识产权、科技人员、研发费用、经营收入等年度发展情况报表。

(2)对已认定的高新技术企业,有关部门在日常管理过程中发现其不符合认定条件的,应提请认定机构复核。复核后确认不符合认定条件的,由认定机构取消其高新技术企业资格,并通知税务机关追缴其不符合认定条件年度起已享受的税收优惠。

(3)高新技术企业发生更名或与认定条件有关的重大变化(如分立、合并、重组以及经营业务发生变化等)应在3个月内向认定机构报告。经认定机构审核符合认定条件的,其高新技术企业资格不变,对于企业更名的,重新核发认定证书,编号与有效期不变;不符合认定条件的,自更名或条件变化年度起取消其高新技术企业资格。

(4)跨认定机构管理区域整体迁移的高新技术企业,在其高新技术企业资格有效期内完成迁移的,其资格继续有效;跨认定机构管理区域部分搬迁的,由迁入地认定机构按照《高新技术企业认定管理办法》重新认定。

(5)已认定的高新技术企业,如存在申请过程中严重弄虚作假,发生重大安全、重大质量事故或有严重环境违法行为,以及未按期报告与认定条件有关的重大变化情况,或累计两年未填报年度发展情况报表的情况的,由认定机构取消其高新技术企业资格。

对被取消高新技术企业资格的企业,由认定机构通知税务机关按《税收管理法》及有关规定,追缴其自发生上述行为之日所属年度起已享受的高新技术企业税收优惠。同时,如出现丧失高新技术企业资质的情况,则拟上市企业还需要对失去该项税收优惠对企业经营是否构成重大影响及整改方案向证券监管部门做出合理解释,对拟上市企业的上市审批或构成实质性影响。因此,需要企业对照要求将高新技术企业认定的每一项要求落实合规。

二、研发费用加计扣除的税务合规

企业研发及创新能力是科创板上市审核中重点审核关注的方面,而研发投入则是判断企业是否符合科创板定位的重要标准之一,也是企业科创板上市可选用上市经营指标标准之一,即研发投入需满足"预计市值不低于人民币 15 亿元,最近一年营业收入不低于人民币 2 亿元,且最近三年累计研发投入占最近三年累计营业收入的比例不低于 15%"的标准。研发投入为当期费用化的研发费用与当期资本化的开发支出之和。拟上市公司需对研发投入的金额、明细、确认依据、核算方法等进行披露,并说明研发投入的合规和加计扣除的合理性,这也是证券监管机构经常问询的涉税问题之一。

对于研发费用加计扣除的税务合规,存在以下几个需要注意的风险点:

1."研发活动"界定不清

研发活动,是指企业为获得科学与技术新知识,创造性运用科学技术新知识,或实质性改进技术、产品(服务)、工艺而持续进行的具有明确目标的系统性活动,需要满足先进性、创新性要求。但有部分企业由于缺乏对研发项目的合规管理,只追求形式上的要求,未重视对"研发活动"实质性把控,导致一些"研发项目"在税务检查时被否定。根据《关于完善研究开发费用税前加计扣除政策的通知》(财税〔2015〕119 号,以下简称财税〔2015〕119 号文)的规定,下列研发活动则不适用税前加计扣除政策:企业产品(服务)的常规性升级;对某项科研成果的直接应用;企业在商品化后为顾客提供的技术支持活动;对现存产品、服务、技术、材料或工艺流程进行的重复或简单改变;市场调查研究、效率调查或管理研究;作为工业(服务)流程环节或常规的质量控制、测试分析、维修维护;社会科学、艺术或人文学方面的研究。

2.研发费用适用行业不明

并不是所有行业发生研发活动都适用研发费用加计扣除政策。根据财税〔2015〕119 号文的规定,以下行业不适用税前加计扣除政策:(1)烟草制造业;(2)住宿和餐饮业;(3)批发和零售业;(4)房地产业;(5)租赁和商务服务业;

(6)娱乐业;(7)财政部和国家税务总局规定的其他行业。

3.研发费用归集口径有差异

研发费用的归集口径有多种,通常有会计核算口径、高新技术企业认定口径和加计扣除税收规定口径,而不同的口径存在诸多差异。会计核算口径由企业根据自身生产经营自行判断,对应属于研发活动支出外,没有过多的限制。高新技术企业认定口径主要是为了判断企业研发投入强度、科技实力是否达到高新技术企业标准。但是加计扣除税收规定口径对允许扣除的研发费用的范围采取的是正列举方式,对没有列举的项目,不可以享受加计扣除优惠,因此,会计口径、高新技术口径一般大于加计扣除口径,能享受研发费用加计扣除的范围应小于在其他口径下归集的研发费用支出。企业需要对研发费用归集口径做出准确的把握。根据财税〔2015〕119号文的规定,允许加计扣除的研发费用包括:(1)人员人工费用;(2)直接投入费用;(3)折旧费用;(4)无形资产摊销;(5)新产品设计费、新工艺规程制定费、新药研制的临床试验费、勘探开发技术的现场试验费;(6)与研发活动直接相关的其他费用以及财政部和国家税务总局规定的其他费用。

4.研发费用归集不合理

对于既从事研发活动又从事非研发活动的人员,既用于研发活动又用于非研发活动的仪器、设备以及形成的无形资产,其相关费用应当按实际工时占比等合理方法在研发费用和生产经营费用间分配,未分配的不得加计扣除。根据国家税务总局《关于研发费用税前加计扣除归集范围有关问题的公告》(国家税务总局公告2017年第40号)的规定,直接从事研发活动的人员、外聘研发人员同时从事非研发活动的,企业应对其人员活动情况做必要记录,并将其实际发生的相关费用按实际工时占比等合理方法在研发费用和生产经营费用间分配,未分配的不得加计扣除。以经营租赁方式租入的用于研发活动的仪器、设备,同时用于非研发活动的,企业应对其仪器设备使用情况做必要记录,并将其实际发生的租赁费按实际工时占比等合理方法在研发费用和生产经营费用间分配,未分配的不得加计扣除。用于研发活动的无形资产,同时用于非研发活动的,企业应对其无形资产使用情况做必要记录,并将其实际发生的摊销费按实际工时占比等合理方法在研发费用和生产经营费用间分配,未分配的不得加计扣除。

5.税收优惠政策选择不当

作为不征税收入处理的财政性资金用于研发活动所形成的费用或无形资

产,不得计算加计扣除或摊销。现阶段研究开发费用税前加计扣除比例进一步提高,所以当企业取得不征税收入用于研发项目时,在税收优惠政策的选择上可以做出一定的安排,择优选择对企业更为有利的税收优惠政策。如果选择不征税收入税收优惠,则用于研发活动所形成的费用或无形资产,不得计算加计扣除或摊销;如果放弃不征税收入税收优惠,则可享受研发费用加计扣除税收优惠政策。

三、关联交易的税务合规

对于企业集团内部的关联交易,税务机关会特别关注其合规性。关联交易的税务合规主要从以下两个角度来评价:

1. 是否遵循独立交易原则

根据《企业所得税法》第 41 条第 1 款的规定,企业与其关联方之间的业务往来,不符合独立交易原则而减少企业或者其关联方应纳税收入或者所得额的,税务机关有权按照合理方法调整。也就是说,税务机关判断关联交易的税务处理是否合规,关键在于关联交易是否符合独立交易原则。因此,只要企业不按照独立交易原则开展关联交易,且有避税的客观结果,则税务主管部门有权作纳税调整。

2. 是否导致整体税负减少

根据国家税务总局《关于发布〈特别纳税调查调整及相互协商程序管理办法〉的公告》(国家税务总局公告 2017 年第 6 号)的规定,实际税负相同的境内关联方之间的交易,只要该交易没有直接或间接导致国家总体税收的减少,原则上不作为特别纳税调整。如果实际税负存在差异,且因此导致了国家整体税负的减少,则税务机关有权对其作出特别纳税调整。特别需要注意的是,是否存在通过关联交易将利润由高税率企业转移到低税率企业,或将利润由盈利企业转移到亏损企业的情形,这都会造成国家税款的减少。

从降低潜在关联交易涉税风险角度考虑,拟上市企业应当加强对关联交易定价公允、内部审批程序完备的合规自查,并在关联交易规模增长到一定程度时,对于交易文档完备性、交易价格公允性,由专业机构给出专业意见和建议,并做针对性的整改,以满足后续关联交易的合规要求。

对于在境外有运营安排或有跨境关联交易安排的拟上市企业,证券监管机构通常会要求其就境外主体的主营业务、业务分工安排、财务及纳税申报情况等方面进行说明，特别是对于设立在避税地或低税负国家的境外主体，可能还会要求就设立境外主体的商业目的进行解释说明。针对拟上市企业集团内部的境外主体因受当地税务机关处罚或者未能获得当地相关优惠政策批复的情况，一方面建议增强对境外税收政策的了解和掌握，另一方面对于重大交易和安排，需要进行全面和妥善的税务规划，避免影响后续上市审批进程。

四、员工股权激励计划的税务合规

企业实施员工股权激励，需要制定适合公司发展目标和人才战略的定制化激励方案，从激励目标、激励工具、激励股权份额、激励对象选择、业绩考核指标、进入和退出机制等各个层面进行全面的梳理和规划。实务中，很多企业在计划和实施员工股权激励方案时，重视商业、法律和人力资源效应，却容易忽视税务方面的考量。

(1)股权激励方案设计时，没有考虑员工所需承担的个人所得税，或者没有在与员工就股权激励方案的沟通中涵盖员工的税务成本分析，在产生纳税义务时，员工的心理预期和实际承担的成本存在显著差异，导致股权激励实际效果打了折扣。

(2)忽视企业对于员工在股权激励安排所产生的个人所得税扣缴义务，造成企业税务合规瑕疵，成为企业进一步走向资本市场的障碍。

(3)由创始人代持的合伙份额转让予员工，未履行相关的程序要求，被挑战交易价格的公允性，需要根据税收政策的规定，进行纳税申报，且在交易价格不满足相关要求的情况下，还需要进行应税价格调整。

(4)员工实际投入的成本与公平市场价格之间的差额，视为员工工资薪金所得的，涉及企业的股份支付。在符合一定条件的情况下，股份支付形成的费用，是可以在企业所得税税前列支的，但需要进行纳税申报认定，以免因错误操作影响企业合规性。

那么，员工在股权激励计划实施中，个人所得税成本究竟是多少呢？以市场上最常见的限制性股权和期权激励为例，典型的员工股权激励计划，一般都会以较大幅度低于市场价值(如相比公司净资产或外部投资者的投资价格)的价格将公司股权授予员工，在员工达到解锁条件(限制性股权)或实际行权(期权)的时点，员工实际投入的成本与公平市场价格之间的差额，在税法上会被视为员工因在公司任职受雇而获得的所得，因而需要按照工资薪金所得纳入个人综合所得，缴纳个人所得税，税率最高适用45%；持有股权期间，获得的分红收益，适用股息红利所得税率为20%；取得股权后员工再行转让，财产转让所得的个人所得税税率为20%（如采用境内持股平台，则有一定概率被要求适用生产经营所得征收方式，最高税率为35%）。

通常在达到解锁条件/实际行权的时点，员工获得的仅仅是对股权所有权的法律确定性，但尚未在此时获得实际的经济收益，因而，在解锁/行权时发生的个人所得税成本，员工需要在得到实际收益前先行付出，这是企业在实施股权激励时需为员工考虑的额外成本压力。因此，企业在设计方案时应妥善考量如何合法降低员工的税负成本，提升股权激励的实际效果。为了鼓励非上市公司实施员工股权激励计划，财政部、国家税务总局曾于2016年出台《关于完善股权激励和技术入股有关所得税政策的通知》，即财税101号文。符合财税101号文规定的非上市公司股权激励计划，员工在取得股权激励时可暂不纳税，递延至员工最终处置股权、取得实际经济收益的时点，按照“财产转让所得”税目适用20%个人所得税率。这一递延纳税的优惠政策，对于降低员工股权激励的税务成本、优化激励效果起到了正向作用，也有效地解决了上述员工股权激励的税务难题。

根据财税101号文的规定，激励标的为境内居民企业的本公司股权。而在实务中，很多公司出于对公司控制权、行政管理成本等各方面因素的考虑，会通过搭设有限合伙企业作为股权激励平台，而员工则作为有限合伙企业的有限合伙人，通过持有有限合伙企业财产份额从而间接持有公司股权。这类间接持股结构，是否满足财税101号文规定享受递延纳税处理呢？目前税务机关对这类激励标的要求的解读均较为谨慎。实施激励方案的公司所在地的大多数主管税务机关，通常仅接受员工直接持有公司股权的激励形式进行财税101号文备案，而不接受以合伙企业持股平台的形式进行财税101号文备案，因此，非上市公司通过间接持股方式实施员工股权激励要享受递延纳税的，还需要和主管税务机关进行沟通确认。

以合伙企业作为员工股权激励的持股平台，除了递延纳税的实务障碍之外，还会遇到员工处置股权、获得实际收益时的税务处理。一般而言，在合伙企业持股平台的架构下，为实现减持股权（如在上市后向公开市场出售）的目的，首先需要由合伙企业持股平台减持公司股权,再由持股平台将收益分配给员工,员工同步减持相应的合伙企业财产份额。根据现行税法的规定,自然人合伙人从合伙企业获得的收益,应按照经营所得,适用5%~35%的个人所得税税率。随着各地合伙企业征管更为合规化,以往合伙企业自然人合伙人直接适用20%税率,或者申请核定征收的实务操作,已经日趋少见。若员工获得的收益超过一定数额,适用经营所得处理的税务成本,则很可能在高于员工直接持股的情况下适用财产转让所得的20%税率。

因此,企业在员工激励的持股架构搭建和后续优化时,需要具备更为前瞻性的视野和专业意见,全面考虑未来的各项合规要求和相应成本,对于已进行中的股权激励安排,及时进行纳税申报和备案,并申请优惠政策,以满足税务合规要求。

五、资本公积转增资本的税务合规

关于资本公积转增资本的现有相关政策梳理如下:

1. 国家税务总局《关于股份制企业转增股本和派发红股征免个人所得税的通知》(国税发〔1997〕198号)规定:"一、股份制企业用资本公积金转增股本不属于股息、红利性质的分配,对个人取得的转增股本数额,不作为个人所得,不征收个人所得税。二、股份制企业用盈余公积金派发红股属于股息、红利性质的分配,对个人取得的红股数额,应作为个人所得征税。"

2. 国家税务总局《关于进一步加强高收入者个人所得税征收管理的通知》(国税发〔2010〕54号)规定:"加强企业转增注册资本和股本管理,对以未分配利润、盈余公积和除股票溢价发行外的其他资本公积转增注册资本和股本的,要按照'利息、股息、红利所得'项目,依据现行政策规定计征个人所得税。"

3. 国家税务总局《关于贯彻落实企业所得税法若干税收问题的通知》(国税函〔2010〕79号)规定:"被投资企业将股权(票)溢价所形成的资本公积转为股本的,不作为投资方企业的股息、红利收入,投资方企业也不得增加该项长期投资的计税基础。"

4. 财政部 国家税务总局《关于将国家自主创新示范区有关税收试点政策推广到全国范围实施的通知》(财税〔2015〕116号)规定:"1. 自2016年1月1日起,全国范围内的中小高新技术企业以未分配利润、盈余公积、资本公积向个人股东转增股本时,个人股东一次缴纳个人所得税确有困难的,可根据实际情况自行制订分期缴税计划,在不超过5个公历年度内(含)分期缴纳,并将有关资料报主管税务机关备案。2. 个人股东获得转增的股本,应按照'利息、股息、红利所得'项目,适用20%税率征收个人所得税。"

5. 国家税务总局《关于股权奖励和转增股本个人所得税征管问题的公告》(国家税务总局公告2015年第80号)规定:"(一)非上市及未在全国中小企业股份转让系统挂牌的中小高新技术企业以未分配利润、盈余公积、资本公积向个人股东转增股本,并符合财税〔2015〕116号文件有关规定的,纳税人可分期缴纳个人所得税;非上市及未在全国中小企业股份转让系统挂牌的其他企业转增股本,应及时代扣代缴个人所得税。(二)上市公司或在全国中小企业股份转让系统挂牌的企业转增股本(不含以股票发行溢价形成的资本公积转增股本),按现行有关股息红利差别化政策执行。"

综上,转增资本的来源主要有未分配利润、盈余公积转增资本和资本公积转增资本两类,而资本公积主要包括增资溢价和会计估计产生的其他资本公积(采用权益法核算的长期股权投资、以权益结算的股份支付、自用房地产或存货转为以公允价值计量的投资性房地产、可供出售金融资产公允价值变动、可供出售外币非货币性项目的汇兑差额、金融资产重分类等)。转增资本后的纳税义务如图3-1所示:

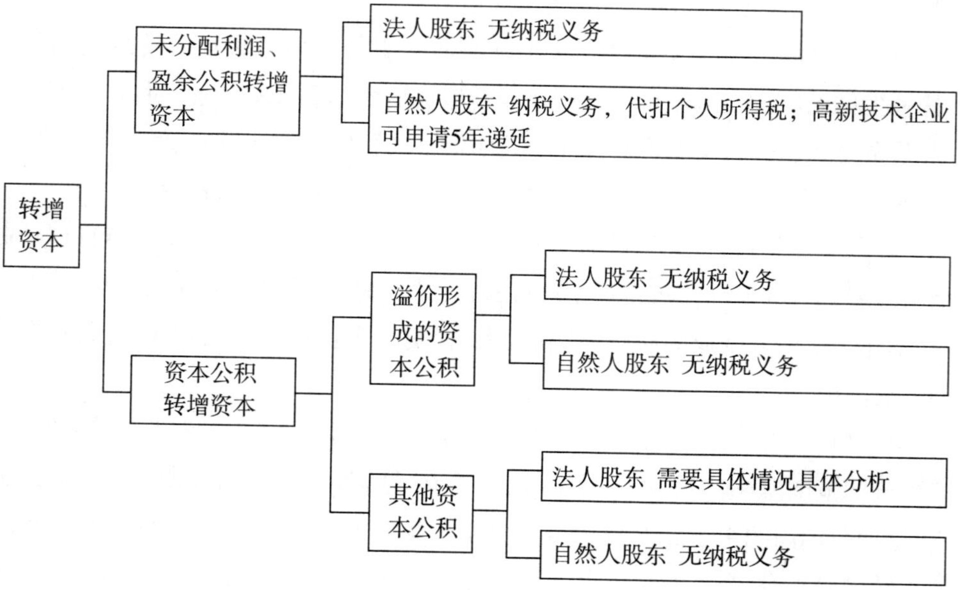

图3-1 企业转增资本后的纳税义务

资本公积转增资本,是证券监管机构关注的问题。因各地税务机关对政策的理解适用会有不同,因此建议在股改时或者发生转增资本时及早与税务机关达成共识,特别是对于历史较久远的资本公积转增资本事项,核查其完税时是按当时的政策还是新政策执行纳税要求,也需要与当地税务机关进行沟通确认。

六、总结

建立税务合规机制首先要以税法及相关法律法规为准绳,规范企业的发展和经营,防患于未然,维护企业自身合法权益。企业要将有关国家、行业税收标准落实为企业内部缴税标准,及时对各部门经手的业务开展内部自我核查,定期自查企业的纳税情况,并聘请外部税务师核查分析,对企业纳税活动进行风险评估,进而提出风险防范化解和应对方案。

同时,企业还应提高员工的税务合规意识及风险防控意识,避免因操作不当或故意行为被认定为偷逃税款,避免企业和企业负责人因此受到惩处,且对于开展业务过程中可能存在的财税风险需要多加了解并做到基本防范。

专 题 四

网络安全与数据保护

企业上市的网络安全与数据合规询问实证及趋势分析

万　波*　王书玥**

一、前言

2019 年 10 月 31 日，中国共产党第十九届中央委员会第四次全体会议通过了中共中央《关于坚持和完善中国特色社会主义制度　推进国家治理体系和治理能力现代化若干重大问题的决定》。为推进国家治理体系和治理能力现代化，党中央更加重视人工智能、互联网、大数据等现代信息技术手段的运用，并指出“健全劳动、资本、土地、知识、技术、管理、数据等生产要素由市场评价贡献、按贡献决定报酬的机制”。由此可见，“数据”作为生产要素的地位及其重要性，数据问题自然也成了企业上市审查中的关注重点。

2018 年 3 月 30 日，中央网络安全和信息化委员会办公室（以下简称中央网信办）、中国证券监督管理委员会（以下简称证监会）联合印发了《关于推动资本市场服务网络强国建设的指导意见》，并指出：“充分发挥资本市场资源配置作用，促进企业落实主体责任，深化行业监督管理，凝聚工作共识，形成监管合力。”之后，证监会对于拟上市的企业更加注重网络安全与数据合规方面的审查。在拥有国内“大数据行业第一股”之称的数据堂（北京）科技股份有限公司的员工

* 万波，上海市金茂律师事务所合伙人，同济大学法学学士、复旦大学金融学硕士，上海市律师协会融资租赁业务研究委员会副主任，上海市租赁行业协会特聘专家，中国服务贸易协会理事，中国服务贸易协会商业保理专业委员会学术委员，上海市商业保理同业公会副会长，最高人民检察院民事行政诉讼监督案件咨询专家，华东政法大学兼职教授，上海仲裁委员会仲裁员，海南国际仲裁院仲裁员。

** 王书玥，上海市金茂律师事务所律师助理，华东政法大学法学学士。

涉嫌侵犯个人信息犯罪,而被证监会作出《数据堂(北京)科技股份有限公司重大事项暂停转让公告》以来,证监会在 IPO 及其重大资产重组审核中,对于数据合规方面的问询数量也在日益增加,已有不少企业申请 IPO 时被询问数据合规问题。此类问题甚至成为一些企业 IPO 申请被否、终止上市或退市的原因之一,譬如:

(1)2017 年 8 月 11 日,数据堂(北京)科技股份有限公司因员工涉嫌侵犯公民个人信息罪而作出公司股票暂停转让的公告。

(2)2018 年 4 月 4 日,证监会第十七届发行审核委员会 2018 年第 57 次发审委会议审核北京博睿宏远数据科技股份有限公司(创业板)(首发)未通过。

(3)2018 年 11 月 2 日,北京瑞智华胜科技股份有限公司因涉及特大数据泄露案件于新三板终止挂牌。

(4)2019 年 10 月 11 日,发审委审核北京墨迹风云科技股份有限公司(创业板)(首发)未通过。

本文从实证角度出发,结合证监会、交易所及上市公司公开披露的信息,详细探讨研究了审核部门对拟上市企业的数据保护的审核问询要点及其答复策略。

二、从典型个案看企业上市的数据审核问询及答复

我们检索了自 2016 年以来 28 家上市企业被证监会发审委或交易所询问到有关网络及数据安全相关问题(包括已上市公司被暂停交易、退市)的案例,其中涉及顺利通过审核的 IPO 企业 21 家、首发未通过的 IPO 企业 3 家、撤回上市申请的企业 2 家、暂停交易的已上市公司 1 家、退市的已上市公司 1 家。现就其中具有代表性的典型案例予以梳理,以帮助读者更加直观地感受该领域的关注焦点和实务答复口径。

(一)典型案例:科锐国际

北京科锐国际人力资源股份有限公司(以下简称科锐国际)作为国内首家登陆 A 股的人力资源服务企业,于 2017 年 5 月获得证监会批准公开发行股票并在创业板上市。科锐国际的主营业务是通过互联网平台和线下服务体系为客户提供中高端人才访寻、招聘流程外包、灵活用工及其他人力资源服务。其在中国大陆、中国香港特别行政区、新加坡、印度和马来西亚等设立了多家分支机构。

2016 年其为客户推荐的中高级管理人员及专业技术岗位人员超过 20,000 名，年末管理超过 4000 名灵活用工人员。科锐国际上市之际，恰好是《网络安全法》正式实施的前夕，其较大的个人信息处理量以及进程中的劳动人事争议纠纷，引发了证监会的关注，成为被审核部门询问数据保护合规问题的早期代表性案例之一。

1. 证监会第一轮询问

证监会于 2017 年 4 月 19 日出具《关于请做好相关项目发审委会议准备工作的函》询问：发行人业务涉及的个人信息收集、存储及使用。请发行人结合和白某的纠纷，请发行人补充说明其人才库所涉个人信息的收集、存储、使用，是否存在侵犯相关个人隐私或其他权益的情形，对相关个人信息是否存在有效的保密机制，是否符合全国人民代表大会常务委员会《关于加强网络信息保护的决定》、《网络安全法》的规定。

2. 发行人律师针对第一轮询问的答复要点

（1）说明发行人人才库所涉个人信息的收集、存储及使用情况

根据发行人提供的相关业务合同、现行有效《员工手册》及说明，发行人人才库涉及的个人信息（简历）收集、存储及使用基本情况如下：

①与同行业的在线职位发布平台（如智联招聘、LinkedIn 等）签署采购合同，获得新兴或新进领域的合格候选人简历信息，发行人通过技术手段将这些候选人信息直接导入管理模块；

②与新媒体及社交网络平台战略合作，获得候选人简历信息，发行人通过技术手段直接导入候选人管理模块。如在各行业的专门网站发布职位信息，包括医药健康网、ACCA 等网站；

③凭借发行人自身的品牌宣传效果，部分候选人主动将个人简历投递到科锐人才网（http://www.chinacareer.com/search-results-jobs）及发行人微信公众平台（微信号 Career_International），发行人通过技术手段导入候选人管理模块；

④通过候选人推荐、客户朋友获得简历，访寻员录入或技术手段从发行人内网邮箱中抓取并直接导入候选人管理模块；

⑤通过市场部组织或参与各类行业论坛、沙龙、展会、招聘会及校园宣讲招聘等活动，发行人获得候选人信息并通过技术手段导入候选人管理模块。

对于人才库中的候选信息，发行人员工应根据与合作平台的相关业务合同约定以及发行人内部的管理规定来合理使用。

(2)结合和白某的纠纷,说明是否存在侵犯相关个人隐私或其他权益的情形

根据发行人提供的白某一审起诉书,2014 年 10 月 16 日,白某以北京欧格林咨询有限公司(以下简称北京欧格林)盗用其身份信息办理社会保险、住房公积金,侵害其权利为由,向北京市朝阳区劳动人事争议仲裁委员会提起仲裁,但北京市朝阳区劳动人事争议仲裁委员会以本案不属于人事争议仲裁的受理范围不予受理。白某不服,向北京市朝阳区人民法院起诉,要求被告北京欧格林承担立即纠正不端行为并向其赔礼道歉以及予以赔偿等民事责任,截至本补充法律意见书出具之日,本案尚在审理中。

就白某一审起诉书中提到的事实和理由,根据发行人说明,北京欧格林不存在任何盗用白某身份信息办理社会保险和住房公积金的行为,主要理由如下:①北京欧格林与白某通过签署劳动合同建立了劳动关系,合法取得其个人提交的身份证信息,并根据国家相关规定为其依法缴纳社会保险和住房公积金,不存在采用任何非法方式盗用其身份信息的行为;②在北京欧格林终止与白某的劳动关系后,北京欧格林已依法对白某的社会保险和住房公积金账户进行减员处理,白某在起诉状中提到的编号为 110105045677 的社会保险和公积金账号系与白某同名的人员所持有,双方终止劳动关系后,北京欧格林不存在使用白某个人身份证信息为该同名人员办理社会保险和住房公积金账户的情况,且该同名人员并非北京欧格林员工,北京欧格林没有为此人缴纳社会保险和住房公积金的义务,该同名人员与北京欧格林无任何关系。

根据发行人说明,发行人人才库个人信息的收集、存储、使用需要遵守与供应商业务合同相关条款的限制、相关法律法规以及《员工手册》、《保密协议》和《科锐国际信息安全管理制度》等内部管理制度的严格约束,禁止采用窃取或者以其他非法方式获取个人信息以及非法出售或者非法向他人提供人才库中的个人信息,北京欧格林不存在使用白某个人身份证信息为与其同名的人员办理社会保险和住房公积金账户的情况。经本所律师在中国裁判文书网、百度、网易新闻、新浪微博等网站核查,截至本补充法律意见书出具之日,除发行人与白某纠纷案件正在审理外,未发现发行人涉嫌侵犯相关个人隐私或其他权益的情形。

(二)典型案例:每日互动

浙江每日互动网络科技股份有限公司(以下简称每日互动)提供的服务主要包括移动应用开发者服务(个推 SDK、个像 SDK)、移动互联网营销服务(品牌广

告、效果广告)和其他数据服务(通过大数据分析进行分类和标签)。鉴于其所处行业及业务模式的特殊性,审核部门对其数据保护的询问量大面广,极具代表价值。

1. 证监会第一轮询问

证监会于2017年11月30日出具《中国证监会行政许可项目审查一次反馈意见通知书》询问:(1)是否存在向第三方购买底层数据并在外购数据的基础上持续开发等情形。(2)结合相关监管政策,补充说明发行人取得终端用户数据信息的来源、获取途径及授权方式,是否明确且合法有效,发行人对数据的使用是否超过授权权限;发行人获得终端用户数据信息的权属,其使用是否存在权属风险;发行人对数据安全和个人隐私的保护手段及其有效性,是否出现过个人信息、隐私泄露事件,是否存在侵权风险,是否存在纠纷或潜在纠纷。

2. 发行人律师针对第一轮询问的答复要点

发行人律师针对第一轮询问中"是否存在向第三方购买底层数据并在外购数据的基础上持续开发等情形"的答复要点如下:报告期内,公司的主要产品均由自主研发完成,不存在向第三方购买底层数据并在外购的基础上持续开发等情况。

发行人律师针对第一轮询问中"结合相关监管政策,补充说明发行人取得终端用户数据信息的来源、获取途径及授权方式,是否明确且合法有效,发行人对数据的使用是否超过授权权限;发行人获得终端用户数据信息的权属,其使用是否存在权属风险;发行人对数据安全和个人隐私的保护手段及其有效性,是否出现过个人信息、隐私泄露事件,是否存在侵权风险,是否存在纠纷或潜在纠纷"的答复要点如下:

(1)每日互动获取用户数据信息系根据协议约定通过APP开发者获得授权。开发者与发行人有关《个推使用协议》等协议就发行人获得用户数据信息进行明确约定,"APP开发者须以适当方式使用户知晓该APP产品集成了发行人推送服务功能模块,并应确保用户知悉且同意APP获取用户相关信息的权利适当延展至个推使其可以获取实现相关推送功能所必要的合理信息"。因此,发行人不直接获取用户信息,而是通过APP开发者在获得终端用户授权后,通过APP开发者获得经用户授权的用户数据信息。

(2)根据发行人提供的APP开发者名单、APP相关登录注册时的资料,用户在相关登录注册时的资料,用户在安装和首次使用 APP 时, APP 弹出的《客户协议》, APP 开发者会在其客户协议中明确告知:用户在使用该 APP 时可能被收集的相关数据信息,以及这些数据信息同时可能授权给 APP 的关联方、合作方等经 APP 许可的第三方使用等内容。用户是否同意该协议,决定其是否能正常安装及使用 APP,如不同意该协议,则 APP 无法正常安装及使用;如正常安装及使用 APP,则表示已同意该协议的内容。因此,APP 终端用户在接受并安装使用该 APP 的同时,明示勾选并同意其个人数据信息被收集和使用,同时也明确知悉并许可包括发行人在内的 APP 许可的第三方使用其个人数据信息。

(3)根据发行人提供的说明并经与发行相关负责人员访谈,发行人为其向 APP 终端用户推送信息功能及业务获取用户 IMEI、IMSI、APP List 及部分情况下获取的 WiFi 地址等个人常用设备信息。这些个人常用设备信息系其业务所必需的、合理的用户信息,并且仅用于 APP 要求的推送功能,属于 APP 通过用户同意的范畴,符合个人信息收集额合法性要求、最小化要求及授权同意的要求。

(4)根据可供参考的《信息安全技术个人信息安全规范》(GB/T 35273—2017),发行人与 APP 开发者为终端用户授权使用的个人信息的共同控制者,不涉及终端用户数据的权属及归属问题,发行人在用户许可及 APP 获得的授权范畴内收集、使用,不存在超出权属范围收集、使用等情形。

(5)2017 年 12 月 29 日,发行人通过信息系统安全等级保护测评,取得杭州市公安局核发的《信息系统安全等级保护备案证明》,备案项目为第三级个推推送业务系统,即个推推送系统符合信息安全等级保护第 3 级(S3A2G3)保护要求。根据浙江东安检测技术有限公司对发行人系统各模块安全保护情况进行的评测,及其出具的《个推推送业务系统等级保护报告》,认为发行人的各模块安全保护情况符合信息系统安全等级保护第 3 级的要求。

3. 证监会第二轮询问

证监会于 2018 年 4 月至 6 月口头询问:(1)请发行人补充说明“个推大数据平台”的数据来源及合规性,包括数据的具体来源及协议,公司取得数据后用来做商业化变现的合规性。(2)欧盟《通用数据保护条例》的颁布实施对于发行人经营业务有什么影响,发行人有什么整改措施,是否存在被处罚的风险,GDPR 对于发行人未来的业务经营是否存在影响。(3)发行人通过 APP 授权获取的用户信息用于互联网营销或其他业务是否超过用户对 APP 的授权范围。

4. 发行人律师针对第二轮询问的答复要点

(1)发行人大数据平台的数据系通过APP开发者经用户授权后在协议约定的授权范围内获取;公司获取的信息不属于个人及个人敏感信息;公司获取的数据在处理过程中采用不可逆的MD5加密模式储存 ,进一步确保了数据的安全性;公司将获取的数据用于增值服务未超出用户协议授权范围,也未违反个人信息保护的法律规定;公司在报告期内不存在因违法违规被行政处罚或刑事处罚的记录。

(2)GDPR仅作为欧盟出台的针对地区个人数据保护法案,于其他地区立法存在一定的借鉴意义,而对于公司因原本就不存在欧盟客户及供应商,且公司已通过技术手段对于GDPR管辖范围的数据进行了最大可能性的规避,因此GDPR的实施不会对于公司产生实质性影响。

(3)发行人经合法授权通过APP间接获取用户信息,内容未超出间接获取APP用户授权范围及与APP开发者之间的协议;发行人取得APP用户信息后,通过MD5加密的技术手段将取得用户信息匿名化和去标识,使其脱离个人的范畴,成为个推大数据平台中的数据;发行人通过利用个推大数据平台数据开展推送、移动互联网营销等服务实质上是使用加密后的非个人数据CID,不存在需要APP用户授权使用的问题;因此,发行人通过APP授权获取的用户信息在通过脱敏、加密后形成CID并用于互联网营销或其他业务不存在超过用户对APP授权范围的情形。

5. 证监会第三轮询问

证监会出具《中国证监会行政许可项目审查二次反馈意见通知书》询问:请发行人说明:(1)获取授权的过程是否对客户的用户有明示,客户的用户对于上述行为被视授权许可在法律上是否完备;相关协议约定内容存在明显不利于个人用户的格式条款,是否符合相关法律法规的规定要求。(2)与客户所签署业务合同、所开展业务中是否存在可能侵犯第三方商业秘密或个人信息安全的条款。(3)结合《网络安全法》《关于办理侵犯公民个人信息刑事案件适用法律若干问题的解释》等法规、司法解释,说明各类业务是否存在侵犯客户以及客户用户商业秘密、个人隐私的情况,是否存在法律风险或潜在法律风险。(4)收集个人用户信息、向个人用户推送广告等有无明确告知用户收集、使用信息的目的、方式和范围,并根据双方的约定收集、使用信息;业务开展中是否涉及对个人信息的使用,是否留存商业秘密、个人信息;是否涉及对客户、客户用户、APP 具体使用者商业秘密、个人信息安全的侵犯。(5)数据获取、使用、处理等过程配套的内部控制制度及执行情况,是否存在泄密风险;对数据安全和个人隐私的保护措施与手段,有无出现过个人信息、隐私泄露事件,是否存在纠纷或潜在纠纷。(6)审核部门对数据隐私保护的标准是否会持续升级,未来趋势对业务的影响及相关应对措施。

6. 发行人律师针对第三轮询问的答复要点

(1)根据发行人提供的资料并经抽查主要 APP 客户协议,上述 APP 客户协议均为格式条款、APP 用户无法自行修改,APP 协议主要内容为用户信息收集、信息使用范围、信息保护方式及 APP 用户使用 APP 期间的使用规则等。上述协议中存在部分关于第三方信息、硬件设备及外围因素等的免责条款,但不存在关于 APP 用户数据收集、使用方面的明显不利于个人用户的格式条款。

(2)发行人用于其推送业务所获得的用户数据信息并不属于上述法律规定的“个人信息”或“商业秘密”的范畴;发行人业务开展中不直接涉及对个人信息的使用,而是通过个推大数据平台脱敏加密后的标签数据开展业务,也不涉及对客户、客户用户、APP 具体使用者商业秘密、个人信息安全的侵犯。

(3)在安全管理制度层面,发行人已制定《信息系统安全管理制度》《IDC 机房管理制度》《网络与系统管理制度》《数据和介质管理规范》《信息测试管理制度》《数据库管理及制度》等相关制度,由业务内控部具体执行。在安全管理机构层面,发行人设立了指导和管理信息安全工作的委员会并由总经理担任最高领导。在人员安全管理层面,发行人员工已签署保密协议,且发行人定期对员工进行安全教育和培训,对于违反违背安全策略和规定的人员进行惩戒。

(4)发行人已取得杭州市公安局网络警察分局出具的证明文件,自 2010 年 12 月 7 日至 2018 年 6 月 30 日,未发现发行人存在违反互联网信息管理有关法律法规和规范性文件的情形,无与互联网信息服务管理有关的行政或刑事处罚记录。

(5)未来审核部门对数据隐私保护的标准可能会在某些方面略有升级,但对公司业务不会产生实际影响。

7. 证监会第四轮询问

证监会于 2018 年 10 月 30 日出具《关于请做好浙江每日互动网络科技股份

有限公司发审委会议准备工作的函》询问:请发行人说明并在《招股书》中补充披露:(1)与APP开发者《个推使用协议》约定的“延展至个推使其可以获取实现相关推送功能所必要的合理信息”中“相关推送功能”是否包括利用该APP共享链路而向其他APP最终用户发送通知,APP最终用户是否知悉通过链路共享而向其发送其他APP通知,是否取得APP最终用户同意或授权;(2)抽样头部APP产品的《用户协议》《隐私政策》中部分表述基于提升本APP服务之目的而收集用户数据并向第三方共享该数据,发行人链路共享是否属于“提升本APP服务之目的”;(3)获取用户数据信息的来源、取得途径及授权方式,收集用户信息获得同意的具体制度及相关安排,收集用户信息时是否明确告知收集的范围及用途,对数据的使用是否超过必要的限度;(4)获取数据进行商业化变现的合规性;(5)在对用户信息进行加工、处理、存储及传输过程中避免或防止泄露用户隐私的具体制度相关安排;(6)用户信息保护技术体系,尤其是防止外部黑客攻击和内部人员恶意导致的数据泄露的技术措施;(7)最近3年发生的严重泄密事件、重大诉讼、处理结果及有关整改措施;(8)通过公安部门信息系统安全等级保护测评的情况;(9)2018年5月25日欧盟《通用数据保护条例》正式生效对发行人生产经营的影响及相关应对措施。

8. 发行人律师针对第四轮询问的答复要点

(1)发行人与APP开发者就是否采用共享链接技术进行了明确约定,APP最终用户选择同意接收信息通知,则意味着APP最终用户概括接受了发行人通过任何技术方式向其完成信息推送,APP最终用户无须知悉发行人共享链路技术的具体运作方式,发行人通过共享链路技术进行信息推送亦无须取得APP最终用户的单独同意或授权。

(2)发行人在推送服务中使用链路共享技术,其目的是确保信息有效触达APP最终用户的同时,还可以让移动端大幅度提升推送效率。链路共享技术不涉及收集用户数据信息,因此与为了“提升本APP服务之目的”而收集用户数据并分享该数据有本质的不同。

(3)根据发行人与APP开发者之间签署的《个推使用协议》等协议,APP开发者将个推信息推送平台软件开发包整合进APP软件并授权发行人获取推送所必需的合理用户信息。因此,发行人系通过APP开发者获取用户数据信息并已取得用户的同意。发行人通过APP开发者向终端用户明示、公开收集用户数据信息用于优化用户 APP 的功能,并通过 APP 与终端用户协议获得终端用户的同意,符合合法、正当、必要的信息收集原则及使用原则,对数据的使用未超过必要限度。

(4)发行人获取的用户信息不属于用户个人信息。发行人获取上述数据后经脱敏、筛选、清洗、整理,并经深度挖掘后建模,最终构建衍生出自己的"个推大数据平台",具备独立的财产权属。发行人将个推大数据平台的产品进行商业化变现不违反法律规定。

(5)发行人为保证数据资产安全、保障用户合法权益,制定了《个推数据安全保障技术实施指南》《个推对外数据安全管理规定》等规定,保障用户信息进行加工、处理、存储及传输过程中的安全性。

(6)根据敏感程度和商业价值不同,发行人将数据划分为三级,采取不同的要求进行管控,同时采用网络隔离、服务监控等技术手段保证数据安全。

(7)经查询,发行人最近 3 年未发生严重泄密事件、重大诉讼。

(8)经浙江东安检测技术有限公司现场的信息安全等级保护测评,发行人满足信息安全保护等级为第 3 级的要求,并已于 2017 年 12 月 29 日通过信息系统安全等级保护测评,取得杭州市公安局核发的《信息系统安全等级保护备案证明》。

(9)根据普华永道出具的《信息科技控制评估和数据分析报告》,通过解析 IP 地址后对地域分布情况进行统计,公司日活跃设备中欧盟地区的活跃设备量占比较低,平均占比仅为 0.53%,均未超过 1%。若公司未来在境外加深拓展经营活动,公司将严格按照 GDPR 相关要求适时调整在欧盟地区的经营策略以确保相关经营活动满足 GDPR 的要求。

(三)典型案例:深信服

深信服科技股份有限公司(以下简称深信服)主要从事向企业级用户提供信息安全、云计算、企业级无线相关产品和解决方案业务。深信服作为国内较早从事信息安全领域的企业,市场份额位居行业前列,拥有上网行为管理、SSLVPN、下一代防火墙、广域网优化、应用交付等信息安全核心产品。其所处行业的特性使其成为被审核部门询问网络安全和数据保护合规问题的早期代表性案例之一。

1. 证监会第一轮询问

证监会于 2017 年 12 月 5 日出具《中国证监会行政许可项目审核一次反馈意见通知书》询问：招股说明书披露：公司从事的信息安全等相关业务通常需取得计算机信息系统安全专用产品销售许可证等产品和服务认证，公司及其子公司主要业务资质有商用密码产品生产定点单位证书、商用密码产品销售许可证、商用密码产品型号证书等，部分证书已经到期或即将到期。请发行人补充披露：(1)发行人及其子公司是否已取得业务开展所需的相关资质及业务资质许可的具体内容，是否符合国家相关法律法规及行业标准规定，报告期内是否存在违反相关规定超出资质规定范围开展业务的情形，是否受到相关行政处罚。(2)相关产品和服务认证到期是否可以续期；若无法续期，是否对发行人生产经营、经营业绩存在重大影响；若是，请作重大事项提示。(3)报告期内，是否存在产品和服务认证未通过申请而直接使用的情形，是否存在产品纠纷或者诉讼，是否对发行人的经营业绩产生重大影响。

2. 发行人律师第一轮答复要点

(1)关于发行人及其子公司取得的业务资质许可及产品认证情况

发行人律师首先分析了发行人向客户提供商用密码产品、信息安全专用产品、云计算相关产品、企业级无线产品所需取得的资质证书或强制性认证要求，并逐项列明了发行人已取得的《商用密码产品销售许可证》《商用密码产品生产定点单位证》《商用密码产品型号证书》《计算机信息系统安全专用产品销售许可证》《无线电发射设备型号核准证》《中国国家信息安全产品认证证书》《涉密信息系统产品检测证书》《中国国家强制性产品认证证书》《IT 产品信息安全认证证书》等。

(2)关于相关产品和服务认证到期是否可以续期

根据发行人提供的文件资料及出具的书面说明，为确保发行人各项产品和服务认证到期后的正常续期，发行人安排了专人对产品和服务认证的申请、取得和维护进行负责，发行人合理预计相关产品和服务认证办理审批或备案所需时间，并提前 2 个月启动续期工作；发行人作为研发为主导的高新技术企业，一直在研发投入、产品开发、技术创新等方面保持了较高的投入，并在研发过程中，将产品通过相应的认证要求作为研发项目结项的必要条件。在报告期内，发行人生产的相关产品在申请相关产品认证时均履行了相关产品检测及试验（如有）程序，产品经检测/试验合格后方才取得认证证书，其中针对已获得强制性认证证书、IT 产品信息安全认证证书、国家信息安全产品认证证书的产品，在证书有效期内均通过了每年的产品监督程序，未发生产品不符合认证质量/规范标准的情形，没有出现已取得认证或资质被取消的情况。但如果未来国家关于产品和服务认证的政策或标准出现重大变化，发行人可能出现无法为相应过期证书续证，导致相关产品和服务存在不能获得相关认证的风险。

经本所律师核查，《招股说明书》已就发行人产品和服务不能获得相关认证的风险进行了相关风险披露。

(3)关于是否存在产品和服务认证未通过申请而直接使用的情况

根据发行人出具的书面说明、本所律师对发行人资质管理部门负责人的访谈结果，并经本所律师查询中国裁判文书网(http://wenshu. court. gov. cn/)，本所律师认为，在报告期内，发行人不存在相关产品和服务认证未通过申请而直接使用的情形，不存在因此产生产品纠纷或诉讼的情形。

3. 证监会第二轮询问

证监会于 2018 年 3 月 19 日出具《中国证监会行政许可项目审核一次反馈意见通知书》询问：根据申请资料，发行人已在金融、政府、运营商、教育等重点行业以及广大企业级市场拥有了广泛而优质的客户群体，并已为全球近 40,000 家企业级用户提供了信息安全产品和服务，包括 80% 的中国进入世界 500 强企业、90% 的中国政府部委级单位、中国三大运营商以及中国规模最大的前 10 家银行等高端客户。此外，发行人还通过信息系统对其渠道代理商、最终销售情况等进行管理。请发行人：(1)说明在开展业务、日常运营过程中是否获取或有可能获取国家秘密、保密信息、个人信息，是否存在泄露国家秘密、保密信息、个人信息的情况或未来风险，是否已建立完善的防泄密和保护网络安全的内部管理制度，该等制度的执行是否有效；(2)说明是否需要进行信息安全等级保护测评；(3)对照 2017 年 6 月实施的《网络安全法》相关条款，对比分析发行人在业务开展、内部控制等方面是否符合《网络安全法》相关规定；(4)说明前述情况是否需要在《招股说明书》的相关章节予以描述，是否需要进行风险提示。

4. 发行人律师第二轮答复要点

(1)发行人在开展业务中不会获取国家秘密、保密信息、个人信息

根据发行人出具的书面说明，并经本所律师访谈发行人研发部门负责人、销

售部门负责人,在报告期内,发行人专注于软件和信息技术服务行业,主营业务为向客户提供信息安全、云计算、企业级无线相关产品和解决方案业务,主要产品为上网行为管理、VPN、下一代防火墙、应用交付等信息安全产品,发行人并非数据的采集、存储、处理及传输服务提供商;发行人基于业务开展、日常运营的需要,会掌握渠道代理商、直销客户和最终用户的名称及其联络人员的姓名、联系方式,但该等信息不涉及客户的商业秘密或个人隐私信息;发行人向客户交付产品后,该等产品将放置于客户处,并由客户自主管理、使用,发行人后续仅提供维保服务;客户在使用过程中涉及的相关数据、信息的采集、存储、处理和传输也由客户自行完成,发行人并未设置"后门",无法获取该等数据及信息。

(2)发行人已针对数据和信息安全建立了防泄密和保障网络安全的管理制度

根据发行人提供的内控制度文件及出具的书面确认,并经本所律师对发行人网络安全负责人进行访谈,发行人已经将数据和信息安全管理工作融入其日常管理工作中。针对数据和信息安全,发行人已制定了《信息安全工作总体规划和方针》等管理制度和配套措施,并根据前述规划和方针,选定了安全模型,确定了安全体系框架,建立了相应的信息安全管理组织机构,落实了人员管理、物理安全、网络安全、主机安全、应用安全、数据安全和病毒管理等策略,通过多重保护、最小授权和严格管理等措施有效实现对自身信息安全的管控。此外,鉴于发行人系一家研发创新驱动型企业,发行人还特别针对产品研发和测试制定了《研发系统信息安全制度》,规定了研发和技术人员不得违规在所开发的产品中设置"后门"和"人为漏洞",并设置了相应的检查审核机制。发行人制定的前述制度已得到有效执行。

(3)关于信息安全等级保护测评

根据发行人提供的文件资料及出具的书面确认,并经访谈发行人网络安全负责人,发行人并非数据的采集、存储、处理及传输服务提供商,在开展业务、日常经营中不会获取国家秘密、保密信息、个人信息,其自身信息系统受到破坏后,不会导致国家安全、社会秩序、公共利益以及公民、法人和其他组织的合法权益受到损害,因此,发行人无须按照《信息安全等级保护管理办法》规定的相关等级保护要求对其信息系统实施相应等级保护。……发行人自主按照高几倍的管理规范和技术标准建设了其信息系统,并进行了定级,其中六套关键信息系统确定为等级保护二级以上(其中三套系统为等级保护三级),并于 2017 年 12 月 6 日取得深圳市公安局核发的六份《信息系统安全等级保护备案证明》;且发行人委托具备相关测评资质的深圳市网安计算机安全检测技术有限公司于 2017 年 11 月 9 日至 2017 年 12 月 31 日期间对其前述六套等级保护二级以上的信息系统进行了安全等级保护测评,测评结果表明符合相关要求,并于 2018 年 1 月 11 日取得深圳市信息安全等级保护工作协调领导小组办公室核发的《深圳市信息安全等级保护测评结果通知书》。

(4)发行人是否符合《网络安全法》的相关规定

发行人律师比对了《网络安全法》第 21 条、第 22 条、第 23 条、第 24 条、第 25 条、第 40 条关于网络运营者、网络产品和服务提供者的相关规定,认为发行人在业务开展、内部控制等方面符合《网络安全法》的相关规定。

(5)是否需在《招股说明书》中进行风险提示

经本所律师核查,《招股说明书》已就发行人未来信息业务可能存在的泄密风险进行如下风险提示:随着云计算技术逐步成熟和广泛应用,信息安全产品云化将是未来的技术发展趋势之一,即在云端向用户提供信息安全产品和解决方案,在这种情况下,厂商可能会获取和掌握用户的信息。发行人作为一家创新驱动和引领型的企业,一直将相关技术作为研究及储备方向。如果未来此类云化产品和解决方案投入市场,发行人可能会掌握部分客户的信息和数据,若发行人管理不善,可能存在泄密的风险。

(四)典型案例:博睿宏远

北京博睿宏远数据科技股份有限公司(以下简称博睿宏远)是一家应用性能管理(Application Performance Management,APM)服务提供商。博睿宏远曾向深圳证券交易所创业板递交上市申请。2018 年 1 月,证监会对博睿宏远创业板 IPO 的反馈意见显示,问询内容包括个人信息安全等 37 个问题,最终证监会于 2018 年 4 月 4 日召开的第 57 次发审委会议上否决了博睿宏远的此次 IPO 申请,一度引发市场热议。该次发审委会议公布的《第十七届发审委 2018 年第 57 次会议审核结果公告》显示对博睿宏远数据保护方面的询问内容为:

证监会询问:发行人开展应用性能管理等业务,部分业务需要在 APP 或服务器安装 SDK 及探针。请发行人代表说明:(1)被动式监测业务技术对客户网络与应用性能造成的具体影响;(2)与客户签署业务合同、开展业务中是否存在可能侵犯第三方商业秘密或个人信息安全的条款、情况;(3)与客户签署业务合同的业务内容条款和保密条款是否存在协助或变相协助客户、第三方开展可能侵犯第三方商业秘密或个人信息安全的行为;(4)发行人相关业务中应获得授权的手续是否完备。请保荐代表人说明核查过程、依据,并发表明确核查意见。通过公开渠道并未检索到博睿宏远针对该问询的答复意见。

冲击创业板失败后,博睿宏远又于2019年年底发起了科创板上市进程,并最终于2020年7月获得了证监会的同意批复,成为成功实现"逆转"的代表性案例之一,个中的失败教训和成功经验皆值得深入研究。在本次科创板上市过程中的询问及答复情况如下:

1. 上海证券交易所(以下简称上交所)第一轮询问

上交所于2019年12月30日出具《关于北京博睿宏远数据科技股份有限公司首次公开发行股票并在科创板上市申请文件的审核问询函》询问:根据招股说明书(申报稿),发行人的APM产品,部分采用主动式数据采集技术,部分采用被动式数据采集技术,甚至需要植入探针程序等。发行人根据Gartner APM魔力象限报告,将其核心产品线划分为数字体验监测产品、应用发现跟踪和诊断产品两大类别,并在核心产品线中加载了智能运维能力。请发行人重新评估根据Gartner APM魔力象限报告进行公司产品重分类的必要性和审慎性,并以客观、准确的语言平实描述自身产品性能、特点、优势、劣势及局限性。请发行人说明:(1)主动式数据采集技术和被动式数据采集技术的异同点;(2)不同类型产品的合规风险点,是否采取合法有效的应对措施;(3)发行人报告期内开展业务所需数据的来源是否合法合规,是否存在侵权及欺诈等损害他人利益等情形,有无潜在纠纷;(4)发行人与客户签署合同、开展业务是否存在可能侵犯第三方商业秘密或个人信息安全的条款或情况;(5)与客户签署合同的条款内容是否存在协助或变相协助客户、第三方开展可能侵犯第三方商业秘密或个人信息安全的行为;(6)发行人相关业务中应获得授权的手续是否完备。

2. 发行人律师第一轮答复要点

(1)不同类型产品的合规风险点,是否采取合法有效的应对措施

首先,从主动式监测业务所要解决的问题、主动式监测方式为自动化模拟监测方式、被动式监测所解决的问题、被动式监测过程、被动式监测的存储模式进行技术说明。

同时,根据中国软件测评中心出具的《软件产品技术鉴定测试报告》,“被测产品仅采集集成产品的手机、PC、服务器的应用性能数据,未发现被测产品存在采集终端用户个人信息的功能”的内容,说明主动式产品源代码、被动式产品源代码均仅包含采集性能数据的功能,仅需且仅可采集应用性能数据。

此外,主动式监测业务和被动式监测业务均已获得同意:

①在主动式监测业务中和会员注册时,发行人已在《注册协议》中写明开展主动式业务的内容和方式,需要采集的数据类型、采集方式及数据用途,会员需阅读上述协议并主动勾选“同意”后方可完成注册。会员勾选“同意”、点击“注册”等自主行为即可视为其已同意发行人采集。

②在被动式监测业务中,若客户采用本地化部署,则性能数据采集后将回传至客户后端服务器进行处理、存储和分析,发行人在整个过程中均无法获取、使用及留存该等性能数据。在 SaaS 模式下,数据采集后将回传至发行人服务器进行处理、存储和分析。该等性能数据来源于客户,发行人与客户已签署相关合同,对发行人该等监测业务开展的方式、内容、范围等情形作出约定,客户对该等情形系明知或应知。

(2)发行人报告期内开展业务所需数据的来源是否合法合规,是否存在侵权及欺诈等损害他人利益等情形,有无潜在纠纷

主动式监测:通过主动式监测采集的性能数据来源于发行人自有或租赁的监测服务器以及发行人招募的会员。……针对该类性能数据的采集和使用,发行人已获得会员同意。在报告期内,发行人严格按照注册协议开展主动式监测,不存在侵权及欺诈等损害他人利益的情形。经核查,报告期内发行人不存在因通过会员开展主动式监测而发生的纠纷或潜在纠纷。

被动式监测:通过被动式监测采集的性能数据来源于客户。发行人的产品探针程序均由客户自行或在客户配合下植入 APP 应用、网页和服务器的代码中,无法独立于 APP 应用、网页和服务器而单独运行。当发行人将产品探针程序交付给客户后,发行人即不再具有对于上述探针程序的修改、使用等权限,是否嵌入探针程序、是否启用探针程序、何时启用探针程序、采集何种性能数据、采集后性能数据回传到何处均由客户根据自身需求自行决定。……发行人该等业务开展中已获得客户的授权许可。在报告期内,发行人严格按照合同约定开展被动式监测,不存在侵权及欺诈等损害他人利益的情形。经核查,报告期内发行人与

客户之间不存在因开展被动式监测业务而发生的纠纷或潜在纠纷。

(3)发行人与客户签署合同、开展业务是否存在可能侵犯第三方商业秘密或个人信息安全的条款或情况

经核查发行人与主要客户签订的合同,在发行人与客户签署的业务合同中,双方就发行人开展的监测业务做出明确约定,具体包括服务内容、价格及结算式、双方权利义务、违约责任、保密条款、知识产权、合同期限、争议解决、技术标准等条款。发行人按照合同约定开展主动式和被动式监测业务,采集的性能数据不涉及第三方商业秘密或个人信息,发行人与客户签署的相关协议中不存在可能侵犯第三方商业秘密和个人信息安全的条款。

(4)与客户签署合同的条款内容不存在协助或变相协助客户、第三方开展可能侵犯第三方商业秘密或个人信息安全的行为

在发行人与客户签署的业务合同中,双方就发行人开展的监测业务做出明确约定,具体包括服务内容、价格及结算方式、双方权利义务、违约责任、保密条款、知识产权、合同期限、争议解决、技术标准等条款。发行人按照合同约定向客户提供应用性能管理服务,采集的数据仅为应用性能数据,不涉及商业秘密或个人信息,且数据的采集和使用均已获得相应授权。发行人与客户签署合同的条款内容不存在协助或变相协助客户、第三方开展可能侵犯第三方商业秘密或个人信息安全的行为。

(5)发行人相关业务中应获得授权的手续是否完备

发行人开展主动式业务采集性能数据已获得会员授权,开展被动式业务采集性能数据已获得客户授权,相关手续完备。

3. 上交所第二轮询问

上交所于 2020 年 5 月 13 日出具《关于北京博睿宏远数据科技股份有限公司首次公开发行股票并在科创板上市申请文件的第二轮审核问询函》询问:根据问询回复,在被动式监测过程中,发行人的产品探针程序由客户自行或在客户配合下植入 APP 应用、网页和服务器的代码中,无法独立于 APP 应用、网页和服务器而单独运行,且需在客户后端软件平台的统一控制和调配下进行应用性能数据的采集工作;客户可以选择 SaaS 模式进行数据存储,发行人与客户已签署相关合同,对发行人该等监测业务开展的方式、内容、范围等情形作出约定。根据公开资料,国家正在集中整治 APP 违法违规收集使用个人信息的情况。请发行

人进一步说明:(1)目前已曝光违法违规收集使用个人信息的APP是否涉及发行人及其客户;(2)结合相关法律法规、被动式监测业务开展过程、发行人与客户之间的协议约定等,分析发行人的产品探针程序植入的APP应用、网页和服务器,若其存在相关违法违规行为,发行人应当承担的法律责任及潜在影响;(3)在SaaS模式及其他模式下,发行人是否违反协议规定,是否对第三方商业秘密予以充分有效保护。

4. 发行人律师第二轮答复要点

(1)经本所律师检索中央网信办官方网站、工业和信息化部官方网站、公安部官方网站、APP专项治理工作组微信公众号,查阅《工业和信息化部关于电信服务质量的通告》(2017年第2号、2017年第3号、2017年第4号、2018年第1号、2018年第2号、2018年第3号、2018年第4号、2019年第1号、2019年第2号、2019年第3号)、《关于10款APP存在无隐私政策等问题的通报》(2019年第1号)、《违法收集公民个人信息十大案例发布》、《关于侵害用户权益行为的APP(第一批)通报》、《关于侵害用户权益行为的APP(第二批)通报》、《关于侵害用户权益行为的APP通报(2020年第一批)》等公告信息,并经本所律师进行适当网络核查,在报告期内,已曝光违法违规收集使用个人信息的APP不涉及发行人,亦不涉及发行人被动式业务的客户。

(2)若发行人的产品探针程序植入的APP应用、网页和服务器存在违法违规行为,发行人作为第三方插件提供商,其提供的相关探针程序不具备获取个人信息或商业秘密的功能,客户亦无法通过发行人的产品或服务从事侵犯个人信息的行为;发行人并非《网络安全法》《信息安全技术个人信息安全规范》等文件主要规范的网络服务提供者、个人信息控制者或共同个人信息控制者;且发行人亦不存在协助客户从事违法活动的行为,不涉及共同犯罪或作为从犯的情形。故对于发行人客户自身可能存在的违法行为,发行人无须就其提供的探针程序承担相关法律责任,对发行人亦不存在潜在重大不利影响。

(3)为保证客户的合法权益,发行人已建立和实施了完善的信息安全管理体系,数据安全保障措施已满足ISO 27001信息安全管理要求,并已获得相关认证。对于在SaaS模式下客户回传的性能信息的传输及存储过程采取了如表4-1所示的技术防护措施。

表4-1　发行人采取的技术防护措施

涉及环节	采取的技术防护措施
传输环节	数据混淆:对数据标题进行编码混淆,确保数据的机密性
	通道加密:采用可靠的数据传输方式,启用SSL(Secure Sockets Layer安全套接层),对传输通道进行加密
	完整性校验:采用完整性校验算法,确保数据的完整性和可用性
存储环节	数据封装:数据封装能够尽可能屏蔽内部的具体细节,避免受到外界的干扰和误用,从而确保了数据安全。数据封装主要有两种方法:a.依据面向对象编程中的概念,把数据和操作数据的函数捆绑封装;b.封装数据处理引擎,避免内部系统或者外部系统都直接访问源数据库,或者在遭受攻击时数据库服务器信息直接泄露
	备份及恢复:应用了双数据中心技术,将数据在两个不同的机房内互为备份。同时,发行人的数据平台使用自研的文件系统BRFS,具备三副本备份功能,为客户提供完备的数据备份和恢复机制来保障数据的可用性和完整性

在发行人与客户签署的业务合同中,双方就发行人开展的监测业务做出明确约定,具体包括服务内容、价格及结算方式、双方权利义务、违约责任、保密条款、知识产权、合同期限、争议解决、技术标准等条款。发行人按照合同约定向客户提供应用性能管理服务,采集的数据仅为应用性能数据,不涉及商业秘密或个人信息。

5.上交所第三轮询问

上交所于2020年5月27日出具《关于北京博睿宏远数据科技股份有限公司首次公开发行股票并在科创板上市的审核中心意见落实函》询问:发行人聘请中国软件评测中心出具相关测试报告的价格及公允性。

6.发行人申报会计师答复要点

发行人聘请中国软件评测中心通过对技术人员访谈,对书面文档、配置信息、产品采集数据源代码检查,对通信数据包抓取与分析等方式,对发行人Bonree Net、Bonree APP、Bonree Server、Bonree SDK、Bonree Browser共计5款核心APM产品进行了技术鉴定测试,并出具《软件产品技术鉴定测试报告》。该项技术鉴定测试费用共计18万元(含税)。本次技术鉴定测试的价格合理、公允,不存在价格明显异常的情形。

（五）典型案例：慧辰资讯

北京慧辰资道资讯股份有限公司（以下简称慧辰资讯）主要为 TMT、汽车、快消、零售、烟草与家电等行业头部企业和国内政府机构提供基于企业内外部数据、消费者态度与行为数据和行业数据的业务经营分析与应用、定制化行业分析应用解决方案等服务，因此慧辰资讯的生产模式离不开大量的数据获取、数据融合、数据分析和数据应用。

1. 上交所第一轮询问

上交所于 2019 年 7 月 25 日出具《关于北京慧辰资道资讯股份有限公司首次公开发行股票并在科创板上市申请文件的审核问询函》询问：在公司为客户提供数据分析服务时，主要有三类数据获取途径，分别是客户提供的数据、公司向供应商采集的数据以及公司自行采集的数据。请发行人说明：（1）在报告期内，发行人上述三类数据的具体内容、标准及占比，发行人是否掌握核心数据来源，此种运营模式是否与同行业可比公司相同或相似，是否存在数据来源的风险，是否对数据供应商存在重大依赖；（2）上述数据的所有权归属情况，相关数据存储方式及管理、数据分析功能实现的路径，发行人保障数据安全的具体措施；（3）发行人获取、分析、使用上述数据是否合规，是否涉及侵犯个人隐私或其他侵权风险，是否存在潜在纠纷，如存在相关风险，请在“重大事项”部分予以充分提示。发行人相关内部控制措施是否健全且得到有效执行。

2. 发行人律师第一轮答复要点

（1）因数据分析业务具有定制化、个案化的特点，不同业务类型数据内容和形式差异较大，难以找到统一的数量统计口径。因此，发行人为客户提供的服务涉及的数据来源难以统计具体比例。

（2）发行人的业务核心为提供数据分析服务，而分析使用的主要数据归属于客户，主要通过客户提供的测试数据集生成算法模型，并将模型运行在客户的生产环境中。行业内不同企业的数据分析方法以及形成的解决方案均有所不同，故运营模式不尽一致。

（3）根据发行人出具的说明并经本所律师对发行人相关业务负责人进行访谈，发行人的业务核心为提供数据分析服务，获取数据的主要来源以客户提供的数据为主，发行人亦具备自行采集的能力可替代部分公司从供应商采集的数据，对数据供应商不存在重大依赖。

(4)针对客户提供的数据实行加密管理,包括如下几种方式:①传输通道加密;②传输文件加密;③保存时加密处理。

(5)针对公司向供应商采集的数据及公司自行采集的数据,公司按照被采集人授权个人信息的使用目的、方式和范围进行使用和处理数据,相关处理过程主要如下:①预处理;②数据脱敏。

(6)数据安全管理制度。公司已就市场调查数据的信息安全管理活动获得了ISO 27001信息安全管理体系认证。此外,公司已制定《信息安全管理制度》《机房安全管理制度》《数据备份与恢复管理规范》《系统运维管理办法》《个人数据保护制度》《信息泄露管理办法》等与信息系统内部控制相关的制度。

(7)客户提供的数据。根据发行人填写的调查问卷并经本所律师对发行人相关业务负责人进行访谈,发行人的主要客户均为世界500强客户及垂直领域头部企业,在保证数据提供的持续性和稳定性的同时,客户内部有对数据极其严格的监管制度和要求,保证其数据的合法性。客户提供的部分数据会涉及个人信息的相关内容,但发行人会要求客户事先进行一定的处理,如以编号代替(如会员卡号)其他直接识别具体个人的标识,其他敏感属性数据做省略或简化处理(如详细住址简化为所在城市),以降低数据的敏感程度。并且,发行人对客户数据在传送和后续保存中,均采用加密的机制。

(8)发行人向供应商采集的数据。根据发行人提供的采购合同、填写的调查问卷及出具的说明并经本所律师对发行人相关业务负责人进行访谈,发行人向供应商采集数据前,首先对供应商主体资质进行审核,符合入库资格的供应商均具有持续稳定的经济能力,未受过相关主管机关的处罚,经营状况良好。其次查看供应商数据来源合法性文件,如供应商与被采集方签署的合同。同时,发行人与供应商签署相关数据购买协议/服务委托合同时会要求约定相关条款由供应商保证该等数据没有侵犯任何第三方的知识产权及其他权益。

(9)发行人确认,“发行人自采部分数据不涉及任何和用户身份有关的敏感信息,如生物识别信息(面部特征识别、指纹和眼纹)、用户身份证号码等。发行人也不会谋求采集信息与用户身份的关联,这些信息无法用于识别、确认或关联至某个特定用户。在采集数据尤其是个人信息之前,根据客户要求,发行人会以自身名义、通过隐私政策告知的方式向被采集人明确告知个人信息收集、使用的目的、方式和范围,经被采集人明确同意后,才会进行采集,并且按照被采集人授权个人信息的使用目的、方式和范围进行使用和处理。发行人自行采集的数据中不包含以爬虫、探针等自动化手段收集的数据”。

3. 上交所第二轮询问

上交所于 2019 年 10 月 12 日出具《关于北京慧辰资道资讯股份有限公司首次公开发行股票并在科创板上市申请文件的第二轮审核问询函》询问：请发行人说明：(1)在报告期内，发行人上述三类数据来源的占比，发行人是否掌握核心数据来源，此种运营模式是否与同行业可比公司相同或相似，是否对数据供应商存在重大依赖。(2)上述数据的所有权归属情况，公司向供应商采集数据以及公司自行采集数据时，是否获得了相关信息主体(及用户)的合法授权，是否明确告知收集信息的范围及使用用途，是否对用户有明示提示，发行人获取用户数据的手段及方式是否合法合规。(3)发行人收集、整合、处理、使用数据是否符合《数据安全管理办法》的规定，是否制定并公开收集使用规则，是否向所在地网信部门备案，是否存在违反收集使用规则使用个人信息的情况，发行人相关内部控制措施是否合法合规并得到有效执行。(4)发行人使用用户数据是否合法合规，请对照《网络安全法》《关于办理侵犯公民个人信息刑事案件适用法律若干问题的解释》《信息安全技术　个人信息安全规范》等法规和司法解释，说明报告期发行人是否存在侵犯用户隐私或数据的情况，是否存在法律风险或潜在法律风险。(5)数据获取、使用、处理等过程的内部控制制度及执行情况，对数据安全和个人隐私的保护措施与手段，是否出现过个人信息、隐私泄露事件，是否存在纠纷或潜在纠纷。(6)对于公司向数据供应商购买数据的，请说明供应商授权公司使用相关数据是否经过终端用户或者其他第三方同意，授权是否完备合规，个人信息获取是否合法。公司是否建立完善的供应商评价体系，以及供应商甄选、数据源核验以及合同合规性审核的内控措施。(7)发行人的数据是否存在转授权或流转给第三方使用的情况，如存在，是否经过了个人信息主体的明示同意，是否经过了充分的脱敏，相关授权流程是否完备。(8)日益加强的数据行业监管及个人隐私保护政策对发行人业务的影响及相关应对措施。必要时请做风险提示和重大事项提示。

4. 发行人律师第二轮答复要点

(1)根据发行人提供的隐私保护政策、在相关业务场景下使用的授权告知模本、相关数据安全管理制度文件及出具的说明并经本所律师对照《个人信息安全规范》第 7 条关于个人信息使用的相关规定查阅上述隐私保护政策及制度的相关内容，截至本补充法律意见书出具日，发行人已参照《个人信息安全规范》的基本要求对开展业务中个人信息使用方面进行了规范。

(2)对于数据执行类供应商及其他可能涉及以发行人名义采集或代发行人采集数据的供应商，发行人将要求该等供应商确保在采集过程取得个人信息主体出具的明确授权文件，以合法取得终端用户的有效授权。具体而言：①在该等供应商以发行人名义采集数据时，个人信息授权书将以发行人名义出具，由终端用户同意并直接授权发行人使用相关数据；②在该等供应商以非发行人名义采集数据时，个人信息授权书中关于授权第三方(含发行人在内)使用相关数据的内容主要如下(以下“我们”指供应商，“您”指被采集方)：“由于本项目的复杂性和广泛性，我们可能需要与集团内的不同实体与分支机构、服务提供商、商业合作伙伴等(统称‘授权伙伴’)共同完成本项目的特定部分，此时我们可能需要将您的上述个人信息提供给我们的授权伙伴，如使用第三方提供的线上软件系统、与第三方共同采集需要的数据等。我们将谨慎选择授权伙伴，并确保通过合同等方式要求这些授权伙伴依照《网络安全法》等法律规定保护您的个人信息。”

(3)根据发行人提供的发行人与供应商签署的相关数据购买协议/服务委托合同，发行人会要求供应商对获取数据的合规性作出保证。

(4)发行人作为数据控制者所获取的数据存在的转授权或流转给第三方使用的情况主要包括如下两个情形：一是发行人将其采集的原始数据经脱敏后提供给相应客户；二是发行人以自身名义委托相关供应商进行数据的采集或处理。

(5)根据相关业务场景使用的授权告知模本，终端用户已被明确告知且授权同意其被采集数据可能存在转授权或流转给第三方使用，主要内容如下(以下“我们”指项目名义发起方，视具体情况为发行人的客户或发行人，“您”指被采集方)：“由于本项目的复杂性和广泛性，我们可能需要与集团内的不同实体与分支机构、商业合作伙伴等(统称‘授权伙伴’)共同完成本项目，因此可能需要将您的上述个人信息提供给我们的授权伙伴，如使用第三方提供的线上软件系统、与第三方共同采集需要的数据等。我们将谨慎选择授权伙伴，并确保通过合同等方式要求这些授权伙伴依照《网络安全法》等法律规定保护您的个人信息。”

(6)根据发行人提供的相关数据管理制度文件及出具的说明并经本所律师对发行人相关业务负责人进行访谈，针对公司向供应商采集的数据及公司自行采集的数据，公司按照被采集人授权个人信息的使用目的、方式和范围进行使用和处理数据。相关处理过程主要如下：①预处理：数据清洗为主，确保数据质量达到分析要求与合规可用。②数据脱敏：清洗后，检测是否有涉及企业与用户信息的字段（如被访者姓名与企业名称等），如果为客户约定的非分析类字段（如人员姓名），则直接通过不可逆加密（如标准 MD5 算法）处理。如后续客户需深入分析的属性（如终端渠道店的名称），经客户明确要求，则按客户的要求确定加密方法（如先 Base 64 编码再加 AES/3DES 加密）进行处理，以便后续客户企业可反向解析。

5. 上交所第三轮询问

上交所于 2019 年 11 月 19 日出具《关于北京慧辰资道资讯股份有限公司首次公开发行股票并在科创板上市申请文件的第三轮审核问询函》询问：根据二轮问询回复，针对供应商以公司名义或代为采集数的场景均通过要求供应商签署合规经营承诺函、供应商业务管理、提供授权文本模板等方式严格督促供应商对被采集方进行明确告知收集信息的范围及使用用途及进行明确提示并取得其合法授权。发行人在自行采集数据或客户提供时，也采取措施确保数据来源合法规，但是未明确回复是否均取得了信息主体的授权或许可。请保荐机构、发行人律师：（1）针对不同的数据来源，核查发行人收集、采购数据时，是否均取得了信息主体明确的授权或许可文件；（2）在报告期内，公司数据获取、使用、处理等内部控制制度的制定时间及执行情况，开展业务中使用个人信息是否存在不符合《信息安全技术　个人信息安全规范》的情况，如存在，请说明发行人内部的整改及规范情况；（3）公司业务是否涉及用户的隐私数据，问询回复中认定“不曾亦不会获取用户的隐私数据”的依据是否充分合理。

6. 发行人律师针对第三轮询问的答复要点

（1）本所认为截至补充法律意见书出具日，发行人自行采集数据及发行人向供应商采集数据时，均会取得信息主体明确的授权或许可文件，对于客户提供的数据，客户会确保其获取数据的合法性。

（2）基于上述，发行人已参照《信息安全技术　个人信息安全规范》的基本要求对开展业务中个人信息使用方面、通过《HCR 数据与隐私保护政策》对外公开提供了相对完整的规范与承诺。鉴于发行人目前的业务实践，在个人信息主体注销账户、个人信息主体获取个人信息副本方面并不具备完全满足《信息安全

技术　个人信息安全规范》要求的条件。根据发行人的说明,随着大数据行业对个人信息安全要求的整体提高,发行人将按照《信息安全技术　个人信息安全规范》的要求对发行人在个人信息保护方面进行持续规范。

(3)根据发行人的说明,发行人在执行调研项目或从事其他经营活动过程中收集的个人信息主要包含姓名、性别、年龄、联系方式、消费偏好、兴趣偏好等,该数据是业内从事相同或相似业务通常需要采集和处理的信息,敏感程度较低、涉及私人生活安宁隐私属性不强,与上述司法解释列举的"个人隐私"或"隐私数据"存在一定差异。

(4)此外,根据发行人的说明,发行人向客户展示的数据可见信息均为用户预测标签,如性别、年龄段、消费偏好、兴趣偏好等,发行人在经营业务的过程不会专门针对特定主体的信息进行深入挖掘或公开披露。同时,发行人已在公司层面统一设置了个人信息处理权限管控制度,并切实推行至各部门与业务团队,确保该等数据经过加密、去标识化处理,使其不会识别至个人并只允许那些为实现处理目的所必要员工及其他授权代为处理的人员访问个人信息,保证其遵守严格的合同保密义务。

(六)典型案例:墨迹风云

"墨迹天气"作为一款著名的天气类 APP,其运营方北京墨迹风云科技股份有限公司(以下简称墨迹风云)早在 2016 年就试图在创业板上市,但遗憾的是,根据《第十八届发审委 2019 年第 142 次会议审核结果公告》,墨迹风云的 IPO 被否决。《北京墨迹风云科技股份有限公司创业板首次公开发行股票申请文件反馈意见》中,上市审核机构更是提出了信息数据的来源、成本、可靠性等经营问题。

1. 证监会第一轮询问

证监会出具《北京墨迹风云科技股份有限公司创业板首次公开发行股票申请文件反馈意见》询问:招股说明书披露,发行人已经形成大数据团队,相关技术使发行人可以基于用户画像和行为分析实现推荐,依据用户不同的标签组合出不同的应用场景,实现资讯和广告内容的精准推荐和个性化营销服务。请发行人说明:(1)数据的形成过程、使用权限及其合法合规性;(2)发行人运用大数据相关技术从事精准推荐和个性化营销服务是否涉及侵犯产品用户个人隐私或其他侵权风险,发行人的大数据相关技术及其使用、相关服务的开展的合法合规性，是否存在纠纷或潜在纠纷；如存在相关风险，请在“重大事项”部分予以充分提示；(3)报告期各期发行人大数据团队的研发费用投入、研发项目、研发成果、员工人数、薪酬水平及合理性。招股说明书披露，目前墨迹天气 APP 的气象数据主要来源于北京气象局，通过签署 3 年长期合作协议方式获取气象数据。请发行人补充说明：(1)上述合作协议的具体内容，包括合作开始时间、具体合作方式、履行程序、发行人获取气象数据的价格及定价公允性；(2)合作协议的合法合规性，是否存在纠纷或潜在纠纷；(3)上述合作协议履行完毕后，发行人后续获取气象数据的具体安排。请发行人说明气象信息主要供应商的基本情况、采购内容、收费标准及金额、期末应付账款金额，说明采购金额变动的原因；说明是否对某单一气象信息供应商存在重大依赖。

2. 发行人答复要点

通过公开渠道并未检索到墨迹风云针对该问询的答复意见。

(七)典型案例：海天瑞声

2019 年，北京木瓜移动科技股份有限公司、和舰芯片制造(苏州)股份有限公司、北京诺康达医药科技股份有限公司、北京海天瑞声科技股份有限公司(以下简称海天瑞声)等公司先后向科创板申请撤回了发行上市申请从而引发市场诸多关注。其中，海天瑞声的业务领域涵盖了智能语音、计算机视觉、自然语言等人工智能核心领域，全面服务于人机交互、智能家居、智慧城市等多种创新应用场景。

1. 上交所第一轮询问

上交所出具《关于北京海天瑞声科技股份有限公司首次公开发行股票并在科创板上市申请文件的审核问询函》询问：请发行人说明：(1)前五大数据服务提供商的基本情况，包括供应商名称、成立时间、注册资本、实际控制人或控股股东、主营业务及规模、公司采购金额占其营业收入比例、合作历史，是否与发行人客户及其关键经办人员、发行人控股股东、实际控制人、发行人关联方、员工及前员工之间存在关联关系、资金往来或其他利益安排；(2)上述数据服务提供商的经营是否具备必要的专业资质，是否遵守劳动保障、税务等法律法规的相关规定；(3)上述数据服务提供商是否专门或主要为发行人服务，如是，请进一步说明原因及商业合理性；(4)生数据采集和标注服务的成本采取成本导向定价法，是否符合行业惯例，是否在实质上构成劳务派遣或劳务外包；发行人是否存在以外包名义按劳务派遣用工形式使用劳动者的情形，是否存在应适用《劳务派遣暂行规定》的情况；（5）报告期内发行人的数据服务费用定价是否公允，劳务数量及费用变动是否与发行人经营情况相匹配。（6）向客户销售的数据资源定制产品的具体用途是否直接运用于下游客户的语音助手、智能客服、人脸识别系统等领域，是否需要客户的相关处理才能进行上述数据库的运用；（7）发行人采集的语音数据、视频数据、图像数据等是否经过被采集主体的授权，是否存在侵犯人身权、肖像权等的法律纠纷或潜在法律纠纷。

2. 发行人律师第一轮答复要点

（1）上述供应商与发行人客户及其关键经办人员、发行人控股股东、实际控制人、发行人关联方、员工及前员工之间不存在关联关系、资金往来或其他利益安排。上述数据服务提供商为发行人提供有关生数据采集和标记的劳务服务，不需要具备专业资质。中国境内数据服务提供商为发行人提供数据服务涉及劳务人员为临时人员的，无须为该等劳务人员缴纳社会保险、住房公积金；对于北京冠华英才国际经济技术有限公司签署劳动合同的人员，北京冠华为其办理缴纳社会保险，但未为该等人员缴纳住房公积金，存在劳动保障方面的瑕疵。除向发行人提供劳务服务外，上述数据服务提供商从事业务经营活动与发行人不存在任何关联；因此不存在专门或主要为发行人服务的情形。生数据采集和标记服务实质上不构成劳务派遣，构成劳务外包。报告期内发行人的数据服务费用定价公允。

（2）根据发行人确认，报告期内采集项目主要采集语音、图像、视频等数据资源，采集自然语言数据资源的项目较少。其中采集语音数据资源涉及个人作为被采集主体，通过录制被采集主体的语音片段完成采集；采集图像、视频数据资源，主要涉及个人作为被采集主体并通过拍摄个人的人脸、人体动作等完成采集；采集自然语言数据资源，主要涉及个人作为被采集主体由个人提供文本编写、短信聊天或邮件内容完成采集。

根据发行人确认及本所律师查验，关于数据采集环节，在个人作为被采集主体时，发行人采集并经处理后提供给客户的是个人语音、人像、文本等数据资源，发行人会告知被采集主体采集目的且取得被采集主体的同意，并由被采集主体配合录制语音片段、摄像或提供文本编写、短信或邮件记录等。

（3）根据发行人确认并经本所律师查验，涉及个人作为被采集主体时，发行人和供应商采集个人信息已经被采集主体同意,不存在窃取或者以其他方法非法获取公民个人信息的行为,并未欺诈、诱骗、强迫个人信息主体提供其个人信息,并未将获得的公民个人信息出售或者非法提供给他人;拍摄街景涉及人像时,发行人已将人像进行模糊处理。因此,本所律师认为,发行人不存在侵犯他人人身权、肖像权的法律风险。

关于数据采集环节,在个人作为被采集主体时,经被采集主体同意,发行人采集并经处理后提供给客户个人语音、人像、文本等数据资源。同时,为评价被采集主体是否与发行人对被采集主体年龄、国籍、性别等要求一致,被采集主体会填写提供上述相关个人信息及联系方式,发行人现场会对被采集主体的年龄、国籍、性别等涉及被采集主体条件的信息进行验证,发行人未在其他方面使用被采集主体提供的上述个人信息,也未将上述个人信息提供给客户等其他方。在对采集的数据资源进行技术处理时,只要被采集主体符合发行人要求的如年龄、国籍、性别等条件即可,发行人并不需要也不涉及与特定具体个人进行匹配。发行人提供给客户的仅为对采集的数据资源进行标注等技术处理后的语音、图像、视频、自然语言等数据资源,并无具体对应特定个人的信息。因此,本所律师认为,发行人并未违反上述关于个人信息保护的相关规定。

三、审核部门对网络及数据安全的询问概览和趋势

基于对上述案例的分析,我们大致可以得出上市审核部门关注和询问问题的概况以及未来的趋势。

(一)网络和数据安全问题成为频繁询问的关注点

从审核部门问询的行业来看,首先大部分集中在计算机、通信、网络、软件和信息技术服务等新一代信息科技企业。其次是应用“互联网+”商业模式的企业。金融业、传统商务服务业、制造业若涉及大数据场景的也会被审核部门问询。网络和数据合规问题已经成为IPO进程被普遍关注的一个问题。

该现象与近些年我国相关立法和中共中央网络安全和信息化委员会办公室、工业和信息化部、公安等执行部门执法热情高涨的大背景密不可分。伴随2017年6月1日《网络安全法》正式生效实施,业界称2017年为中国“数据合规元年”。从这一年开始,我国的网络安全和数据保护进入了新的发展阶段,备受社会关注。目前,我国已经形成以《网络安全法》、《密码法》、《民法典》、《刑法》

及全国人民代表大会常务委员会《关于维护互联网安全的决定》、全国人民代表大会常务委员会《关于加强网络信息保护的决定》等为主体，涵盖相关行政法规、部门规章和国家标准、行业标准为配套的网络安全和数据保护骨架。

2021 年 4 月 29 日第十三届全国人大常委会第二十八次会议对《数据安全法（草案二次审议稿）》、《个人信息保护法（草案二次审议稿）》进行审议并对外公布征求意见。2021 年 6 月 10 日，《数据安全法》通过，2021 年 8 月 20 日，《个人信息保护法》通过。随着这些法律顶层设计的陆续出台，与之相配套的立法和监管实践趋于成熟，IPO 审核部门对网络和数据保护的熟悉程度和尺度拿捏将愈发游刃有余，网络安全与数据保护的询问将愈发频繁，过去 IPO 企业“蒙混过关”的企图料想将更加困难重重。

以上文提及的案例为例，就存在发行人不直接获取用户信息，而是通过第三方 APP 开发者在获得用户授权后，通过 APP 开发者获得经用户授权的用户数据信息的“间接获得个人数据”的业务模式。当时发行人仅以 APP 的客户协议告知过用户数据信息可能授权给 APP 的合作方为由，答复个人信息主体已经明确知悉并许可包括发行人在内的 APP 许可的第三方使用其个人数据信息。相信随着《信息安全技术　个人信息安全规范》（GB/T 35273—2020）［该标准要求间接取得个人信息时，（1）应要求个人信息提供方说明个人信息来源，并对其个人信息来源的合法性进行确认；（2）应了解个人信息提供方已获得的个人信息处理的授权同意范围，包括使用目的，个人信息主体是否授权同意转让、共享、公开披露、删除等；（3）如开展业务所需进行的个人信息处理活动超出已获得的授权同意范围的，应在获取个人信息后的合理期限内或处理个人信息前，征得个人信息主体的明示同意，或通过个人信息提供方征得个人信息主体的明示同意］的出台以及《个人信息保护法》（该法要求个人信息处理者向其他个人信息处理者提供其处理的个人信息的，应当向个人告知接收方的名称或者姓名、联系方式、处理目的、处理方式和个人信息的种类，并取得个人的单独同意）的颁布，间接获取个人信息的合规门槛会进一步提高。

（二）数据保护审核的依据更加多元

从审核部门在个案中披露的网络和数据安全相关询问内容看，审核部门不仅会对照《网络安全法》《儿童个人信息网络保护规定》《关于办理侵犯公民个人信息刑事案件适用法律若干问题的解释》等已经生效的法律法规和司法解释，还会将国家推荐性标准《信息安全技术　个人信息安全规范》(GB/T 35273—2020)等作为参照依据,甚至关注APP专项治理工作组公开的整改通知,要求企业对整改通知中披露的数据安全相关问题进行具体说明。

显然,在我国数据保护法律法规尚未完整建立特别是指导日常操作的一系列问题尚未形成共识的情况下,IPO审核部门与网信、工信、公安等网络和数据安全监管执法部门一样,也会将《APP违法违规收集使用个人信息行为认定方法》、《信息安全技术　个人信息安全规范》(GB/T 35273—2020)等规范性文件作为判断一家拟IPO企业合规性和业务可持续性的重要依据。监管执法部门发布的执法公告与认定,如工信部《关于侵害用户权益行为的APP通报》(第一批于2019年12月底发布,第二批于2020年1月初发布)都将成为上市审核部门的关注焦点。

(三)网络和数据安全询问涉及的问题面愈发宽泛

通过上述梳理,我们发现在IPO上市申报过程中,审核部门通常关注的三类问题为数据来源合规、数据使用合规、网络及数据安全问题。其中,数据来源合规主要涉及的问题如"请发行人说明:对数据来源进行分类,说明数据采集和应用过程中是否获得用户许可,是否存在侵犯用户权益(隐私权、肖像权等)的情形"、"请发行人说明:主要产品的研发周期、渠道推广和用户积累的过程,是否存在向第三方购买底层数据并在外购数据的基础上持续开发等情况"、"说明发行人进行主动监测业务是否涉及对客户APP及服务器的信息数据使用,是否需经过客户许可或网站、APP的使用授权,是否涉及对网站、APP具体使用者商业秘密、个人隐私的侵犯;以上涉及授权的是否已合法合规签订使用授权协议或完成其他形式的授权;是否导致诉讼或潜在法律风险"等。

数据使用合规涉及的问题如"请发行人说明:发行人获取、分析、使用上述数据是否合规,是否涉及侵犯个人隐私或其他侵权风险,是否存在潜在纠纷,如存在相关风险,请在重大事项部分予以充分提示;发行人相关内部控制措施是否健全且得到有效执行"、"请发行人代表说明:数据获取、使用、处理等过程的内部控制制度及执行情况,对数据安全和个人隐私的保护措施与手段,是否出现过个人信息、隐私泄露事件,是否存在纠纷或潜在纠纷"等。

网络及数据安全问题如"请发行人:详细披露发行人主要产品安全技术的具体情况,防范交易外挂、黑客攻击等的具体措施及实际效果,与同行业公司相比发行人安全技术的技术水平情况；在历史上，发行人主要产品在使用过程中是否存在外挂程序、被黑客攻击、软件漏洞、设备故障等影响产品安全使用的问题，如有，请披露事件发生的具体过程、解决方法及对发行人产品的影响，目前解决情况及后期应对措施；报告期内发生的重大安全事故或由安全事故引发的纠纷情况，发行人在上述安全事故中应承担的责任以及对发行人生产经营的影响；发行人产品是否因网络安全问题，包括但不限于存在外挂程序、被黑客攻击、软件漏洞、设备故障等，曾经受到审核部门调查或配合调查，如有，请披露调查内容、原因以及结果；结合可比公司遇到的网络攻击的频率和影响，分析发行人产品是否在抗击网络攻击方面存在更大的风险"、"请发行人：结合发行人开展之各项业务的具体内容、技术特点、与客户的商业约定等情况，逐项说明发行人是否需要根据《网络安全法》、《信息安全技术网络安全等级保护基本要求》(GB/T22239—2019)、《信息系统安全等级保护基本要求》(GB/T 22239—2008)以及信息安全等级保护要求等规定开展信息安全等级保护测评；发行人是否已就信息安全防范建立相应内控制度，该等的制度执行是否有效"。

但除上述问题之外，审核部门越来越多地进一步追问数据采集的具体方式、对象、价格、趋势、成本等深层次的业务经营领域的问题，对依赖大数据的拟 IPO 公司的业务长期可靠性、竞争力进行判断，如"请发行人说明：报告期内，发行人上述三类数据的具体内容、标准及占比，发行人是否掌握核心数据来源，此种运营模式是否与同行业可比公司相同或相似，是否存在数据来源的风险，是否对数据供应商存在重大依赖"、"请发行人补充披露：经营使用的大数据是否来源于'脸书'、'谷歌'等媒体，发行人开展生产经营主要依靠自身长期积累的数据还是'脸书'、'谷歌'等媒体提供的数据，发行人拥有的具体大数据内容；营销成效数据的来源和获取方式、获得的有效营销结果数据量、营销结果数据与展示请求数据的差异；媒体方的展示竞价请求所包含的信息是否无条件、无差别地向所有竞价方提供，是否可以通过支付额外的成本获取更多的信息，并进一步说明媒体方提供的竞价请求信息对竞价决策的重要性，发行人对相关信息是否存在依赖，如是，请对相关风险予以提示"等。

(四)审核部门针对网络和数据安全的询问趋于多轮和定量化

审核部门的审核实践表明，其已经不满足于拟上市客户公司对于网络安全和数据保护所提供的概括性、原则性、定性化的说明，而更多采用多轮、递进式的问询方式,以便获取详尽的答复和更翔实的定量数据。

以每日互动的创业板上市案例为例,由于其主营业务是移动应用开发者服务(个推 SDK、个像 SDK)、移动互联网营销服务(品牌广告、效果广告)和其他数据服务(通过大数据分析进行分类和标签),涉及大量个人信息的采集和处理,审核部门仅针对其网络和数据安全的询问就持续了四轮,问题越来越深入,可谓“步步紧逼”。如证监会在 2018 年 4 月至 6 月期间口头询问每日互动:“欧盟《通用数据保护法案》的颁布实施对于发行人经营业务有什么影响,发行人有什么整改措施,是否存在被处罚的风险,GDPR 对于发行人未来的业务经营是否存在影响。”发行人及其律师在该轮中的答复道:“GDPR 仅作为欧盟出台的针对地区个人数据保护法案,于其他地区立法存在一定的借鉴意义,而对于公司因原本就不存在欧盟客户及供应商,且公司已通过技术手段对于 GDPR 管辖范围的数据进行了最大可能性的规避,因此 GDPR 的实施不会对于公司产生质性影响。”但是很显然,证监会对该等答复并不满意,在 2018 年 10 月 30 日的第四轮询问中又一次抛出了类似问题,即“请发行人在《招股说明书》中补充披露:2018 年 5 月 25 日欧盟《通用数据保护条例》正式生效对发行人生产经营的影响及相关应对措施”。发行人不得不进一步补充提供了普华永道的报告并说明:“根据普华永道出具的《信息科技控制评估和数据分析报告》,通过解析 IP 地址后对地域分布情况进行统计,公司日活跃设备中欧盟地区的活跃设备量占比较低,平均占比仅为 0.53%,均未超过 1%。若公司未来在境外加深拓展经营活动的,公司将严格按照 GDPR 相关要求适时调整在欧盟地区的经营策略以确保关经营活动满足 GDPR 的要求。”

网络运营者的合规义务及违规责任纵览

万　波[*]　徐冰清[**]　王书玥[***]

一、网络运营者的概念及边界

《网络安全法》通过“网络”、“网络安全”和“网络运营者”三个核心概念界定了其规则调整的范围。该法所述的网络是指“由计算机或者其他信息终端及相关设备组成的按照一定的规则和程序对信息进行收集、存储、传输、交换、处理的系统”。该定义方式显然借鉴了《计算机信息系统安全保护条例》的立法例。按照全国人大常委会法工委主编的释义,《网络安全法》的“网络”不仅包括狭义的“网络”即互联网,也包括用于特定用户之间通信和信息传输的局域网以及工业控制系统。我国法律对工业控制系统未作定义,根据《信息安全技术工业控制系统安全管理基本要求》(GB/T 36323—2018)的定义,工业控制系统是指工业生产中使用的控制系统,包括监控和数据采集系统(SCADA)、分布式控制系统(DCS)和其他较小的控制系统,如可编程逻辑控制器(PLC)等信息网络。① 因此,上述网络的所有者、管理者、网络服务提供者,都属于《网络安全法》项下的网络运营者范畴,都负有《网络安全法》项下网络运营者的各项法定义务并承担相

---

* 万波,上海市金茂律师事务所合伙人,同济大学法学学士、复旦大学金融学硕士,上海市律师协会融资租赁业务研究委员会副主任,上海市租赁行业协会特聘专家,中国服务贸易协会理事,中国服务贸易协会商业保理专业委员会学术委员,上海市商业保理同业公会副会长,最高人民检察院民事行政诉讼监督案件咨询专家,华东政法大学兼职教授,上海仲裁委员会仲裁员,海南国际仲裁院仲裁员。

** 徐冰清,上海市金茂律师事务所律师,华东政法大学法学学士、英国杜伦大学法学硕士,中国服务贸易协会商业保理专业委员会首届国际保理工作组成员。

*** 王书玥,上海市金茂律师事务所律师助理,华东政法大学法学学士。

① 杨合庆主编:《中华人民共和国网络安全法释义》,中国民主法制出版社 2017 年版,第 15 页。

应的法律责任。此外,《网络安全法》还专条规定了网络产品或服务提供者、网络关键设备或网络安全专用产品提供者的义务。

本文兹对《网络安全法》《数据安全法》《个人信息保护法》与相关法律及其配套法律文件规定的上述各类网络运营者的合规义务予以系统梳理,以期帮助企业纵览其应当承担哪些网络安全义务以及不遵从法规可能产生的不利后果。

二、网络安全等级保护义务

(一)义务概述

2007 年,公安部会同相关部门发布了《信息安全等级保护管理办法》,俗称“43 号文件”。在这个文件中,明确了等级保护需完成的事项,包括定级备案、建设整改、等级测评。具体如何定级、各级标准保护到什么水平,则按照国家标准执行,如《信息系统安全等级保护基本要求》(英文为“Base Line”),2007 年至 2017 年被称为“等保 1. 0”阶段。2017 年6 月1 日《网络安全法》出台并规定国家实行网络安全等级保护制度,等级保护由此上升为法律制度,进入“等保 2. 0”阶段。在《网络安全法》基础上,公安部也于 2018 年 6 月 27 日发布了《网络安全等级保护条例(征求意见稿)》。《网络安全等级保护测评机构管理办法》及新国家标准陆续出台,由此构建了“等保 2. 0”的总体架构。“等保 2. 0”的特点可概括如下:(1)名称的变化。即将名称从“信息安全等级保护”调整为“网络安全等级保护”,与《网络安全法》保持一致。(2)对象的变化。即扩大到所有系统,包括网络基础设施(广电网、电信网、专用通信网络等)、云计算系统、大数据系统、物联网、工业控制系统等,即“一个标准做等保”。(3)体系的变化。“等保 2. 0”按“基本要求、设计要求和测评要求”分类框架统一,形成了“安全通信网络”、“安全区域边界”、“安全计算环境”和“安全管理中心”支持的三重防护体系架构。(4)通用要求加扩展要求的变化。除了《信息安全技术 网络安全等级保护基本要求》(GB/T 22239—2019)的通用要求外,“等保 2. 0”针对云计算、移动互联、物联网、工业控制系统等也提出了特殊要求,称为扩展要求。(5)测评结论的变化。“等保 2. 0”将测评结论分为优、良、中、差几个级别,70 分以上达到中级才够上及格,90 分以上则算优秀。

(二)法律渊源

网络安全等级保护义务的法律渊源有《网络安全法》、《数据安全法》、《保守国家秘密法》、《计算机信息系统安全保护条例》、《商用密码管理条例》、《信息安全等级保护管理办法》、《信息安全等级保护备案实施细则》、《网络安全等级保护测评机构管理办法》、《全国网络安全等级保护测评机构推荐目录》、《工业数据分类分级指南(试行)》、《金融行业信息系统信息安全等级保护实施指引》(JR/T0071—2012)、《金融行业信息系统信息安全等级保护测评指南》(JR/T0072—2012)、《金融行业信息安全等级保护测评服务安全指引》(JR/T0073—2012)、《信息安全技术　网络安全等级保护测评过程指南》(GB/T 28449—2018)、《信息安全技术　网络安全等级保护测评要求》(GB/T 28448—2019)、《信息安全技术　网络安全等级保护安全设计技术要求》(GB/T 25070—2019)、《信息安全技术　网络安全等级保护基本要求》(GB/T 22239—2019)、《信息安全技术　网络安全等级保护实施指南》(GB/T 25058—2019)、《信息安全技术　网络安全等级保护定级指南》(GB/T 22240—2020)、《刑法修正案(九)》以及最高人民法院、最高人民检察院《关于办理非法利用信息网络、帮助信息网络犯罪活动等刑事案件适用法律若干问题的解释》。

(三)法律条文

《网络安全法》第 21 条规定:“网络运营者应当按照网络安全等级保护制度的要求,履行下列安全保护义务,保障网络免受干扰、破坏或者未经授权的访问,防止网络数据泄露或者被窃取、篡改:(一)制定内部安全管理制度和操作规程,确定网络安全负责人,落实网络安全保护责任;(二)采取防范计算机病毒和网络攻击、网络侵入等危害网络安全行为的技术措施;(三)采取监测、记录网络运行状态、网络安全事件的技术措施,并按照规定留存相关的网络日志不少于六个月;(四)采取数据分类、重要数据备份和加密等措施;(五)法律、行政法规规定的其他义务。”

《保守国家秘密法》第 23 条规定:“存储、处理国家秘密的计算机信息系统(以下简称涉密信息系统)按照涉密程度实行分级保护。涉密信息系统应当按照国家保密标准配备保密设施、设备。保密设施、设备应当与涉密信息系统同步规划,同步建设,同步运行。涉密信息系统应当按照规定,经检查合格后,方可投入使用。”

《数据安全法》第 27 条第 1 款规定:“开展数据处理活动应当依照法律、法规的规定,建立健全全流程数据安全管理制度,组织开展数据安全教育培训,采取相应的技术措施和其他必要措施,保障数据安全。利用互联网等信息网络开展数据处理活动,应当在网络安全等级保护制度的基础上,履行上述数据安全保护义务。”

《计算机信息系统安全保护条例》第 9 条规定:“计算机信息系统实行安全等级保护。安全等级的划分标准和安全等级保护的具体办法,由公安部会同有关部门制定。”

(四)违规责任

《网络安全法》第 59 条第 1 款规定:“网络运营者不履行本法第二十一条、第二十五条规定的网络安全保护义务的,由有关主管部门责令改正,给予警告;拒不改正或者导致危害网络安全等后果的,处一万元以上十万元以下罚款,对直接负责的主管人员处五千元以上五万元以下罚款。”

《数据安全法》第 45 条第 1 款规定:“开展数据处理活动的组织、个人不履行本法第二十七条、第二十九条、第三十条规定的数据安全保护义务的,由有关主管部门责令改正,给予警告,可以并处五万元以上五十万元以下罚款,对直接负责的主管人员和其他直接责任人员可以处一万元以上十万元以下罚款;拒不改正或者造成大量数据泄露等严重后果的,处五十万元以上二百万元以下罚款,并可以责令暂停相关业务、停业整顿、吊销相关业务许可证或者吊销营业执照,对直接负责的主管人员和其他直接责任人员处五万元以上二十万元以下罚款。”

《保守国家秘密法》第 48 条规定:“违反本法规定,有下列行为之一的,依法给予处分;构成犯罪的,依法追究刑事责任:……(七)在互联网及其他公共信息网络或者未采取保密措施的有线和无线通信中传递国家秘密的;(八)将涉密计算机、涉密存储设备接入互联网及其他公共信息网络的;(九)在未采取防护措施的情况下,在涉密信息系统与互联网及其他公共信息网络之间进行信息交换的;(十)使用非涉密计算机、非涉密存储设备存储、处理国家秘密信息的;……有前款行为尚不构成犯罪,且不适用处分的人员,由保密行政管理部门督促其所在机关、单位予以处理。”

《计算机信息系统安全保护条例》第 20 条规定:“违反本条例的规定,有下列行为之一的,由公安机关处以警告或者停机整顿:(一)违反计算机信息系统安全等级保护制度,危害计算机信息系统安全的;……。”

《刑法修正案(九)》第 27 条规定:“在刑法第二百八十六条后增加一条,作为第二百八十六条之一：网络服务提供者不履行法律、行政法规规定的信息网络安全管理义务，经监管部门责令采取改正措施而拒不改正，有下列情形之一的，处三年以下有期徒刑、拘役或者管制，并处或者单处罚金：（一）致使违法信息大量传播的；（二）致使用户信息泄露，造成严重后果的；（三）致使刑事案件证据灭失，情节严重的；（四）有其他严重情节的。单位犯前款罪的，对单位判处罚金，并对其直接负责的主管人员和其他直接责任人员，依照前款的规定处罚。有前两款行为，同时构成其他犯罪的，依照处罚较重的规定定罪处罚。”

最高人民法院、最高人民检察院《关于办理非法利用信息网络、帮助信息网络犯罪活动等刑事案件适用法律若干问题的解释》第 4 条规定：“拒不履行信息网络安全管理义务，致使用户信息泄露，具有下列情形之一的，应当认定为刑法第二百八十六条之一第一款第二项规定的‘造成严重后果’：（一）致使泄露行踪轨迹信息、通信内容、征信信息、财产信息五百条以上的；（二）致使泄露住宿信息、通信记录、健康生理信息、交易信息等其他可能影响人身、财产安全的用户信息五千条以上的；（三）致使泄露第一项、第二项规定以外的用户信息五万条以上的；（四）数量虽未达到第一项至第三项规定标准，但是按相应比例折算合计达到有关数量标准的；（五）造成他人死亡、重伤、精神失常或者被绑架等严重后果的；（六）造成重大经济损失的；（七）严重扰乱社会秩序的；（八）造成其他严重后果的。”

三、用户实名制管理义务

（一）义务概述

“实名”相对的是非实名，如假名、匿名、花名等。实名制即是否认上述非实名使用的一种规则。狭义上，网络实名制是要求自然人在进行网络活动时使用可以指向其个人真实身份信息的一种管理制度。从广义上讲，网络实名制的对象还包括网络运营者、使用网络运营者提供的服务的用户等接入互联网的法人、其他组织。2012 年 12 月 28 日，全国人民代表大会常务委员会《关于加强网络信息保护的决定》公布，规定网络服务提供者应通过签订用户协议等形式“要求用户提供真实身份信息”，从此拉开了我国网络实名制的序幕。2013 年《电话用户真实身份信息登记规定》实施手机实名制，则为以手机作为实名制要素验证铺平了道路。2017 年 6 月 1 日《网络安全法》正式实施，国家法律层面正式确立了网络实名制的要求。根据《网络安全法》的规定，网络实名制的对象包括所有的网络用户，而不仅限于自然人用户。目前，我国的网络实名认证主要是由公安部下属的全国公民身份证号码查询服务中心（NCIIC）对外提供验证接口，实名认证服务商通过接入公安部的身份信息认证接口，在获得用户合法授权后，将被认证个人的数据传送回公安部“全国人口信息社会应用平台”进行比对，返回“一致”或“不一致”的比对结果，其中简项核查仅核查“身份号码”和“姓名”，人像核查则包括简项核查 + 人脸比对（不返回照片）。由此，网络实名制成为了网络运营者必须要履行的一项法定义务。网络运营者如违反该等义务，可能承担《网络安全法》规定的行政责任；在发生网络侵权诉讼案件中，若网络运营者无法提供侵权方的实名信息的，可能被法院给予处罚和承担不利的诉讼后果；严重时甚至可能构成拒不履行信息网络安全管理义务罪。

（二）法律渊源

用户实名制管理义务的法律渊源有《网络安全法》、全国人民代表大会常务委员会《关于加强网络信息保护的决定》、《电话用户真实身份信息登记规定》、《即时通信工具公众信息服务发展管理暂行规定》、《互联网用户账号名称管理规定》、《移动互联网应用程序信息服务管理规定》、《互联网直播服务管理规定》、《互联网跟帖评论服务管理规定》、《互联网论坛社区服务管理规定》、《互联网群组信息服务管理规定》、《微博客信息服务管理规定》、《互联网用户公众账号信息服务管理规定》、最高人民法院《关于审理利用信息网络侵害人身权益民事纠纷案件适用法律若干问题的规定》、《信息安全技术　网络用户身份鉴别技术指南》（GB/T 36633—2018）、《信息安全技术　远程人脸识别系统技术要求》（GB/T 38671—2020）、最高人民法院、最高人民检察院《关于办理非法利用信息网络、帮助信息网络犯罪活动等刑事案件适用法律若干问题的解释》。

（三）法律条文

《网络安全法》第 24 条第 1 款规定：“网络运营者为用户办理网络接入、域名注册服务，办理固定电话、移动电话等入网手续，或者为用户提供信息发布、即时通讯等服务，在与用户签订协议或者确认提供服务时，应当要求用户提供真实身份信息。用户不提供真实身份信息的，网络运营者不得为其提供相关服务。”

全国人民代表大会常务委员会《关于加强网络信息保护的决定》规定，“网络服务提供者为用户办理网站接入服务，办理固定电话、移动电话等入网手续，或者为用户提供信息发布服务，应当在与用户签订协议或者确认提供服务时，要求用户提供真实身份信息。”

《互联网群组信息服务管理规定》第 6 条第 1 款规定：“互联网群组信息服务提供者应当按照‘后台实名、前台自愿’的原则，对互联网群组信息服务使用者进行真实身份信息认证，用户不提供真实身份信息的，不得为其提供信息发布服务。”

《互联网用户公众账号信息服务管理规定》第 8 条第 1 款和第 2 款规定：“公众账号信息服务平台应当采取复合验证等措施，对申请注册公众账号的互联网用户进行基于移动电话号码、居民身份证号码或者统一社会信用代码等方式的真实身份信息认证，提高认证准确率。用户不提供真实身份信息的，或者冒用组织机构、他人真实身份信息进行虚假注册的，不得为其提供相关服务。公众账号信息服务平台应当对互联网用户注册的公众账号名称、头像和简介等进行合法合规性核验，发现账号名称、头像和简介与注册主体真实身份信息不相符的，特别是擅自使用或者关联党政机关、企事业单位等组织机构或者社会知名人士名义的，应当暂停提供服务并通知用户限期改正，拒不改正的，应当终止提供服务；发现相关注册信息含有违法和不良信息的，应当依法及时处置。”

（四）违规责任

《网络安全法》第 61 条规定：“网络运营者违反本法第二十四条第一款规定，未要求用户提供真实身份信息，或者对不提供真实身份信息的用户提供相关服务的，由有关主管部门责令改正；拒不改正或者情节严重的，处五万元以上五十万元以下罚款，并可以由有关主管部门责令暂停相关业务、停业整顿、关闭网站、吊销相关业务许可证或者吊销营业执照，对直接负责的主管人员和其他直接责任人员处一万元以上十万元以下罚款。”

全国人民代表大会常务委员会《关于加强网络信息保护的决定》规定：“对有违反本决定行为的，依法给予警告、罚款、没收违法所得、吊销许可证或者取消备案、关闭网站、禁止有关责任人员从事网络服务业务等处罚，记入社会信用档案并予以公布；构成违反治安管理行为的，依法给予治安管理处罚。构成犯罪的，依法追究刑事责任。侵害他人民事权益的，依法承担民事责任。”

最高人民法院《关于审理利用信息网络侵害人身权益民事纠纷案件适用法律若干问题的规定》第 3 条规定：“原告起诉网络服务提供者，网络服务提供者以涉嫌侵权的信息系网络用户发布为由抗辩的，人民法院可以根据原告的请求及案件的具体情况，责令网络服务提供者向人民法院提供能够确定涉嫌侵权的网络用户的姓名（名称）、联系方式、网络地址等信息。网络服务提供者无正当理由拒不提供的，人民法院可以依据民事诉讼法第一百一十四条的规定对网络服务提供者采取处罚等措施。……”

最高人民法院、最高人民检察院《关于办理非法利用信息网络、帮助信息网络犯罪活动等刑事案件适用法律若干问题的解释》第6条规定：“拒不履行信息网络安全管理义务，具有下列情形之一的，应当认定为刑法第二百八十六条之一第一款第四项规定的‘有其他严重情节’：（一）对绝大多数用户日志未留存或者未落实真实身份信息认证义务的；……”

四、网络安全与数据安全事件应急响应义务

（一）义务概述

网络安全事件是指由于人为原因、软硬件缺陷或故障、自然灾害等，对网络和信息系统或者其中的数据造成危害，对社会造成负面影响的事件。《国家网络安全事件应急预案》将网络安全事件分为有害程序事件、网络攻击事件、信息破坏事件、信息内容安全事件、设备设施故障、灾害性事件、其他事件七类。根据事件造成后果严重程度的不同，分为四级：特别重大网络安全事件、重大网络安全事件、较大网络安全事件、一般网络安全事件，对应的预警等级由高到低依次用红色、橙色、黄色、蓝色表示。

《突发事件应对法》《网络安全法》赋予网络运营者采取预防措施、制定网络安全事件应急预案，及时启动应急预案，采取补救措施的义务。为建立应急预案，企业通常考虑下列事项：（1）确定应急管理的方针、政策、工作原则；（2）明确有关各方的分工和职责，按照《国家网络安全事件应急预案》的要求，该责任应落实到具体部门、岗位和个人；（3）明确各类事故场景的诊断方法、应急行动、应急保障措施、应急资源情况；（4）明确应急恢复过程中的关键状态以及沟通报告内容和等级；（5）明确应急人员的协调内容和沟通方式；（6）结合企业实际，制定《应急处置操作手册》并组织开展宣传培训，且基础电信企业、域名机构、大型互联网企业还应依规向主管部门备案应急预案、定期开展应急演练。

（二）法律渊源

网络安全与数据安全事件应急响应义务的法律渊源有《网络安全法》、《突发事件应对法》、《安全生产法》、《个人信息保护法》、《数据安全法》、《国家网络安全事件应急预案》、《工业控制系统信息安全事件应急管理工作指南》、《公共互联网网络安全突发事件应急预案》、《信息安全技术　信息安全事件分类分级指南》（GB/Z 20986—2007）、《信息安全技术　网络安全事件应急演练指南》（GB/T 38645—2020）、最高人民法院、最高人民检察院《关于办理非法利用信息网络、帮助信息网络犯罪活动等刑事案件适用法律若干问题的解释》。

（三）法律条文

《网络安全法》第25条规定："网络运营者应当制定网络安全事件应急预案，及时处置系统漏洞、计算机病毒、网络攻击、网络侵入等安全风险；在发生危害网络安全的事件时，立即启动应急预案，采取相应的补救措施，并按照规定向有关主管部门报告。"

《网络安全法》第57条规定："因网络安全事件，发生突发事件或者生产安全事故的，应当依照《中华人民共和国突发事件应对法》、《中华人民共和国安全生产法》等有关法律、行政法规的规定处置。"

《数据安全法》第29条规定："开展数据处理活动应当加强风险监测，发现数据安全缺陷、漏洞等风险时，应当立即采取补救措施；发生数据安全事件时，应当立即采取处置措施，按照规定及时告知用户并向有关主管部门报告。"

《国家网络安全事件应急预案》第3.2条规定："各单位按照'谁主管，谁负责；谁运行，谁负责'的要求，组织对本单位建设运行的网络和信息系统开展网络安全监测工作。……"第7.1条规定："各地区、各部门、各单位要落实网络安全应急工作责任制，把责任落实到具体部门、具体岗位和个人，并建立健全应急工作机制。"第8.1条规定："……各省（区、市）、各部门、各单位要根据本预案制定或修订本地区、本部门、本行业、本单位网络安全事件应急预案。"

《个人信息保护法》第51条规定："个人信息处理者应当根据个人信息的处理目的、处理方式、个人信息的种类以及对个人权益的影响、可能存在的安全风险等，采取下列措施确保个人信息处理活动符合法律、行政法规的规定，并防止未经授权的访问以及个人信息泄露、篡改、丢失：……（五）制定并组织实施个人信息安全事件应急预案……"

《公共互联网网络安全突发事件应急预案》第 8.1 条规定："各省(自治区、直辖市)通信管理局、基础电信企业、域名机构、互联网企业、网络安全专业机构要落实网络安全应急工作责任制，把责任落实到单位领导、具体部门、具体岗位和个人，建立健全本单位网络安全应急工作体制机制。"

《工业控制系统信息安全事件应急管理工作指南》第 21 条规定："工业和信息化部、地方工业和信息化主管部门、工业企业制定本级工控安全事件应急预案，定期组织应急演练。"

(四)违规责任

《突发事件应对法》第 64 条规定："有关单位有下列情形之一的，由所在地履行统一领导职责的人民政府责令停产停业，暂扣或者吊销许可证或者营业执照，并处五万元以上二十万元以下的罚款；构成违反治安管理行为的，由公安机关依法给予处罚：(一)未按规定采取预防措施，导致发生严重突发事件的；(二)未及时消除已发现的可能引发突发事件的隐患，导致发生严重突发事件的；(三)未做好应急设备、设施日常维护、检测工作，导致发生严重突发事件或者突发事件危害扩大的；(四)突发事件发生后，不及时组织开展应急救援工作，造成严重后果的。前款规定的行为，其他法律、行政法规规定由人民政府有关部门依法决定处罚的，从其规定。"

《网络安全法》第 59 条第 1 款规定："网络运营者不履行本法第二十一条、第二十五条规定的网络安全保护义务的，由有关主管部门责令改正，给予警告；拒不改正或者导致危害网络安全等后果的，处一万元以上十万元以下罚款，对直接负责的主管人员处五千元以上五万元以下罚款。"

《数据安全法》第 45 条第 1 款规定："开展数据处理活动的组织、个人不履行本法第二十七条、第二十九条、第三十条规定的数据安全保护义务的，由有关主管部门责令改正，给予警告，可以并处五万元以上五十万元以下罚款，对直接负责的主管人员和其他直接责任人员可以处一万元以上十万元以下罚款；拒不改正或者造成大量数据泄露等严重后果的，处五十万元以上二百万元以下罚款，并可以责令暂停相关业务、停业整顿、吊销相关业务许可证或者吊销营业执照，对直接负责的主管人员和其他直接责任人员处五万元以上二十万元以下罚款。"

《个人信息保护法》第 66 条规定："违反本法规定处理个人信息，或者处理个人信息未履行本法规定的个人信息保护义务的，由履行个人信息保护职责的部门责令改正，给予警告，没收违法所得，对违法处理个人信息的应用程序，责令暂停或者终止提供服务；拒不改正的，并处一百万元以下罚款；对直接负责的主管人员和其他直接责任人员处一万元以上十万元以下罚款。有前款规定的违法行为，情节严重的，由省级以上履行个人信息保护职责的部门责令改正，没收违法所得，并处五千万元以下或者上一年度营业额百分之五以下罚款，并可以责令暂停相关业务或者停业整顿、通报有关主管部门吊销相关业务许可或者吊销营业执照；对直接负责的主管人员和其他直接责任人员处十万元以上一百万元以下罚款，并可以决定禁止其在一定期限内担任相关企业的董事、监事、高级管理人员和个人信息保护负责人。”

最高人民法院、最高人民检察院《关于办理非法利用信息网络、帮助信息网络犯罪活动等刑事案件适用法律若干问题的解释》第 6 条规定：“拒不履行信息网络安全管理义务，具有下列情形之一的，应当认定为刑法第二百八十六条之一第一款第四项规定的‘有其他严重情节’：……（四）致使信息网络服务、网络设施被用于实施网络攻击，严重影响生产、生活的；……（六）致使国家机关或者通信、能源、交通、水利、金融、教育、医疗等领域提供公共服务的信息网络受到破坏，严重影响生产、生活的；……”

五、提供技术支持和协助义务

（一）义务概述

通过立法确立网络运营者为有关执法机关维护国家安全和侦查犯罪提供技术支持和协助，为国际社会广泛采用，如美国《通信协助执法法》、欧盟《合法拦截电信通信决议》、德国《电信法》，以及《网络犯罪公约》。我国《网络安全法》规定的网络运营者的该项义务，既与国际立法趋势一致，也与我国有关国家安全的法律和监察法、刑事诉讼法的法律相互衔接。我国《网络安全法》没有对如何履行该项义务作出具体规定，网络运营者需要结合其他法律法规的规定履行相关义务。如信息记录义务，即留存相关的网络日志不少于 6 个月。该网络日志包括用户日志和系统日志，且满足维护监督监测和配合执法的需要。

（二）法律渊源

提供技术支持和协助义务的法律渊源有《国家安全法》《网络安全法》《反恐

怖主义法》《反间谍法》《刑事诉讼法》《监察法》。

(三)法律条文

《网络安全法》第28条规定:“网络运营者应当为公安机关、国家安全机关依法维护国家安全和侦查犯罪的活动提供技术支持和协助。”

《反恐怖主义法》第18条规定:“电信业务经营者、互联网服务提供者应当为公安机关、国家安全机关依法进行防范、调查恐怖活动提供技术接口和解密等技术支持和协助。”

六、用户信息保护义务

(一)义务概述

《网络安全法》第40条对网络运营者用户信息保护义务作了原则性规定。该规定的“用户”包括自然人、法人和其他组织,因此,本条规定的用户信息包括但不限于个人信息、隐私以及法人和其他组织的商业秘密等信息。而《民法典》侵权责任编、《反不正当竞争法》对隐私、网络侵权、商业秘密的保护已作了规定,故《网络安全法》重点对个人信息保护作了规定,但这不代表网络经营者可以忽视其对法人和其他组织的信息保护义务。此外,随着《数据安全法》的出台,网络运营者开展数据处理活动还应依照该法的规定,在网络安全等级保护制度的基础上,建立健全全流程数据安全管理制度,明确数据安全负责人(DPO)和管理机构,落实数据安全保护责任。

(二)法律渊源

用户信息保护义务的法律渊源有《网络安全法》《数据安全法》《个人信息保护法》《民法典》《反不正当竞争法》。

(三)法律条文

《网络安全法》第40条规定:“网络运营者应当对其收集的用户信息严格保密,并建立健全用户信息保护制度。”

《反不正当竞争法》第9条规定:“经营者不得实施下列侵犯商业秘密的行为:……(三)违反保密义务或者违反权利人有关保守商业秘密的要求,披露、使用或者允许他人使用其所掌握的商业秘密;……”

《个人信息保护法》第51条规定:“个人信息处理者应当根据个人信息的处

理目的、处理方式、个人信息的种类以及对个人权益的影响、可能存在的安全风险等，采取下列措施确保个人信息处理活动符合法律、行政法规的规定，并防止未经授权的访问以及个人信息泄露、篡改、丢失：……（三）采取相应的加密、去标识化等安全技术措施……”

（四）违规责任

《民法典》第1194条规定：“网络用户、网络服务提供者利用网络侵害他人民事权益的，应当承担侵权责任。法律另有规定的，依照其规定。”

《民法典》第1195条规定：“网络用户利用网络服务实施侵权行为的，权利人有权通知网络服务提供者采取删除、屏蔽、断开链接等必要措施。通知应当包括构成侵权的初步证据及权利人的真实身份信息。网络服务提供者接到通知后，应当及时将该通知转送相关网络用户，并根据构成侵权的初步证据和服务类型采取必要措施；未及时采取必要措施的，对损害的扩大部分与该网络用户承担连带责任。权利人因错误通知造成网络用户或者网络服务提供者损害的，应当承担侵权责任。法律另有规定的，依照其规定。”

《民法典》第1197条规定：“网络服务提供者知道或者应当知道网络用户利用其网络服务侵害他人民事权益，未采取必要措施的，与该网络用户承担连带责任。”

《反不正当竞争法》第21条规定：“经营者以及其他自然人、法人和非法人组织违反本法第九条规定侵犯商业秘密的，由监督检查部门责令停止违法行为，没收违法所得，处十万元以上一百万元以下的罚款；情节严重的，处五十万元以上五百万元以下的罚款。”

《个人信息保护法》第66条规定：“违反本法规定处理个人信息，或者处理个人信息未履行本法规定的个人信息保护义务的，由履行个人信息保护职责的部门责令改正，给予警告，没收违法所得，对违法处理个人信息的应用程序，责令暂停或者终止提供服务；拒不改正的，并处一百万元以下罚款；对直接负责的主管人员和其他直接责任人员处一万元以上十万元以下罚款。有前款规定的违法行为，情节严重的，由省级以上履行个人信息保护职责的部门责令改正，没收违法所得，并处五千万元以下或者上一年度营业额百分之五以下罚款，并可以责令暂停相关业务或者停业整顿、通报有关主管部门吊销相关业务许可或者吊销营业执照；对直接负责的主管人员和其他直接责任人员处十万元以上一百万元以下罚款,并可以决定禁止其在一定期限内担任相关企业的董事、监事、高级管理人员和个人信息保护负责人。”

七、个人信息保护义务

(一)义务概述

《网络安全法》涵盖了个人信息的定义、收集、适用、提供、删除、更正、投诉和举报、数据出境等全生命周期,个人信息构成该法最重要的内容之一。《网络安全法》实施以来的个人信息保护立法与实践尤为引人关注,特别是近年来个人信息泄露事件频发。在欧盟《通用数据保护条例》(GDPR)、美国加州《消费者隐私法案》(CCPA)等域外监管要求提升的背景下,网络运营者有必要在《网络安全法》《个人信息保护法》框架下,积极有效识别个人信息安全保护的各项合规规范及其违规后果,结合行业属性和企业实际,有效地搭建契合的合规体系。鉴于个人信息保护义务涉及面极广,配套立法、标准化文件等制度性文件推陈出新,电商、教育、医疗、网络金融等不同领域亦各有千秋,本文仅作纵览,另当撰文详述。

(二)法律渊源

个人信息保护义务的法律渊源有《网络安全法》、《个人信息保护法》、《刑法修正案(九)》、《电信和互联网用户个人信息保护规定》、《App违法违规收集使用个人信息自评估指南》、《互联网个人信息安全保护指南》、《儿童个人信息网络保护规定》、《App违法违规收集使用个人信息行为认定方法》、《常见类型移动互联网应用程序必要个人信息范围规定》、《信息安全技术　公共及商用服务信息系统个人信息保护指南》(GB/Z 28828—2012)、《信息安全技术　移动智能终端个人信息保护技术要求》(GB/T 34978—2017)、《信息安全技术　个人信息去标识化指南》(GB/T 37964—2019)、《个人金融信息保护技术规范》(JR/T 0171—2020)、《信息安全技术　个人信息安全规范》(GB/T 35273—2020)、《信息安全技术　个人信息安全影响评估指南》(GB/T 39335—2020)、《网络安全实践指南—移动互联网应用基本业务功能必要信息规范》(TC260 - PG - 20191A)、《网络安全标准实践指南—移动互联网应用程序(App)收集使用个人信息自评估指南》(TC260 - PG - 20202A)、《网络安全标准实践指南—移动互联网应用程序(App)系统权限申请使用指南(TC260 - PG - 20201A)》、《网络安全标准实践指南—移动互联网应用程序(App)个人信息保护常见问题及处置指南(TC260－PG－20203A)》、最高人民法院、最高人民检察院《关于办理侵犯公民个人信息刑事案件适用法律若干问题的解释》。

(三)法律条文

《网络安全法》第41条规定:"网络运营者收集、使用个人信息,应当遵循合法、正当、必要的原则,公开收集、使用规则,明示收集、使用信息的目的、方式和范围,并经被收集者同意。网络运营者不得收集与其提供的服务无关的个人信息,不得违反法律、行政法规的规定和双方的约定收集、使用个人信息,并应当依照法律、行政法规的规定和与用户的约定,处理其保存的个人信息。"

《网络安全法》第42条规定:"网络运营者不得泄露、篡改、毁损其收集的个人信息;未经被收集者同意,不得向他人提供个人信息。但是,经过处理无法识别特定个人且不能复原的除外。网络运营者应当采取技术措施和其他必要措施,确保其收集的个人信息安全,防止信息泄露、毁损、丢失。在发生或者可能发生个人信息泄露、毁损、丢失的情况时,应当立即采取补救措施,按照规定及时告知用户并向有关主管部门报告。"

《网络安全法》第43条规定:"个人发现网络运营者违反法律、行政法规的规定或者双方的约定收集、使用其个人信息的,有权要求网络运营者删除其个人信息;发现网络运营者收集、存储的其个人信息有错误的,有权要求网络运营者予以更正。网络运营者应当采取措施予以删除或者更正。"

《网络安全法》第44条规定:"任何个人和组织不得窃取或者以其他非法方式获取个人信息,不得非法出售或者非法向他人提供个人信息。"

(四)违规责任

《网络安全法》第64条规定:"网络运营者、网络产品或服务的提供者违反本法第二十二条第三款、第四十一条至第四十三条规定,侵害个人信息依法得到保护的权利的,由有关主管部门责令改正,可以根据情节单处或者并处警告、没收违法所得、处违法所得一倍以上十倍以下罚款,没有违法所得的,处一百万元以下罚款,对直接负责的主管人员和其他直接责任人员处一万元以上十万元以下罚款;情节严重的,并可以责令暂停相关业务、停业整顿、关闭网站、吊销相关业务许可证或者吊销营业执照。违反本法第四十四条规定,窃取或者以其他非法方式获取,非法出售或者非法向他人提供个人信息,尚不构成犯罪的,由公安机关没收违法所得，并处违法所得一倍以上十倍以下罚款，没有违法所得的，处一百万元以下罚款。”

《儿童个人信息网络保护规定》第25条规定：“网络运营者落实儿童个人信息安全管理责任不到位，存在较大安全风险或者发生安全事件的，由网信部门依据职责进行约谈，网络运营者应当及时采取措施进行整改，消除隐患。”第26条规定：“违反本规定的，由网信部门和其他有关部门依据职责，根据《中华人民共和国网络安全法》《互联网信息服务管理办法》等相关法律法规规定处理；构成犯罪的，依法追究刑事责任。”第27条规定：“违反本规定被追究法律责任的，依照有关法律、行政法规的规定记入信用档案，并予以公示。”

《刑法修正案（九）》第17条规定：“将刑法第二百五十三条之一修改为：‘违反国家有关规定，向他人出售或者提供公民个人信息，情节严重的，处三年以下有期徒刑或者拘役，并处或者单处罚金；情节特别严重的，处三年以上七年以下有期徒刑，并处罚金。违反国家有关规定，将在履行职责或者提供服务过程中获得的公民个人信息，出售或者提供给他人的，依照前款的规定从重处罚。窃取或者以其他方法非法获取公民个人信息的，依照第一款的规定处罚。单位犯前三款罪的，对单位判处罚金，并对其直接负责的主管人员和其他直接责任人员，依照各该款的规定处罚。’”

《个人信息保护法》第66条规定：“违反本法规定处理个人信息，或者处理个人信息未履行本法规定的个人信息保护义务的，由履行个人信息保护职责的部门责令改正，给予警告，没收违法所得，对违法处理个人信息的应用程序，责令暂停或者终止提供服务；拒不改正的，并处一百万元以下罚款；对直接负责的主管人员和其他直接责任人员处一万元以上十万元以下罚款。有前款规定的违法行为，情节严重的，由省级以上履行个人信息保护职责的部门责令改正，没收违法所得，并处五千万元以下或者上一年度营业额百分之五以下罚款，并可以责令暂停相关业务或者停业整顿、通报有关主管部门吊销相关业务许可或者吊销营业执照；对直接负责的主管人员和其他直接责任人员处十万元以上一百万元以下罚款，并可以决定禁止其在一定期限内担任相关企业的董事、监事、高级管理人员和个人信息保护负责人。”

八、网络内容审查和报告义务

（一）义务概述

我国关于网络信息平台内容审查义务最早的基础立法是《互联网信息服务管理办法》的规定。该办法禁止的不法发布、传播主体是网络平台。换言之，无论违法内容是用户发布还是网络平台自制，网络平台均需承担责任。同时，该办法也为平台承担责任的范围作了限制，即网络平台的审核义务限于“合理注意”的限度。相关的“避风港原则”“红旗原则”等配套制度也逐渐深入人心。《网络安全法》延续了《互联网信息服务管理办法》的规定，明确了网络经营者的内容审查和报告义务。随着2020年3月1日《网络信息内容生态治理规定》开始施行，网络信息平台被要求履行信息内容管理主体责任，建立网络信息内容生态治理机制，具体来说包括健全用户注册、账号管理、信息发布审核、跟帖评论审核、版面页面生态管理、实时巡查、应急处置和网络谣言、黑色产业链信息处置等制度、信息安全审查制度、算法推荐的人工干预和用户自主选择机制、广告管理制度、平台公约和用户协议制度、举报制度、年度报告制度等。

（二）法律渊源

网络内容审查和报告义务的法律渊源有《网络安全法》、《反恐怖主义法》、《刑法修正案（九）》、《民法典》、《互联网信息服务管理办法》、《互联网危险物品信息发布管理规定》、《互联网群组信息服务管理规定》、《网络信息内容生态治理规定》、最高人民法院、最高人民检察院《关于办理非法利用信息网络、帮助信息网络犯罪活动等刑事案件适用法律若干问题的解释》、最高人民法院《关于审理侵害信息网络传播权民事纠纷案件适用法律若干问题的规定》。

（三）法律条文

《网络安全法》第47条规定：“网络运营者应当加强对其用户发布的信息的管理，发现法律、行政法规禁止发布或者传输的信息的，应当立即停止传输该信息，采取消除等处置措施，防止信息扩散，保存有关记录，并向有关主管部门报告。”

《网络安全法》第48条第2款规定：“电子信息发送服务提供者和应用软件下载服务提供者，应当履行安全管理义务，知道其用户有前款规定行为的，应当停止提供服务，采取消除等处置措施，保存有关记录，并向有关主管部门报告。”

《反恐怖主义法》第 19 条第 1 款规定:"电信业务经营者、互联网服务提供者应当依照法律、行政法规规定,落实网络安全、信息内容监督制度和安全技术防范措施,防止含有恐怖主义、极端主义内容的信息传播;发现含有恐怖主义、极端主义内容的信息的,应当立即停止传输,保存相关记录,删除相关信息,并向公安机关或者有关部门报告。"

《互联网信息服务管理办法》第 15 条规定:"互联网信息服务提供者不得制作、复制、发布、传播含有下列内容的信息:(一)反对宪法所确定的基本原则的;(二)危害国家安全,泄露国家秘密,颠覆国家政权,破坏国家统一的;(三)损害国家荣誉和利益的;(四)煽动民族仇恨、民族歧视,破坏民族团结的;(五)破坏国家宗教政策,宣扬邪教和封建迷信的;(六)散布谣言,扰乱社会秩序,破坏社会稳定的;(七)散布淫秽、色情、赌博、暴力、凶杀、恐怖或者教唆犯罪的;(八)侮辱或者诽谤他人,侵害他人合法权益的;(九)含有法律、行政法规禁止的其他内容的。"

《网络信息内容生态治理规定》第 6 条规定:"网络信息内容生产者不得制作、复制、发布含有下列内容的违法信息:(一)反对宪法所确定的基本原则的;(二)危害国家安全,泄露国家秘密,颠覆国家政权,破坏国家统一的;(三)损害国家荣誉和利益的;(四)歪曲、丑化、亵渎、否定英雄烈士事迹和精神,以侮辱、诽谤或者其他方式侵害英雄烈士的姓名、肖像、名誉、荣誉的;(五)宣扬恐怖主义、极端主义或者煽动实施恐怖活动、极端主义活动的;(六)煽动民族仇恨、民族歧视,破坏民族团结的;(七)破坏国家宗教政策,宣扬邪教和封建迷信的;(八)散布谣言,扰乱经济秩序和社会秩序的;(九)散布淫秽、色情、赌博、暴力、凶杀、恐怖或者教唆犯罪的;(十)侮辱或者诽谤他人,侵害他人名誉、隐私和其他合法权益的;(十一)法律、行政法规禁止的其他内容。"

《网络信息内容生态治理规定》第 7 条规定:"网络信息内容生产者应当采取措施,防范和抵制制作、复制、发布含有下列内容的不良信息:(一)使用夸张标题,内容与标题严重不符的;(二)炒作绯闻、丑闻、劣迹等的;(三)不当评述自然灾害、重大事故等灾难的;(四)带有性暗示、性挑逗等易使人产生性联想的;(五)展现血腥、惊悚、残忍等致人身心不适的;(六)煽动人群歧视、地域歧视等的;(七)宣扬低俗、庸俗、媚俗内容的;(八)可能引发未成年人模仿不安全行为和违反社会公德行为、诱导未成年人不良嗜好等的;(九)其他对网络生态造成不良影响的内容。”

(四)违规责任

《网络安全法》第68条规定:“网络运营者违反本法第四十七条规定,对法律、行政法规禁止发布或者传输的信息未停止传输、采取消除等处置措施、保存有关记录的,由有关主管部门责令改正,给予警告,没收违法所得;拒不改正或者情节严重的,处十万元以上五十万元以下罚款,并可以责令暂停相关业务、停业整顿、关闭网站、吊销相关业务许可证或者吊销营业执照,对直接负责的主管人员和其他直接责任人员处一万元以上十万元以下罚款。电子信息发送服务提供者、应用软件下载服务提供者,不履行本法第四十八条第二款规定的安全管理义务的,依照前款规定处罚。”

《反恐怖主义法》第84条规定:“电信业务经营者、互联网服务提供者有下列情形之一的,由主管部门处二十万元以上五十万元以下罚款,并对其直接负责的主管人员和其他直接责任人员处十万元以下罚款;情节严重的,处五十万元以上罚款,并对其直接负责的主管人员和其他直接责任人员,处十万元以上五十万元以下罚款,可以由公安机关对其直接负责的主管人员和其他直接责任人员,处五日以上十五日以下拘留:(一)未依照规定为公安机关、国家安全机关依法进行防范、调查恐怖活动提供技术接口和解密等技术支持和协助的;(二)未按照主管部门的要求,停止传输、删除含有恐怖主义、极端主义内容的信息,保存相关记录,关闭相关网站或者关停相关服务的;(三)未落实网络安全、信息内容监督制度和安全技术防范措施,造成含有恐怖主义、极端主义内容的信息传播,情节严重的。”

《刑法修正案(九)》第28条规定:“网络服务提供者不履行法律、行政法规规定的信息网络安全管理义务,经监管部门责令采取改正措施而拒不改正,有下列情形之一的,处三年以下有期徒刑、拘役或者管制,并处或者单处罚金:(一)致使违法信息大量传播的;(二)致使用户信息泄露,造成严重后果的;(三)致使刑事案件证据灭失,情节严重的;(四)有其他严重情节的。单位犯前款罪的,对单位判处罚金,并对其直接负责的主管人员和其他直接责任人员,依照前款的规定处罚。有前两款行为,同时构成其他犯罪的,依照处罚较重的规定定罪处罚。”

《民法典》第1194条规定:“网络用户、网络服务提供者利用网络侵害他人民事权益的,应当承担侵权责任。法律另有规定的,依照其规定。”

《民法典》第 1195 条规定:“网络用户利用网络服务实施侵权行为的,权利人有权通知网络服务提供者采取删除、屏蔽、断开链接等必要措施。通知应当包括构成侵权的初步证据及权利人的真实身份信息。网络服务提供者接到通知后,应当及时将该通知转送相关网络用户,并根据构成侵权的初步证据和服务类型采取必要措施;未及时采取必要措施的,对损害的扩大部分与该网络用户承担连带责任。权利人因错误通知造成网络用户或者网络服务提供者损害的,应当承担侵权责任。法律另有规定的,依照其规定。”

《民法典》第 1197 条规定:“网络服务提供者知道或者应当知道网络用户利用其网络服务侵害他人民事权益,未采取必要措施的,与该网络用户承担连带责任。”

《互联网信息服务管理办法》第 20 条规定:“制作、复制、发布、传播本办法第十五条所列内容之一的信息,构成犯罪的,依法追究刑事责任;尚不构成犯罪的,由公安机关、国家安全机关依照《中华人民共和国治安管理处罚法》、《计算机信息网络国际联网安全保护管理办法》等有关法律、行政法规的规定予以处罚;对经营性互联网信息服务提供者,并由发证机关责令停业整顿直至吊销经营许可证,通知企业登记机关;对非经营性互联网信息服务提供者,并由备案机关责令暂时关闭网站直至关闭网站。”

九、投诉处理义务

(一)义务概述

《网络安全法》对网络运营者的投诉处理义务作出了规定,一是要求建立网络信息安全投诉、举报制度,且通常制度应当明确受理、处理投诉举报的机构、人员及其职责、分工、范围、方式、程序等事项;二是要求以合理方式公布投诉举报方式;三是及时受理有关投诉和举报;四是按照内部制度及时处理投诉和举报,并告知投诉举报人处理结果。参照《App 违法违规收集使用个人信息行为认定方法》的规定,公布的投诉、举报渠道不强制要求手机号,而在 15 个工作日内(有承诺时限且承诺时限不超过 15 个工作日,按承诺时限)受理并处理的属于“及时”受理和处理。

(二)法律渊源

投诉处理义务的法律渊源有《网络安全法》、《个人信息保护法》、《民法典》、

《App 违法违规收集使用个人信息行为认定方法》、最高人民法院《关于审理侵害信息网络传播权民事纠纷案件适用法律若干问题的规定》。

（三）法律条文

《网络安全法》第 49 条第 1 款规定："网络运营者应当建立网络信息安全投诉、举报制度，公布投诉、举报方式等信息，及时受理并处理有关网络信息安全的投诉和举报。"

《个人信息保护法》第 52 条规定："处理个人信息达到国家网信部门规定数量的个人信息处理者应当指定个人信息保护负责人，负责对个人信息处理活动以及采取的保护措施等进行监督。个人信息处理者应当公开个人信息保护负责人的联系方式，并将个人信息保护负责人的姓名、联系方式等报送履行个人信息保护职责的部门。"

（四）违规责任

《民法典》第 1194 条规定："网络用户、网络服务提供者利用网络侵害他人民事权益的，应当承担侵权责任。法律另有规定的，依照其规定。"

《民法典》第 1195 条规定："网络用户利用网络服务实施侵权行为的，权利人有权通知网络服务提供者采取删除、屏蔽、断开链接等必要措施。通知应当包括构成侵权的初步证据及权利人的真实身份信息。网络服务提供者接到通知后，应当及时将该通知转送相关网络用户，并根据构成侵权的初步证据和服务类型采取必要措施；未及时采取必要措施的，对损害的扩大部分与该网络用户承担连带责任。权利人因错误通知造成网络用户或者网络服务提供者损害的，应当承担侵权责任。法律另有规定的，依照其规定。"

《民法典》第 1197 条规定："网络服务提供者知道或者应当知道网络用户利用其网络服务侵害他人民事权益，未采取必要措施的，与该网络用户承担连带责任。"

《个人信息保护法》第 66 条规定："违反本法规定处理个人信息，或者处理个人信息未履行本法规定的个人信息保护义务的，由履行个人信息保护职责的部门责令改正，给予警告，没收违法所得，对违法处理个人信息的应用程序，责令暂停或者终止提供服务；拒不改正的，并处一百万元以下罚款；对直接负责的主管人员和其他直接责任人员处一万元以上十万元以下罚款。有前款规定的违法行为，情节严重的，由省级以上履行个人信息保护职责的部门责令改正，没收违法所得,并处五千万元以下或者上一年度营业额百分之五以下罚款,并可以责令暂停相关业务或者停业整顿、通报有关主管部门吊销相关业务许可或者吊销营业执照;对直接负责的主管人员和其他直接责任人员处十万元以上一百万元以下罚款,并可以决定禁止其在一定期限内担任相关企业的董事、监事、高级管理人员和个人信息保护负责人。”

十、国家核心数据保护义务

(一)义务概述

《数据安全法》(一审稿)即提出了国家应对数据实行分类分级保护,且《数据安全法》(二审稿)第20条在此基础上进一步明确提出了“数据分类分级保护制度”的建立及重要数据目录的确定。对数据进行分类分级的主要标准为“数据在经济社会发展中的重要程度,以及一旦遭到篡改、破坏或者非法获取、非法利用,对国家安全、公共利益或者公民、组织合法权益造成的危害程度”。正式出台的《数据安全法》继续沿用了二审稿的立法思路,仍将确定重要数据目录下放到各地区、各行业主管部门,同时新增了“国家核心数据”这一类别,主要针对“关系国家安全、国民经济命脉、重要民生、重大公共利益”等数据,要求实行更加严格的管理制度,同时在第45条第2款增列了违反国家核心数据管理制度的罚则,处200万元以上1000万元以下罚款,并可以责令暂停相关业务、停业整顿、吊销相关业务许可证或者吊销营业执照,构成犯罪的,依法追究刑事责任。随着该法的通过,后续国家核心数据目录、重要数据目录、重要数据具体目录将陆续出台,从而增强数据分级分类的落地性与实践性。相信在后续配套的法律法规、国家标准及地方、部门立法出台后,数据分类分级保护制度将与网络安全等级保护制度等类似,成为数据保护工作纲领性的要求与指引。

(二)法律渊源

国家核心数据保护义务的法律渊源有《数据安全法》。

(三)法律条文

《数据安全法》第21条第2款规定:“关系国家安全、国民经济命脉、重要民生、重大公共利益等数据属于国家核心数据,实行更加严格的管理制度。”

(四)违规责任

《数据安全法》第45条第2款规定:“违反国家核心数据管理制度,危害国家主权、安全和发展利益的，由有关主管部门处二百万元以上一千万元以下罚款，并根据情况责令暂停相关业务、停业整顿、吊销相关业务许可证或者吊销营业执照；构成犯罪的，依法追究刑事责任。”

十一、CIIO 特别义务：采购重要网络产品和服务的安全审查

（一）义务概述

为落实《国家安全法》确立的国家安全审查制度，《网络安全法》规定了 CIIO 的国家安全审查义务，《网络产品和服务安全审查办法（试行）》还一度将该义务扩展到所有网络运营者。但随着《网络安全审查办法》的颁布以及《网络产品和服务安全审查办法（试行）》的废止，该义务的主体明确限于 CIIO［2020 年 8 月，全国信息安全标准化技术委员会（以下简称信安标委）发布《信息安全技术　关键信息基础设施边界确定方法（征求意见稿）》，该文件给出了一种基于信息流的关键信息基础设施边界确定方法］。《网络安全法》的“网络产品和服务”主要指核心网络设备、高性能计算机和服务器、大容量存储设备、大型数据库和应用软件、网络安全设备、云计算服务等对关键信息基础设施安全有重要影响的网络产品和服务。CIIO 应当预判采购的前述产品和服务投入使用后可能带来的国家安全风险，如影响或者可能影响国家安全的，应当向设在国家互联网信息办公室的“网络安全审查办公室”申报网络安全审查。

（二）法律渊源

采购重要网络产品和服务的安全审查的法律渊源有《国家安全法》《网络安全法》《关键信息基础设施安全保护条例》《网络安全审查办法》。

（三）法律条文

《网络安全法》第 35 条规定：“关键信息基础设施的运营者采购网络产品和服务，可能影响国家安全的，应当通过国家网信部门会同国务院有关部门组织的国家安全审查。”

《关键信息基础设施安全保护条例》第 19 条规定：“运营者应当优先采购安全可信的网络产品和服务；采购网络产品和服务可能影响国家安全的，应当按照国家网络安全规定通过安全审查。”第 20 条规定：“运营者采购网络产品和服务，应当按照国家有关规定与网络产品和服务提供者签订安全保密协议，明确提供者的技术支持和安全保密义务与责任，并对义务与责任履行情况进行监督。”

(四)违规责任

《网络安全法》第65条规定:“关键信息基础设施的运营者违反本法第三十五条规定,使用未经安全审查或者安全审查未通过的网络产品或者服务的,由有关主管部门责令停止使用,处采购金额一倍以上十倍以下罚款;对直接负责的主管人员和其他直接责任人员处一万元以上十万元以下罚款。”

《关键信息基础设施安全保护条例》第39条规定:“运营者有下列情形之一的,由有关主管部门依据职责责令改正,给予警告;拒不改正或者导致危害网络安全等后果的,处10万元以上100万元以下罚款,对直接负责的主管人员处1万元以上10万元以下罚款:……(九)采购网络产品和服务,未按照国家有关规定与网络产品和服务提供者签订安全保密协议的……”

十二、CIIO特别义务:个人信息和重要数据出境安全评估

(一)义务概述

个人信息和重要数据境内存储和出境安全评估是《网络安全法》赋予CIIO的重要义务之一,但受制于CIIO边界识别、重要数据的确定、安全评估的具体配套制度等尚未建立健全,该制度如何实施落地一直广受关注。中共中央网络安全和信息化委员会办公室曾于2017年4月11日向社会公开了《个人信息和重要数据出境安全评估办法(征求意见稿)》。2019年6月13日中共中央网络安全和信息化委员会办公室又向社会公开了《个人信息出境安全评估办法(征求意见稿)》,2021年10月29日国家网信办又颁布了《数据出境安全评估办法(征求意见稿)》公开征求意见,建议网络运营者都密切关注。另外,重要数据的含义及边界尚不明朗,仅有的规定散见于《关于开展个人信息和重要数据安全专项调查的通知》、《个人信息和重要数据出境安全评估办法(征求意见稿)》、《信息安全技术　数据出境安全评估指南(征求意见稿)》之中,同时,《数据安全法》的出台为网信部门将重要数据的出境合规主体扩大至CIIO以外的更多主体预留了法律空间,2021年10月29日颁布的《数据出境安全评估办法(征求意见稿)》将重要数据出境、处理个人信息达到100万人的个人信息处理者向境外提供个人信息、累计向境外提供超过10万人以上个人信息或者1万人以上敏感个人信息都列入出境安全评估范围,建议网络运营者对自身是否将负有重要数据出境合规义务保持持续关注。

（二）法律渊源

个人信息和重要数据出境安全评估的法律渊源有《网络安全法》《数据安全法》《个人信息保护法》《关于开展个人信息和重要数据安全专项调查的通知》。

（三）法律条文

《网络安全法》第37条规定："关键信息基础设施的运营者在中华人民共和国境内运营中收集和产生的个人信息和重要数据应当在境内存储。因业务需要，确需向境外提供的，应当按照国家网信部门会同国务院有关部门制定的办法进行安全评估；法律、行政法规另有规定的，依照其规定。"

《数据安全法》第31条规定："关键信息基础设施的运营者在中华人民共和国境内运营中收集和产生的重要数据的出境安全管理，适用《中华人民共和国网络安全法》的规定；其他数据处理者在中华人民共和国境内运营中收集和产生的重要数据的出境安全管理办法，由国家网信部门会同国务院有关部门制定。"

《个人信息保护法》第40条规定："关键信息基础设施运营者和处理个人信息达到国家网信部门规定数量的个人信息处理者，应当将在中华人民共和国境内收集和产生的个人信息存储在境内。确需向境外提供的，应当通过国家网信部门组织的安全评估；法律、行政法规和国家网信部门规定可以不进行安全评估的，从其规定。"

（四）违规责任

《网络安全法》第66条规定："关键信息基础设施的运营者违反本法第三十七条规定，在境外存储网络数据，或者向境外提供网络数据的，由有关主管部门责令改正，给予警告，没收违法所得，处五万元以上五十万元以下罚款，并可以责令暂停相关业务、停业整顿、关闭网站、吊销相关业务许可证或者吊销营业执照；对直接负责的主管人员和其他直接责任人员处一万元以上十万元以下罚款。"

《数据安全法》第46条规定："违反本法第三十一条规定，向境外提供重要数据的，由有关主管部门责令改正，给予警告，可以并处十万元以上一百万元以下罚款，对直接负责的主管人员和其他直接责任人员可以处一万元以上十万元以下罚款；情节严重的，处一百万元以上一千万元以下罚款，并可以责令暂停相关业务、停业整顿、吊销相关业务许可证或者吊销营业执照，对直接负责的主管人员和其他直接责任人员处十万元以上一百万元以下罚款。"

《个人信息保护法》第66条规定："违反本法规定处理个人信息，或者处理个人信息未履行本法规定的个人信息保护义务的,由履行个人信息保护职责的部门责令改正,给予警告,没收违法所得,对违法处理个人信息的应用程序,责令暂停或者终止提供服务;拒不改正的,并处一百万元以下罚款;对直接负责的主管人员和其他直接责任人员处一万元以上十万元以下罚款。有前款规定的违法行为,情节严重的,由省级以上履行个人信息保护职责的部门责令改正,没收违法所得,并处五千万元以下或者上一年度营业额百分之五以下罚款,并可以责令暂停相关业务或者停业整顿、通报有关主管部门吊销相关业务许可或者吊销营业执照;对直接负责的主管人员和其他直接责任人员处十万元以上一百万元以下罚款,并可以决定禁止其在一定期限内担任相关企业的董事、监事、高级管理人员和个人信息保护负责人。"

十三、网络产品、服务提供者的安全保障义务

(一)义务概述

网络产品、服务是指作为网络组成部分以及维持网络功能的设备、软件和服务。网络产品、服务的提供者负有"提供的产品、服务应当符合强制性国家标准"、"不得设置恶意程序"以及"发现网络风险及时应对"三项法定义务。目前网络产品、服务的标准多为推荐性国家标准如《信息安全技术　网络产品和服务安全通用要求》(GB/T 39276—2020)或推荐性行业标准。对于尚未制定强制性国家标准的网络产品和服务,按照《产品质量法》的规定,也应符合保护人身和财产安全的要求。

(二)法律渊源

网络产品、服务提供者的安全保障义务的法律渊源有《网络安全法》《产品质量法》《信息安全技术　网络基础安全技术要求(GB/T 20270—2006)》。

(三)法律条文

《网络安全法》第22条第1款和第2款规定:"网络产品、服务应当符合相关国家标准的强制性要求。网络产品、服务的提供者不得设置恶意程序;发现其网络产品、服务存在安全缺陷、漏洞等风险时,应当立即采取补救措施,按照规定及时告知用户并向有关主管部门报告。网络产品、服务的提供者应当为其产品、服务持续提供安全维护;在规定或者当事人约定的期限内,不得终止提供安全维护。"

（四）违规责任

《网络安全法》第60条规定："违反本法第二十二条第一款、第二款和第四十八条第一款规定，有下列行为之一的，由有关主管部门责令改正，给予警告；拒不改正或者导致危害网络安全等后果的，处五万元以上五十万元以下罚款，对直接负责的主管人员处一万元以上十万元以下罚款：（一）设置恶意程序的；（二）对其产品、服务存在的安全缺陷、漏洞等风险未立即采取补救措施，或者未按照规定及时告知用户并向有关主管部门报告的；（三）擅自终止为其产品、服务提供安全维护的。"

十四、网络关键设备、网络安全专用产品提供者的检测认证义务

（一）义务概述

《网络关键设备和网络安全专用产品目录（第一批）》规定的网络关键设备和安全专用产品包括路由器、交换机、服务器（机架式）、可编程逻辑控制器（PLC设备）、数据备份一体机、防火墙（硬件）、Web应用防火墙（WAF）、入侵检测系统（IDS）、入侵防御系统（IPS）、安全隔离与信息交换产品（网闸）、反垃圾邮件产品、网络综合审计系统、网络脆弱性扫描产品、安全数据库系统、网站恢复产品（硬件）共15类。对于这些关键设备和专用产品的检测、认证制度，肇始于1994年公安部牵头推动的"计算机信息系统安全专用产品"，目前已形成了公安部推行的"安全专用产品销售许可证制度"、中华人民共和国工业和信息化部（以下简称工信部）推行的"网络设备进网许可制度"、国家认证许可监督管理委员会（以下简称国家认监委）委推行的"信息安全产品认证制度"多头分立的状态。为此《网络安全法》要求推动安全认证和安全检测结果互认，避免重复认证、检测。为与《网络安全法》配套，国家认监委已出台了《网络关键设备和网络安全专用产品安全认证实施规则》，而工信部发布的《网络关键设备安全检测实施办法》和信安标委发布的《网络关键设备和网络安全专用产品相关国家标准》均已公开征求意见。现阶段，《网络关键设备和网络安全专用产品目录（第一批）》明确指出，企业可以自行选择安全检测或者安全认证方式之一而无须重复认证、检测。

（二）法律渊源

网络关键设备、网络安全专用产品提供者的检测认证义务的法律渊源有《网络安全法》《认证认可条例》《计算机信息系统安全保护条例》《计算机信息系统

安全专用产品检测和销售许可证管理办法》《电信设备进网管理办法》《网络关键设备和网络安全专用产品目录(第一批)》《承担网络关键设备和网络安全专用产品安全认证和安全检测任务机构名录(第一批)》《网络关键设备和网络安全专用产品安全认证实施规则》《移动互联网应用程序(App)安全认证实施规则》。

(三)法律条文

《网络安全法》第23条规定:"网络关键设备和网络安全专用产品应当按照相关国家标准的强制性要求,由具备资格的机构安全认证合格或者安全检测符合要求后,方可销售或者提供。国家网信部门会同国务院有关部门制定、公布网络关键设备和网络安全专用产品目录,并推动安全认证和安全检测结果互认,避免重复认证、检测。"

(四)违规责任

《计算机信息系统安全专用产品检测和销售许可证管理办法》第20条规定:"生产企业违反本办法的规定,有下列情形之一的,视为未经许可出售安全专用产品,由公安机关根据《中华人民共和国计算机信息系统安全保护条例》的规定予以处罚:(一)没有申领销售许可证而将生产的安全专用产品进入市场销售的;(二)安全专用产品的功能发生改变,而没有重新申领销售许可证进行销售的;(三)销售许可证有效期满,未办理延期申领手续而继续销售的;(四)提供虚假的安全专用产品检测报告或者虚假的计算机病毒防治研究的备案证明,骗取销售许可证的;(五)销售的安全专用产品与送检样品安全功能不一致的;(六)未在安全专用产品上标明'销售许可'标记而销售的;(七)伪造、变造销售许可证和'销售许可'标记的。"

《电信设备进网管理办法》第28条规定:"违反本办法规定,销售未获得进网许可的电信终端设备的,由省、自治区、直辖市通信管理局责令改正,并处1万元以上10万元以下罚款。"

《认证认可条例》第66条规定:"列入目录的产品未经认证,擅自出厂、销售、进口或者在其他经营活动中使用的,责令改正,处5万元以上20万元以下的罚款,有违法所得的,没收违法所得。"

专 题 五

反舞弊与刑事合规

科创企业反舞弊与调查机制实务

马海容*

企业舞弊行为,与现代企业制度的建立是一种寄生关系,外因是基于市场竞争的不充分以及市场失灵的不可避免;内因是基于市场主体内部部分人员的不忠诚;表现是市场主体利用竞争者或合作者的内部人员不忠诚,以不合规或不合法的手段获取财产利益、商业秘密、市场地位等利益,形成不正当竞争。20 世纪 90 年代以来,随着经济的发展与科技的进步,企业舞弊现象也以空前的规模蔓延。如今,舞弊行为规模之大、手段之隐蔽,日益成为严重影响各类企业健康持续发展的焦点问题。据不完全统计,全世界每年因舞弊导致的企业经济损失已超过一万亿美元。除了直接经济损失之外,企业公众形象与市场信誉也会因此下降。

舞弊行为既是企业内控失灵的表现,更是制度不健全的产物。既然就目前而言完全竞争市场只是理论上的假设,市场失灵不可避免,那么重视制度建设就应当成为企业反舞弊措施的首选。以企业舞弊活动为对象,建立科学的企业反舞弊理论,已成为世界各国企业管理研究人员的共识。反舞弊机制是预防舞弊最有效的措施,同时也是完善和加强内部控制环境建设的影响因素之一。

作为近年来国家大力扶持的企业类型,科创企业承担了推动科技进步、优化经济结构、构建人才高地的社会责任。科创企业建立反舞弊机制,既有与一般企业相同的共性,又有其符合自身业务领域、管理架构、知识产权保护等需要的独

* 马海容,上海市金茂律师事务所合伙人,上海交通大学法学硕士,上海市徐汇区政府法律顾问团成员。

特个性。科创企业管理者应以更高的要求重视企业舞弊现象可能产生的巨大危害,更应在企业设立之初就将反舞弊制度作为企业重要制度加以科学设计,有效落实到日常管理之中。

一、企业反舞弊的定义和任务

舞弊行为,是企业的管理人员及普通员工利用自己职务上或工作中的便利条件,违背对企业的忠实义务,为自己或利益关系人谋取私利行为的统称,其本质是违规、违法甚至是犯罪行为。反舞弊,是企业通过对违反忠诚行为进行调查和处理,通过查清事实,固定证据从而掌控后续处理行为的主动权,或交由公权力解决,或在公司内部处理。实现反舞弊目标的措施,就是在企业建立起一整套科学而有效的反舞弊机制。

企业反舞弊工作作为企业内部长效管理机制,为合法、准确、高效地进行风险防控奠定基础。企业不仅需要在内部树立良好的风纪,强化内部监督及对违规行为的问责制度,加强舞弊风险预防、评估,加强控制活动,还需要适当引进外部干预,整合外部反舞弊专业力量,以律师丰富的实践经验及精深的专业知识为依托,切实转变企业管理人员对职务侵占、挪用公司资产是“家务事”的认识,转变舞弊行为是企业员工“无奈之举、无关大局”的错误观念。在遵循基本原则的指导下,根据具体情况制定相应策略、方法,采取多种反舞弊手段,在不同阶段开展企业反舞弊调查程序,是共同实现反舞弊和企业良性发展的应有之道。

二、以“四层次机制理论”指导建立企业反舞弊机制

美国著名的特雷德维委员会(Treadway Committee)提出了反舞弊“四层次机制理论”,建议任何组织实体通过建立下列四道防线来防止企业舞弊:高层的管理理念;业务经营过程的内部控制;内部审计;外部独立审计。

1. 高层的管理理念。上层管理人员必须辨别和判断能够导致企业舞弊的各种因素,并设立内部控制制度,以保证防止和及早发现企业舞弊行为。

2. 业务经营过程的内部控制。根据特雷德维委员会的定义:内部控制是一个组织实体的董事会、经理人员以及其他人士参与的、旨在为实现各种目标而提供相关保证的过程。这些目标包括:经营活动的效率和效益;财务报告的可靠性;合法性(遵循相关法律规章)。

3. 内部审计。公司内部审计人员的资格、组织、地位、报告渠道及其与董事会下属审计委员会的关系等，均应充分保证内部审计的有效性和客观性。

4. 外部独立审计。外部独立审计在企业反舞弊防线中同样有着不可忽视的作用。

该四道防线贯穿了企业治理中自上而下、由内而外的各个反舞弊环节，成为指导企业管理层制定反舞弊机制时应予重点参照的指导思想。笔者认为，四层次机制相辅相成，共同形成综合的、多层面性的企业反舞弊防线，能有效地检查和威慑企业的舞弊行为，对建立起符合本企业实际的反舞弊机制具有极高的指导意义。

三、科创企业反舞弊机制的具体流程设计

要防止舞弊的发生，就要从内部控制入手，在内部控制环境下建立反舞弊机制。根据笔者多年的办案经验总结，科创企业反舞弊工作机制可以划分为以下两个部分。

（一）制度设计和职能安排

科创企业务必在设立之初，将反舞弊机制作为企业的重要制度列入总体的规章制度设计和制定工作之中，最好专门建章立制，并留有逐步完善的空间和余地。制度设计一般分为两个部分，一是反舞弊的流程和职权归属，二是针对不同舞弊行为的处理办法和惩戒措施。其中，第一部分需要将企业内部管理的职权进行明确划分，设立由企业股东会或董事会直属管理的反舞弊专业部门。考虑到科创企业设立之初规模较小的情况，可安排有一定专业背景的兼职人员暂时负责，有条件的应聘请专业能力强的律师进行对接。第二部分建议聘请专业能力强的律师协助拟定。反舞弊机制一旦在制度层面予以建立，企业务必在执行层面予以落实，坚决避免有法不依、执法不严、先紧后松的情况出现。

（二）反舞弊具体流程设计

反舞弊机制是一项流程性很强的工作，需要体现在每一个具体的流程和步骤之中。笔者将此项工作具体分为五个阶段：

第一阶段，线索审查和发现。舞弊行为的最大特点是隐蔽性强，不易发现。此阶段企业舞弊行为仍潜藏幕后，反舞弊人员将对企业内部潜在的舞弊风险进行系统排查、过滤，甄别和分析其中可能出现的舞弊线索，并对重点线索进行深

度发掘，将破碎的线索具象化，进而充分发现、识别企业内部存在的舞弊行为，并向企业管理层出具专业的书面舞弊问题线索分析评估报告。对初设立的科创企业而言，企业在舞弊问题发现阶段内部监察人员阅历不足、能力有限的情况下，应聘请专业人员协助调查，从而避免对舞弊行为判断不清而识别错漏，对舞弊行为认识舍本求末过早暴露导致后续工作难以开展等问题。

第二阶段，问题初查处理阶段。通过上一阶段的分析、挖掘，已初步发现企业内部存在的舞弊问题。本阶段主要通过对企业舞弊风险相关问题初查，对舞弊行为进行法律分析与定性评判，协同企业监察人员对舞弊问题进行分析研判，针对舞弊行为共同制定相应的调查方案，为反舞弊工作的后续进展提供整体策略、调查方向、工作思路、框架目标、证据收集指引等，旨在从发现舞弊问题之初即按照司法框架的要求为企业预先设计工作方案，避免企业反舞弊工作方向模糊、错误，工作方法未抓重点，或者未按照司法框架的要求开展工作，从而最大限度维护企业的合法权益。

第三阶段，调查开展阶段。发现舞弊问题并制定舞弊调查工作方案后，反舞弊人员在此阶段主要负责跟进舞弊调查工作具体实施进程，把控各个调查步骤与进程节点，助力保障反舞弊调查的顺利进行。此外，反舞弊人员还能在调查过程中针对随时出现的新情况、新问题，给予理论及技术支持，并调查舞弊调查整体目标方向，改进完善调查方案，合理解决出现的问题与障碍，保障企业舞弊调查工作的成功完成，避免在舞弊调查工作阶段因手段不合法无法固定证据或因突然出现的新情况捉襟见肘、草草收场等情况的发生。

第四阶段，司法衔接阶段。从反舞弊工作各个阶段的工作内容来看，此阶段是从反舞弊调查进入司法维权的关键一环，因此地位尤为重要。反舞弊人员在此阶段可以帮助企业针对前期调查中发现的问题按照司法机关的要求，进行适时梳理、行为描述、证据配套、撰写符合要求的法律文书、原因、法律依据等，为反舞弊维权进行准备工作，确保企业反舞弊司法维权诉求清晰明确、有理有据，可以被司法机关采信接受。同时，由于此阶段不仅涉及企业本身，更需要被司法机关认可接受，各种问题容易凸显：舞弊案件案情事实描述纷乱繁杂、法律专业知识不足，不被司法机关认可；控告罪名模糊不清，导致司法管辖不清等，在司法机关受理之前耗费大量时间，效率低下；控告罪名与证据不相符，援引法律依据不精确，最终不被司法机关接受或认可。

第五阶段,司法处置阶段。此阶段往往是企业容易轻视、疏忽的一环。司法机关受理企业提出的控告并不意味着反舞弊工作的结束,移送司法后忽视经济、市场等整体权益的争取及维护可能使反舞弊工作最终功亏一篑。提出控告仅是司法环节的开端,目的在于止损、维护企业权益以及获得相应赔偿。反舞弊人员应当协助企业按照司法机关的处置进程,积极争取实现自身诉求,与司法机关保持沟通引导与配合、与舞弊行为人进行协商谅解谈判,使企业权益得到最大限度的维护。

鉴于反舞弊是对企业人员的违法违规行为展开工作,其调查活动在性质上类似于侦查活动,故而对反舞弊人员的个人业务素质要求极高,其不仅必须通晓相关领域的法律规定,还必须具备细致入微的洞察力、缜密的逻辑推理能力和证据的收集判断能力,此外还应当掌握犯罪心理学、侦查讯问、文件检验、笔迹鉴定、财务会计等领域的基本技能。

四、科创企业反舞弊的具体工作方法

正如前文所述,舞弊行为具有隐蔽性强的特征,很难在日常工作中及时发现,这就对反舞弊工作提出了很高的要求。针对不同的舞弊行为,采取有效的工作方法显得极为重要。

(一)舞弊行为的特征和类型

企业内各种舞弊行为的发生具备一个共性,即“利用职务便利”。我们不必对“职务便利”作扩大化解释,担心所有的岗位都可能存在舞弊行为,引发公司治理的不信任,对公司文化的塑造产生不利后果。一般而言,“职务”是工作人员针对公司相关事务具有一定的控制权限,“便利”是一种优于一般人的条件,利用职务便利是指在管理、经办企业财力、物力方面具备优于一般人的控制权限。几乎所有的舞弊行为都是围绕企业的财力和物力进行的。根据舞弊行为的特征,大致可以分为以下三种类型:

1. 贿赂型舞弊。《刑法》第 163 条第 1 款规定,公司、企业或者其他单位的工作人员,利用职务上的便利,索取他人财物或者非法收受他人财物,为他人谋取利益,数额较大的行为。第 164 条第 1 款规定,为谋取不正当利益,给予公司、企业或者其他单位的工作人员以财物,数额较大的行为。其表现形式主要有:回扣、折扣、礼金赠送。

2. 财产型舞弊。财产型舞弊涉及的罪名有挪用资金罪和职务侵占罪。《刑法》第271条规定，职务侵占罪，是指公司、企业或者其他单位的人员，利用职务上的便利，将本单位财物非法占为己有，数额较大的行为。第272条规定，挪用资金罪，是指公司、企业或者其他单位的工作人员利用职务上的便利，挪用本单位资金归个人使用或者借贷给他人，数额较大、超过3个月未还的，或者虽未超过3个月，但数额较大、进行营利活动的，或者进行非法活动的行为。其表现形式主要有：虚报业务、账款、票据；篡改账目、票据、数据。

3. 侵犯商业秘密型舞弊。《刑法》第219条规定，侵犯商业秘密罪，是指以盗窃、贿赂、欺诈、胁迫、电子侵入或者其他不正当手段获取权利人的商业秘密，或者非法披露、使用或者允许他人使用其所掌握的或获取的商业秘密，给商业秘密的权利人造成重大损失的行为。其表现形式主要有：针对商业秘密泄露、披露、非法获取等。

(二) 企业反舞弊的常用方法

1. 确保反舞弊行为的合法性。反舞弊调查是对企业人员的违法违规行为展开的调查，性质上类似于侦查活动，其中又不可避免地涉及相关人员的个人信息，但“出售、非法提供公民个人信息罪”“非法获取公民个人信息罪”均已写入《刑法》，调查方法与手段须格外慎重。因此，反舞弊调查主体应当对相关领域犯罪具备丰富的经验，具备刑侦诉讼领域的实践经验，而且必须对侵犯公民人身权利犯罪的界限有明确认识，保证反舞弊工作的合法顺利进行。

2. 采取有序的反舞弊手段，收集舞弊线索。针对舞弊行为的隐蔽性，调查工作应采取由“外”及“里”、由“暗”到“明”的调查手段。由于明显的调查行动容易引起舞弊行为人的过早察觉，从而可能会采取各种手段对抗反舞弊调查或销毁反舞弊行为的相关证据，致使反舞弊调查难以继续，因此，反舞弊调查应当从舞弊行为人不易察觉的部门或从舞弊行为“边缘人”着手，且应当秘密进行，取得舞弊行为人确切的舞弊证据后，转而采取主动、高调的手段予以压制。这样既能牵出参与舞弊的相关人员，也能给舞弊行为人造成巨大的心理压力，击溃其心理防线，为后续的调查开拓空间。同时，为客户搭建内部舞弊线索举报渠道，确保管理层能够及时发现舞弊线索，并有专人负责收集和保管舞弊线索。

3. 组织实施反舞弊核查方案。根据前期的调查结果及舞弊线索制定反舞弊核查方案，明确核查目的，整理相关证据，细化分配具体的工作安排。在组织实施核查方案的过程中,必要时可以对舞弊行为人采取一定的限制措施,对相关财产及时采取一定保全措施,并且对相关证据进行固定,防止因人为因素造成财产转移、证据的毁损或灭失。此外,还需要研究针对突发情况的应对防范措施,提前制定紧急预案。

4. 进行有效的访谈。访谈是反舞弊调查的基本手段,也是一个双向互探虚实的环节。企业希望通过访谈判断受访人是否涉及舞弊行为,舞弊行为人也希望通过访谈了解自己的行为是否已经暴露。因此,如何通过访谈突破舞弊行为人的心理防线,令其供述舞弊事实,需要反舞弊调查者掌握相应侦讯技巧,制定有针对性的访谈提纲,并且事先尽可能了解受访者的性格特点、受教育程度、工作履历、家庭情况、抗压能力、舞弊行为方式等信息,利用信息不对称的局面在访谈中占据优势,取得有效成果,同时听取调查对象的申辩,确保调查工作公平公正。

5. 衔接司法流程,启动法律程序。反舞弊调查程序开展完结后,舞弊行为人的行为若已达到刑事立案追诉标准,且具备一定的证据条件,符合入罪的证明标准,此时,需聚焦已有的与犯罪构成有关的事实及证据,确定控告的罪名,适时启动法律程序。呈现给警方的证据应注重证据的可视化,比如可以用时间轴列明案件的时间顺序;复杂的人物关系用人物关系图梳理;证据的整理方式上注意做好证据目录,列明证据目的。做到证据呈现上的一目了然,可更容易让侦查机关了解案件的全貌,推动立案进程。对于需要侦查机关侦查的证据,提供给侦查机关侦查清单,同时附上尽可能明确的证据线索,如证人信息、联系方式、证据可能所在地等,降低侦查机关的工作难度,减轻其工作量,便于侦查机关明确侦查方向或依职权调取。

综上所述,科创企业为有效应对企业间竞争、切实保护公司重要财产如核心技术、知识产权不被他人非法获取,必须更加着力于提高内部治理的效率与效果,在企业设立之初就应及时将反舞弊机制纳入整体的制度规划和设计当中,有力推进和落实各项反舞弊措施,将各种反舞弊方法运用得当,充分确保资产的安全性,保证经营成果与财务状况的真实与可靠,努力推动企业价值最大化目标的最终实现。

有效合规计划之内部举报制度

尹　庆*

目前检察机关试点的刑事合规不起诉的政策中,企业是否建立有效的合规体系是检察机关做出是否起诉的重要考量因素之一。而企业有效合规计划中内部举报制度又是必不可少的组成部分,同时内部举报制度也是企业能够有效发现和防范不当行为的重要方式。本文从合规举报制度的重要性谈起,通过明确举报主体、对比不同举报途径等内容,在此基础上对企业建立内部举报制度提出建议,以期为企业完善内部举报机制提供完善思路。

自 2020 年以来,全国数十个省市开展了刑事合规不起诉试点工作。所谓刑事合规不起诉,是指涉嫌犯罪的企业如果在考察期间内建立有效的合规计划,并严格执行,在考察期结束后检察机关会综合合规计划的有效性和可执行性,并结合犯罪情节等作出是否起诉该企业的决定。要达到合规不起诉的要求,核心是建立有效的合规计划,有且只有构建完整、有效的刑事合规计划,才能使企业从合规管理中受益,并且在之后的经营过程中避免相同的刑事风险发生。

刑事合规计划实质是由一系列制度、方案所构成的,其中的每一个制度都环环相扣,缺一不可。就企业内部举报制度而言,该制度是企业及时发现内部违法违规隐患的重要起点,也是避免企业丧失自我纠错机会及尽可能维护企业声誉的重要保护制度。

---

* 尹庆,上海市金茂律师事务所律师,华东政法大学法学硕士,注册舞弊审查师(CFE)、国际注册内部审计师(CIA)、国际认证反洗钱师资格(CAMS),具有证券从业资格、基金从业资格及国际内部控制自我评估专业资格(CCSA)。

一、企业内部举报制度的重要性

公司内部举报制度优势在于两点。第一,企业内部往往最易发现企业中存在的违法违规行为,生产、销售、财务、法务等部门员工对本行业及部门存在的不当行为最为了解,而不当行为被揭露得越早,公司法律风险和经济损失发生的可能性也越小。第二,企业内部举报是衡量公司内部合规制度完整性和有效性的重要标准之一。内部举报制度的有效建立可使公司及时了解企业经营发展过程中存在的合规问题,并能迅速进行展开调查、应对,这也能使公司避免未来面临"失控"的局面。

在合规体系建设中,必须在合规人员与所有员工之间建立和维持有效的沟通渠道,该渠道即包括内部举报投诉程序。开放的沟通渠道可以增进员工对管理层的信任,进而对公司经营产生正面影响。曾有调查指出,积极使用内部报告系统的公司面临的重大诉讼较少,和解金额也低于忽视或较少使用该渠道的公司。如果不当行为被提前报告,则企业可以在问题严重化和扩大化前妥善解决,这也减少了未来可能给企业带来的诉讼成本。

二、举报制度的内容

1. 举报制度包括的主体

为了最大限度地鼓励举报行为,"举报人"这一概念应该被尽可能广泛地界定。因此除普通员工外,企业举报制度涵盖的主体还应当包括企业高管、前职员、供应商等所有知情人。其中,企业的高管、前员工、供应商和经销商可能同样知悉或了解企业的不当行为,其向执法部门披露公司存在的不当行为会给企业带来更为严重的后果。

2. 举报途径

企业可以设立多种举报途径,不同举报途径及利弊分析如表 5-1 所示。

表 5-1 不同举报途径及利弊分析

举报途径	优势	劣势
举报热线	1. 根据举报人反映的信息进行即时、有效沟通,确认举报人反馈的情况和诉求,避免歧义; 2. 匿名的方式可以给举报人带来安全感	需专人负责电话接听,若该人缺乏法律技能可能不能有效地记录或对举报事件进行询问。同时,若该人系公司内部员工,举报人亦会担心其身份会被揭露
在线举报平台、举报邮箱、信箱	1. 定期高效整合举报信息,人工成本相对较小; 2. 匿名的方式可以给举报人带来安全感	举报人可能对举报事实描述不清,但对其他不相关的细节详细描述,不能形成有效举报,使企业无法立即展开调查,而举报人却可能认为公司包庇或故意不展开调查
公开讨论	1. 根据举报人反映的信息进行即时、有效沟通,确认举报人反馈的情况和诉求,避免歧义; 2. 直接整合多方信息,进而高效处理	企业和员工个人之间的权力差异、保护政策的不确定性使得公开讨论的方式可能给举报人形成压力
总经理接待日	1. 根据举报人反映的信息进行即时、有效沟通,确认举报人反馈的情况和诉求,避免歧义; 2. 最高负责人直接对接,拓宽员工举报路径	对举报人的身份并不能提供很好的保护;另外,如果被举报人系高管或与总经理关系密切人员,举报人对公司展开调查的可能性及有效性同样会存在疑虑
第三方机构专门负责	1. 第三方机构人员经验丰富,处理过程更为专业; 2、能够及时有效发现企业存在的问题,分析和鉴别违法信息; 3. 可结合相关举报信息提供后续调查、取证服务	企业负面信息可能被第三方机构知晓,必须签订保密协议

3. 保密机制及对举报人的保护

企业举报途径的设置应当以保护举报人为导向。在部分国家的立法和实践中,“受保护的举报人”的范围可能十分狭窄,甚至可能被设定一定的保护门槛。例如,美国联邦最高法院审理的“数字房地产信托公司诉萨默斯”案中,法院认为如果举报人向公司内部举报而非直接向美国证券交易委员会(SEC)举报,则不属于“吹哨人”,因而不受《多德—弗兰克法案》(Dodd-Frank Act)反报复条款的保护;澳大利亚处理公司内部举报人时提出“善意要求”,只有善意的举报才能够得到保护,由举报人承担举证责任,这在一定程度上削弱了对外举报的积极性。

不同于国家层面对举报人的保护,企业内部建立举报制度时必须加强对举报人的保护,同时也应当适当降低对举报人的各项要求,鼓励举报人首先使用内部报告渠道,以便为公司内部解决问题提供机会。企业的合规部门或工会可以设立专员对举报人进行保护,或者通过对部门负责人进行培训、在部门设立合规小组等,对本部门的举报人进行保护,禁止对举报人进行报复,杜绝举报人可能遭受的不公平对待。参照美国《萨班斯—奥克斯利法案》(Sarbanes-Oxley),如果员工因举报受到报复,则可以向美国劳工部(Department of Labor)提起申诉,进而可以复职、获得拖欠工资和其他补偿。因此,企业可以对举报人进行回访或允许其随时向合规部门或工会寻求帮助,对受到不公正对待的举报者提供补偿。

当然,鼓励保护举报人并不等于盲目鼓励举报行为,如果举报人出于心怀不满而告发所谓的"不当行为",意图给企业制造麻烦时,企业可以根据经验,综合举报人的背景、获得举报信息的渠道等,判断其是否属于恶意举报。如果确认举报人恶意诽谤,企业亦应当进行审慎、严肃处理,并及时对举报人的举报信息予以澄清。

实践中,员工如果向执法机关进行举报会获得额外的奖励,而执法机关的调查对企业而言意味着将面临较大的风险。但是,举报人直接向执法机关进行举报,执法机关可能由于各种原因导致举报人的信息泄露,所以企业如果希望员工尽可能地在公司内部进行举报,必须发挥企业内部对举报人进行保护的优势,结合不同举报途径的特点,确保举报人信息不被泄露。

三、内部举报制度建立的建议

企业和员工个人之间的权力差异、保护政策的不确定性、举报机制和文化障碍可能成为员工内部举报的阻碍。激励举报人选择在企业内部进行举报而不是直接向政府部门反映,需要良好的企业文化以及完善的制度保障来进行加持。举报的便利性和保护机制应当成为公司内部控制、道德和合规计划的中心支柱,并被纳入企业文化中。

1. 培育举报环境和合规文化

企业应当加强对合规制度的宣传,将合规建设作为企业文化的一部分。企业内部鼓励举报的氛围有助于企业勇于纠错,及时处理、改正内部违法违规行为。举报环境和合规文化应当贯穿企业高层和普通员工,上行下效,减少举报者的顾虑,为举报人的举报行为提供动力。

2. 拓宽举报途径

笔者在前文列举了多项举报途径,并对不同举报途径的利弊进行了分析。实践中,企业可以综合不同举报途径的特点,合理设置接洽举报人的方式。例如,在设置举报热线的同时开发在线举报平台,如果在线平台的举报信息语义不明,则可约定电话沟通时间进一步了解该信息;由企业内部和第三方共同组成举报处理机构,企业内部人员对经营的了解配合第三方机构专业的经验,可以妥善处理举报问题。

3. 降低举报门槛

在国家立法层面,出于执法效率等方面的考虑,可能对举报行为设置一定的要求,例如,我国《市场监督管理投诉举报处理暂行办法》要求举报人提供投诉人姓名、电话等个人信息和举报内容的具体线索,并对举报内容的真实性负责。但不同于国家层面的举报处理,企业面对的举报情形与本企业经营息息相关,应当尽量降低举报门槛和要求,在初步确认举报信息真实性的情况下即刻展开调查。

4. 健全奖励和保护机制

企业可以直接将举报渠道设置为接收匿名举报信息,或是在收到举报信息后,对举报人的个人信息进行匿名。除此之外,还应当对举报人提供的举报内容、证据进行保密。在调查结束后,应当确保举报人不受骚扰、威胁、侮辱等打击报复,可以设置专门机构对举报人进行保护,密切关注举报人后续的工作情况,解除举报人的后顾之忧。

一旦企业确认举报信息,处理举报内容后可考虑对举报人的举报行为进行奖励,包括但不限于物质奖励、职位晋升、带薪假期等,在举报合规文化成熟的情况下,也可以选择对举报人进行公开表彰,在企业内部形成良性循环。

5. 及时进行反馈

举报制度的设置不能流于形式,企业应当及时对举报人反映的情况展开调查。无论调查结果如何,企业应当及时反馈和公开调查结果,公布处理信息,否则将会影响举报人对不合规行为举报的积极性。作为合规计划的一部分,举报制度本身也应当被定期评估,以确保其有效性。

四、结语

正如前文所言,企业内部举报制度是企业合规计划中必不可少的组成部分,亦是刑事合规计划有效性评价的重要考量因素之一。因此,企业在建立有效合规计划过程中应建立一套完备的合规举报制度,通过成员之间、企业内部与外部伙伴之间的相互监督来最大化地降低企业的合规风险,让企业内部举报制度真正发挥效用,推进合规计划的有效执行。

浅析企业刑事合规制度建设

尹　庆*

包括科创企业在内的我国各类企业在经营过程中会遇到各类风险,但其中刑事风险对企业来说危害性最大。企业的刑事风险从企业成立之初时就已存在,并且伴随着企业的整个经营过程,甚至在企业破产阶段依然存在刑事法律风险。刑事法律风险不仅关系企业的经济利益,还将直接影响企业的“生死”,同时亦会让企业的管理人员身败名裂、锒铛入狱。在2020年举办的“民营经济保护刑事法治论坛”上,北京市人民检察院法律政策研究室副主任、检察改革与发展研究中心秘书长孙春雨称,民营企业刑事案件高发,2015年、2016年、2017年民营企业犯罪的案件是650件、1255件、2016件,呈逐年上升的趋势。① 因此,企业应将防范刑事法律风险放在风险防范中最重要的位置。

企业该如何进行刑事风险的防范呢？首先我们应从企业刑事法律风险的来源说起。企业刑事风险源于两方面:第一源于企业自身的刑事法律风险,即刑法上的单位犯罪;第二源于外部,即侵犯企业合法权益的刑事法律风险。本文主要通过对企业最为突出的刑事法律风险进行分析,引出企业主动建立刑事合规体系的必要性及紧迫性。

---

* 尹庆,上海市金茂律师事务所律师,华东政法大学法学硕士,注册舞弊审查师(CFE)、国际注册内部审计师(CIA)、国际认证反洗钱师资格(CAMS),具有证券从业资格、基金从业资格及国际内部控制自我评估专业资格(CCSA)。

① 《民营企业面临刑事案件高发态势　专家建议将企业合规制度纳入刑事法制》,载新华网客户端2020年12月14日,https://baijiahao.baidu.com/s?id=1686023519370976146&wfr=spider&for=pc。

一、企业常见刑事法律风险

（一）融资类犯罪

融资类犯罪并非具体的罪名，而是企业的融资行为所涉及犯罪行为的总称，涵盖的具体罪名包括：非法吸收公众存款罪、集资诈骗罪、骗取贷款罪、贷款诈骗罪等。企业在生产经营、扩大产能等过程中，对资金有着很大的需求，但银行等传统金融机构出于自身风险承担的考虑又难以给予民营企业及时、充分的支持。这导致民营企业需要寻找其他渠道解决资金问题，这个过程中就容易产生法律风险。下面对其中的“非法吸收公众存款罪”进行介绍。非法吸收公众存款与民间集资有类似的表现，但性质上有很大不同，同时我国对该行为采取的是高压打击的政策，因此需要引起企业的高度关注。

非法吸收公众存款罪是指非法吸收公众存款或变相吸收公众存款，扰乱金融秩序的行为。本罪侵犯的客体是国家金融管理制度，侵犯的对象是公众存款，并且针对的是不特定的群体；本罪的客观方面是行为人实施了非法吸收或者变相非法吸收公众存款的行为。《刑法修正案（十一）》对非法吸收公众存款罪的刑罚进行了调整，取消了罚金刑的数额限制。在入刑标准方面：（1）个人非法吸收或者变相吸收公众存款，数额在20万元以上的，单位非法吸收或者变相吸收公众存款，数额在100万元以上的；（2）个人非法吸收或者变相吸收公众存款对象30人以上的，单位非法吸收或者变相吸收公众存款对象150人以上的；（3）个人非法吸收或者变相吸收公众存款，给存款人造成直接经济损失数额在10万元以上的，单位非法吸收或者变相吸收公众存款，给存款人造成直接经济损失数额在50万元以上的；（4）造成恶劣社会影响或者其他严重后果的。

（二）涉税类犯罪

税务和发票是企业经营过程中与财务管理最相关的刑事法律风险。其中，与税收有关的罪行包括逃税、逃避追缴欠税甚至抗税、骗取出口退税；与发票相关的罪行包括出售、购买、虚开增值税专用发票，出售、虚开发票以及出售、虚开用于骗取出口退税、抵扣税款发票等。

逃税罪是指纳税人采取欺骗、隐瞒手段进行虚假纳税申报或不申报，逃避缴纳税款数额较大并且占应纳税款金额10%以上的。本罪的构成要件包括纳税人和扣缴义务人，采用了虚假申报、不申报和缴纳税款后骗取退税的手段，为了达到逃避缴纳税款的目的并且逃税数额较大,同时占应纳税额10%以上。追究当事人逃税罪责任的前提是已被税务机关进行了行政处罚,或者税务机关下达了追缴通知后不补缴滞纳金或不接受行政处罚,否则不能直接追究行为人的刑事责任。① 企业在经营过程中由于法律意识的淡薄、管理制度的缺漏以及减少支出的考量,常有欠税、漏税的行为,甚至认为发现了税法的漏洞就可以达到避税的目的。但这些行为稍有不慎,就可能面临构成逃税罪的刑事风险。

虚开增值税专用发票、用于骗取出口退税、抵扣税款发票罪是指故意虚开增值税专用发票或者虚开用于骗取出口退税、抵扣税款的其他发票的行为。其中虚开包括为他人虚开、为自己虚开、让他人为自己虚开及介绍他人虚开。实践中,司法机关会将所有的虚开增值税专用发票均作为犯罪处理,较少考虑社会危害性。②

(三)行贿类犯罪

如今市场竞争异常激烈,企业为了获取客户想尽各种方法。其中最常见的方式是支付客户或第三人赠礼、好处费、提成或者回扣。部分企业还以上述行为为"市场惯例"来进行自我"安慰"。殊不知,其中涉及构成贿赂犯罪的法律风险。企业在经营活动时应特别注意礼品馈赠与商业贿赂的区别,我国法律体系中对小额礼赠有具体说明,一旦越界就容易构成刑事犯罪。此类犯罪主要包括行贿罪、③对有影响力的人行贿罪、对单位行贿罪、对非国家工作人员行贿罪及单位行贿罪。另外,如果在进行境外投资或者竞争境外项目的过程中有行贿行为,还会触犯国外的反腐败法律法规,面临巨额的罚金甚至是人身自由刑。最为典型的是美国的《反海外腐败法》(FCPA)、英国《反贿赂法》、法国《刑法》。我国《刑法》中对非国家工作人员行贿的追诉标准为个人行贿数额1万元以上,单位行贿数额20万元以上。此追诉金额并不仅仅指单次的行贿金额,该金额可以累计计算。

(四)小结

除了以上介绍的三类企业易触犯的刑事罪名之外,企业成立、经营过程中还

---

① 纳税人5年内因逃避缴纳税款受过刑事处罚或者被税务机关给予2次以上行政处罚的除外。

② 不具有骗取国家税款的目的,未造成国家税收损失,其行为不构成虚开增值税专用发票罪。

③ 行贿罪的追诉标准为3万元以上,或者行贿金额在1万元以上不满3万元并具有:(1)向三人以上行贿的;(2)将违法所得用于行贿的;(3)通过行贿谋取职务提拔、调整的;(4)向负有食品、药品、安全生产、环境保护等监督管理职责的国家工作人员行贿,实施非法活动的;(5)向司法工作人员行贿,影响司法公正的;(6)造成经济损失数额在50万元以上不满100万元的。

将面临很多刑事法律风险，比如企业负责人将个人财产与公司财产混同涉嫌构成挪用资金罪的风险；企业员工侵占或挪用公司财产涉嫌构成职务侵占罪、挪用资金罪的风险；在市场交易过程中涉嫌构成非法经营罪的风险，侵犯商业秘密罪的风险，内幕交易、泄露内幕信息罪的风险，甚至包括拒不支付劳动报酬罪的风险等。

既然企业面临如此多的刑事法律风险，那么是否有机制可以预防上述风险发生，或者在风险发生后能够减轻企业的责任呢？2020 年最高人民检察院开始试点的刑事合规制度正尝试帮助企业解决上述疑问。

二、我国刑事合规制度和功能简介

刑事合规制度最早起源于美国，而到目前为止我国还未对刑事合规进行定义。不过，2021 年 3 月 8 日，在第十三届全国人民代表大会第四次会议上，最高人民检察院检察长张军向大会作的《最高人民检察院工作报告》中提出，对企业负责人涉经营类犯罪，依法能不捕的不捕、能不诉的不诉、能不判实刑的提出适用缓刑建议，同时探索督促涉案企业合规管理，促进“严管”制度化，不让“厚爱”被滥用。报告同时提出，积极、稳妥试点，督促涉案企业合规管理，做好依法不捕、不诉、不判实刑的后续工作。另外，2021 年 4 月最高人民检察院下发的《关于开展企业合规改革试点工作方案》指出，开展企业合规改革试点工作，是指检察机关对于办理的涉企刑事案件，在依法做出不批准逮捕、不起诉决定或者根据认罪认罚从宽制度提出轻缓量刑建议等的同时，针对企业涉嫌具体犯罪，结合办案实际，督促涉案企业作出合规承诺并积极整改落实，促进企业合规守法经营，减少和预防企业犯罪，实现司法办案政治效果、法律效果、社会效果的有机统一。从这两点可以看出我国的刑事合规政策主要是帮助企业减少和预防企业犯罪，即防范企业刑事风险；另外通过企业落实合规承诺，做好合规管理来减轻或免于刑事处罚。

（一）预防刑事风险功能

以前述非法吸收公众存款罪和逃税罪的风险防范为例，对于非法吸收公众存款的行为，企业融资过程中要注意到该罪侵犯的是金融机构吸收资金的专营权，并且在融资过程中不能公开地面向不特定的对象或群体。做到非公开和向特定对象进行融资，如向确定范围内的亲友、本单位职工等借款，即可避免构成非法吸收公众存款的刑事法律风险。对于逃税罪的刑事风险预防,企业应当制定完善的公司税务管理制度,做好税务风险评估,定期进行自检,同时要杜绝真假账、阴阳合同、买票抵税、生硬避税的做法,以免引起税务风险。

(二)减轻或免于刑事处罚

2015 年 12 月至 2016 年 4 月,苏州某公司在没有真实购销业务的情况下,由公司实际经营人刘某甲以支付开票费的方式,经谷某某(已判决)等人介绍,分别从南京某商贸有限公司、南京某电子科技有限公司(均已判决)虚开增值税专用发票共计 14 份,价税合计金额人民币 1,419,000 元,其中税款达人民币 206,179.49 元。上述税款已全部申报抵扣。苏州市姑苏区人民检察院认为,该公司实施了《刑法》第 205 条[①]规定的行为,但犯罪情节轻微,案发后在限期内积极整改完善相关制度,建立了刑事合规程序体系,经第三方评估达到刑事合规标准,且具有自首、认罪认罚、补缴全部税款等情节,故决定对该公司不起诉。[②] 该案例反映出我国检察机关对单位犯罪是否需要起诉时已将企业是否建立有效的刑事合规体系作为一个重要因素考虑在内。若认定已建立合格的体系并且有其他悔罪行为,则检察机关将会考虑作出不予起诉的决定。

三、结语

对企业家而言,应该意识到企业刑事风险防控的重要性和紧迫性,同时也要意识到刑事合规制度建设的价值和必要性。企业应尽快聘请专业人员根据企业实际情况建立相适应的刑事合规制度,做好企业刑事法律风险的防控工作。当今社会只有注重防控刑事风险的企业才具有核心竞争力,才可以实现可持续性的发展。

---

① 参见《刑法》第 205 条虚开增值税专用发票、用于骗取出口退税、抵扣税款发票罪。

② 参见姑检刑不诉〔2020〕132 号《不起诉决定书》。

企业合规考察制度下有效的刑事合规计划

尹 庆*

2021 年 3 月,《最高人民检察院工作报告》明确提出“对企业负责人涉经营类犯罪,依法能不捕的不捕、能不诉的不诉、能不判实刑的提出适用缓刑建议,同时探索督促涉案企业合规管理,促进‘严管’制度化,不让‘厚爱’被滥用。”①在此背景下,上海浦东、金山,江苏张家港,山东郯城,广东深圳南山、宝安等 6 家基层检察院开始“企业犯罪相对不起诉适用机制改革”的试点工作。尤其 2021 年以来,企业经济犯罪刑事合规试点进一步扩大,全国数十个省市县都开展了企业合规试点工作。

目前,无论是理论研究还是实务探索,对于企业合规考察制度的研究都如火如荼,在具体司法实践中企业合规考察制度也真正开始落地。2021 年 6 月 15 日,浙江省人民检察院和宁波市人民检察院共同组织的宁波某供应链公司涉嫌走私普通货物案合规考察公开听证会在宁波市人民检察院召开。会后,参会的听证员对案件进行了认真评议,一致认为该企业的合规考察结果符合相关规定,同意检察机关依法作出从宽处理意见。显然,企业合规考察制度已经切切实实为已建立完善合规体系的企业带来了福利,为其规避刑事处罚提供可能性。由此,发源于美国并盛行于多个国家乃至国际组织的企业合规考察制度,开始在中

* 尹庆,上海市金茂律师事务所律师,华东政法大学法学硕士,注册舞弊审查师(CFE)、国际注册内部审计师(CIA)、国际认证反洗钱师资格(CAMS),具有证券从业资格、基金从业资格及国际内部控制自我评估专业资格(CCSA)。

① 《最高人民检察院工作报告——2021 年 3 月 8 日在第十三届全国人民代表大会第四次会议上》,载中华人民共和国最高人民检察院网,https://www.spp.gov.cn/spp/gzbg/202103/t20210315_512731.shtml。

国的本土环境下凸显价值，充分体现了合作性司法理念在中国刑事司法领域的贯彻。

一、刑事合规计划的概述

以宁波市人民检察院发布《宁波市检察机关关于建立涉罪企业合规考察制度的意见（试行）》（以下简称《合规考察制度意见》）为例，在《合规考察制度意见》第1条就明确了涉罪企业合规考察制度的定义，即检察机关在对企业涉嫌犯罪案件的审查起诉过程中，设立一定考察期，要求涉罪企业出具合规建设与接受考察承诺书，并在考察期内按照合规计划，完善企业治理结构，健全管理规章制度，规范生产经营方式，进而在考察期结束后综合其合规建设情况、犯罪情节等决定是否起诉的制度。从该项定义中可知，整个企业刑事合规考察制度的具体流程如图5－1所示：

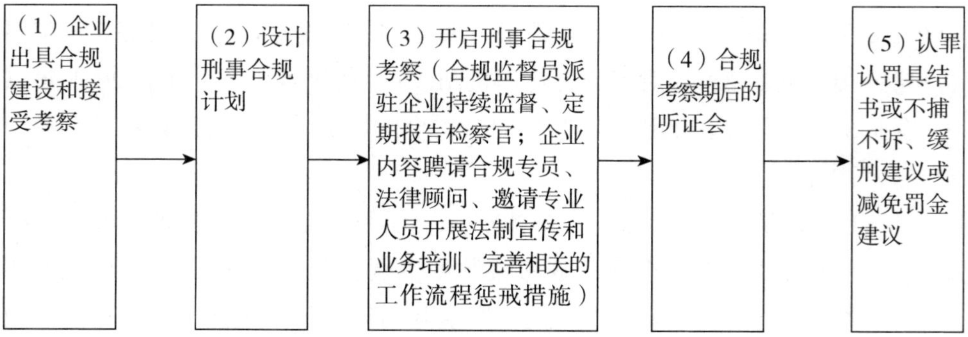

图5－1　企业刑事合规考察制度流程

在整个企业合规考察制度流程中，企业的刑事合规计划贯穿于整个刑事合规考察的全过程，且起着承上启下的重要作用。一方面，刑事合规计划是检察机关同意企业开启合规考察的决定性因素；另一方面，在刑事合规考察期内企业是否按照刑事合规计划履行是第三方组织进行考察的主要依据，也是人民检察院在考察期满后决定是否起诉、提出量刑建议或检察建议的重要考量。显然，涉案企业的合规计划的设计与执行是合规考察听证会中获得听证人员心证的关键。

所谓刑事合规计划，是指为了降低乃至避免企业或企业员工相关行为给企业带来的刑事责任，国家通过刑事政策上的正向激励和责任归咎，推动企业以刑事法律的标准来识别、评估和预防公司的刑事风险,制定并实施遵守刑事法律的措施。刑事合规计划鼓励企业主动预防违法犯罪,督促涉罪企业通过全面整改完善合规管控体系,提升企业依法合规管理水平,确保其在依法合规的前提下从事生产经营,健康回归社会。

刑事合规计划以督促企业恪守各种规范规则为显著特征,是企业采取的措施、方案等一系列机制的统称。对于企业而言,一份设计合理的合规计划既可以提高企业形象,又可以最大限度地降低刑事责任。因此,企业在此激励机制下,会主动追求将自己的刑事合规计划进行最完美的设计。然而千篇一律的刑事合规计划显然不能获得听证人员的"芳心",同时,合规计划也不能只是一只徒有外表的"花瓶",其有效执行才是整个制度最终的落脚点。

二、刑事合规计划的设计

(一)价值维度

1. 细化标准符合刑事评价

合规计划具有免于刑事处罚与追诉的激励作用,但是过于泛化的合规计划显然难以发挥企业所期待的激励功能。换言之,应当限缩企业合规计划的范围,凸显其最本质的内涵。克服"合规"语义泛化的弊端,重点突出企业因其内部经营管理而获得刑事法评价的意义。

2. 贴合企业自身发展背景

由于不同企业所处的行业领域和自身经营状况不同,其面临的刑事违法风险显然存在很多不同。合规计划的设计需要贴合企业的实际情况,深入了解企业经营运作、部门利益冲突,精准确定风险。

3. 建立多方合作机制

企业合规管理体系的建立,仅仅依靠企业自身的力量还是远远不够的,必须依赖外部律师的专业帮助。可以说,委托外部专业律师为企业提供合规服务,已经是全世界的企业建立和完善合规体系的必由之路。

(二)具体要素

1. 对已暴露的风险进行合规整改

围绕企业已经暴露出来的刑事犯罪行为,发现刑事风险产生的原因和制度漏洞,进行内部问责和惩戒,刮除机体上的"腐肉",让公司的经营方式、组织架构和制度设计符合现行法律要求。

2. 明确员工的实质性法律义务

构建适用于企业内部人员合规计划的标准和程序,即建立合规底线清单。为员工明确红线思维,以有效降低犯罪行为发生的可能性。企业在合规计划中对几乎所有的、可能发生犯罪的领域,都应进行明确的阐释,阐释的范围可能包括但不限于反垄断、商业贿赂、商业秘密、招投标及购买采购、道德风险等。在明确存在犯罪风险的领域后,企业应该对负有了解相关法律及企业政策义务的员工进行职位责任的描述,并结合相关的合规文件明确职位描述下不同员工的工作程序与职责。

3. 明确合规管理团队

根据企业规模大小建立体量适宜的合规委员会,承担合规管理的组织领导和统筹协调工作。任命合规负责人,确定企业的合规管理部门,对于一般企业,建议法务部来担任企业的合规管理部门;同时,合规贯穿于公司所有业务:坚持业务部门承担企业合规管理第一道防线职责,企业合规管理部门承担企业合规管理第二道防线职责,审计监督部门则承担企业合规管理第三道防线职责。

4. 规范合规人事管理

对不同类型的企业员工进行针对性的合规人事管理。例如,对于高级管理层要求其出具合规承诺书(如反商业贿承诺函);在日常招聘和晋升中筛选不道德的员工,加强预警,警惕将实质性的自由裁量权委托给有从事非法活动倾向的个人。

5. 建立风险防范、识别机制

在风险防范方面,需要根据企业具体实际确定合规风险、进行合规风险评估,由此建立合规风险库。同时,根据不同风险确定相应的风险等级,以此来评估风险对企业造成的不良后果,并结合风险后果的不同,选择一种或数种符合要求的处置措施;在风险识别方面,建立合规风险报告、合规审查、内部合规监测等机制。

三、刑事合规计划的执行

刑事合规计划考察评估中,检察官需要审查以下内容:公司的合规计划究竟是“纸上工程”,还是以有效的方式得到了实施和执行;公司是否有充足的员工对合规工作的结果进行审计、记录、分析和运用;公司员工是否充分了解合规计划并确信合规计划作出的承诺。因此,刑事合规计划的有效执行需要严格的监督考察和评估。

1. 实行企业内外监督

在内部监督方面,企业必须指派专门的高级人员,对合规计划的实施进行全面监督。企业需借助合理设计的监督和审计系统,确保在内部有足够的资源实施高效的审计报告,以发现员工的犯罪行为。建立匿名举报制度,使员工可以举报组织内他人的犯罪行为,且不必担心遭受报复。在外部监督方面,合规计划的考察评估专业性强、需要投入的精力多,若只有内部单方面的考察评估,既不能保证有足够精力投入,也因缺乏中立性而无法满足公开公信的要求,故应引入第三方考察评估机制,可以由行业监管部门、专业律师等共同组成外部监督主体,对涉案企业执行合规计划进行监督考察。

2. 有效性的定期自我评估

企业合规计划有效执行需进行周期性的审查,并在发现问题时进行改进。定期评估合规计划是否被认真传达,有必要建立一个跟踪监控系统,以确保相关的书面材料已分发给那些负有了解相关风险领域规范的员工。因为在量刑阶段中,当需要对企业合规计划的有效性进行审查时,政府(检察官)很可能会就与犯罪有关的企业指导是否被传递至那些与不当行为有关的人这一问题,进行仔细的调查。定期评估合规计划是否执行。如果高管参与、纵容或故意忽略犯罪事实,那么企业的合规计划是没有得以认真贯彻的,因此,需要定期评估此类行为是否存在。

3. 合规培训与教育

定期对员工进行合规培训,形成一套良性的企业合规文化,通过硬性的制度和软性的文化约束公司和员工的行为。在合规培训工作方面,应明确合规培训的最低标准、合规培训人员范围、合规培训的内容充足性和更新频率、培训工作的质量、培训与合规计划内容上的统一等方面,避免合规培训流于形式。

4. 纪律处分惩戒机制

企业的合规计划应依托适当的惩戒机制而得到持续执行,企业管理层应就员工的纪律处分问题发布一套指导方针。对应为犯罪负责的个体进行纪律处分,是执行合规计划的必要内容。对违法行为或违反企业政策行为实施纪律处分时,应就相应的处分情况形成报告,递交给企业总部。对严重犯罪行为的纪律处分的批准权,应由企业总部掌握。

企业合规考察制度基于“治病救人”和保护企业健康发展的考虑而逐渐推广。而其中企业的刑事合规计划可以有效惩治预防企业违法犯罪,服务保障经济社会高质量发展,助力推进国家治理体系和治理能力现代化。无论是公民还是企业,遵照各种规范(以法律规范为主)参与社会活动,是其生存、发展的底线,合规永远是企业可持续发展的基石。

专 题 六

劳动与人事

劳务派遣和劳务外包的区别与适用

严海平*　黄韵录**

在如今的企业生产经营过程中，劳务派遣和劳务外包已成为常见的用工形式。和传统的劳动合同相比，劳务派遣和劳务外包用工方式更具有灵活性，性价比更高，可以更有效地节省用工企业的劳动力成本，因此在劳动密集型企业普遍存在。但是这两种用工方式存在合规性风险，同时也可能涉及企业刻意压低成本、抬高利润的嫌疑，因此，在科创板上市审查中劳务派遣与劳务外包成为中国证券监督管理委员会（以下简称证监会）关注的重点问题之一。

本专题主要针对劳务派遣和劳务外包之间区别与适用，以及科创企业运营与上市中涉及的劳务派遣、劳务外包中关注的焦点以及解决方案进行阐述。

一、劳务派遣与劳务外包的概念及区别

劳务派遣又被称为人力派遣、人才租赁、劳动派遣、劳动力租赁、雇员租赁等。劳务派遣起源于20世纪的美国，后传至法国、德国、日本等国家。20世纪90年代，在我国国有企业劳动制度改革中，为了解决企业下岗职工再就业的问题，北京市首先开始采用劳务派遣的方式，将下岗职工组织起来，通过劳务输出的方式实现再就业。

（一）劳务派遣的概念

劳务派遣是指由劳务派遣单位与被派遣的劳动者订立劳动合同，向用工单

---

* 严海平，上海市金茂律师事务所合伙人，法律硕士。

** 黄韵录，上海市金茂律师事务所合伙人，法学学士和管理学学士（会计专业）双学士。

位派出该员工,使其在用工单位的工作场所内劳动,接受用工单位的指挥、监督,以完成劳动力和生产资料的结合,而用工单位向劳务派遣单位支付约定的服务费用,劳动力给付的事实发生于被派遣的劳动者和实际用工单位之间。

劳务派遣用工和传统的劳动合同用工不同,其法律关系主体有三方,分别是劳动者、派遣单位和实际用工单位。其中派遣单位和实际用工单位之间基于劳务派遣协议等合同从而形成民事合同法律关系,双方依照合同约定履行并各获收益。劳动者介于用工单位与派遣单位之间,使得劳动者与他们之间形成双重从属关系。劳动者和派遣单位签订书面劳动合同,仅与派遣单位形成劳动关系,但事实上劳动者并不向派遣单位提供劳动,而是向实际用工单位提供劳动。简单来说,用工单位仅使用劳动者并对其进行工作考核,而劳动者的薪酬发放,社保代收代缴,书面劳动合同的签订、变更、解除、终止等相关问题和争议的处理,均由派遣单位负责。劳务派遣实现了劳动力使用和管理分离,从而有效地节省用工单位的劳动力成本,使得用工单位能够专注于生产经营并创造利润。

(二)劳务外包的概念

劳务外包,也称业务外包、服务外包等,主要是指企业(发包人)将其非核心业务中的部分业务或者是工作外包给承包单位完成,并按照合同约定支付外包费用。

发包单位与承包单位通常通过承揽合同、委托合同等方式进行劳务外包,发包单位与承包单位之间为普通的民事合同法律关系,承包单位与提供劳动或劳务者之间既可以是劳动关系,也可以是劳务关系。对于承包单位而言,用工方式相对而言比较多元化。提供劳动或劳务者与发包单位之间在法律上没有直接的联系,彼此之间既不是民事合同法律关系,也不是劳动关系。

劳务外包不仅能通过降低企业内部员工的工资、社保、加班费等劳动合法合规性风险,还能降低企业的用工成本,从而达到提高企业核心竞争力的目的,提高科创企业上市的过会概率。

(三)劳务派遣与劳务外包的区别

科创企业越来越多地运用劳务外包的用工形式代替劳务派遣,以从形式上规避用工单位义务的法律风险。在实际操作中需要注意避免“假外包,真派遣”的情形。最高人民法院于2015年对外发布了《关于审理劳动争议案件适用法律若干问题的解释(五)》的征求意见稿。该意见稿提出了“假外包,真派遣”的认定标准。虽然该意见稿没有生效,但也能从中看出法院审理劳动争议关于劳务派遣与劳务外包认定的口径。该征求意见稿第 118 条规定:“用人单位将部分业务或职能工作发包给其他用人单位,如果存在以下情形,可以认定双方为劳务派遣关系:(一)工作时间、工作场所由发包单位决定或控制;(二)生产工具、原材料由发包单位提供;(三)承包单位的生产经营范围与承包的业务没有关系;(四)其他符合劳务派遣的特征的情形。”

因此,科创企业设计劳务派遣用工转化为劳务外包的具体方式时,区分劳务派遣与劳务外包就尤为重要。劳务派遣与劳务外包的区别如表 6－1 所示。

表 6－1　劳务派遣与劳务外包对比

区别	劳务派遣	劳务外包
法律适用不同	劳务派遣属于劳动法意义上的概念,对应概念是直接用工,适用劳动法等相关法律法规	劳务外包属普通民事合同法律关系,受到《民法典》等民事法律调整
管理权限不同	劳务派遣情况下,劳务派遣的员工必须依照实际用工单位确定的工作形式、工作时间进行劳动,接受实际用工单位的管理	劳务外包中,发包单位并不对承包单位的劳动者进行管理,其工作形式、工作时间等由劳务外包单位自行安排
经营资质要求不同	《劳动合同法》第 57 条规定:“经营劳务派遣业务应当具备下列条件:(一)注册资本不得少于人民币二百万元;(二)有与开展业务相适应的固定的经营场所和设施;(三)有符合法律、行政法规规定的劳务派遣管理制度;(四)法律、行政法规规定的其他条件。经营劳务派遣业务,应当向劳动行政部门依法申请行政许可;经许可的,依法办理相应的公司登记。未经许可,任何单位和个人不得经营劳务派遣业务。” 依上述法律,对劳务派遣单位的经营资质的要求具有严格的规定	劳务外包中的承包单位一般都没有特别的经营资质要求
结算方式不同	在劳务派遣中,实际用工单位与劳务派遣单位之间按照“人”结算,即由实际用工单位根据劳务派遣单位派遣的员工人数结算费用,核心要素是工作过程,而非工作成果,合同标的为“人”	在劳务外包活动中,发包单位与承包单位之间按照“事”结算,即发包单位购买的是工作成果,并不注重工作过程,而是关注工作成果,完成的质与量是否符合合同的约定,合同标的为“事”

续表

区别	劳务派遣	劳务外包
对劳动者的法律风险不同	劳务派遣中,实际用工单位与劳务派遣单位往往承担连带责任	劳务外包服务中,发包单位与承包单位的员工并不直接发生法律关系,除必须确保能提供必要的安全生产条件以外,无须对承包单位员工承担任何法律责任*

注:* 张颖:《关于劳务派遣与劳务外包的探讨》,载《企业研究》2020 年第 1 期。

二、科创企业在上市过程中劳务派遣与劳务外包的关注的重点问题及应对措施

(一)劳务派遣

科创企业在上市申报过程中应当就劳务派遣具体情况在招股说明书和法律意见书中如实披露基础信息。

1. 用工岗位是否符合"三性"岗位

劳务派遣用工是传统用工形式的补充形式。根据《劳动合同法》及《劳务派遣暂行规定》的规定,用工单位只能在临时性、辅助性或者替代性的工作岗位上使用被派遣劳动者。临时性工作岗位是指存续时间不超过 6 个月的岗位;辅助性工作岗位是指为主营业务岗位提供服务的非主营业务岗位;替代性工作岗位是指用工单位的劳动者因脱产学习、休假等原因无法工作的一定期间内,可以由其他劳动者替代工作的岗位。

案例 1　江苏本川智能电路科技股份有限公司[本川智能:839243]

本川智能首次公开发行股票并在创业板上市的招股说明书中对劳务派遣用工的岗位进行披露:

报告期内,由于公司生产规模逐步扩大,为满足季节性的用工需求以及作为日常临时用工的补充,公司存在部分临时性、辅助性岗位使用劳务派遣用工的情形。公司采用劳务派遣用工方式所涉及的岗位主要为部分专业技术能力要求相对较低的生产线临时用工及辅助性工作岗位,上述岗位的工人可替代性较高,对工人学历、技能及经验的要求较低,通过简单培训即可胜任。公司与具备相关资质的公司签订劳务派遣合同,在临时性、辅助性或替代性岗位上使用劳务派遣人员。

本川智能在首次招股说明书中将使用劳务派遣用工的情形、劳务派遣岗位以及岗位对被派遣劳动者的技能要求进行了披露,以资说明发行人在报告期内

使用劳务派遣用工的岗位符合法律法规所规定的“三性”岗位,但由于未披露具体情况,证监会发审委要求发行人披露报告期内劳务派遣用工的具体内容各期劳务派遣用工人数及占发行人员工数量的比例,是否存在超过10%的情形,如超过,是否存在被相关部门处罚的情形或风险,发行人的相关整改措施等。

本川智能经过核查相关情况后,于法律意见书中根据发审委的要求予以补充:

报告期内,由于发行人生产规模逐步扩大,为满足季节性的用工需求以及作为日常临时用工的补充,发行人存在部分临时性、辅助性岗位使用劳务派遣用工的情形。发行人采用劳务派遣用工方式所涉及的岗位主要为部分专业技术能力要求相对较低的生产线临时用工及辅助性工作岗位,上述岗位的工人可替代性较高,对工人学历、技能及经验的要求较低,通过简单培训即可胜任。其报告期各期末,发行人劳务派遣用工的具体情况如表6－2所示:

表6－2 发行人劳务派遣用工情况

时间	正式员工人数/人	劳务派遣人数/人	劳务派遣人员占比/%	劳务派遣岗位分布
2018年12月31日	763	30	3.78	车间辅助、成品检验、包装搬运、机械维保
2019年12月31日	732	39	5.06	
2020年12月31日	670	67	9.09	

在实务操作过程中,律师应当审核科创企业采用劳务派遣的情形、具体岗位、岗位内容等信息,并在编撰科创板申报材料时,对岗位是否符合“临时性、辅助性、替代性”予以说明,以提高过会的成功率。

2. 劳务派遣的用工比例

根据《劳动合同法》第66条第3款的规定,用工单位应当严格控制劳务派遣用工数量,不得超过用工总量的一定比例,具体比例由国务院劳动行政部门规定。《劳务派遣暂行规定》第4条第1款规定,用工单位应当严格控制劳务派遣用工数量,使用的被派遣劳动者数量不得超过其用工总量的10%。第28条对用工比例的控制提供了一个宽限期。根据该条规定,如果科创企业作为用工单位时,在2014年3月1日施行前适用被派遣劳动者数量超过其用工总量的10%的,需要制定调整用工方案,并且于2016年3月前将被派遣劳动者数量降低至10%。但是在全国人民代表大会常务委员会《关于修改〈中华人民共和国劳动合同法〉的决定》公布前已依法订立的劳动合同和劳务派遣协议期限届满日期在2016年3月1日后的,可以依法继续履行至期限届满。此外,需要注意的是,制定的调整用工方案需要报当地人力资源社会保障行政部门备案。

科创企业在报告期内应当按年统计员工人数以及劳务派遣用工人数,并计算劳务派遣用工所占比例,计算方式为:劳务派遣人员占比 = 劳务派遣人数/(正式员工人数 + 劳务派遣人数)。

案例2　气派科技股份有限公司成功过会,却迟迟未能核准发行

气派科技股份有限公司(以下简称气派科技)曾在2014年拟上中小板,但在2018年年初放弃了上市请求。两年后气派科技重整旗鼓,于2020年6月开始冲刺科创板,仅过不足五个月便于11月9日成功过会,但一直迟迟未能核准发行。证监会要求其提供报告期内劳务派遣人数突增超过10%红线的说明。

请发行人说明:劳务派遣人数逐年增加的原因,发行人劳务派遣用工比例超过10%是否存在受到行政处罚的风险,是否构成重大违法违规行为,并进行充分的风险揭示;发行人采取的整改措施及执行的有效性、目前的整改情况,是否仍存在劳务派遣用工比例超过10%的情形;发行人是否面临用工人数紧张的情形及其应对措施。

律师经过核查后就上述提问发表如下意见:

(1)报告期内发行人及其子公司的劳务派遣用工情况如表6－3所示:

表6－3　发行人劳务派遣用工情况

项目	截至2020年6月30日	截至2019年12月31日	截至2018年12月31日	截至2017年12月31日
劳务派遣人数/人	29	127	8	37
用工总数/人	1245	1145	1065	1026
劳务派遣人数占用工总数的比例/%	2.33	11.09	0.75	3.61

发行人及其子公司于2019年12月劳务派遣人数较前年度人数增加且劳务派遣人数占用工总数的比例超过10%,主要原因为2020年1月下旬为春节假期,春节前生产线员工离职率高,2019年12月发行人的员工总数较2019年11月下降85人,且春节前招聘难度大,因此发行人通过聘用劳务派遣人员缓解用工压力。

(2)根据发行人提供的资料,2019 年 10 月至 2020 年 6 月发行人聘请劳务派遣人员的相关情况如表 6－4 所示:

表 6－4　发行人聘请劳务派遣人员的情况

日期	劳务派遣人数/人	员工人数/人	用工总数/人	劳务派遣用工占比/%
2019 年 10 月	58	1108	1166	4.97
2019 年 11 月	58	1103	1161	5.00
2019 年 12 月	127	1018	1145	11.09
2020 年 1 月	78	935	1013	7.70
2020 年 2 月	60	978	1038	5.78
2020 年 3 月	79	1157	1236	6.39
2020 年 4 月	56	1213	1269	4.41
2020 年 5 月	40	1219	1259	3.18
2020 年 6 月	29	1216	1245	2.33

发行人在春节前后面临用工人数紧张的情况,2019 年 12 月存在劳务派遣用工人数占用工总数的比例超过 10% 的情形,但超出比例较低,发行人已及时整改,自 2020 年 1 月起发行人劳务派遣用工人数占用工总数的比例已低于 10%。

发行人对劳务派遣人员占用工总数比例超过 10% 情形采取的主要整改措施及面对用工人数紧张情形采取的主要应对措施如下:

一是增加春节留岗员工福利措施,通过制订春节留岗激励方案,提高春节留岗人数;

二是扩大招聘渠道,通过社会招聘、网络招聘、校园招聘、参加政府扶贫就业等方式,增加招聘正式员工以满足用工需求;

三是改善员工生活环境,通过兴建篮球场、羽毛球场、健身房、图书室、公共厨房等硬件设施设备,定期开展丰富多彩的文化体育活动,丰富员工业余文化生活,改善员工工作、生活环境等方式提升员工留任率。

当企业遇到生产订单突增,劳动力紧缺的情况,往往会通过劳务派遣来解决"燃眉之急",因此会产生部分月或者部分季度劳务派遣的用工比例超过 10% 的红线。在申请上市或申请发行股份时,应当就突增情况予以披露,说明使用劳务派遣用工的必要性,并就控制劳务派遣用工比例制定相关的整改方案、执行情况予以披露和说明。

3. 被派遣劳动者是否享有同工同酬的权利

同工同酬一直是劳务派遣的关键问题之一。根据《劳动合同法》第 63 条的规定,被派遣劳动者享有与用工单位的劳动者同工同酬的权利。用工单位应当按照同工同酬原则,对被派遣劳动者与本单位同类岗位的劳动者实行相同的劳动报酬分配办法。用工单位无同类岗位劳动者的,参照用工单位所在地相同或者近似岗位劳动者的劳动报酬确定。保障被派遣劳动者同工同酬的权利直接关系到被派遣劳动者的切身利益。

案例 3　广东佳奇科技教育股份有限公司(以下简称佳奇科技)

佳奇科技首次公开发行股票并在创业板上市招股说明书就劳务派遣员工的薪酬水平进行披露:报告期内,劳务派遣员工的薪酬水平如表 6－5 所示:

表 6－5　发行人劳务派遣员工的薪酬情况

单位:万元

项目	2020 年 1～9 月	2019 年度	2018 年度	2017 年度
发行人生产人员薪酬水平	4. 42	5. 87	4. 98	3. 84
行业薪酬水平	—	6. 67	6. 06	6. 17
汕头当地企业薪酬水平	—	6. 48	6. 25	5. 68
劳务派遣员工薪酬水平	5. 17	4. 94	4. 69	4. 93

注:行业薪酬水平为同行业可比公司奥飞娱乐、高乐股份、邦宝益智和实丰文化生产人员当期平均薪酬。2020 年 1～9 月无相关可比数据。

发行人劳务派遣员工岗位采取计时工资,2017～2019 年度,发行人劳务派遣员工薪酬水平保持平稳,由于劳务派遣主要是辅助性岗位,其薪酬水平低于可比公司及当地企业平均薪酬水平,但与发行人生产人员薪酬水平接近,薪酬水平公允合理。2020 年 1～9 月,劳务派遣人员薪酬水平上升,主要系受疫情影响,短期内招工困难,劳务派遣员工时薪较上年同期增加。

佳奇科技将劳务派遣员工的薪酬水平与本企业生产人员的薪酬水平、行业薪酬水平及当地企业薪酬水平进行了对比,并就劳务派遣员工薪酬水平低于公司及当地企业平均薪酬水平予以解释,以资说明劳务派遣员工薪酬的合理性以及符合法律法规所规定的“同工同酬”。

4. 劳务派遣单位是否拥有相应的经营资质

科创企业在派遣单位订立劳务派遣协议时应当审核及披露派遣单位的相关资质。《劳动合同法》第 57 条规定："经营劳务派遣业务应当具备下列条件：(一)注册资本不得少于人民币二百万元；(二)有与开展业务相适应的固定的经营场所和设施；(三)有符合法律、行政法规规定的劳务派遣管理制度；(四)法律、行政法规规定的其他条件。经营劳务派遣业务，应当向劳动行政部门依法申请行政许可；经许可的，依法办理相应的公司登记。未经许可，任何单位和个人不得经营劳务派遣业务。"

此外，科创企业还应当就劳务派遣员工的招聘方式、合同签署、社会保险缴纳等予以审核及披露，以资说明劳务派遣用工的合法合规性。

案例 4　山东先达农化股份有限公司(以下简称先达股份)

先达股份虽首发获通过，但是发审委仍然要求其进一步披露劳务派遣的相关问题：

发审委：请发行人代表对报告期内使用劳务派遣员工的具体情况进行进一步说明，包括：劳务派遣单位的资质，派遣到发行人工作员工的招聘方式、合同签署、社会保障缴纳。请保荐代表人对上述问题的核查程序、手段及结论进行说明，对上述情况是否符合《劳动合同法》、《劳务派遣暂行规定》及《社会保险法》等相关法律法规的规定发表核查意见。

先达股份在招股说明书中也根据发审委的要求，对该部分予以披露与说明。先达股份虽然非科创企业，但其在上市、招股过程中对于发审委的关注点也说明了发审委在上市过会审核中对劳务派遣单位资质审核要求以及劳务派遣单位与派遣员工之间的合法合规性的相关问题的关注度较高。因此，科创企业在上市、招股及后续运营中也应当同样重视上述问题。

除了劳务派遣单位的经营资质外，证监会发审委也要求发行人针对劳务派遣单位与发行人之间是否存在关联关系进行披露，对于可能存在对公司存在风险的情形，应当由发行人控股股东、实际控制人作出有关承诺，保证相关事项不会给发行人或者其关联公司带来损失或者其他不利影响。

(二)劳务外包

由于科创企业在上市、运营过程中，用工岗位、用工比例、派遣员工的报酬、劳务派遣公司资质等合法合规性审核成为证监会发审委审核关注的重点，这些极有可能成为企业在上市和运营过程中的绊脚石。为此，企业尝试通过劳务外包的形式代替劳务派遣以降低企业用工成本，并且提高首发过会的概率。证监会发审委在审核过程中就劳务外包会重点审核如下问题。

1. 劳务外包与劳务派遣的主要区别，是否存在可以规避相关法律法规的情况

案例5　江苏精研科技股份有限公司（以下简称精研科技）

精研科技在2014年、2015年大量采用劳务派遣用工，人数超过规定比例的10%。而自2016年度开始，精研科技大量采用劳务外包模式，且合作的劳务外包方仍为劳务派遣和人力资源服务企业。证监会发审委就该情况提出如下问题：

请保荐人代表结合用工岗位、用人成本等说明发行人劳务派遣模式与劳务外包模式的主要区别，是否属于用人单位以承揽、外包等名义按劳务派遣用工形式使用劳动者，是否存在刻意规避相关规定的情况，相关安排对发行人成本的影响，是否存在相关风险。

但在精研科技的首次公开发行股票并上市之法律意见书等相关文件中，核查了劳务外包公司的资质以及劳务外包公司的用工形式，外包公司与精研科技签署的劳务外包协议为双方真是意思表示，合法有效。但这些业务外包的行为未能和劳务派遣相比较，无法真正区分劳务外包和劳务派遣，对于是否存在可以规避相关规定的情况也不得而知。

案例6　苏州万祥科技股份有限公司（以下简称万祥科技）

万祥科技首轮问询中，证监会发审委针对劳务派遣和劳务外包提出了类似的问题。

请发行人说明报告期内劳务派遣和劳务外包的原因、主要内容、劳务派遣和劳务外包的主要区别。

万祥科技的回复相较于精研科技较有说服力，其通过结合企业自身实际经营情况，如实披露劳务派遣和劳务外包的主要内容、区别、供应商等信息，披露信息完整具体，用以说明报告期内万祥科技采用劳务派遣和劳务外包原因的合理及合法性，以及不存在利用劳务外包规避劳务派遣相关规定的情形。

2. 拟上市企业与劳务外包单位之间是否存在关联性

根据证监会《首发业务若干问题解答（二）》问题22：“部分首发企业存在将

较多的劳务活动交由专门劳务外包公司实施的情况的。中介机构应当充分关注以下方面:……(2)劳务公司是否专门或主要为发行人服务,如存在主要为发行人服务的情形的,应关注其合理性及必要性、关联关系的认定及披露是否真实、准确、完整。中介机构对于该类情形应当从实质重于形式角度按关联方的相关要求进行核查,并特别考虑其按规范运行的经营成果对发行人财务数据的影响,以及对发行人是否符合发行条件的影响……"

案例7　天津绿茵景观生态建设股份有限公司(以下简称绿茵生态)

证监会发审委于2017年5月31日发布公告,宣布绿茵生态首发获成功。但就劳务外包与发行人之间是否存在关联性等问题要求绿茵生态进一步补充说明及披露:

请发行人代表进一步说明报告期内发行人劳务外包具体开展情况;主要劳务外包方的基本情况,包括但不限于劳务外包方的资质,主要劳务外包客户与发行人的控股股东、实际控制人以及发行人的董事、监事、高管是否存在关联关系及其他利益安排的情形……

由此可知,证监会发审委不仅对劳务派遣公司与发行人及其关联公司之间是否存在关联性予以重点关注,就劳务外包公司与发行人的关联性的问题也是审查重点。因此,科创企业在上市和运营过程中就此问题应当予以详尽阐述。

3. 劳务外包的定价依据及结算方式,定价是否公允

一直以来,劳务外包的定价依据也是证监会发审委在审核上市及招股中的重点关注内容。发审委通常要求发行人结合公司生产经营的情况进一步说明关于劳务外包的定价机制、定价是否公允等问题。

案例8　海波重型工程科技股份有限公司(以下简称海波重科)

海波重科针对上述问题,在其法律意见书中进行了答复:

根据发行人提供的业务合同并经发行人说明,发行人业务外包的定价依据为:(1)按照行业惯用的计价方式,主要以完工工序吨为外包单位的计价单位。发行人凭借多年工程施工管理经验编制的《内部价格标准》,设定了桥梁钢结构制作、安装过程中由人工参与的各项工序的标准人工费用并根据地区物价水平定期进行调整。签订每项劳务外包合同前,以《内部价格标准》为指导,通过招标比价,对于投标价格落在《内部价格标准》以内的分包商比质比价择优确定。(2)对于不同项目相同工序由于工艺难度、工作强度的不同,价格有所浮动。

科创企业在劳务外包的定价规定、定价程序应当结合自身运营情况予以详细披露,同时可与同行业定价标准、当地企业的外包定价标准等相关数据进行对比。同时,也应当结合企业对发包业务的财务核算方式以及核算依据进行披露。这不仅可以说明劳务外包的定价机制、定价公允性的合法合理性,也能作为劳务外包区别于劳务派遣的重要因素。

4. 劳务外包业务是否涉及关键技术或关键工序

证监会发审委对科创企业上市与运营过程中,就外包业务是否涉及关键技术或关键工序给予关注。若科创企业将关键技术或者关键工序外包给承包单位,并对这些承包单位有着较大的依赖程度,则会使发审委对企业业务经营的独立性及运营能力产生疑虑。

案例 9　上海剑桥科技股份有限公司(以下简称剑桥科技)

剑桥科技作为一家通信业代工厂,于 2017 年 9 月 19 日过会成功。发审委要求企业就相关问题进行补充说明:公司存在劳务外包情况。(1)请发行人补充披露外购劳务的主要情况及外购原因,劳务外包业务是否涉及关键工序或关键技术……

剑桥科技在后续相关说明书、法律意见书中就关键技术与关键工序进行详细信息的披露与阐述,并就上述问题进行解答:为提高产能调整与生产组织的灵活性,公司在保留各生产工序一定数量模块与单元由公司自己直接实施生产、满足最基本业务量的基础上,将部分工序的部分模块与单元外包,由外包服务公司在公司场地、利用公司设施组织安排相应环节的操作生产,为公司提供辅助性生产服务。

剑桥科技同时通过披露外协加工情况及劳务派遣情况,阐述企业仅将辅助性的生产业务对外发包给承包单位,对于关键技术和工序仍然由本企业完成。

5. 劳务外包公司是否具有相应的经营资质

劳务外包中承包单位一般没有特别的经营资质的要求,除非外包事项中有特殊规定。如果需要特殊的生产资质,那么承包单位应当具备相应的经营资质。

案例 10　美联钢结构建筑系统(上海)股份有限公司(以下简称美联股份)

美联股份于 2017 年 4 月 24 日首发被否,证监会发审委针对其劳务外包公司的资质提出如下问题:

请发行人代表进一步说明报告期发行人劳务外包企业的情况,不具备资质的劳务外包公司的家数和合作项目的情况;发行人与不具备资质的劳务外包公司合作存在的法律风险,是否存在诉讼或纠纷,对发行人经营和财务的影响情况;与劳务外包公司合作是否曾发生安全伤亡事故及其后续处理情况,是否存在或可能受到行政处罚情形,相关信息和风险是否充分、准确披露。请保荐代表人发表核查意见。

虽然在一般情况下,证监会发审委对劳务外包的承包单位并没有经营资质的要求,但是由于外包事项的特殊规定,比如对于软件外包是否存在技术性相关经营资质、特许经营的相关经营资质、相关行业能力资质、高新技术企业认定等。若缺少相关经营资质,承包单位即使完成发包业务,也会给发行企业在经营管理上带来多重风险,甚至发生安全事故而受到行政处罚等。因此,科创企业在上市与运营中采用劳务外包的,应当及时审核外包企业的相关经营资质,并在申报过程中予以重点披露。

三、拟 IPO 中涉劳务派遣、劳务外包等事项的核查方法

保荐人、律师在处理科创企业上市、运营过程中通常会将核查的程序予以披露,并且通过核查获得相关数据后进行分析,最终得出核查结论。

(一)针对劳务派遣情形

针对劳务派遣情形的主要核查方法有以下几点:

(1)查阅报告期内发行人及其子公司的员工名册,抽查发行人及其子公司在报告期内的在册员工劳动合同;

(2)查阅公司与劳务派遣单位签署的合同、劳务派遣人员名单;

(3)查阅劳务派遣企业营业执照、经营资质证明以及劳务派遣单位出具的情况说明;

(4)抽查报告期内劳务派遣费用支付凭证;

(5)访谈科创企业人力资源部门负责人,了解报告期内公司劳务派遣用工情况;

(6)查阅劳务派遣相关规定,分析判断发行人用工情况的合规性。

(二)针对劳务外包情形

针对劳务外包情形的主要核查办法有以下几点:

（1）检索并查阅有关劳务派遣、劳务外包的法律法规、司法判例，明确劳务派遣、劳务外包之间的界限；

（2）查阅劳务外包公司与科创企业签署的关于劳务外包的合同、相关发票和支付凭证等资料；

（3）登记国家企业信用信息公示系统、裁判文书网等网站，查询劳务公司的工商信息和合规情况；

（4）就是否存在关联关系事项对科创企业及其实际控制人进行访谈并确认，获取相关确认文件；

（5）查阅其他可能影响科创企业上市与运营的资料。

竞业限制实务操作指引

严海平[*]　黄韵录[**]

科创板，即科学技术创新板块，主要服务于符合国家战略、突破关键核心技术、市场认可度高的科技创新企业。科创板上市企业的最重要属性之一即是核心技术的知识产权。证监会发审委对于这些科技创新类企业申请上市的过程中，除了关注企业的核心技术外，还会对企业的高级管理人员、核心技术研发人员竞业限制予以重点关注。本文主要拟针对企业在科创板上市过程中就高级管理人员、核心研发技术人员的竞业限制制度的核查重点进行具体探讨。

一、竞业限制概述

（一）竞业限制的概念

在我国，竞业限制制度起源于《公司法》中的董事、高级管理人员的竞业限制制度，目的是防止董事、高级管理人员利用自己的特殊地位滥用权利，不正当地损害公司利益。该制度在劳动法领域得到了突破性的发展，主要体现在《劳动合同法》第23条及第24条。

竞业限制是指“民事法律关系中的当事人，根据合同或法律规定，一方享有权利而另一方负有义务，权利人可以要求义务人在一定期限内不得从事与自己的营业相同、类似或相关之营业，即有权限制义务人进行针对自己的竞争行为”。① 具体到劳动法领域，竞业限制是指用人单位根据相关法律法规的规定或

---

* 严海平，上海市金茂律师事务所合伙人，法律硕士。

** 黄韵录，上海市金茂律师事务所合伙人，法学学士和管理学学士（会计专业）双学士。

① 荚振坤：《竞业禁止初探》，载《法商研究》1995年第5期。

者通过与负有保密义务的劳动者、高级管理人员签订竞业限制协议予以约定，要求特定岗位的劳动者在离职后一定期限内不得从事与本单位存在竞争关系的经济活动，包括该类劳动者入职与本单位有竞争关系的其他企业或者自行创业生产或经营本单位的同类产品、从事同类业务。

（二）竞业限制的经济补偿的相关法律规定

《劳动合同法》第 23 条第 2 款规定，对负有保密义务的劳动者，用人单位可以在劳动合同或保密协议中与劳动者约定竞业限制条款，并约定在解除或者终止劳动合同后，在竞业限制期限内按月给予劳动者经济补偿。企业通过签订竞业限制协议，获得了商业秘密、技术秘密被法律保护的权利，对应的就应该承担支付经济补偿的义务；相关劳动者因竞业限制协议承担了竞业限制义务，丧失了自己在擅长领域继续工作的机会，相应的就应当获得经济补偿的权利。①

最高人民法院《关于审理劳动争议案件适用法律若干问题的解释（四）》中重点就竞业限制经济补偿金作出了解释。具体如下：

第 6 条规定："当事人在劳动合同或者保密协议中约定了竞业限制，但未约定解除或者终止劳动合同后给予劳动者经济补偿，劳动者履行了竞业限制义务，要求用人单位按照劳动者在劳动合同解除或者终止前十二个月平均工资的 30% 按月支付经济补偿的，人民法院应予支持。前款规定的月平均工资的 30% 低于劳动合同履行地最低工资标准的，按照劳动合同履行地最低工资标准支付。"

第 7 条规定："当事人在劳动合同或者保密协议中约定了竞业限制和经济补偿，当事人解除劳动合同时，除另有约定外，用人单位要求劳动者履行竞业限制义务，或者劳动者履行了竞业限制义务后要求用人单位支付经济补偿的，人民法院应予支持。"

第 8 条规定："当事人在劳动合同或者保密协议中约定了竞业限制和经济补偿，劳动合同解除或者终止后，因用人单位的原因导致三个月未支付经济补偿，劳动者请求解除竞业限制约定的，人民法院应予支持。"

第 9 条规定："在竞业限制期限内，用人单位请求解除竞业限制协议时，人民法院应予支持。在解除竞业限制协议时，劳动者请求用人单位额外支付劳动者三个月的竞业限制经济补偿的，人民法院应予支持。"

---

① 参见刘宇：《论竞业限制补偿金的几种支付方式》，载《法治与经济》2020 年 3 月 28 日。

第 10 条规定："劳动者违反竞业限制约定，向用人单位支付违约金后，用人单位要求劳动者按照约定继续履行竞业限制义务的，人民法院应予支持。"

（三）不同竞业限制制度的区别

劳动法领域中涉及的竞业限制主要以公司与负有保密义务的劳动者、高级管理人员通过签订《竞业限制协议》等书面文件予以约定，而公司法领域中，董事、高级管理人员负有的竞业禁止义务不同，前者为"约定竞业限制"，后者为"法定竞业限制"。在最高人民法院民事裁定（2011）民申字第 122 号"黄子瑜与上海富日实业有限公司一案再审民事裁定书"中，法院认为，"法定竞业限制主要是公司法上针对公司董事、高级管理人员设定的竞业限制，属于在职竞业限制。约定的竞业限制，一般是指依据合同法和劳动合同法针对交易相对人或者劳动者通过协议约定的竞业限制，即包括在职竞业限制，也包括离职竞业限制"。法定竞业限制与约定竞业限制主要区别如下。

1. 竞业限制的主体不同

法定竞业限制的主体主要是针对企业所有的董事、高级管理人员，其中高级管理人员根据《公司法》的规定包含公司的经理、副经理、财务负责人、上市公司董事会秘书和公司章程规定的其他人员。

约定竞业限制的主体主要针对特定劳动者。根据《劳动合同法》第 24 条第 1 款的规定，"竞业限制的人员限于用人单位的高级管理人员、高级技术人员和其他负有保密义务人员等，竞业限制的范围、地域、期限由用人单位与劳动者约定，竞业限制的约定不得违反法律、法规的规定"。其中其他负有保密义务的人员的范围，应当结合其职业特点、职业经历及收入状况等相关情况，综合判断其是否掌握了具有一定经济价值的核心技术、商业情报等秘密资源。①

2. 竞业限制的期限不同

法定竞业限制的期限为董事、高级管理人员的任职期限，为在职竞业限制，董事、高级管理人员一旦离任，则其无须再受到竞业限制的约束。

约定竞业限制的期限一般由企业与劳动者自行约定，但根据《劳动合同法》的规定，竞业限制的最长时间不得超过 2 年。

---

① 参见山东省人力资源和社会保障厅：《竞业限制人员适用范围应符合法律规定》。

3. 竞业限制的法律后果不同

在法定竞业限制中，董事、高级管理人员在没有经过股东会或股东大会的规定，违反竞业限制义务的，并不会导致由此实施的法律行为无效（如订立合同、设立公司等）无效。企业享有归入权，即可要求违反竞业限制义务的董事、高级管理人员由此获得的收入返还给公司，包括劳动报酬和投资收益等。归入权的行使不以本企业受到损失为要件，但如果本企业受到损失，且损失大于归入权的数额，本企业仍有权要求赔偿差额部分。①

在约定竞业限制中，根据《劳动合同法》第 23 条第 2 款的规定，对负有保密义务的劳动者，用人单位可以在劳动合同或者保密协议中与劳动者约定竞业限制条款，并约定在解除或者终止劳动合同后，在竞业限制期限内按月给予劳动者经济补偿。劳动者违反竞业限制约定的，应当按照约定向用人单位支付违约金。同时，根据最高人民法院《关于审理劳动争议案件适用法律若干问题的解释（四）》第 10 条的规定，劳动者向用人单位支付违约金后，用人单位仍可继续要求劳动者按照约定在剩余期限内继续履行竞业限制义务。若用人单位违反协议约定，不履行给付经济补偿金义务超过 3 个月的，劳动者有权解除双方签订的《竞业限制协议》。

二、证监会发审委对科创企业与高级管理人员、核心技术人员的竞业事项涉及的常见反馈问题

（一）信息披露

科创板相关上市规则中首次将核心技术人员的稳定性列为发行条件之一。在《上海证券交易所科创板发行上市审核业务指南第 2 号——常见问题的信息披露和核查要求自查表》第 1 ~ 5 条，要求发行人在招股说明书中披露核心技术人员的范围、认定情况和认定依据，若核心技术人员不稳定变动人数比例较大的，还要求保荐机构和发行人律师核查其是否对发行人的生产经营产生重大不利影响并发表核查意见。《科创板股票发行上市审核问答》（上证发〔2019〕29 号）第 6 问要求，“申请在科创板上市的企业，应当根据企业生产经营需要和相关人员对企业生产经营发挥的实际作用，确定核心技术人员范围，并在招股说明书

① 参见汪华亮：《商经法宝典》，中国政法大学出版社 2018 年版，第 20 页。

中披露认定情况和认定依据。原则上，核心技术人员通常包括公司技术负责人、研发负责人、研发部门主要成员、主要只是产权和非专利技术的发明人或设计人、主要技术标准的起草者等”。

此外，还要求发行人按照《公开发行证券的公司信息披露内容与格式准则第41号——科创板招股说明书》第96条的规定，披露高级管理人员、核心技术人员的涉诉涉裁的相关情况，其中包含了对于相关人员的劳动仲裁案中涉及竞业限制问题的披露。

因此，发行人在招股说明书中不仅应当披露上述人员的基本信息，还应当详细披露其创业或从业历程、曾经担任的重要职务及任期、在发行人处担任的职务及任期等信息。

（二）高级管理人员、核心技术人员是否存在竞业限制、保密义务纠纷

1. 根据高级管理人员、核心技术人员的从业经历说明其是否存在竞业限制、保密义务纠纷

过往的从业经历与竞业限制有着直接的关系，通过分析高级管理人员、核心技术人员的原任职企业的经营业务、核心技术、在原任职企业担任的岗位、工作内容等，可以判断上述人员所在的原任职企业是否与科创企业经营或研发同类产品或从事同类业务，原任职企业是否与现任职的科创企业存在竞争关系。

案例1　四会富仕电子科技股份有限公司（以下简称四会富仕）首发过会

第十八届发审委2020年第72次会议召开，审核结果显示，四会富仕首发申请获通过。在四会富仕的招股说明书中，保荐机构及发行人律师披露了高级管理人员与核心技术人员与公司签订的协议、所作承诺及履行情况。发审委会议就竞业限制的诉讼风险提出询问的主要问题如下：

报告期发行人主营业务收入来自日系客户比例较高，富士电路集团有限公司、东和商事（亚州）有限公司、兴电企业有限公司等日系企业曾投资入股发行人，2017年11月以后陆续将所持发行人股权转让。发行人与该等历史股东报告期存在销售PCB产品的情形。请发行人代表：结合发行人核心技术来源、董事、高级管理人员及其他核心人员从业经历，说明是否存在潜在技术权属纠纷或竞业禁止、保密义务纠纷，前述股东退出对发行人的生产经营是否构成重大不利影响。

四会富仕在补充法律意见书中就上述问题予以反馈。根据相关人员原任职

企业出具的声明可知,相关人员不存在违反与其有关的竞业禁止与竞业限制的情况。

案例2　西安三角防务股份有限公司

发审委会议提出询问的问题为:“请发行人代表说明:高管及核心技术人员的专业背景、履职经历等,说明核心技术的来源和形成过程,高管及核心技术人员与以前任职单位是否存在竞业禁止、技术保密等方面特殊约定,是否存在技术(如职务发明)、人员等方面的潜在纠纷。”

2. 员工离职人数变动较多,对员工的竞业限制是否有相应的约束

科创企业在上市和运营过程中,不仅要针对相关员工在本企业就职前的履历进行审核,以避免因员工与原就职企业的竞业限制纠纷影响本企业的技术研发进度及生产经营,还要就负有保密义务的员工就职时即做好竞业限制保护,以避免员工离职后将本企业的商业秘密、核心技术带进新就职企业,给本企业的生产经营带来重大不利影响。

案例3　上海行动教育科技股份有限公司(以下简称行动教育)首发过会

第十八届发审委2020年第169次会议审核结果公告中,行动教育在上交所上市主板首发申请通过。行动教育拥有强大的自主研发能力,被国家认定为“高新技术企业”。会议上,发审委就竞业限制提出询问的相关问题如下:

发行人员工离职变动较多。请发行人代表说明:对员工(在职和离职)竞业禁止是否作相应的约束,是否存在离职员工从事与发行人相同或相类似的业务,是否对发行人的经营造成重大不利影响。请保荐代表人说明核查依据、过程,并发表明确核查意见。

行动教育在招股意向书附录就上述问题予以答复。经发行人律师核查,发行人的董事、高级管理人员均已签署《避免同业竞争的承诺函》,承诺在发行人任职期间,其本人及其近亲属不以任何方式直接或间接从事与发行人及其子公司相竞争的业务,也不拥有与发行人及其子公司可能产生同业竞争企业的任何股份、股权、出资份额或其他权益。除了上述承诺外,报告期内发行人并未与员工订立竞业限制协议,但是与员工签订的《劳动合同》中明确约定了保密条款,对员工在职期间及离职后的保密义务及违约责任进行了详细的规定,以保护发行人的合法利益。

三、核查竞业限制实务操作指引

（一）核查相关人员的从业经历

在实务中，律师在核查具有竞业限制义务的核心技术人员及高级管理人员的从业经历时，最常见的操作方法是取得原任职企业的说明或确认其不存在违反竞业禁止与竞业限制的情况说明或确认函。证监会发审委亦会要求发行人说明原任职单位出具的确认回函情况。对于因客观原因无法取得原任职企业的说明或确认函的，如原单位已解散、注销或等情况，可结合这些客观原因进行说明。对于需要重点核查的核心技术人员、高级管理人员，可就相关情况与原任职企业的相关人员进行访谈。

（二）核查相关人员竞业限制经济补偿金的支付情况

核查相关人员的竞业限制经济补偿金的支付情况，可以查阅其银行流水予以确认。例如，无锡祥生医疗科技股份有限公司通过核查相关人员的银行流水，确定其不负有竞业限制义务。其在补充法律意见书中披露，核心技术人员诸某自某生物医疗公司离职时未签订相关竞业限制协议，发行人律师核查诸某的银行流水后亦确认其离职后未收到相关竞业限制的经济补偿金。除核查相关人员未收到竞业限制经济补偿金来确认其不负有竞业限制义务外，也可以用该方式来确定相关人员已经履行完竞业限制义务。因此，通过核查银行流水是确定相关人员是否在入职后仍负有竞业限制义务的常用手段之一。

（三）核查相关人员的劳动合同、竞业限制协议、保密协议

核查高级管理人员、核心技术人员与原任职企业以及本企业签订的劳动合同、竞业限制协议、保密协议等相关协议文书。核查上述人员与原任职企业签订的相关协议文书，可以确定员工在原任职企业的工作内容、是否负有竞业限制义务、竞业限制义务的期限等重要内容；核查上述人员与现任职企业签订的相关协议文书，可以确保上述人员离职后擅自泄露、使用本企业的核心技术、商业秘密，以避免给科创企业带来重大不利影响，甚至影响企业无法在科创板块正常上市。

近年来，竞业限制制度越来越得到国家的重视。国家科学技术委员会《关于加强科技人员流动中技术秘密管理的若干意见》规定，单位可以在劳动聘任合同、知识产权权利归属协议或技术保密协议中，与本单位技术权益和精力利益有重要影响的有关行政管理人员、科技人员和其他相关人员协商，约定竞业限制期

内不得再生产同类产品或经营同类业务且具有竞争关系或其他利害关系的其他单位任职,或自己生产、经营与原单位有竞争关系的同类产品或业务。在科创板上市和运营中,该制度显得尤为重要。拟在科创板上市的发行人、发行人律师核查公司高级管理人员、核心技术人员的竞业限制事项,尽早扫除上市障碍,不仅对公司成功过会有重大影响,还对其公司合法合规性治理与经营有着深远的影响。

科创企业社保公积金注意要点

严海平[*]　黄韵录[**]　朱　琦[***]

对于不少创业者而言,公司上市是企业发展的目标。从某种意义上说,公司能上市,也就意味着公司在这一阶段的实力得到认可,从而可以让投资者更有信心,公司未来发展更值得期待。

企业IPO过程中,其社会保险金、住房公积金缴纳问题历来备受审核关注。近年来,中国证券监督管理委员会(以下简称证监会)对拟IPO企业“五险一金”缴纳情况的审核趋严。在历来证监会IPO反馈意见中我们也可以看出,证监会针对“五险一金”问题的关注点主要涉及发行人是否欠缴“五险一金”、欠缴的原因、是否需要补缴、如需补缴对经营业绩有何影响、是否构成重大违法违规及本次发行上市的实质性障碍等。本章将从证监会审查的视角阐述社保公积金缴纳问题的关注要点及问题解决。

一、“五险一金”问题对企业上市的影响

(一)证监会对于拟IPO企业社会保险缴纳情况的审查标准

根据证监会颁布实施的《首次公开发行股票并上市管理办法》(中国证券监督管理委员会令第173号,2020年修订)第18条第2项之规定,股票发行人最近36个月内不得违反工商、税收、土地、环保、海关以及其他法律、行政法规,受到行政处罚,且情节严重。因此,公司申请发行股票的操作实践中,公司必须提供所

---

* 严海平,上海市金茂律师事务所合伙人,法律硕士。

** 黄韵录,上海市金茂律师事务所合伙人,法学学士和管理学学士(会计专业)双学士。

*** 朱琦,上海市金茂律师事务所律师,华东政法大学法学学士。

在地社会保险机构出具的一份书面证明(样例参见图6－1、图6－2),证明公司3年内不存在违反社会保险法律规定的严重违法行为。为此,中介专业审查机构根据该社会保险机构所出具的书面证明作出审查,并出具专业意见。

网上办事专用

打印标识号：20210113000222326987

单位参加城镇社会保险基本情况

2020年12月

参保单位名称：[redacted]

社会保险登记码：00083070

参加社会保险登记年月：	200007	
参保所在地：	[redacted]	
住所或地址：	[redacted]	
单位类型：	[redacted]	
法定代表人（负责人）：		
组织机构统一代码：	[redacted]	
《社会保险登记证》号：	[redacted]	
《社会保险登记证》发证日期：		
截至2020年12月缴费状态：	正常缴费	
截至2020年12月单位参保人数信息	账户人数：	290人
	缴费人数：	290人
	领取养老待遇人数：	0人
截至2020年9月缴费情况	无欠款	
	欠缴险种及金额	养老：0元
		医疗：0元
		失业：0元
		工伤：0元
		残疾人就业保障金欠缴：0元
		欠薪保障费：0元

特别提示：

1. 按照国家和本市规定，疫情期间，参保单位可延期（在疫情解除后3个月内）补办参保缴费等业务，不影响个人权益记录，由此形成的社会保险欠缴情况，社保经办机构按延缴处理。

2、自2020年11月起，本市社会保险费征管职责划转至税务部门，涉及参保单位2020年10月及以后的社会保险费缴纳信息，由税务部门负责提供。

上海市社会保险事业管理中心

（电子印章中心全称）

打印日期：2021年1月13日

上海市社会保险事业管理中心 网上业务专用章

◆上海市社会保险事业管理中心网上业务专用章已经上海市数字证书认证中心认证，是对外经办网上业务指定电子用章。

数字签名

验证码：

图6－1　单位参加城镇社会保险基本情况表样例

2021/1/11　　　　上海市公用信用服务平台

法人劳动监察行政处罚信用报告

序列号：F(2021)00026270
查询时间：2021年1月11日10点26分04秒
查询编号：CX202101111026040400010103078235

单位名称	[redacted]	组织机构代码	
统一社会信用代码	[redacted]	纳税人识别号	
法定代表人		注册地址	[redacted]
成立日期		注册资金	[redacted]
经营范围	[redacted] 项目，[redacted]		

监管信息（劳动监察类行政处罚）

编号	来源部门	事项名称	处罚文号	处罚事由	处罚日期	处罚内容
1	上海市人力资源和社会保障局	无	无	无	无	无

(1) 本报告所载信息为截至查询时间，上海市人力资源和社会保障局向上海市公共信用信息服务平台提供的2018年01月01日至2020年12月31日期间与被查询人相关的劳动监察行政处罚信用记录。

(2) 法人或自然人伪造、变造本报告信息的，应当承担相应法律责任，该行为将作为其信用信息记入信用平台。

(3) 本报告所载信息可适用于法人历史信用记录证明的参考。

(4) 本查询报告由信用上海平台提供，体验更多信用惠民服务请您下载信用上海APP。

信用上海APP

打印时间：2021年01月11日10点26分04秒

打印编号：
DY202101111026043000003048290

http://10.85.23.129/sh_xyxxpt/queryAction.do?methodName=rsjFrzx_query　　1/1

图6－2　法人劳动监察行政处罚信用报告样例

（二）证监会对于拟 IPO 企业公积金缴纳情况的审查标准

根据国务院颁布的《住房公积金管理条例》（国务院令第 710 号），单位应当办理住房公积金缴存登记，为本单位职工办理住房公积金账户设立或者转移手续，并按时、足额缴存住房公积金，否则将会受到行政处罚。理论上根据上述《首次公开发行股票并上市管理办法》第 18 条第 2 项之规定，单位若因住房公积金违反情形严重而受到行政处罚，将会构成公司上市的障碍。考虑到公积金目前的实施现状，目前在实践操作中，公司除需提供所在地公积金管理中心出具的公积金缴存情况证明外（样例参见图 6－3），证监会尚未要求专业机构对公司缴存公积金是否存在严重违法行为做出特别审查。

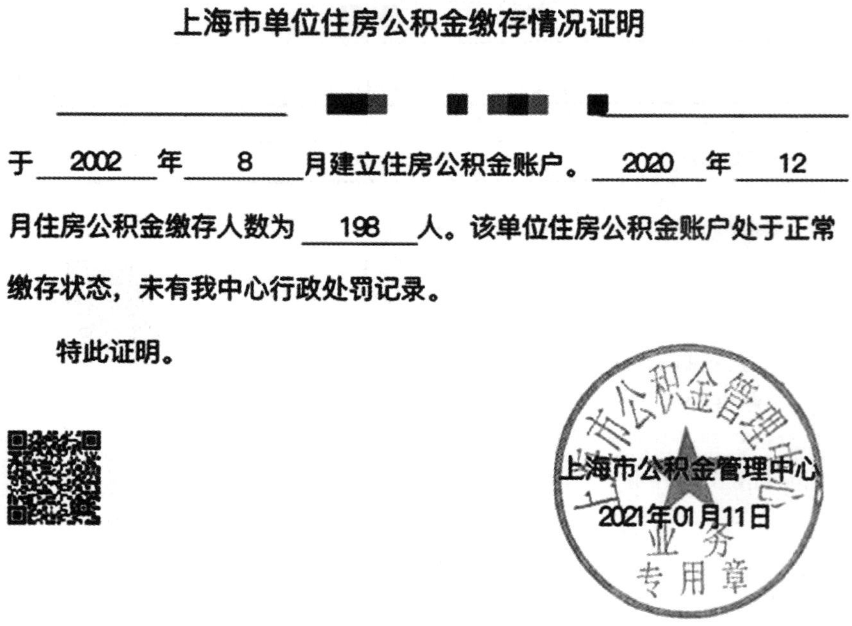

上海市单位住房公积金缴存情况证明

[redacted]

于 2002 年 8 月建立住房公积金账户。2020 年 12 月住房公积金缴存人数为 198 人。该单位住房公积金账户处于正常缴存状态，未有我中心行政处罚记录。

特此证明。

上海市公积金管理中心

2021年01月11日

图 6－3　住房公积金缴存情况证明样例

（三）公司社保、公积金方面的投诉及劳动争议仲裁案件对公司上市的影响

一般情况下，公司劳动用工方面受到投诉，若公司并未因为劳动用工严重违法而受到行政处罚，则该投诉不会成为影响公司上市的不利因素。

关于企业与员工之间发生的劳动争议案件，根据《劳动合同法》及《劳动争议调解仲裁法》的规定，劳动仲裁是解决公司与员工之间所发生的劳动争议的合法

途径。该劳动仲裁裁决结果并不属于行政处罚行为,劳动仲裁案件本身的客观存在并不会影响公司的上市。

最常见的反馈为,发行人与某员工有未决的劳动争议诉讼,证监会在反馈中会要求发行人详细披露上述诉讼发生的原因、诉讼的进展情况、发行人败诉的财务处理、对发行人财务状况的影响。

例如北京百华悦邦科技股份有限公司(股票代码:300736,以下简称百邦科技)上市时,百邦科技与部分员工之间8起劳动争议正在审理过程中,还存在2起尚未了结的民事纠纷,争议金额在几千元至几十万元不等。证监会要求百邦科技“补充说明与员工之间劳动争议的具体情况及外部民事诉讼的具体情况,该等争议或诉讼是否还持续存在,是否影响发行人的正常经营或给发行人造成重大损失”。可通过对相关诉讼情况的说明,以证明相关诉讼不会影响发行人的正常经营或给发行人造成重大损失,不构成对首发的实质性障碍。

二、拟IPO企业依法缴纳五险一金常见劳动关系问题

(一)社保及公积金的缴费主体

1. 总公司与分公司的劳动者

根据《劳动合同法实施条例》第4条的规定,“劳动合同法规定的用人单位设立的分支机构,依法取得营业执照或者登记证书的,可以作为用人单位与劳动者订立劳动合同;未依法取得营业执照或者登记证书的,受用人单位委托可以与劳动者订立劳动合同”。分支机构能否作为用人单位订立劳动合同的主要标准在于是否依法取得营业执照或者登记证书。

又根据《公司法》第14条第1款的规定,“公司可以设立分公司。设立分公司,应当向公司登记机关申请登记,领取营业执照。分公司不具有法人资格,其民事责任由公司承担”。

因此,虽然分公司不具有独立法人主体资格,但是其实际领取了营业执照,并且从事相关的经营活动,有权以分公司的名义作为用人单位同劳动者订立劳动合同。一般情况下应视员工是与总公司还是与分公司存在直接劳动关系而确定劳动者社保及公积金的缴费单位。

2. 母公司与子公司的劳动者

《公司法》第14条第2款规定,子公司具有法人资格,依法独立承担民事

责任。也就是说,母公司与子公司从法律角度属于各自独立的企业单位,应当由与员工存在劳动关系的公司作为缴费单位为劳动者缴纳社会保险费及公积金。

3. 办事处的劳动者

目前实践中,中国公司在外设立非经营形式的机构,通常被称为“办事处”,但实际上我国现行《公司法》及相关配套法律法规中均没有“办事处”的概念。“办事处”无营业执照,不是独立的法律主体,因此不能作为用人单位同劳动者建立劳动关系,亦无法作为合法的社会保险、公积金缴费单位。

而根据国务院《关于管理外国企业常驻代表机构的暂行规定》批准登记的外国公司、企业和其他经济组织(以下简称“外国公司”)在中国境内的“常驻代表机构”,亦经常称为“办事处”,该“办事处”是合法机构。参考《上海市关于管理外国企业常驻代表机构的规定(试行)》(上海市人民政府令第42号)第2条的规定,外国公司的常驻代表机构为非直接经营性的机构,只可代表其派出企业进行业务联络和服务活动。但是,两国政府已有协议规定的,按其规定办理。该规定第10条亦明确规定,“常驻代表机构聘用中国工作人员的,应当委托外事服务单位或者中国政府指定的其他单位办理。常驻代表机构不得在中国境内自行招聘职工”。综上,外国公司在中国境内的“常驻代表机构”(办事处)一般无用人权,不能为其人员直接购买社会保险。

实践操作中,各地外国公司“常驻代表机构”人员与外事服务公司签署劳动合同而被委派到“常驻代表机构”工作,由外事服务公司为员工购买社保。

4. 外国公司分支机构的劳动者

外国公司在中国境内设立的分支机构通常亦被称为“办事处”。此处所指“办事处”系指《公司法》第十一章所称的“外国公司的分支机构”。根据《公司法》第192条第1款的规定,外国公司在中国境内设立分支机构,必须向中国主管机关提出申请,并提交其公司章程、所属国的公司登记证书等有关文件,经批准后,向公司登记机关依法办理登记,领取营业执照。

因外国公司分支机构依法设立并领取营业执照,理论上应当属于《劳动合同法实施条例》上的用人单位,有权为与其建立劳动关系的人员缴纳社保。

（二）缴费基数

1. 全日制用工

（1）社保缴费的费基及费率

根据《社会保险费征缴暂行条例》第3条第5款的规定，社会保险费的费基、费率依照有关法律、行政法规和国务院的规定执行。因此，对于社会保险（基本养老保险、基本医疗保险、失业保险、工伤保险、生育保险）中用人单位与职工个人缴纳的费基、费率，国家并未予以统一规定，而是由各地方人民政府及劳动和社会保障部门根据本地具体情况（包括经济发展水平、平均工资水平及消费水平）具体规定。以上海为例，一般是在每年的4～7月调整新一年的费基。

（2）公积金缴存基数及比例

《住房公积金管理条例》第18条规定："职工和单位住房公积金的缴存比例均不得低于职工上一年度月平均工资的5%；有条件的城市，可以适当提高缴存比例。具体缴存比例由住房公积金管理委员会拟订，经本级人民政府审核后，报省、自治区、直辖市人民政府批准。"《关于住房公积金管理若干问题的指导意见》（建金管［2005］5号）中对于缴存比例及缴存基数也作出如下规定，设区城市（含地、州、盟，下同）应当结合当地经济、社会发展情况，统筹兼顾各方面承受能力，严格按照《条例》规定程序，合理确定住房公积金缴存比例。单位和职工缴存比例不应低于5%，原则上不高于12%。缴存住房公积金的月工资基数，原则上不应超过职工工作地所在设区城市统计部门公布的上一年度职工月平均工资的2倍或3倍。具体标准由各地根据实际情况确定。因此，对于单位与职工的缴存数、缴存时间及缴存比例亦是由各地方人民政府自行制定。以上海为例，一般是在每年的4月调整新一年的缴存基数。

2. 非全日制用工

（1）社保的费基及费率

《劳动和社会保障部关于非全日制用工若干问题的意见》（劳社部发〔2003〕12号）中第3条关于非全日制用工的社会保险规定：①从事非全日制工作的劳动者应当参加基本养老保险，原则上参照个体工商户的参保办法执行。②从事非全日制工作的劳动者可以以个人身份参加基本医疗保险，并按照待遇水平与缴费水平相挂钩的原则，享受相应的基本医疗保险待遇。③用人单位应当按照国家有关规定为建立劳动关系的非全日制劳动者缴纳工伤保险费。

可见,公司可以不为非全日制用工的员工缴纳养老保险、医疗保险、失业保险、生育保险,但必须为员工缴纳工伤保险。

(2)公积金缴存基数及比例

以上海为例,根据《上海市住房公积金缴存管理办法》第5条的规定,个体工商户及其雇用人员、非全日制从业人员以及其他灵活就业人员,可以由个人缴存住房公积金。可见,公司可以不为非全日制用工的员工缴纳公积金。

(三)无须为员工缴纳社保和/或公积金的情形

1. 外国及港澳台员工

根据中共中央组织部、人力资源和社会保障部、公安部等25部门印发的《外国人在中国永久居留享有相关待遇的办法》,持有中国《外国人永久居留证》的外国人可按照《住房公积金管理条例》等规定,在工作地缴存和使用住房公积金;在中国境内就业的,可以按照《社会保险法》有关规定参加各项社会保险。

根据住房和城乡建设部、财政部、中国人民银行、国务院港澳事务办公室、国务院台湾事务办公室印发的《关于在内地(大陆)就业的港澳台同胞享有住房公积金待遇有关问题的意见》,在内地(大陆)就业的港澳台同胞均可按照《住房公积金管理条例》和相关政策的规定缴存住房公积金。

但根据《社会保险法》,外国人在中国就业的,参照《社会保险法》规定参加社会保险。人力资源和社会保障部2018年10月发布了《香港澳门台湾居民在内地(大陆)参加社会保险暂行办法(征求意见稿)》,其中规定港澳台在大陆就业的人员应当依法参加社会保险。同时为了避免双重参保,已在港澳台参加当地社会保险,并继续保留社会保险关系的港澳台居民,可以持相关授权机构出具的证明,不在内地(大陆)参加养老保险和失业保险。

所以,企业的外国及港澳台员工可以选择缴存公积金,应当参加社会保险,但港澳台员工在港澳台当地已参加的社会保险可以不再重复缴纳。

2. 劳务派遣用工

根据《劳动合同法》和《劳务派遣暂行规定》,劳动关系存在于劳务派遣单位和被派遣劳动者之间,被派遣劳动者的社保公积金由劳务派遣单位缴纳,所以接受劳务派遣的企业不用为被派遣劳动者缴纳社保公积金。在接受跨地区的劳务派遣时,接受劳务派遣的企业须为避免出现异地缴纳的情况而代缴,但缴费的义务主体仍是劳务派遣单位。

3. 退休返聘员工

根据《劳动合同法》和最高人民法院《关于审理劳动争议案件适用法律若干问题的解释(三)》,返聘员工享受基本养老保险待遇或领取退休金的,企业与其按劳务关系处理,不用为其缴纳社保公积金。未达到法定退休年龄的内退人员不属于此类,企业与其按劳动关系处理,需要缴纳社保和公积金。

4. 实习生

根据《关于贯彻执行〈中华人民共和国劳动法〉若干问题的意见》的规定,在校生利用业余时间勤工助学,不视为就业,未建立劳动关系,可以不签订劳动合同。也就是说,企业与实习生之间没有建立劳动关系,故无须为其缴纳社保和公积金。

5. 劳务外包

劳务外包的劳动者与企业之间不存在劳动关系,也不计入企业用工人数,企业无须为其缴纳社保和公积金。

三、发行人社保、公积金未交或缴纳瑕疵的情形分析及处理建议

过会企业的案例中,也会存在一些应缴未缴社保公积金的情形,但是需要对未缴的原因作出合理解释。根据证监会近期对一些拟上市公司 IPO 审核的反馈情况,公司未依《住房公积金管理条例》(国务院令第 350 号)、建设部、财政部、中国人民银行《关于住房公积金管理若干具体问题的指导意见》(建金管〔2005〕5号)和各地地方规定执行公积金制度也会有负面影响。

针对实践中出现的拟上市公司未依法缴纳社会保险和住房公积金问题,已上市公司的相关案例可给予我们一定的借鉴和参考。

(一)社保、公积金缴纳中存在的瑕疵

审核部门对于社会保险问题的关注,无非就是企业是否为全体员工足额缴纳了社会保险,是否存在违法违规行为。对于这个问题的关注,以前审核思路是主板上市企业只要取得当地社保主管部门的合法合规行为证明一般就不会存在问题,而创业板上市企业则关注得更细致,可能会关注到缴纳人数、缴纳基数甚至是缴纳时间的问题。至于为什么创业板更加关注社保问题,可能是由于创业板盈利规模相对较小,可能存在创业板企业通过社保调节利润的情形。鉴于社保法律的强制性,拟上市挂牌公司在报告期都应当依法足额缴纳社会保险,但大

部分公司因城乡二元体制、公司自身成本控制、农民工自身对社保存在疑虑等原因,在挂牌之前的合规调查中经常被核查出存在社会保险欠缴、少缴、不缴的历史遗留问题。

1. 未为全体员工缴纳

根据《劳动法》第 72 条的规定,“用人单位和劳动者必须依法参加社会保险,缴纳社会保险费”,公司必须为员工缴纳社会保险费。但目前很多拟 IPO 企业普遍存在未为全体员工缴纳社保,主要表现在以下几个方面:

(1)部分核心人员缴纳,未为基层员工缴纳。

(2)为城镇员工缴纳,未为农民工缴纳。

以往不少案例中,已缴纳城乡居民养老保险(新农保)和城乡居民医疗保险(新农合)的农民工不愿意再缴纳其他社会保险,发行人通常会为其报销新农保和新农合的费用。部分农民工流动性较强,且在家乡拥有宅基地,在城市购房意愿不强,自愿不缴纳公积金,发行人通常会为其提供免费宿舍或住房补贴。

针对农民工对现行社会保险政策的疑虑,譬如担心交纳保险金后没有收益等,拟上市公司首先应耐心做这些在职农民工的思想工作,争取让这些农民工自愿参加社保。如果经动员仍有不愿意参保的农民工,应该在农民工工资中单列保险费用,促进农民工缴纳农村的新农合和新农保。公司最好能够留存农民工缴纳新农合和新农保的收据,并经过当地社保部门的备案和证明,同时应要求拟上市公司大股东承诺独立承担因此被追偿的法律责任。

(3)未为新入职员工缴纳。

(4)未为试用期的员工缴纳。

根据《社会保险法》和《住房公积金管理条例》的规定,手续办理期限均为入职后 30 天。对于新入职员工,社保公积金手续正在办理中的,可以解释。但试用期的员工与企业是已经形成劳动关系的,企业不能以员工尚在试用期为由不缴纳社保、公积金。

(5)未为流动性比较大的员工缴纳。

(6)员工自愿放弃。

振德医疗(股票代码:603301)的案例中,少量员工因为对当期收入重视度高,对社会保险认识不足或认为住房公积金使用不便的员工自愿放弃缴纳社保公积金。

员工自愿放弃缴纳社保公积金并不能免除发行人缴纳社保公积金的法定义务，所以发行人仍然存在被处罚风险。所以对于自愿放弃缴纳社保公积金的员工，包括参与新农保和新农合的农民工，发行人应当通过宣传教育提高其对社保公积金的认识，规范社保公积金的缴纳。已过会企业中，虽然存在少量未缴纳社保公积金的情况，但基本在报告期期末的社保公积金覆盖率都在90%以上。

2. 未按实际缴费基数缴纳

社会保险基数是按照职工上一年度 1 月至 12 月的所有工资性收入所得的月平均额来进行确定的，是计算用人单位及其职工缴纳社保费和职工社会保险待遇的重要依据，有上限和下限之分，具体数额根据各地区实际情况而定。

根据《社会保险法》第 86 条的规定，用人单位未按时足额缴纳社会保险费的，由社会保险费征收机构责令限期缴纳或者补足，并自欠缴之日起，按日加收万分之五的滞纳金；逾期仍不缴纳的，由有关行政部门处欠缴数额 1 倍以上 3 倍以下的罚款。目前很多拟 IPO 企业普遍存在按当地最低的社保基数为员工缴纳社保，未按照实际应缴的社保基数为员工缴纳社保，存在被社会保险费征收机构追缴的风险。

例如，上海凯鑫分离技术股份有限公司（股票代码：300899，以下简称上海凯鑫），在报告期内，上海凯鑫在计算上一年度职工月平均工资时，未将员工上年度的年终奖纳入计算月平均工资的基数中，且其子公司未按当地最低缴费基数为员工缴纳社会保险和住房公积金，从而导致社会保险和住房公积金的实际缴交金额略低于应缴金额。针对该未按实际缴费基数缴纳的情形，在相关社保、公积金单位出具无行政处罚记录的证明的基础上，鉴于上海凯鑫未缴纳金额占扣除非经常性损益后净利润的比例较低，且其实际控制人已承诺承担潜在补缴风险，上海凯鑫亦顺利于创业板首次公开发行股票。

拟上市公司缴交基数不符合法律规定这种情形，从法律角度来看，这种操作违反了按工资总额核定缴费基数的国家相关社会保险法律、政策规定，对于公司而言，这是一项潜在的风险，并有可能带来负债。因此，建议拟上市公司参照本文上述关于公司缴交基数的规定（主要是当地社保征缴条例或管理办法及国家统计局发布的《关于工资总额组成的规定》）补缴相关社保或采用监管部门依法认可的其他处理方式。

3. 未依法缴纳社保全部险种，只缴纳部分险种

目前很多拟 IPO 企业普遍存在为员工缴纳部分险种如工伤、医疗保险，而未为员工缴纳其他部分社保险种的问题。

《社会保险法》第 10 条规定，职工应当参加基本养老保险，由用人单位和职工共同缴纳基本养老保险费。第 23 条规定，职工应当参加职工基本医疗保险，由用人单位和职工按照国家规定共同缴纳基本医疗保险费。第 33 条规定，职工应当参加工伤保险，由用人单位缴纳工伤保险费，职工不缴纳工伤保险费。第 44 条规定，职工应当参加失业保险，由用人单位和职工按照国家规定共同缴纳失业保险费。第 53 条规定，职工应当参加生育保险，由用人单位按照国家规定缴纳生育保险费，职工不缴纳生育保险费。

根据上述法律规定，职工应当缴纳基本养老保险费、基本医疗保险、工伤保险、失业保险、生育保险费共五种险种。

案例 1　深圳市兰亭科技股份有限公司

问题：险种缴纳不全，公司没有给部分员工缴纳养老保险、生育保险和住房公积金。

解决方法：

（1）招股转让书详细披露真实情况：截至 2013 年 12 月 31 日，公司有员工 286 人。公司已为 286 名员工缴纳了医疗保险、工伤保险和失业保险；为 220 名员工缴纳了养老保险；为 196 名员工缴纳了生育保险；为 77 名员工缴纳了住房公积金。

（2）公司实际控制人张某昌、毛某分别作出承诺：对于公司未缴或少缴员工社会保险及住房公积金而可能给公司带来的风险，由其无偿代为承担全部费用和经济损失。

4. 公司员工社保、公积金由其他方代为缴纳

部分拟 IPO 企业存在其他方代为员工缴纳社保的问题，如由大股东代为缴纳、关联公司代为缴纳、劳动劳务公司代为缴纳。但上述做法不符合相关法律法规的规定，因为必须是由用人单位为其员工缴纳社会保险，而不能由其他方代为缴纳。

我国《劳动法》规定，用人单位和劳动者必须依法参加社会保险，缴纳社会保险费。依据该法律规定，为员工购买社会保险的单位应为员工的实际用人单位。

目前所存在的人员挂靠公司购买社会保险情形，是一种不规范的做法，因为人员与挂靠公司之间实际并不存在真实的劳动用工法律关系。

为减少风险，建议准备上市的企业需寻找有人事代理资质的机构为员工代买社会保险。人事代理资质一般体现为：劳动局颁发的“人才中介服务许可证”或“人力资源服务许可证”。

以已上市的深圳市雷赛智能控制股份有限公司（股票代码：002979，以下简称雷赛智能）为例，其在报告期内存在由外部机构代缴部分驻外省员工社会保险和住房公积金的情况。证监会要求保荐机构、发行人律师核查并就外部机构代缴社会保险和住房公积金的合法性发表意见。

雷赛智能在社保、公积金相关主管机构出具其在报告期内不存在因违反社会保险、住房公积金相关法律法规而受到处罚的情形的合法合规证明的基础上，对代缴情况，代缴人数占社保、公积金缴纳总人数比例，代缴社保、公积金金额占比进行计算说明，并陈述由外部机构代缴社会保险和住房公积金的原因，同时提供控股股东及实际控制人针对前述社保及公积金缴纳事项的承诺。除此之外，为规范报告期内存在的部分员工社保公积金由外部机构代缴的问题，雷赛智能在回复中明确“正在对在济南、苏州等外派员工较多的地区建立办事处之事项进行筹备，未来将由新设办事处为上述员工进行社保公积金缴纳”。通过以上多种说明及承诺，以证明由其他方代为员工缴纳社保、公积金不会对雷赛智能该次发行上市构成实质性法律障碍。

（二）社保、公积金缴纳瑕疵处理方式总结

除相关主管机关出具的拟上市企业在报告期内不存在因违反社会保险、住房公积金相关法律法规而受到处罚的情形的合法合规证明外，通常可以采取以下方式证明相关涉及的社保、公积金缴纳瑕疵不会对企业该次发行上市构成实质性法律障碍：

（1）在申报文件中披露办理社会保险及缴纳住房公积金的员工人数等，计算缺、漏缴纳部分人数、金额占比，并揭示相关风险，如对于拟上市企业经营业绩的影响；

（2）说明未缴纳人数及未缴纳原因；

（3）积极采取如补缴、依法缴纳滞纳金等弥补现存问题的措施并披露采取措施后的情况，同时提出未来规范方式，双管齐下；

(4)保荐机构及律师核查相关情况并对未依法缴纳是否构成重大违法行为及对发行上市的影响出具意见；

(5)由控股股东及实际控制人“承诺独立承担被追偿的责任”。

(三)历年欠缴社保费如何补缴

按照《社会保险法》第58条的规定，用人单位应当自用工之日起30日内为其职工向社会保险经办机构申请办理社会保险登记。未办理社会保险登记的，由社会保险经办机构核定其应当缴纳的社会保险费。《社会保险费征缴暂行条例》第13条规定，缴费单位未按规定缴纳和代扣代缴社会保险费的，由劳动保障行政部门或者税务机关责令限期缴纳；逾期仍不缴纳的，除补缴欠缴数额外，从欠缴之日起，按日加收千分之二的滞纳金。滞纳金并入社会保险基金。由于《社会保险费征缴暂行条例》是由国务院第13次常务会议于1999年1月14日通过，1999年1月22日国务院令第259号发布施行的，到目前为止，滞纳金收取比例各地有所调整，如北京地区此项收费比例为万分之五。根据《社会保险法》的规定，缴纳社会保险费是用人单位的法定义务，因此补缴社会保险产生的滞纳金的个人部分也不应当由员工承担，而应该由用人单位一并承担。

此外，按照国务院《社会保险费征缴暂行条例》第23条的规定，缴费单位未按照规定办理社会保险登记、变更登记或者注销登记，或者未按照规定申报应缴纳的社会保险费数额的，由劳动保障行政部门责令限期改正；情节严重的，对直接负责的主管人员和其他直接责任人员可以处1000元以上5000元以下的罚款；情节特别严重的，对直接负责的主管人员和其他直接责任人员可以处5000元以上10,000元以下的罚款。《社会保险费征缴暂行条例》第24条规定，缴费单位违反有关财务、会计、统计的法律、行政法规和国家有关规定，伪造、变造、故意毁灭有关账册、材料，或者不设账册，致使社会保险缴费基数无法确定的，除依照有关法律、行政法规的规定给予行政处罚、纪律处分、刑事处罚外，依照《社会保险费征缴暂行条例》第9条的规定征缴；延迟缴纳的，由劳动保障行政部门或者社保经办机构依照《社会保险费征缴暂行条例》第13条的规定，除补缴相应社会保险费之外加收滞纳金，并对直接负责的主管人员和其他直接责任人员处5000元以上20,000元以下的罚款。补缴社会保险费的情况下，用人单位承担的费用应当为正常应当缴纳的社会保险费单位负担部分和社会保险费迟滞缴纳产生的滞纳金(包括单位部分和个人部分)以及相应行政处罚罚款。

至于流动人员较多的问题,从长远看,可以考虑与具有劳务派遣资质的劳务派遣公司签署劳务派遣合同,短期使用,这样其养老等社会保险就与拟上市公司无关,由劳务派遣公司按照有关规定缴纳,并在完成这一切后通过申请取得当地政府主管部门出具的近 3 年合规执行社会保险政策的证明。

专 题 七

股权融资和债权融资

科创企业股权融资流程及关注要点

何永哲[*]　俞烨松[**]

私募股权投资基金(以下简称私募基金)是指以非公开方式向特定的有关机构或符合条件的投资人募集资金,并向未上市企业进行权益性投资,最终通过被投资企业上市、并购或管理层回购等方式实现退出而获利的投资模式。虽然在私募基金行业发展初期曾出现诸多乱象,2016 年至今,中国证券投资基金业协会(以下简称基金业协会)陆续推出针对私募基金管理人及私募基金产品的多项规定,明确了管理人登记以及基金产品备案的详细流程,私募基金行业逐渐走上规范发展道路。近年来,中小企业、高新技术企业和初创科技型企业成为私募基金的重要投资方向。

一、筛选投资机构

股权融资对于融资企业以及私募基金投资人而言,实质是一次双向选择。私募基金在挑选优质企业的同时,优质的企业往往也会面对多家不同投资人的投资意向。虽然融资企业可以挑选多家投资方,但随着企业引入的投资人数量的上升,势必会对企业内部的沟通以及经营管理造成一定程度的阻碍。因此对于融资企业而言,如何选择引入合适的投资人就显得格外重要。

(一)私募基金的合规性

融资企业通常存在未来于主板或科创板上市的计划,而在上市过程中,如发行人股东中存在私募投资基金,根据证监会相关规定要求保荐机构和发行人律

---

* 何永哲,上海市金茂律师事务所合伙人,华东政法大学法学学士、法学硕士。

** 俞烨松,上海市金茂律师事务所合伙人,上海对外经贸大学法学学士。

师需要对该私募基金是否符合《证券投资基金法》《私募投资基金监督管理暂行办法》《私募投资基金管理人登记和基金备案办法(试行)》规定以及是否按规定履行备案程序进行核查并发表意见。如融资企业引入的私募基金未履行备案程序,那将对融资企业的上市计划造成不利影响。因此融资企业在挑选私募基金时应当首先关注其合规性,即该基金的基金管理人以及基金本身是否已经在基金业协会完成相应的登记备案手续,以及是否存在异常信息或信息披露不及时的情况。有关私募基金备案的法律法规如表 7-1 所示。

表 7-1 有关私募基金备案的法律法规

文件名称	发布日期	相关条款
《发行监管问答——关于与发行监管工作相关的私募投资基金备案问题的解答》	2015 年 1 月 23 日	……中介机构应对发行人股东中或事先确定的投资者中是否有私募投资基金、是否按规定履行备案程序进行核查,并分别在《发行保荐书》《发行保荐工作报告》《法律意见书》《律师工作报告》中对核查对象、核查方式、核查结果进行说明……
《关于进一步规范私募基金管理人登记若干事项的公告》(中基协发〔2016〕4 号)	2016 年 2 月 5 日	第一条 ……根据《私募投资基金监督管理暂行办法》和《私募投资基金管理人登记和基金备案办法(试行)》的规定,中国基金业协会以通过协会官方网站公示私募基金管理人基本情况的方式,为私募基金管理人办结登记手续
《私募投资基金备案须知》	2019 年 12 月 23 日	第一条第(十)款 【募集完毕要求】管理人应当在募集完毕后的 20 个工作日内通过 AMBERS 系统申请私募投资基金备案,并签署备案承诺函承诺已完成募集,承诺已知晓以私募投资基金名义从事非法集资所应承担的刑事、行政和自律后果。 本须知所称“募集完毕”,是指: 1. 已认购契约型私募投资基金的投资者均签署基金合同,且相应认购款已进入基金托管账户(基金财产账户); 2. 已认缴公司型或合伙型私募投资基金的投资者均签署公司章程或合伙协议并进行工商确权登记,均已完成不低于 100 万元的首轮实缴出资且实缴资金已进入基金财产账户。管理人及其员工、社会保障基金、政府引导基金、企业年金等养老基金、慈善基金等社会公益基金的首轮实缴出资要求可从其公司章程或合伙协议约定
		第一条第(十二)款 【备案前临时投资】私募投资基金完成备案前,可以以现金管理为目的,投资于银行活期存款、国债、中央银行票据、货币市场基金等中国证监会认可的现金管理工具

需要提醒融资企业关注的是，根据基金业协会2019年12月23日发布的《私募投资基金备案须知》之规定，私募基金在备案完成前，仅可以进行临时投资，不得开展股权投资活动。因此如果私募基金在投资企业时尚未完成备案手续，而是在投资完成后方完成备案的，严格意义上来说，该投资行为亦是违反基金业协会之规定的。

另外，基金业协会于2016年2月5日之前曾经发放过纸质私募基金管理人登记证书或私募基金管理人登记电子证明，但随着《关于进一步规范私募基金管理人登记若干事项的公告》的发布，该等纸质私募基金管理人登记证书以及私募基金管理人登记电子证明均不再作为证明私募基金管理人完成登记备案的证明文件。因此，如私募基金管理人向融资企业出示该等文件的，并不能作为其已完成管理人登记备案的凭证。融资企业查询私募基金及其管理人是否已经于基金业协会完成登记备案，可以登录中国基金业协会网站"私募基金管理人公示平台"（http://gs.amac.org.cn）和"私募汇"手机APP客户端进行查询。

（二）投后管理与增值服务

对于融资企业而言，股权融资与银行贷款、项目融资有很大的差别，其中之一就体现在股权融资并非投资款到手便万事大吉。作为投资人的私募基金在股权融资完成后还需要对融资企业进行投后管理。所谓投后管理，顾名思义就是投资人股东对融资企业的管理。投后管理主要目的有二：其一，当然是监督和控制融资企业，避免发生损害投资人利益的行为；其二，则是帮助融资企业完善决策和管理制度，扩展市场与业务，最大程度帮助融资企业成长壮大。同时，随着近年来市场上私募基金数量及规模的不断扩大以及越来越多的投资项目IPO被推迟，对于融资企业而言，仅仅简单地引入资金已不能满足需求，更多的是需要私募基金在为企业注入资金的同时能够提供一系列契合企业自身需求的增值服务。

根据笔者总结，私募基金在投资完成后为融资企业提供的投后管理及增值服务大致可以分为完善内部管理结构、加速外部扩展进程以及帮助实现IPO退出三个方面，具体包括但不限于以下内容：

（1）完善内部管理结构：明确企业股东会、董事会职权划分；建立企业管理团队、明晰管理架构；绑定企业管理团队以及核心技术人员；制定企业发展战略；优化企业生产或服务流程管理；加强企业合规建设以及财务控制等。

(2)加速外部扩展进程:帮助企业完成后续轮次融资;帮助扩张市场以及完成产业整合等。

(3)实现IPO退出:帮助企业达成IPO指标(包括财务指标以及内部管理规范化等);介绍配置专业中介机构;协调上市进程等。

二、签署保密协议

由于在引入股权投资过程中,投资人必然要求深入了解融资企业的产品、技术、财务等内容,并开展技术、法律、财务等方面的尽职调查。在这一过程中,融资企业将对投资人变得逐渐透明,投资人可能了解到融资企业的许多商业机密或核心技术。因此对于融资企业而言,在允许投资人业务团队进场以及向其提供核心数据、技术或其他方面材料前,要求投资人提前签署保密协议就尤为关键。保密协议签署过程中,建议融资企业格外关注以下方面。

(一)保密信息的定义

融资企业签署保密协议的初衷便是为了保护自身的保密信息,因此保密协议中首先需要对保密信息做出一个定义。在实践中,保密协议对于保密信息的定义通常是融资企业向投资人提供的全部或任何文件、材料、数据和其他信息,同时融资企业可以根据自身行业或业务情况,再具体挑选罗列保密信息可能涉及的内容,如知识产权(专利、实用新型、软件著作权)、核心技术、客户等。因此,保密协议中保密信息的表述可以为:

本协议所指保密信息是指:披露方向接收方提供的披露方与项目有关的、不为公众所知悉、能为披露方带来经济利益或一旦公布会对披露方造成实质性的不利影响的、并经披露方采取保密措施的各类信息、数据,包括但不限于披露方具体情况、知识产权、商业秘密、核心技术、客户信息等。

(二)保密信息的传递形式

保密协议通常对于保密信息的传递形式也会有相应约定。融资企业应当尽可能扩大约定范围,因为融资企业在向投资人提供材料的过程中,往往会通过纸质、邮件、微信甚至口头等多种方式,如不能尽可能将多种传递形式囊括在约定范围之内的话,很可能就会产生疏漏,无法全面保护保密信息。特别关注的是,融资企业应当尽量避免约定只有明确标注为“保密信息”的内容才属于保密信息,因为在材料提供阶段,投资人要求融资企业提供的材料往往涉及面广、内容繁多并且时间紧凑，该约定将对融资企业的材料整理提出很高的要求和挑战。实践中，保密信息的传递形式可以表述为：

保密信息可以以口头、书面、电子邮件、电话、传真、短信等通信方式及记载保密信息内容的文件资料、光盘、软件、图书等有形媒介体现，也可通过法律法规认可的其他介质形式传递。

（三）保密信息的接收范围

投资人入场过程中，除自身业务团队人员外，通常还会有外部律师、财务等中介机构，因此保密协议中也会约定投资人有权向其员工或聘用的中介机构披露保密信息。因此，建议保密协议还应当约定投资人应当促使其员工及其中介机构履行同等的保密义务。实践中，可以表述为：

接收方为与项目有关的目的，仅可向其有知悉必要的项目团队或其聘用的中介机构人员（以下合称"接收方人员"）披露保密信息，除本协议另有规定外，不得向接收方人员以外的人披露保密信息。接收方应向接收方人员提示保密信息的保密性和应承担的保密义务，并促使其履行与接收方同等的保密义务。

（四）保密信息的后续处理方式

如融资企业与投资人最终未能就股权投资达成一致，那么已提供的保密信息返还或销毁就尤为关键。实践中，可以表述为：

如接收方在本协议签署之日起【90】日内，未完成对披露方投资的，接收方应当在收到披露方书面通知后3个工作日内，将披露方提供的全部材料返还至披露方，就该等材料所涉及信息接收方不应以刻录、复印、照片等方式继续保留。就该等信息，接收方应负有持续保密义务，直至该等保密信息公开之日止。

三、签署投资意向书/投资条款清单

在融资企业与投资人确定基本投资意向后，双方通常会先行签署投资条款清单（Term Sheet，TS）或者投资意向书（Memorandum of Understanding，MOU）以达到初步锁定项目的效果。由于通常TS的条款内容设置更为简单明了，因此实践中更加倾向于选择签署TS。

TS中通常即会对投资过程中前提条件或是完成后的投资人特殊权利，抑或是对融资企业投资后的公司治理作出初步约定。但由于TS签署时，融资企业与投资人双方往往还未开展深入谈判，因此，通常情况下，TS中会约定除了保密、

排他期以及争议解决条款外,其他条款均不具有强制约束力。示例如下:

本投资条款书为【投资人】及其关联方考虑对【融资企业】("项目公司")投资("本次交易")的主要条款摘要。除标题为"排他性"、"适用法律和争议解决"及"保密"的条款之外,本投资条款书对任何一方均不具约束力。本投资条款书的条款和条件应受限于已完成令投资人满意的尽职调查与投资协议的正式签署。

尽管有上述效力约定,但由于 TS 在日后会成为正式投资协议起草的重要基准,因此还是建议融资企业在签署 TS 时尽量谨慎,避免在 TS 中约定无法实现或实现难度较大的条款,否则会对融资企业后续谈判平添许多难度。

除上述关于 TS 条款的效力约定外,还建议融资企业特别关注 TS 中对于排他期期限的约定。出于锁定项目进行独家谈判的需要,投资人在 TS 中会设置排他期,即约定融资企业在 TS 签署后的一定时间内不得接触其他投资机构。这也就意味着对于融资企业而言,在排他期内无法寻找到其他的资金渠道并开展谈判,而这对于许多处于初创期需要资金支持的企业而言往往是致命的。因此,融资企业应当结合自身的实际资金需求,关注排他期期限,避免对自身融资进度造成不利影响。

四、开展尽职调查

在完成保密协议的签署后,投资人为了全面了解企业,也为了推进项目进度,便会向融资企业要求开展尽职调查。通常情况下,投资人对融资企业开展的尽职调查,包括三大方面,即法律尽调、财务尽调以及行业/技术尽调。其中法律尽调以及财务尽调,投资人一般会聘请专业的律师事务所以及会计师事务所来开展,而行业/技术尽调可能由投资人内部团队直接开展。由于负责对融资企业开展法律尽调的律师,往往后续也将负责融资交易文件的起草,因此本文主要着重向融资企业介绍法律尽调,希望融资企业对法律尽调的流程以及关注点有所了解。

律师在对融资企业开展尽职调查之初,会向融资企业提供一份法律尽职调查清单。律师出于对融资企业全面了解的角度出发,也为了避免遗漏融资企业的关键事项,因此该份尽调清单会被设计得非常全面,这也就让大部分融资企业创始人在第一次接触到法律尽职调查清单时感到非常头疼。为了帮助企业在面对尽职调查时可以更有针对性地提供资料，我们就抛开尽调清单中法言法语的表述，介绍一下律师在开展法律尽职调查时最关注的核心问题（如表 7 – 2 所示）。

表 7 – 2 尽职调查的核心问题及主要材料

类别	主要材料	了解内容
历史沿革	市场监督管理局调取的企业内档	企业历史变更过程中是否存在不合规或未履行相应表决程序的情况
	历史融资文件（包括投资文件以及款项支付银行回单）	前轮投资人是否已经履行完毕投资义务并且是否享有超出本轮投资人预期的特殊权利
股权结构	员工持股计划（ESOP）文件	企业的员工持股计划安排（包括但不限于何时授予股权、行权价格、退出机制等）
	代持协议	企业股权结构是否稳定，是否存在代持情形
企业资质	资质证书	企业是否已经具有开展相应业务的全部资质
财务税务情况	审计报告以及银行征信报告	企业的财务情况以及对外负债情况
	对外借款文件，包括向银行贷款、股东贷款及其他第三方贷款	（1）企业的对外借款对本次投资是否存在限制性约定； （2）是否存在利息畸高、利益输送的情况
	对外提供担保的文件	企业的对外担保对本次投资是否存在限制性约定
	企业适用税种、税率及依法纳税凭证	（1）企业是否享有税收优惠，如享有，该等税收优惠政策未来的可持续性； （2）企业是否已经依法全额缴纳税款
知识产权	企业所持有的商标、专利、域名、软件著作权	企业核心业务所涉及的知识产权归属情况
资产状况	土地使用权证、房屋产权证及转让合同、价款支付凭证	（1）企业的资产权属情况； （2）如企业的房屋及设备存在租赁情况的，是否会对企业未来经营生产造成不利影响
	租赁房屋清单以及房屋租赁合同	
	固定资产清单以及重大设施设备的采购合同、价款支付凭证（如设施设备涉及融资租赁的，提供融资租赁合同以及租金支付凭证）	

续表

类别	主要材料	了解内容
人员	员工花名册以及劳动合同文本	企业员工总数以及劳动合同条款是否存在风险
	保密及不竞争协议文本及签署情况	企业高级管理人员或核心员工是否已经签署保密及不竞争协议
	企业缴纳社会保险及公积金的凭证	企业未来是否存在因漏缴少缴社保或公积金而被处罚的风险
业务	重大的业务合同(采购、销售、代理等合同)	企业的主要业务模式以及是否存在潜在合同纠纷
关联交易	如企业存在关联交易情形的,提供关联交易相应合同	企业关联交易价格是否公允,是否存在利益输送情形
诉讼、仲裁、行政处罚	曾经受到的行政处罚决定书以及解决情况/罚款缴付凭证	企业过往受到行政处罚的原因以及该等处罚事项是否已经整改完毕
	已经发生、正在发生以及潜在可能发生的纠纷文件(包括诉讼/仲裁文件、法院通知、法院裁定、法院判决等)	该等诉讼、仲裁是否将对企业构成不利影响
环境保护	环保部门下发的许可证、准许或授权文件	企业生产或经营是否已经履行环保报批手续(如需要)

五、签署正式投资协议

尽职调查完成后,如果尽调结果令投资人基本满意的,那么双方就将进入正式投资协议的谈判过程中。正式投资协议的一些核心条款设计将在下一篇文章详细介绍,这里提示融资企业在正式投资协议谈判过程中关注以下几个方面:

1. 投资协议中会存在几个时间节点——签约日、终止日、打款日以及交割日。融资企业需要对这几个时间节点首先有个初步的认知和概念。首先,“签约日”顾名思义就是投资协议的签署日期;“终止日”指投资协议约定的投资前提条件在该日仍无法满足的,投资人即有权选择终止投资协议以及本次投资,抑或是给予企业宽限期;“打款日”是指投资人根据投资协议约定将增资款支付至融资企业或将股权转让款支付至融资企业原股东之日;“交割日”是指双方根据投资协议约定完成本次投资交割手续之日,通常包括完成工商变更登记、出具新的股东名册等。

2. 对于尽调过程中发现的一些问题,投资人往往会根据其重要程度以及整改所需要的时间，在投资协议中明确企业整改时间。整改时间通常选择三个时间节点：其一，便是终止日，即作为投资的先决条件，在该等事项整改完毕后，投资人方对企业开展投资，如在规定时间内企业未能完成整改的，投资人有权终止本次投资以及投资协议，该类事项往往是针对最重要最紧迫的事项。其二，是在打款日或是交割日后的规定时间内完成整改，如未能完成整改，融资企业或融资企业创始人股东需要向投资人承担相应的违约责任。其三，则是在企业向上海证券交易所提交科创板上市申请之前完成。就该等事项的整改时间确定，建议企业以及企业创始人股东仔细评估，避免未来无法在约定期限内完成整改，从而影响企业融资进度或是承担违约责任。

3. 由于投资人需要在交割日获得融资企业股东地位以及董事席位（如有）后方可有权了解或是参与企业的经营管理，而从签约日到最终打款日/交割日之间存在一段空白期限。在这段过渡期内，投资人为了保障自身权益，避免融资企业发生重大变化，通常会在投资协议中要求对这段过渡期间内的融资企业运营管理、决策做出一定的限制，如禁止变更主营业务、禁止大额借贷或是对外提供担保等。该等对于融资企业于过渡期内的限制本意上是为了锁定在过渡期内的融资企业业务、财务、对外投资等情况。建议融资企业在接受该等过渡期内限制前，先衡量一下这些限制是否与公司未来短期发展规划存在违背之处，或是会对公司的日常业务或者已签署合同的履行造成阻碍。如存在上述情况的，融资企业应尽可能向投资人释明，并在投资协议中做出适当的除外约定。

投资协议的核心内容及其应对

何永哲[*]　俞烨松[**]

投资协议作为股权融资过程中明确融资企业、投资方股东以及创始股东乃至融资企业全体现有股东之间权利义务的法律文件，其谈判与拟定是整个股权融资过程的重中之重。特别是由于私募基金出于风险控制与保障收益考虑，往往会要求融资企业及创始股东向其提供许多优先权或特殊权利，并在投资协议中以条款形式明确该等权利的实施细则。这些核心条款更是各方协商谈判的焦点。

一、优先认购权

优先认购权，是指融资企业未来增资或发行新股时投资人股东作为老股东可以按照原先的持股数按一定比例优先认缴或购买新股的权利。优先认购权的法律基础源于《公司法》第 34 条①之规定，有限责任公司可以自由约定优先认购权的行权方式和比例。实践中，投资协议中关于优先认购权的表述可以为：

公司每一次增资或发行新股时，投资人均有权但无义务基于其在公司中的股权比例优先认缴出资或认购该次发行的股权。

---

* 何永哲，上海市金茂律师事务所合伙人，华东政法大学法学学士、法学硕士。

** 俞烨松，上海市金茂律师事务所合伙人，上海对外经贸大学法学学士。

① 《公司法》第 34 条规定："股东按照实缴的出资比例分取红利；公司新增资本时，股东有权优先按照实缴的出资比例认缴出资。但是，全体股东约定不按照出资比例分取红利或者不按照出资比例优先认缴出资的除外。"

优先认购权不仅出现在股权融资条款中，也是普通企业的股东常见权利。但对于融资企业创始人股东而言，也不能对优先认购权的约定毫不在意。需要关注的是，融资企业并非仅仅在引入新一轮投资时会进行增资或发行新股，往往融资企业在涉及员工持股、执行“反稀释条款”等特殊事项时，也会进行增资或发行新股。该等特殊情况下，并不适宜投资人股东实施优先认购权，因此在投资协议中设置优先认购权时建议将该等特殊情况列为优先认购权的除外情形。例如：

（1）为执行相关“反稀释条款”而新增注册资本/发行新股；

（2）实施股权激励计划向员工增发的股票；

（3）合格首次公开发行股票并上市（IPO）；

（4）借壳上市等。

除我们之前提到的普通的优先认购权（现有股东按照同等条件购买保持其股份比例的数量的股权或者股票）外，在私募基金投资的实践中，还有一种形式的特殊的优先认购权，即投资人股东要求优先于融资企业其他股东认购全部或部分新增注册资本/增发股份，或是当融资企业其他股东放弃行使优先认购权时，投资人股东就该部分新增注册资本/增发股份有权要求行使优先认购权。这类优先认购权对于投资人股东更为有利。当投资人股东看好融资企业发展前景时，可以通过行使该类优先认购权扩大对融资企业的投资金额及持股比例，但该类优先认购权的行使将存在稀释创始股东股权比例的风险并引起其他投资人股东的反对。因此，如果投资人股东对融资企业提出后一类优先认购权要求的，融资企业建议谨慎考虑或在该等权利实施上设置相应的限制条款，如投资人股东行使优先认购权后直接/间接持有公司股权比例合计不得超过一定比例；在未来融资企业后续某轮融资中如投资人股东放弃行使优先购买权的，则其未来不再享有优先认购权等。

二、优先购买权

优先购买权，是指公司股东对外转让股权时，投资人作为原股东具有在同等条件下优先购买的权利。优先购买权的法律基础源于《公司法》第

71 条[①]之规定，有限责任公司可以自由约定优先认购权的行权方式和比例。实践中，投资协议中关于优先认购权的表述可以为：

公司股东要求转让其在公司股权的，投资方有权但无义务要求以同等条件优先受让该等股东拟转让的公司股权。

就优先购买权，在实践中部分融资企业可能试图通过缩短书面通知期限的方式来限制投资人行使优先购买权，但根据最高人民法院《关于适用〈中华人民共和国公司法〉若干问题的规定（四）》第 19 条[②]之规定，如通知确定的期间短于 30 日或者未明确行使期间的，行使期间为 30 日。因此，为了避免因约定不清而对未来优先购买权的行使造成不利影响，建议融资企业与投资人在投资协议及公司章程中明确约定当发生融资企业股东拟对外转让股权情形时，融资企业通知其他股东的内容、形式以及其他股东拟行使优先购买权的程序等。

需要提及的是，上述的优先购买权由于权利基础源于《公司法》规定，因此在谈判中通常不会产生较大争议。但个别强势的投资人可能会要求融资企业给予其"超级优先购买权"，即其有权选择优先于融资企业其他全体股东优先购买全部或部分拟转让股权。这类"超级优先购买权"与上文我们提及的第二类先认购权性质类似，我们同样建议融资企业在面对此类要求时，谨慎考虑或设置相应的行权限制条款。

三、优先分红权

优先分红权，是指投资人在融资企业分红时，优先取得一定比例股息的分

---

① 《公司法》第 71 条规定："有限责任公司的股东之间可以相互转让其全部或者部分股权。

股东向股东以外的人转让股权，应当经其他股东过半数同意。股东应就其股权转让事项书面通知其他股东征求同意，其他股东自接到书面通知之日起满三十日未答复的，视为同意转让。其他股东半数以上不同意转让的，不同意的股东应当购买该转让的股权；不购买的，视为同意转让。

经股东同意转让的股权，在同等条件下，其他股东有优先购买权。两个以上股东主张行使优先购买权的，协商确定各自的购买比例；协商不成的，按照转让时各自的出资比例行使优先购买权。

公司章程对股权转让另有规定的，从其规定。"

② 最高人民法院《关于适用〈中华人民共和国公司法〉若干问题的规定（四）》第 19 条规定："有限责任公司的股东主张优先购买转让股权的，应当在收到通知后，在公司章程规定的行使期间内提出购买请求。公司章程没有规定行使期间或者规定不明确的，以通知确定的期间为准，通知确定的期间短于三十日或者未明确行使期间的，行使期间为三十日。"

配。根据《公司法》第 34 条[①]及第 166 条[②]之规定,虽然并未明确约定公司可以约定设置优先分红权,但有限责任公司及股份有限公司均可以约定不按照出资比例进行分红。在实践中优先分红权有以下两种不同形式:第一种是投资人股东按其持股比例获得股息红利前,融资企业其他股东不得分配股息红利;第二种则是融资企业先向投资人股东按照其投资金额的年化回报率分配一笔投资回报,后续剩余利润再由融资企业其他股东进行分配。

就后一种优先分红权,在谈判中融资企业与投资人的分歧点通常在于,如某一会计年度内融资企业的可分配利润金额低于固定投资回报的,那么在后续年度是否需要相应补足。从投资人收益最大化的角度出发,投资人必然希望前述不足部分可以转入融资企业下一会计年度累计一并计算,但由于转让融资企业下一会计年度累计计算,将减少后续年度融资企业其他股东的分红金额,因此融资企业通常更倾向于每一会计年度单独计算投资回报。

四、优先清算权

优先清算权,是指投资人在融资企业清算过程中,有权优先于其他股东收回投资成本并按照一定的年化回报率获得投资收益。实践过程中,优先清算权可能是投资人退出融资企业的最终渠道,因此优先清算权在投资协议中是一个投资人势必会全力争取的条款。实践中,投资协议中关于优先清算权的表述可以为:

在发生清算事件时,将由【融资企业】根据相关法律规定对其全体股东进行财产分配,如在该等分配中投资方实际获得的分配金额低于按照【 × 】%(单利)的年利率计算的投资款本利总和金额("优先清偿额")的,则实际控制人应从其分配所得中优先补偿投资方,直至投资方最终获得的款项等额于优先清偿额。

鉴于如果投资人股东行使优先清算权,代表融资企业已经或即将进入清算

---

① 《公司法》第 34 条规定:"股东按照实缴的出资比例分取红利;公司新增资本时,股东有权优先按照实缴的出资比例认缴出资。但是,全体股东约定不按照出资比例分取红利或者不按照出资比例优先认缴出资的除外。"

② 《公司法》第 166 条规定:"……公司弥补亏损和提取公积金后所余税后利润,有限责任公司依照本法第三十四条的规定分配;股份有限公司按照股东持有的股份比例分配,但股份有限公司章程规定不按持股比例分配的除外。……"

程序，因此建议融资企业在与投资人对优先清算权开展谈判时，关注以下几点事项以尽可能维护自身权益：

1. 尽可能压缩并明确细化清算事件。通常投资协议中会约定设置清算事件作为触发投资人优先清算权的前提条件，即融资企业或创始人股东出现协议约定的清算事件时，投资人有权要求清算融资企业并行使优先清算权。但投资协议中约定的清算事件除了《公司法》第 180 条①规定的五种法定清算事由外，通常还会约定一些会导致企业重要资产、核心业务甚至控制权发生不利变化的事件作为“视同清算事件”。因此，在投资协议中应当尽可能地压缩并且明确约定视同清算事件的情形，避免未来投资人股东对“视同清算事件“进行扩大解释以借此实现对融资企业的清算退出。

2. 出现视同清算事件的，约定先由融资企业创始人选择履行回购义务。融资企业是创始人的心血，当发生视同清算事件便不问青红皂白要求融资企业进入清算程序，既对创始人是一种巨大的打击，又不符合投资人尽快收回投资成本及预期收益的诉求。因此，建议投资人可以在谈判中要求，当融资企业发生视同清算事件的，创始人有权选择以投资人满意的价格回购投资人所持有的股权，从而避免企业进入清算程序。

3. 计算优先清偿额时扣除投资人期间收益。由于投资人在投资期间很可能已经从融资企业处获得利润分配，因此在计算投资方最终的优先清偿额时应当扣除投资人在投资期间已获取的期间收益。在投资协议中，可以用公式方式来明确该原则，例如：

投资方最终获得的优先请算额＝投资方投资款×（1＋【×】%×投资年限）－投资方已从融资企业处获得的分红分配

4. 创始人对优先清偿额不承担补偿责任或仅以从融资企业分得的清算分配额为限承担补偿责任。考虑极端情况下，融资企业的清算资产可能不足以支付投资人的优先清偿额，部分投资人会在投资协议中要求创始人对其中差额部分以个人资产承担补偿责任。对此建议创始人可以争取仅以其从融资企业处分得

① 《公司法》第 180 条规定：“公司因下列原因解散：（一）公司章程规定的营业期限届满或者公司章程规定的其他解散事由出现；（二）股东会或者股东大会决议解散；（三）因公司合并或者分立需要解散；（四）依法被吊销营业执照、责令关闭或者被撤销；（五）人民法院依照本法第一百八十二条的规定予以解散。”

的清算分配额为限向投资方承担补偿责任。这也是目前实践中接受度较高的一种做法。表述可以参考如下：

在【融资企业】根据相关法律规定对股东进行财产分配之后，创始人应当从其分配所得中，优先补偿投资方，以保证投资方获得清算优先额。

五、回赎权

回赎权，是指投资人要求融资企业或融资企业创始人按照其投资金额的年化回报率计算价格回购其所持有的融资企业股权的权利。作为投资人的私募基金通常设有一定的存续期限(较为常见的3～5年)，因此如果未能在私募基金的存续期限内完成上市退出的，那么赎回退出就成为一种最重要的退出方式。实践中，融资企业在设置回赎权时可以主要关注以下几个要点。

(一)回赎主体

目前实践操作中，较为常见的是约定由融资企业创始人作为回赎义务人，由融资企业承担连带责任。这种操作方式使投资人在实施回赎权时，仅需要办理一次股权转让的变更登记手续即可，避免了以融资企业作为回赎义务人可能涉及的公司减资的复杂程序。[①] 如融资企业存在多个创始人股东的，创始人股东应根据各自持股比例回购投资人所持有的融资主体股权，并相互之间就回购款承担连带责任。

但如果在融资过程中融资企业较为强势的，出于保护创始人股东权益的角度，也可以要求由融资企业承担回赎义务，创始人股东以其持有的融资企业股权为融资企业的回购义务提供质押担保，或是由创始人股东仅以其所持有的融资企业股权为限承担回赎义务。

(二)回赎权的触发条件

通常来说回赎权的触发条件可以分为两类：第一类是融资企业未能在约定的期限内完成上市；第二类则是融资企业或创始人发生重大的违约情形，如严重违反投资协议项下的陈述保证或承诺事项、违反非竞争义务、融资企业发生重大

---

① 《公司法》第177条规定："公司需要减少注册资本时，必须编制资产负债表及财产清单。公司应当自作出减少注册资本决议之日起十日内通知债权人，并于三十日内在报纸上公告。债权人自接到通知书之日起三十日内，未接到通知书的自公告之日起四十五日内，有权要求公司清偿债务或者提供相应的担保。"

不利影响事件等。就第二类触发条件,建议可以在投资协议中设置相应的整改期限,即当发生第二类触发条件事件的,当投资人书面通知融资主体后一定期限内仍未整改的,投资人方有权要求行使回赎权。

(三)回赎价格

回赎价格通常以投资人投资本金加上预期收益计算,但建议融资企业可以参照上文所介绍的优先清算额,向投资人争取在回赎价格中扣除投资人已获得的期间收益。

基于上述,在实践中,投资协议中关于回赎权的表述可以表现为:

"若在【××××】年【××】月【××】日前,【融资企业】未能提交合格首次公开发行上市申请并获正式受理,投资方有权要求【融资企业】创始人股东以不低于最低估价的价格购买投资方在本次投资后持有的【融资企业】全部股权,【融资企业】应对投资方承担连带责任。最低估价指(1)投资方本次投资金额;加上(2)自本次投资交割日起每年【×】%单利。

如果投资方要求【融资企业】创始人股东回购,则在收到投资方要求回购股份的书面通知起的60日内,【融资企业】创始人股东应与投资方签署股权收购协议并支付全部股权转让款。

如果发生以下任何一项事件,投资方也有权要求【融资企业】创始人股东以不低于最低估价的价格购买投资方在本次投资后所持有的【融资企业】全部股权,【融资企业】应对投资方承担连带保证责任:(1)【融资企业】创始人股东及其一致行动人直接和间接所持有的股份降至【××】%以下;(2)【融资企业】创始人股东出现重大个人诚信问题,导致【融资企业】财务处理严重违反会计准则的;(3)【融资企业】的核心业务发生重大变化(投资方书面同意的除外);(4)【融资企业】与其关联公司进行有损于投资方利益的交易或担保行为;(5)【融资企业】或其创始人股东发生法律法规的严重行政或刑事违法行为,且被处以行政处罚或被追究刑事责任的;(6)【融资企业】被托管或进入破产清算程序。

六、跟售权

跟售权,是指融资企业创始人拟转让所持有的融资企业股权时,投资人要求受让方以同等条件一并受让其所持有的融资企业股权的权利。由于融资企业的创始人股东往往对于融资企业有着非常重要的意义,因此如果创始人股权减持了融资企业股权的,势必会影响投资人对于融资企业的信心,因此跟售权在实践操作中也是较为常见的。但融资企业在设置跟售权时也可以安排相应的限制措施,避免投资人股东借机完全退出项目或阻止创始人股东减持,如:(1)创始人股东为实施员工激励计划而转让股权的,投资人不得要求行使跟售权;(2)投资人要求共同出售的股权比例不得超过创始人股东拟转让的股权比例,即:

投资人共同出售股权上限 =(创始人股东拟转让的股权数/创始人股东直接/间接持有的股权总数)×投资人持有的股权总数

七、强制随售权

强制随售权,是指投资人要求融资企业创始人股东按照其确认的价格和条件跟随其共同将所持有的融资企业股权向第三方转让的权利。投资人设置该权利目的也是为了多一个退出渠道。如果投资人有意向将持有的融资企业股权转让给产业资本的,但由于投资人在融资企业的持股比例太小,正常情况下很难说服产业资本“接盘”,但通过强制随售权,产业资本即可以获得融资企业的控制权,这对于投资人而言,将大大降低谈判难度,也有利于提高转让价格。

强制随售权对于投资人而言是一项帮助其快速并保证收益的退出方式,但相反,强制随售权对于融资企业创始人而言却意味着“失去公司”,因此建议创始人股东在谈判过程中可以尽量选择不接受强制随售权约定,如必须接受的,也可以考虑设置一些前置条件来确保自身权益。例如:(1)强制随售权的履行不能早于本次投资交割日满(×)年之日;(2)本次投资完成后(×)年内融资企业仍未完成合格上市的;或(3)第三方提出的受让价格所基于的融资企业投前估值不低于人民币(×)元,等等。

八、反稀释条款

反稀释条款,是指在投资人完成投资后,融资企业在未来以低于投资人本次投资的估值进行融资,投资人有权要求融资企业以新的较低估值重新计算其所持有的股权并给予相应股权或现金补偿。融资企业在成长过程中,往往需要进行多轮融资,如果融资企业以低于上一轮融资的价格进行后续融资的,那前期进入的投资人股东权益就受到了损害。为了避免这种风险的发生,投资人股东往往会要求获得反稀释保护。

(一)反稀释公式的选择

目前常见的反稀释保护可以分为“加权平均反稀释”以及“完全棘轮反稀释”。所谓“完全棘轮反稀释”即为当触发反稀释机制时,前轮投资人可以通过无偿或1元对价的方式获得融资企业股权,使其所持有的融资企业股权价值与本轮融资前的价值相同,而“加权平均反稀释”则是在考虑估值的同时兼顾了新一轮融资的增资比例。相比较而言,“加权平均反稀释”对于融资企业创始人更为有利。为了便于理解,上述两种模式用公式可以表示如下:

完全棘轮反稀释公式:

反稀释后投资人持有股权比例 = 投资人投资金额/新一轮估值金额

加权平均反稀释公式:

反稀释后投资人购买融资企业注册资本的成本单价 = 投资人根据原估值购买融资企业注册资本的成本单价 × (融资企业现有注册资本 + 新投资人按照上轮估值可购买注册资本) ÷ (融资企业现有注册资本 + 新投资人本轮实际购买注册资本)

反稀释后持有股权比例 = 投资人投资金额/反稀释后投资人购买融资企业注册资本的成本单价

(二)反稀释方式的选择

反稀释保护机制下的补偿方式通常包括由融资企业创始人股东提供现金补偿或股权补偿两种。投资人股东倾向于在投资协议中保留选择的权利,即投资人股东有权在融资企业触发反稀释机制时,根据届时企业运营情况选择获得股权补偿或是现金补偿。而从融资企业创始人的角度出发,建议可以争取在投资协议中固定补偿方式,或是届时由创始人来选择最有利于企业稳定的补偿方式。

(三)反稀释触发条件的除外情形

与上文所提及的优先认购权的除外情形同理,并非所有融资企业以低于前轮融资估值的价格引入新股东的行为都适宜实施反稀释措施。因此在投资协议中建议将该等特殊情况列为反稀释措施的除外情形,例如:(1)为实施员工股权激励计划而新增注册资本;(2)因为本次投资前已经发行的可转换债券转换为融资企业股权而新增注册资本等。

九、对赌条款(估值调整条款)

对赌条款又称为估值调整条款。大家即使对其不甚了解,但肯定有所耳闻。对赌条款在股权融资中也是非常常见的条款。由于投资人投资于融资企业,往往会根据其当时的现状以及未来预期的前景给予远高于其当时市值的估值。因此如果在投资完成后融资企业的经营业绩未达成预期的,投资人就会要求融资企业或创始人股东给予相应的补偿。就某种程度上而言,对赌条款既是对投资人权益的一种保护,也是对融资企业创始人经营企业的一种鞭策。

根据《全国法院民商事审判工作会议纪要》(以下简称《九民纪要》)对于"对赌协议"的定义,所谓对赌协议是指投资方与融资方在达成股权性融资协议时,为解决交易双方对目标公司未来发展的不确定性、信息不对称以及代理成本而设计的包含了股权回购、金钱补偿等对未来目标公司的估值进行调整的协议。从《九民纪要》对对赌协议的定义,我们可以发现对赌条款触发的补偿方式通常表现为股权补偿或是直接金钱补偿,其中股权补偿包括股权回购或是以名义对价转让部分股权予投资人。从投资人角度出发,触发对赌协议补偿机制时,必然是融资企业经营业绩不尽如人意,那么融资企业的投资价值也有所下滑,在这种情况下投资人更倾向于考虑项目退出而非增持融资企业股权。因此在实践中,投资人更多坚持选择以股权回购或是直接现金补偿的方式作为对赌条款的补偿方式。

在对赌条款方面,另一个困扰融资企业的问题就是对赌的对象究竟是融资企业自身还是创始人股东。早些年,由于最高人民法院"海富案"①中确定的"投资人与目标公司对赌协议无效,投资人与目标公司股东对赌协议有效"的精神,投资协议中约定的对赌协议对象基本均为融资企业的创始人股东。但《九民纪要》确定了融资企业作为对赌对象对赌协议仍然有效,但需要审查是否符合公司法关于"股东不得抽逃出资"、股份回购或是利润分配的强制性规定。也就是说,如果对赌协议以创始人股东作为对赌对象的,在操作中更为简便。以融资企业作为对赌对象的,(1)如果约定的是股权回购义务,需要融资企业先履行减资程序,如融资企业未完成减资程序的,法院不予支持融资企业回购股权

---

① 参见最高人民法院民事判决书,(2012)民提字第11号。

的诉讼请求；[①]（2）如果约定的是金钱补偿义务，则需要审查融资企业是否有利润可以用于补偿投资人，如融资企业可分配利润不足以全额支付补偿款的，投资人的诉讼请求仅可能获得部分支持。[②]

上面介绍了对赌条款的补偿方式以及对赌对象，那么对赌条款究竟赌的是什么呢？实践中，对赌条款最主要的两个指标就是融资企业的财务业绩（通常为融资企业年度净利润）以及上市时间。财务业务指标是融资企业价值的重要衡量标准，也是融资企业争取高估值的最主要依据。上市时间是指融资企业需要在融资完成后的约定时间内完成上市。上市退出无疑是私募基金投资人最为期待的退出方式，但是由于私募基金有存续期限制，因此投资人希望融资企业可以尽快完成上市。提示融资企业关注的是，虽然将财务业绩与上市时间都归类于对赌条款的对赌指标，但其导致的结果往往是不同的，通常而言如果融资企业财务业绩不达标，投资人会要求融资企业或是融资企业创始人股东根据一定的计算公式回购部分股权、以名义对价向其转让部分股权或是给予金钱补偿，但如果融资企业未能在约定时间内完成上市的，投资人更多地会选择要求回购其全部股权或是选择行使其他优先权利来达到项目退出的目的。

融资企业在设置对赌条款时还可以向投资人争取，在设置补偿机制的同时也可以设置相应的奖励机制，即如果融资企业在未来的经营业绩超过预期的，投资人股东以名义对价将所持有的一部分股权转让至创始人股东作为奖励。

---

① 《全国法院民商事审判工作会议纪要》规定，投资方请求目标公司回购股权的，人民法院应当依据《公司法》第35条关于“股东不得抽逃出资”或者第142条关于股份回购的强制性规定进行审查。经审查，目标公司未完成减资程序的，人民法院应当驳回其诉讼请求。

② 《全国法院民商事审判工作会议纪要》规定，投资方请求目标公司承担金钱补偿义务的，人民法院应当依据《公司法》第35条关于“股东不得抽逃出资”和第166条关于利润分配的强制性规定进行审查。经审查，目标公司没有利润或者虽有利润但不足以补偿投资方的，人民法院应当驳回或者部分支持其诉讼请求。今后目标公司有利润时，投资方还可以依据该事实另行提起诉讼。

科创企业的投后公司治理和经营

何永哲[*]　俞烨松[**]

投资人完成对融资企业的投资后，为确保预期投资收益率的实现，往往会要求参与公司的管理。投资人在帮助公司业务发展的同时，也不可避免地会对创始股东形成一定的掣肘。因此在股权融资过程中，及时清晰地约定公司的投后管理就尤为重要。

一、公司股东会及董事会权力划分

有限责任公司最高的决策机构是股东会，决定公司所有重大事项；同时，董事会是公司的最高执行机构，在股东会的授权范围内行使相应职权。因此，公司的决策事项主要体现在股东会及董事会的表决权上。企业可以根据自身不同的情况以及需求划分公司股东会以及董事会的职权，使企业的管理更加具有灵活性。

公司法对股东会及董事会的职权作了初步的规定（详见《公司法》第 37 条及第 46 条）。虽然《公司法》第 46 条对董事会的职权规定的末尾设置了兜底，即董事会职权包括公司章程规定的其他职权，但对于公司章程能否改变公司法规定的股东会或董事会职权（将公司法规定的股东会职权交由董事会表决，或将公司法规定的董事会职权交由股东会表决）并未明确。根据最高人民法院于“袁敏、潘晖损害公司利益责任纠纷一案”①再审审查与审判监督民事裁定书中记载认为

* 何永哲，上海市金茂律师事务所合伙人，华东政法大学法学学士、法学硕士。
** 俞烨松，上海市金茂律师事务所合伙人，上海对外经贸大学法学学士。

① 参见最高人民法院民事裁定书，(2017) 最高法民申 1794 号。

《公司法》第 37 条、第 46 条分别是有关股东会和董事会职权的相关规定，并不属于效力性强制性规定。而且根据《公司法》第 4 条的规定，公司股东依法享有选择管理者的权利，相应地，该管理者的权限也可以由公司股东会自由决定。《公司法》并未禁止有限责任公司股东会自主地将一部分决定公司经营方针和投资计划的权力赋予董事会。故约定将股东会表决事项交由董事会决定并不存在因违反法律、行政法规的强制性规定而无效的情形。且《公司章程》系由公司股东共同制定，在未被依法撤销之前，不仅对公司具有约束力，公司股东、董事、监事、高级管理人员也应严格遵守《公司章程》的规定。

二、表决权差异安排

《公司法》对于股份有限公司坚持同股同权的原则，[①]不允许存在不同表决权架构安排。

但根据《上海证券交易所科创板股票上市规则》(2020 年修订)第四章第五节“表决权差异安排”之规定，“上市公司具有表决权差异安排的，应当充分、详细披露相关情况特别是风险、公司治理等信息，以及依法落实保护投资者合法权益规定的各项措施”。对于科创板上市公司，上海证券交易所允许其超出同股同权的限制，在规定范围内做出符合公司治理结构的表决权差异安排。优刻得科技股份有限公司(以下简称优刻得)作为科创板首个过会的采用“表决权差异安排”的发行人，根据其首次公开发行股票并在科创板上市招股说明书记载显示，优刻得共同实际控制人季昕华、莫显峰及华琨持有的 A 类股份每股拥有的表决权数量为其他股东(包括本次公开发行对象)所持有的 B 类股份每股拥有的表决权的 5 倍。季昕华、莫显峰及华琨对公司的经营管理以及对需要股东大会决议的事项具有绝对控制权。发行人为首次公开发行股票并在科创板上市而发行的股票及发行人在二级市场进行交易的股票，均属于 B 类股份。

虽然上海证券交易所对于科创板上市公司允许采用表决权差异安排，但为了保证股东权益，也在上市规则中作了许多细致的规定对表决权差异安排进行限制，主要内容如表 7－3 所示。

---

① 《公司法》第 103 条第 1 款规定：“股东出席股东大会会议，所持每一股份有一表决权。但是公司持有的本公司股份没有表决权。”

表 7－3　《上海证券交易所科创板股票上市规则》对表决权差异安排的主要规定

章节	主要内容
第 4. 5. 2 条	(1)发行人首次公开发行并上市前设置表决权差异安排的,应当经出席股东大会的股东所持 2/3 以上的表决权通过; (2)发行人在首次公开发行并上市前不具有表决权差异安排的,不得在首次公开发行并上市后以任何方式设置此类安排
第 4. 5. 3 条	(1)持有特别表决权股份的股东应当为对上市公司发展或者业务增长等作出重大贡献,并且在公司上市前及上市后持续担任公司董事的人员或者该等人员实际控制的持股主体。 (2)持有特别表决权股份的股东在上市公司中拥有权益的股份合计应当达到公司全部已发行有表决权股份 10% 以上
第 4. 5. 4 条	每份特别表决权股份的表决权数量应当相同,且不得超过每份普通股份的表决权数量的 10 倍
第 4. 5. 5 条	除公司章程规定的表决权差异外,普通股份与特别表决权股份具有的其他股东权利应当完全相同
第 4. 5. 6 条	(1)上市公司股票在本所上市后,除同比例配股、转增股本情形外,不得在境内外发行特别表决权股份,不得提高特别表决权比例。 (2)上市公司因股份回购等原因,可能导致特别表决权比例提高的,应当同时采取将相应数量特别表决权股份转换为普通股份等措施,保证特别表决权比例不高于原有水平
第 4. 5. 7 条	上市公司应当保证普通表决权比例不低于 10%
第 4. 5. 8 条	特别表决权股份不得在二级市场进行交易
第 4. 5. 10 条	上市公司股东对下列事项行使表决权时,每一特别表决权股份享有的表决权数量应当与每一普通股份的表决权数量相同: (一)对公司章程作出修改; (二)改变特别表决权股份享有的表决权数量; (三)聘请或者解聘独立董事; (四)聘请或者解聘为上市公司定期报告出具审计意见的会计师事务所; (五)公司合并、分立、解散或者变更公司形式。 上市公司章程应当规定,股东大会对前款第二项作出决议,应当经过不低于出席会议的股东所持表决权的 2/3 以上通过,但根据第 4. 5. 6 条、第 4. 5. 9 条的规定,将相应数量特别表决权股份转换为普通股份的除外

三、一票否决权

1. 一票否决权的含义

股权融资活动中，作为投资人的私募基金虽然投入了大量资金，但通常其所持有的融资企业股权比例或占有的董事席位均为少数。为了防止自己的表决权被融资企业创始人或是其他股东架空，投资人往往便会要求在融资企业的治理架构中加入"一票否决权"的机制。需要说明的是，"一票否决权"的机制在投资协议或是融资企业公司章程中并不会体现为"一票否决"等字样，而是表现为公司通过某些重大事项或特定事项，必须经过投资人股东或是投资人股东委派的董事同意方可通过。

在实践中，投资协议中关于一票否决权的表述可以表现为：

【融资企业】、【融资企业】创始人股东应当促使【融资企业】除非获得本轮投资方或本轮投资方委派董事的同意，否则不得从事以下行为：

(1)对【融资企业】的章程的任何修改；

(2)【融资企业】注册资本的增加或减少；

(3)对【融资企业】全部或实质性财产的出售及【融资企业】与其他经济组织的合并或联合；

(4)对【融资企业】或其下属公司所持有的合计5%以上的公司股权，或对【融资企业】或其下属公司所持有的价值合计超过1000万元的动产、不动产、知识产权等资产设定任何抵押、质押、债务负担或其他任何性质的担保权益，或进行任何转让；

(5)【融资企业】清算或解散；

(6)【融资企业】派发或支付股利；

(7)在任何连续的12个月内，【融资企业】对外股权投资超过3000万人民币；

(8)从事单笔金额超过200万元或一个会计年度累计超过600万元的关联交易(为避免歧义，本条款中的"关联交易"不包含【融资企业】与下属公司之间的关联交易)；

(9)对【融资企业】或其子公司的经营计划或任何下属公司董事的任命的实质性改变；

(10)对【融资企业】总经理、财务总监等高管人员的聘任和解聘。

2. 一票否决权的效力

“一票否决权”的法律依据源于《公司法》第42条、第48条之规定。[①] 公司法虽然规定了股东会按照股东出资比例行使表决权,董事会按照董事人数一人一票行使表决权,但也给予了公司章程自由约定的空间,即部分事项可约定必须经过特定股东或董事同意方可通过。

基于上述《公司法》的规定,融资企业可以在公司章程中设置“一票否决权”,如融资企业未来股东会/董事会违反公司章程中“一票否决权”之约定做出相应决议的,股东可以自决议作出之日起60日内,向人民法院请求撤销。[②] 最高人民法院《关于适用〈中华人民共和国公司法〉若干问题的规定(四)》第5条规定:“股东会或股东大会、董事会决议存在下列情形之一的,当事人主张决议不成立的,人民法院应当支持:……(三)出席会议的人数或股东所持表决权不符合公司法或公司章程规定的;(四)会议的表决结果未达到公司法或公司章程规定的通过比例的……”如融资企业公司章程中约定了“一票否决权”相应的表决方式的,法院对其效力是予以认可并保护的。南京市中级人民法院就曾在“党凯与南京赛世仙林房地产开发有限公司、计东、史俊新公司决议效力确认纠纷”一案的二审民事裁定书[③]中认为董事会决议未经持股董事党凯的同意,违反了公司章程中对于持股董事一票否决权的约定,董事会表决结果未达到公司章程规定的通过比例,该董事会决议依法不成立。

需要关注的是由于“一票否决权”通常是在投资人与融资企业签署的投资协议中进行约定的,并不直接体现在融资企业的公司章程之中,因此如果融资企业未根据投资协议中“一票否决权”的约定相应修改公司章程并于市场监督管理局办理变更登记,那么“一票否决权”的约定存在无法对抗善意第三人的风险。根

---

① 《公司法》第42条规定:“股东会会议由股东按照出资比例行使表决权;但是,公司章程另有规定的除外。”《公司法》第48条规定:“董事会的议事方式和表决程序,除本法有规定的外,由公司章程规定。董事会应当对所议事项的决定作成会议记录,出席会议的董事应当在会议记录上签名。董事会决议的表决,实行一人一票。”

② 《公司法》第22条第2款规定:“股东会或者股东大会、董事会的会议召集程序、表决方式违反法律、行政法规或者公司章程,或者决议内容违反公司章程的,股东可以自决议作出之日起六十日内,请求人民法院撤销。”

③ (2017)苏01民终8178号。

据“奇虎三六零软件(北京)有限公司与上海老友计网络科技有限公司、蒋学文等请求变更公司登记纠纷”一案二审民事判决书,[①]上海市第二中级人民法院认为公司章程中关于一票否决权的内容并不明晰,在工商行政管理部门登记备案的信息中对此也未有反映,从维护商事交易安全的角度考虑,应遵循商事外观主义原则,对善意第三人的信赖利益应予保护,公司股东之间的内部约定不能对抗善意第三人。

3. 一票否决权的范围

由于绝大多数私募基金本质上还是属于财务投资,并不会过分干涉企业的经常经营与发展,一票否决权的初衷也是保障自身的权益,避免企业失控,损害投资人利益。因此,投资人并不会要求对企业的所有事务事无巨细均要求一票否决权,通常来说投资人希望享有的一票否决权都集中在几个方面,具体如下:

(1)股权类事项:即可能引起融资企业股权结构变动或稀释投资人所持有的股权的事项,如融资企业开展新一轮融资、融资企业创始人股东增持或减持、融资企业增加或者减少注册资本、融资企业开展员工激励计划、上市、解散等。

(2)对外负债或对外提供担保:融资企业如果发生高额的负债可能严重影响投资人的权益,并且可能严重影响公司的资金运转及业务运营,具体包括但不限于向其他第三方举债、向第三方提供担保等。

(3)日常经营类事项:投资人通常希望对企业运营的重大事项也有一定的话语权,包括:企业调整或者变更主营业务、处置重大资产、处置重大知识产权、对外开展收购或者投资等。

(4)重大人事事项:人是公司发展的根本,尤其对于科创企业而言,核心技术人员更是有着举足轻重的地位,具体包括但不限于高管人员的加入、薪酬待遇的制定等。

4. 一票否决权的设置关键点

“一票否决权”作为股权融资中非常常见的一个条款,几乎所有的投资人都会提出要求获得“一票否决权”。对于融资企业创始人股东而言,在设置“一票否决权”时需要首先认识到,由于“一票否决权”可能对融资企业未来的经营管理造

① (2014)沪二中民四(商)终字第330号。

成极大的影响，因此一票否决权应作为一项给予融资企业少部分股东的特殊权利，尽量避免给予过多股东一票否决权。如果融资企业在某一轮股权融资中同时引入多家投资人的，且该等投资人均希望获得一票否决权的，可以考虑给予该轮次投资人股东共同的一票否决权，即约定的重要事项在经过融资企业股东会或董事会表决通过时，必须获得本轮投资人股东1/2或2/3以上表决权同意或是本轮投资人股东委派的董事人数1/2或2/3以上同意。

由于通常来说融资企业不会仅仅进行一轮股权融资，每轮融资中投资人股东也往往会有多家，因此融资企业在设置一票否决权时可以考虑各投资人股东的投资金额、投资时间以及对企业的不同重要程度，给予适当的区别对待。例如，对于某一轮融资中的领投方与跟投方，可以给予领投方单独的一票否决权或是更多的一票否决事项，而对于跟投方仅给予共同的一票否决权；对于前轮的投资人股东可以给予相较于后轮投资人股东更多的一票否决事项等。

同时，在设置一票否决权的过程中，创始人股东对于投资人可以行使一票否决权的事项应当尽量做到约定清晰，且具有一目了然不易产生歧义的客观标准，如应当尽量避免出现"出售或处置公司重大资产"的表述。对于"重大""主要"这一类的词尽量改为直接约定金额或是以融资企业当期净资产比例作为衡量标准。

除上述之外，一票否决权其实在某种程度上也可以用于保护创始人股东对融资企业的控制力。当创始人股东所持有的融资企业股权比例较低或是董事会董事席位未占多数的情况下，创始人股东可以设置一票否决权来确保其对融资企业重大经营事项拥有否决权。

5. 一票否决权与公司僵局

所谓公司僵局，在《公司法》以及公司法司法解释中并没有直接出现过。在实践中公司僵局主要是指公司在运营过程中由于公司股东、董事之间矛盾激化而处于僵持状况，导致公司股东会及董事会无法按照《公司法》或公司章程之规定正常作出决策，从而导致公司陷入无法正常运转，甚至瘫痪的状况。公司僵局的出现往往引发的最终结果就是公司解散。根据最高人民法院《关于适用〈中华人民共和国公司法〉若干问题的规定（二）》第1条之规定，"单独或者合计持有公司全部股东表决权百分之十以上的股东，以下列事由之一提起解散公司诉讼，并符合公司法第一百八十三条规定的，人民法院应予受理：（一）公司持续两年以上无法召开股东会或者股东大会,公司经营管理发生严重困难的;(二)股东表决时无法达到法定或者公司章程规定的比例,持续两年以上不能做出有效的股东会或者股东大会决议,公司经营管理发生严重困难的;(三)公司董事长期冲突,且无法通过股东会或者股东大会解决,公司经营管理发生严重困难的;(四)经营管理发生其他严重困难,公司继续存续会使股东利益受到重大损失的情形"。

由此可见,一票否决权在保护了投资人股东权益的同时,却也是为融资企业的企业治理埋下了隐患。如融资企业有较多股东享有一票否决权,那么当各股东观点不一致时,股东会/董事会就可能无法通过任何有效的决议,导致公司陷入僵局。因此在设置一票否决权时,建议同时预设救济途径,避免融资企业出现决策机制失灵的情形。例如,约定如融资企业因投资人股东行使一票否决权连续多次导致股东会/董事会无法通过决议事项的,创始人股东有权要求购买投资人股东持有的融资企业股权。

企业债券融资主要类别及其关注要点

韩春燕* 陈峥宇**

融资方式，是指企业融通资金的具体形式。融资方式越多意味着可供企业选择的融资机会就越多。如果一个企业既能够获得商业信用和银行信用，又能够同时通过发行股票和债券直接进行融资，还能够利用贴现、租赁、补偿贸易等方式融资，那么就意味着该企业拥有更多的机会筹集到生产经营所需的资金。

企业融资的渠道通常可以分为两类：债务性融资和权益性融资。前者包括银行贷款、发行债券和应付票据、应付账款等，后者主要指股权（票）融资。债务性融资构成负债，企业要按期偿还约定的本息，债权人一般不参与企业的经营决策，对资金的运用也没有决策权。权益性融资是指向其他投资者出售公司的部分所有权，即用所有者的权益来交换资金。这涉及在公司的创始人及原股东与投资者之间分配公司的经营和管理责任，并分享企业利润。

本文试就债务融资类别中的债券融资做分析。

一、债券融资的优点

作为一个初具规模的非金融企业，除了普通的银行贷款或者高利率的信托、融资性的售后回租等方式，发行债券融资是较好的融资方式之一。

---

* 韩春燕，上海市金茂律师事务所合伙人，华东政法大学法学学士，曾任上海市律师协会证券业务、金融工具业务研究委员会委员，现任上海市律师协会并购业务委员会委员、上海市黄浦区金融法律服务律师志愿团成员，上海市巾帼志愿团成员，2011 年获“上海市第四届优秀女律师”。

** 陈峥宇，上海市金茂律师事务所合伙人，华东政法大学法学学士，英国赫特福德郡大学英国商法硕士。

1. 自主经营、稳定公司控制权

债权人无权参与企业的经营管理,运用债务融资方式不会改变和分散股东对公司的控制权。优化资本结构,扩大了融资渠道,在传统银行信贷市场外,开辟融资新渠道,不会稀释公司控制权,且债券投资者一般无权参与公司的经营管理、投资决策和利润分配。

2. 融资速度快、资金循环利用率高

与股权融资比,债务融资不需要经过复杂的审批手续和证券发行程序,可以较为迅速地获得资金。特别是债券发行采用注册制后,进一步简化并加快了发行流程。除了企业可以在注册额度内分期自主发行外,针对规模企业,还有储架发行的制度,便利企业根据市场情况自主判断融资品种、规模和期限;同时债券到期后企业可以选择在注册额度和注册有效期内续发以实现债务融资工具的滚动循环发行,从而延长资金使用时间,提高资金利用率。

3. 筹资条件灵活、选择品种多

发行股票等股权融资,一方面需要经过严格的外部审批程序;另一方面从企业的角度出发,由于股权不能随意退股,股权资本在未来永久性地给企业带来了资本成本的负担。利用债务筹资,可以根据企业的经营情况和财务状况,灵活商定债务条件,控制筹资数量,有利于企业对整个资金链的维系。债券的品种较多,可以选择发行可赎回债券或可回收债券,必要时也可选择赎回及时调整公司资本结构,或者赋予投资者回售权以降低公司融资成本。相对固定的债券利息更便于企业进行成本控制以实现公司的战略目标。

4. 利用财务杠杆、降低融资成本

债务融资不改变公司的控制权,因而股东不会出于控制权稀释原因反对负债。债权人从企业那里只能获得固定的利息,不能参加公司剩余收益的分配。企业发行债券所产生的利息支出是列入企业费用部分,作为税前支出能够冲减企业税基。当企业的资本报酬率高于债务利率时,会增加普通股股东的每股收益,提高净资产回报率,提升企业价值。同时,采用市场化的发行方法,通常债券的发行利率也会较传统的银行贷款利率更低。

5. 规范化发行、培育上市企业

债券发行采用市场化操作以及规范化的发行流程,要求众多中介机构参与对发行企业的评估和审计,并出具相关专业报告。这些评估和审计工作,将有助于企业完善自身的制度建设，提高企业的信用意识，促进发债企业形成产权明晰、管理规范的现代企业管理体系，对优质上市企业的孵化培育具有深远意义。

二、债务融资工具、企业债、公司债介绍与比较

通过发行债券的方式进行融资的品种主要有以下几大类：

1. 非金融企业债务融资工具

根据《银行间债券市场非金融企业债务融资工具管理办法》的规定，非金融企业的债务融资工具是指具有法人资格的非金融企业在银行间债券市场发行的，约定在一定期限内还本付息的有价证券。包括短期融资券（CP）、超短期融资券（SCP）、中期票据（MTN）、集合票据（SMECN）、非公开定向债务融资工具（PPN）、资产支持票据（ABN）、项目收益票据（PRN）、永续债（PCS）等。

2. 企业债

根据《企业债券管理条例》（2011 年修订）的规定，企业债指企业依照法定程序发行，约定在一定期限内还本付息的有价证券。适用的主体是在中国境内具有法人资格的企业在境内发行的债券，也就是说，凡是具有法人资格的企业只要符合法定的条件就可以成为合格的发债主体。

3. 公司债

根据《公司债券发行与交易管理办法》（2021 年修订）的规定，公司债是指公司依照法定程序发行，约定在一定期限还本付息的有价证券，主体是公司。此外，可转债和可交换债也是两种特殊的公司债。可转债指债券持有人可按照发行时约定的价格将债券转换成公司的普通股票的债券；可交换债指上市公司或新三板公司的股东发行的可交换其公司股票的债券。可转债与可交换债在沪深交易所市场实施“T + 0”且不设涨跌幅限制，吸引大量投资者参与交易，具有强烈的股票属性。

综上，无论是哪一类债券，其本质都是还本付息的有价证券。就发行主体而言，非公司企业可以选择发行债务融资工具、企业债这两类债券，而公司形式的法人机构则可以选择三类债券中的任何一类进行发行。

以上三类债券品种还可以进一步细分如表 7 – 4 所示。

表7－4　债券品种一览

	非金融企业债务融资工具				企业债	公司债券		
	中期票据	非公开定向融资工具	短期融资券	超短期融资券		向公众投资者公开发行	向合格投资者公开发行	非公开发行
管理部门	中国人民银行、中国银行间市场交易商协会				发改委	交易所、中国证券监督管理委员会		交易所、中国证券业协会
发行申报	注册发行				注册发行	注册发行		备案发行
发行规模	无限制	无限制	无限制	无限制	无限制	无限制		无限制
发行期限	一般2～10年，以3～5年为主	一般6个月到5年，以3年为主	1年以内	270天以内	一般3～20年，以10年为主	一般3～10年，以5年为主		1年以上
发行时间	在2年注册有效期内可一次发行或分期发行债务融资工具，首期发行应在注册后2个月内（非公开定向融资工具为6个月内）完成				在注册文件印发之日起2个月内完成发行	在2年注册有效期内可一次发行或分期发行，首期发行应在注册后12个月内完成		无限制
担保方式	无强制性担保要求				无担保信用债券、资产抵押债券、第三方担保债券	无强制性担保要求		
交易场所	全国银行间债券市场				全国银行间债券市场、证券交易所	证券交易所、全国中小企业股份转让系统		在证券交易所、全国中小企业股份转让系统、机构间私募产品报价与服务系统、证券公司柜台转

续表

	非金融企业债务融资工具				企业债	公司债券		
	中期票据	非公开定向融资工具	短期融资券	超短期融资券		向公众投资者公开发行	向合格投资者公开发行	非公开发行
法律法规规则依据	《银行间债券市场非金融企业债务融资工具管理办法》、《非金融企业中期票据业务指引(2021版)》、《非金融企业短期融资券业务指引(2021版)》、《非金融企业超短期融资券业务指引(2021版)》、《银行间债券市场非金融企业债务融资工具公开发行注册规程(2020版)》、《银行间债券市场非金融企业债务融资工具定向发行注册规程(2020版)》				《企业债券管理条例》《中央企业债券发行管理暂行办法》	《公司债券发行与交易管理办法》、《上海证券交易所公司债券上市规则(2018年修订)》、《深圳证券交易所公司债券上市规则(2018年修订)》		《公司债券发行与交易管理办法》、《非公开发行公司债券备案管理办法及负面清单》、上海证券交易所、深圳证券交易所《非公开发行公司债券业务管理暂行办法》

发行人可以根据企业的实际情况,选择适合企业发展阶段的债券品种。

三、债券发行关注要点

(一)是否满足发行上市条件①

1. 发行人公司治理及组织机构运行情况

首先,应关注发行人控股股东、实际控制人的如下合规情况:(1)关注发行人的控股股东、实际控制人在报告期内是否存在涉嫌违法违规被有权机关调查、采取强制措施或者严重失信的行为;(2)关注是否存在债务违约等严重负面情形;(3)关注报告期内是否存在重大负面舆情(如频繁受到监管关注或问询、面临大额诉讼、存在被媒体质疑的重大事项);(4)关注可支配的发行人股权是否存在高

① 参见李世涛:《债券发行上市审核重点关注事项纵览》,载微信公众号“资管律动”2021年4月28日,https://mp. weixin. qq. com/s? src = 11&timestamp = 1625029450&ver = 3161&signature = yblIy * d-oyI8Pa-Gk-CQlVrdoG * oekZphTtnwhFM41HZ6AODqgqeKIkm6dSdoKQzhoAMo1xMsxtsRbTgJ1NznpqLKY99O8mDM2pdj1XsfnmKM291pfRzKhDnpowFlahl&new = 1。

比例质押、冻结或发生诉讼仲裁等事项,可能造成发行人股权结构不稳定。发行人如存在上述情形的,应充分披露事件起因、进展情况及其对自身经营情况、偿债能力的影响,并结合相关情形审慎确定申报发行规模。

其次,应关注发行人董监高人员的如下合规情况:(1)关注报告期内是否涉嫌违法违规被有权机关调查、采取强制措施或者存在严重失信行为;(2)关注报告期内发行人董事、高级管理人员是否变动频繁或变动人数比例较大。发行人如存在上述情形的,应充分披露事件起因、进展情况,董监高人员的变动原因,及其对自身经营情况、偿债能力、组织机构运行的影响。

2. 发行人资产负债及经营情况

首先,应关注报告期内发行人如下债务状况:(1)发行人的债务结构是否合理,是否发行人同时存在银行借款余额低于有息负债总额的30%,银行借款与公司债券外其他公司信用类债券余额之和低于有息负债总额的50%情形的;(2)发行人报告期内有息债务结构是否发生大幅变化;(3)发行人债务是否存在短期债务显著上升或最近一期末有息债务以一年期以下的短期债务为主的情形;(4)发行人合并报表范围内公司债券是否存在存量余额较大且存在集中偿付压力的情形;(5)发行人是否存在过度融资情形(指:①报告期内有息负债余额年均增长率超过30%、最近一年末资产负债率超过行业平均水平且速动比率小于1;②最近一年末资产负债率、有息负债与净资产比例均超出行业平均水平的30%);(6)发行人是否存在“存贷双高”等财务指标明显异常、财务信息不透明的情形。

其次,应关注报告期内发行人如下资产状况:(1)发行人的非流动资产占比是否显著高于同行业可比企业;(2)发行人最近一期末存在大额资产权利受限的情形(导致权利受限制的资产账面价值超过总资产50%的)。发行人如存在上述情形的,应结合业务情况、行业特征等披露形成上述资产结构的原因,及发行人受限资产明细、受限原因、目前状态和对自身偿债能力的影响,并加强对资产变现能力的针对性信息披露。

再次,应关注报告期内发行人如下现金流情况:(1)报告期内现金流量情况是否异常(如发行人现金及现金等价物净增加额持续大额为负,或现金流量结构特征显著异于同行业可比额持续大额为负,或现金流量结构特征显著异于同行业可比企业);(2)报告期内经营活动现金流是否缺乏可持续性(相关情形包括但不限于:①经营活动现金流量净额持续大额为负或持续下降;②经营活动现金流入金额大幅波动或构成大幅变化;③销售商品、提供劳务收到的现金流入占营业收入的比例持续显著低于同行业可比企业平均水平;④经营活动现金流入对其他与经营活动有关的现金流入依赖度较高);(3)报告期内投资活动现金是否流出较大;(4)报告期内筹资活动现金流是否缺乏稳定性(如报告期内发行人筹资活动现金流量净额持续大额为负或大幅波动,或筹资渠道发生较大变化)。发行人如存在上述情形的,应结合行业特征、具体业务板块经营情况等披露产生相关情形的原因、合理性及其对自身偿债能力的影响,作出风险提示,同时对主要投资活动现金流出的具体投向、预计收益实现方式及回收周期进行披露,量化分析偿债资金来源,细化偿债安排,并充分说明偿债安排的可行性。

又次,还应关注发行人如下盈利情况:(1)发行人报告期内盈利能力是否缺乏稳定性(如存在净利润持续为负,营业收入、净利润持续下滑或大幅波动,毛利率波动较大或与同行业可比企业存在较大差异等情形);(2)发行人报告期内净利润较是否依赖大额非经常性损益(尤其扣除处置收益后不满足发行条件,或盈利较为依赖股票二级市场投资收益、投资性房地产增值等情形)。发行人如存在上述情形的,应结合业务开展情况披露盈利能力稳定性缺乏具体原因、盈利可持续性及其对自身偿债能力的影响,以及披露非经常性损益的具体事项及其对盈利能力稳定性的影响。如存在对偿债能力影响较大的情况的,则应结合相关情形审慎确定本次债券申报规模,原则上募集资金应用于偿还存量债券。

最后,应关注发行人资金管理及对外担保情况:(1)关注发行人非经营性往来占款和资金拆借余额是否超过最近一年末经审计总资产的限定比例;(2)发行人是否存在大额对外担保(最近一期末发行人对外担保余额是否超过当期末净资产);(3)发行人资金是否受到集中归集、统一管理。发行人如存在上述情形的,应充分披露包括非经营性往来占款和资金拆借的决策权限、决策程序和定价机制,拆借方与发行人关联关系,资金拆借的原因、回款相关安排、报告期内的回款情况,资金拆借必要性和合理性等信息,并作风险提示或重大事项提示;同时对被担保人的基本情况和资信状况、担保类型、被担保债务的到期时间等以及对外担保事项对自身偿债能力的影响进行披露;还需披露资金归集及支取的具体安排、相关安排对其自由支配自有资金能力以及对其自身偿债能力的影响。

3.特定情形发行人的信息披露要求

(1)发行人为特定类型或行业

发行人属于投资控股型企业,经营成果主要来自子公司的,发行人应结合母公司单体资产受限、资金拆借、有息负债、对核心子公司控制力、股权质押、子公司分红政策、报告期内实际分红等情况披露投资控股型架构对发行人偿债能力的影响。发行人母公司单体资产质量较低、盈利能力较弱、有息债务负担较重的,应当审慎确定公司债券申报规模,募集资金应优先用于偿还存量公司债券。

发行人属于关注情形的城市建设企业的,应符合地方政府性债务管理的相关规定,不得新增政府债务。募集资金用于偿还公司债券以外存量债务的,发行人应当披露拟偿还的存量债务明细,并承诺所偿还的存量债务不涉及地方政府隐性债务。城投企业总资产规模小于100亿元或主体信用评级低于AA(含)的,应审慎确定公司债券申报方案,并采取调整本次公司债券申报规模、调整募集资金用途用于偿还存量公司债券等措施强化发行人偿债保障能力。

发行人属于房地产企业,且特定财务指标存在负面情形(如在扣除预收款合同负债后资产负债率较高、净负债率较高或现金对短期债务覆盖程度较低)的,发行人应结合报告期内经营情况、财务状况等细化本次债券的偿付安排,制定切实可行的偿债保障措施。

(2)发行人资信状况存在瑕疵

①报告期内发行人主体信用评级下调;

②发行人短期债券[包括期限不超过一年(含)的各类短期债券产品]余额占比较高且增幅较大;

③发行人报告期内曾发生公司债券或其他债务违约或延迟支付本息;

④发行人存在重大无先例或存在争议的特殊会计处理,可能影响本次债券发行条件或对投资决策影响较大。

发行人如存在上述情形的,应结合自身业务模式、盈利情况、偿债能力、评级机构主要关注的风险因素等,强化评级下调事项相关信息披露和风险揭示,披露公司资金运营内控制度、资金管理运营模式,披露债务违约的具体情形、产生原因、化解处置情况及其对发行人本次债券偿付能力的影响,以及相关会计处理的依据及合理性。在此基础上,审慎确定公司债券的申报方案。

（二）募集资金的使用和管理

1. 募集资金的用途及其变更

（1）不得违背募集说明书承诺、约定

《公司债券发行与交易管理办法》第 13 条第 1 款规定："公开发行公司债券筹集的资金，必须按照公司债券募集说明书所列资金用途使用；改变资金用途，必须经债券持有人会议作出决议。非公开发行公司债券，募集资金应当用于约定的用途；改变资金用途，应当履行募集说明书约定的程序。"

（2）闲置募集资金的使用

考虑债券资金安全性，上海证券交易所规定，闲置募集资金不能用于购买除国债、政策性银行金融债、地方债以及交易所债券逆回购以外的任何理财产品，包括银行定期存款。

（3）募集资金变更

如需改变资金用途须经债券持有人会议作出决议。募集资金可以用于股权投资，但投资方向应有利于实体经济的发展。对于公募债券，补充流动资金、归还银行贷款目前不视为募集资金用途的变更；对于私募债券，则需要按照募集说明书中的约定来履行。

（4）募集资金使用的信息披露

公开发行公司债券的发行人应当在定期报告中披露募集资金的使用情况；非公开发行公司债券的发行人，应当在债券募集说明书中约定募集资金使用情况的披露事宜。

2. 募集资金专项账户管理

（1）须及时签订监管协议

《公司债券受托管理人执业行为准则》第 13 条第 2 款规定："受托管理人应当在募集资金到位后一个月内与发行人以及存放募集资金的银行订立监管协议。"

（2）专户专用

《公司债券发行与交易管理办法》第 13 条第 2 款规定，"发行人应当指定专项账户，用于公司债券募集资金的接收、存储、划转"，不得使用基本账户/一般账户存放债券募集资金，也不得将募集资金由募集专户划转至非募集账户，并通过非募集账户使用募集资金。

(3)募集资金账户不得同时存放非募集资金并支付公司日常经营款项

《公司债券日常监管问答(一)》规定,“募集资金专项账户不得存放非募集资金或用作其他用途”。

(三)信息披露的合规要求

1. 常规披露要求

各类债券发行审核主管部门陆续发布了《银行间债券市场非金融企业债务融资工具信息披露规则》、《企业债券管理条例》、《公司债券发行与交易管理办法》(2021年修订)、《上海证券交易所公司债券上市规则》(2018年修订)、《深圳证券交易所公司债券上市规则》(2018年修订)等规则制度,但各类债券的披露规则存在诸多不一致。

为规范公司信用类债券市场信息披露,维护公司信用类债券市场秩序,保护市场参与者合法权益,中国人民银行、国家发展和改革委员会、中国证监会联合制定了《公司信用类债券信息披露管理办法》(以下简称《债券信息披露办法》),并自2021年5月1日起施行。信息披露是注册制的核心,也是债券市场尤其是公司信用类债券市场最重要的基础制度之一。当前,我国公司信用类债券主要包括企业债、公司债券和非金融企业债务融资工具。这三种债券的信息披露要求并不完全相同,在一定程度上增加了企业债券融资成本,不利于投资人保护。该《债券信息披露办法》首次统一了公司信用类债券各环节的信息披露要求,降低了规则不一致带来的披露成本,提升了债券跨市场发行的便利性。

《债券信息披露办法》对企业的信息披露事项提出了明确的要求,包括信息披露制度的制定、信息披露负责人、信息披露文件(包括三年一期财务报告及会计报表、募集说明书、信用评级报告等文件)、募集资金用途及其变更、公司治理及企业运营独立性、定期报告和临时报告的披露。

2. 重大事项披露要求

《债券信息披露办法》明确了如下共22项可能影响企业偿债能力或投资者权益的重大事项,同时还统一了重大事项信息披露时点,以保障投资者知情权:

(1)企业名称变更、股权结构或生产经营状况发生重大变化;

(2)企业变更财务报告审计机构、债券受托管理人或具有同等职责的机构(以下简称受托管理人)、信用评级机构;

(3)企业1/3以上董事、2/3以上监事、董事长、总经理或具有同等职责的人员发生变动；

(4)企业法定代表人、董事长、总经理或具有同等职责的人员无法履行职责；

(5)企业控股股东或者实际控制人变更；

(6)企业发生重大资产抵押、质押、出售、转让、报废、无偿划转以及重大投资行为或重大资产重组；

(7)企业发生超过上年末净资产10%的重大损失；

(8)企业放弃债权或者财产超过上年末净资产的10%；

(9)企业股权、经营权涉及被委托管理；

(10)企业丧失对重要子公司的实际控制权；

(11)债券担保情况发生变更，或者债券信用评级发生变化；

(12)企业转移债券清偿义务；

(13)企业一次承担他人债务超过上年末净资产10%，或者新增借款、对外提供担保超过上年末净资产的20%；

(14)企业未能清偿到期债务或进行债务重组；

(15)企业涉嫌违法违规被有权机关调查，受到刑事处罚、重大行政处罚或行政监管措施、市场自律组织作出的债券业务相关的处分，或者存在严重失信行为；

(16)企业法定代表人、控股股东、实际控制人、董事、监事、高级管理人员涉嫌违法违规被有权机关调查、采取强制措施，或者存在严重失信行为；

(17)企业涉及重大诉讼、仲裁事项；

(18)企业出现可能影响其偿债能力的资产被查封、扣押或冻结的情况；

(19)企业分配股利，作出减资、合并、分立、解散及申请破产的决定，或者依法进入破产程序、被责令关闭；

(20)企业涉及需要说明的市场传闻；

(21)募集说明书约定或企业承诺的其他应当披露事项；

(22)其他可能影响其偿债能力或投资者权益的事项。

综上所述，发行企业需要健全公司治理和财务管理，同时面对经济新常态下企业经营不确定因素的增加，需要有及时充分的预期和应对，提升经营业绩，并及时、如实向投资者披露企业的实际情况。在此基础上，充分利用债券发行这类筹资工具，以期达到企业与投资人的“双赢”。

专题八

上市申请及审核

首次公开发行股票并在科创板上市的条件

任　真*　茅丽婧**

科创板(SSE STAR Market)是独立于主板、中小板、创业板市场的新设板块，主要服务于符合国家战略、突破关键核心技术、市场认可度高的科技创新企业。科创板于2019年6月13日正式开板，次月，科创板首批公司上市。根据上海证券交易所公布的数据，截至2021年6月25日，科创板上市公司共计298家，总市值达45,146.45亿元，平均市盈率达69.87倍；股票市价总值排名前五名的科创板上市企业及其总市值、市盈率如表8－1所示。

表8－1　股票市价总值排名前5的科创板上市企业及其总市值、市盈率

名次	证券简称	所占总市值的比例/%	总市值/万元	静态市盈率/倍
1	金山办公	3.94	17,785,841.00	202.54
2	传音控股	3.62	16,328,000.00	60.78
3	华熙生物	2.86	12,902,880.00	199.78
4	华润微	2.58	11,644,530.31	120.84
5	中芯国际	2.55	11,497,024.05	105.12

科创板的上市条件更加注重企业科技创新能力。科创板综合考虑预计市值、收入、净利润、研发投入、现金流等因素，设置了多元包容的上市条件，允许符

* 任真，上海市金茂律师事务所合伙人，华东政法大学法学学士，主要从事境内外证券发行、收购兼并、投融资、基金业务、股权激励等。

** 茅丽婧，上海市金茂律师事务所合伙人，华东政法大学法学学士，主要从事境内外证券发行、收购兼并、投融资、基金业务、股权激励等。

合科创板定位、尚未盈利或存在累计未弥补亏损的企业在科创板上市。中国证券监督管理委员会(以下简称中国证监会)、上海证券交易所根据《关于在上海证券交易所设立科创板并试点注册制的实施意见》(以下简称《科创板注册实施意见》)制定了企业首次公开发行股票并在科创板上市(以下简称科创板上市)的相关条件。

本篇将结合《公司法》、《证券法》、《科创板首次公开发行股票注册管理办法(试行)》(以下简称《科创板注册管理办法》)、《上海证券交易所科创板股票发行上市审核规则》(以下简称《科创板上市审核规则》)、《上海证券交易所科创板股票上市规则》(2020 年 12 月修订,以下简称《科创板股票上市规则》)以及上海证券交易所制定的其他规定解析企业(以下简称发行人)申请科创板上市的条件。

一、符合科创板定位条件

科创板优先支持符合国家战略、拥有关键核心技术、科技创新能力突出、主要依靠核心技术开展生产经营、具有稳定的商业模式、市场认可度高、社会形象良好、具有较强成长性的企业。企业申请在科创板上市,应当符合科创板定位,面向世界科技前沿、面向经济主战场、面向国家重大需求。

(一)行业条件

根据《科创板注册实施意见》《上海证券交易所科创板企业发行上市申报及推荐暂行规定》,属于下列行业领域的高新技术产业和战略性新兴产业的发行人可以申报科创板上市:

(1)新一代信息技术领域,主要包括半导体和集成电路、电子信息、下一代信息网络、人工智能、大数据、云计算、新兴软件、互联网、物联网和智能硬件等;

(2)高端装备领域,主要包括智能制造、航空航天、先进轨道交通、海洋工程装备及相关技术服务等;

(3)新材料领域,主要包括先进钢铁材料、先进有色金属材料、先进石化化工新材料、先进无机非金属材料、高性能复合材料、前沿新材料及相关技术服务等;

(4)新能源领域,主要包括先进核电、大型风电、高效光电光热、高效储能及相关技术服务等;

(5)节能环保领域,主要包括高效节能产品及设备、先进环保技术装备、先进环保产品、资源循环利用、新能源汽车整车、新能源汽车关键零部件、动力电池及相关技术服务等；

(6)生物医药领域，主要包括生物制品、高端化学药、高端医疗设备及器械及相关技术服务等；

(7)符合科创板定位的其他领域。

值得注意的是，目前的相关规定仍限制金融科技、模式创新企业在科创板上市，并禁止房地产企业和主要从事金融、投资类业务的企业在科创板上市。

(二)科创属性条件

为明确并坚守科创板的"硬科技"定位，中国证监会于2020年3月20日发布了《科创属性评价指引(试行)》并于2021年4月16日对该指引进行了修订。根据修订后的《科创属性评价指引(试行)》，拟在科创板上市的企业应满足以下科创属性条件：

(1)最近三年研发投入占营业收入比例5%以上，或最近三年研发投入金额累计在6000万元以上；

(2)研发人员占当年员工总数的比例不低于10%；

(3)形成主营业务收入的发明专利5项以上；

(4)最近三年营业收入复合增长率达到20%，或最近一年营业收入金额达到3亿元。

如采用"预计市值不低于40亿元，主要业务或产品需经国家有关部门批准，市场空间大，目前已取得阶段性成果"的上市标准，该等企业可不适用上述第(4)项指标中关于"营业收入"的规定；软件行业不适用上述第(3)项指标的要求，但研发投入占比应在10%以上。

修订后的《科创属性评价指引(试行)》进一步规定，在支持和鼓励科创板定位规定的相关行业领域中，如虽未达到前述指标，但符合下列情形之一的企业亦可申报科创板上市：

(1)发行人拥有的核心技术经国家主管部门认定具有国际领先、引领作用或者对于国家战略具有重大意义；

(2)发行人作为主要参与单位或者发行人的核心技术人员作为主要参与人员，获得国家科技进步奖、国家自然科学奖、国家技术发明奖，并将相关技术运用于公司主营业务；

(3)发行人独立或者牵头承担与主营业务和核心技术相关的国家重大科技专项项目；

(4)发行人依靠核心技术形成的主要产品(服务)，属于国家鼓励、支持和推动的关键设备、关键产品、关键零部件、关键材料等，并实现了进口替代；

(5)形成核心技术和主营业务收入的发明专利(含国防专利)合计 50 项以上。

较之 2020 年 3 月 20 日发布的《科创属性评价指引(试行)》，2021 年 4 月修订的《科创属性评价指引(试行)》新增了“研发人员占当年员工总数的比例不低于 10%”的指标，该项指标体现了科技人才在创新中的核心作用。

案例 1　因科创板定位存疑导致 IPO 被否

上海证券交易所于 2020 年 12 月 18 日受理了武汉珈创生物技术股份有限公司(以下简称珈创生物)提交的首次公开发行股票并在科创板上市的申请文件。根据珈创生物的首轮问询、第二轮问询和现场问询，就科创板定位问题，珈创生物被重点问询和关注：(1)珈创生物部分核心技术专利由外部机构受让取得、珈创生物的自行研发投入较少、技术人员较少且人数在报告期内发生过较大波动等情况，珈创生物是否具有突出的创新能力。(2)结合珈创生物的核心技术、专利获得情况、研发投入、行业地位等情况，论述珈创生物符合科创板定位的理由，并提供充分、切实的依据。(3)目前珈创生物生产经营主要核心技术来自于武汉大学合作研发形成的专有技术，珈创生物于 2016 年支付 500 万元获得相关的权益。珈创生物与武汉大学、武汉病毒研究所等机构存在委托研发或合作研发，公司自武汉大学受让专有技术以后，通过自身研发所形成的核心技术及产生的收入金额和占比；珈创生物在通用技术基础上创新形成专有技术的具体方式，创新点或技术先进性的表现形式；珈创生物委托研发或合作研发在珈创生物技术开发过程中所起的作用，与自主研发之间的关系。(4)结合珈创生物研发人员数量及构成、研发投入规模等因素，进一步分析珈创生物的研发实力和核心技术先进性，与同行业可比珈创生物相比的技术优劣势。2021 年 4 月 29 日，上海证券交易所科创板上市审核中心(以下简称科创板上市委)发布《关于终止武汉珈创生物技术股份有限公司首次公开发行股票并在科创板上市审核的决定》，科创板上市委重点关注：一是珈创生物按照中国药典开展细胞检定等业务，发行人核心技术与中国药典的关系；二是珈创生物外购仪器与核心技术的关系；三是珈创生物外购发明专利及核心技术的具体体现；四是报告期内研发费用和研发人员变动的原因。科创板上市委认为，珈创生物未能充分披露核心技术的先进性，相关信息披露不符合《科创板注册管理办法》第5条、第39条的规定；不符合《科创板上市审核规则》第15条、第19条等规定；上海证券交易所决定对珈创生物的上市申请予以终止审核。

结合上述案例中上海证券交易所的审核问询及科创板上市委的意见，目前上海证券交易所在发行上市审核中并非仅形式化审核企业是否符合科创板定位条件，而是按照实质重于形式的原则，重点关注申报科创板上市的企业的自我评估是否客观。

企业在自我评估是否符合科创板定位条件时，需重点考虑以下因素：

(1)企业所处行业及其技术发展趋势与国家战略的匹配程度，即企业的业务经营及技术发展应符合国家产业政策，与国家战略相匹配；

(2)企业拥有的核心技术在境内与境外发展水平中所处的位置，即企业的核心技术在与境内外同行业相比较应具备一定竞争优势；

(3)核心竞争力及其科技创新水平的具体表征，如获得的专业资质和重要奖项、核心技术人员的科研能力、科研资金的投入情况、取得的研发进展及其成果等，即应有相应的资质、荣誉成果能够客观反映企业的核心技术和创新水平；

(4)保持技术不断创新的机制、技术储备及技术创新的具体安排，即企业并不为上市之目的而研发核心技术，核心技术在企业上市后不会出现"断档"现象；

(5)依靠核心技术开展生产经营的实际情况等，即企业所列核心技术系切实运用于企业的生产经营过程中，企业的主营业务收入主要源于核心技术。

就以上事项，发行人除了在申报科创板上市的招股说明书中对其所述行业、核心技术进行定性分析外，中国证监会以及上海证券交易所还要求发行人披露报告期内通过核心技术开发产品(服务)的情况，报告期内核心技术产品(服务)的生产和销售数量，核心技术产品(服务)在细分行业的市场占有率，报告期内营业收入中，发行人依靠核心技术开展生产经营所产生收入的构成、占比、变动情况及原因等。因此，企业在申报科创板上市前可先行分析该等数据、比照同行业情况，以审慎评估量化确认企业是否符合科创板定位条件。

二、符合科创板发行条件

根据《科创板注册管理办法》的规定，发行人申请在科创板上市应当符合以下发行条件：

1. 发行人是依法设立且持续经营 3 年以上的股份有限公司，具备健全且运行良好的组织机构，相关机构和人员能够依法履行职责。有限责任公司按原账面净资产值折股整体变更为股份有限公司的，持续经营时间可以从有限责任公司成立之日起计算。

发行人应是依法成立并合法存续的股份有限公司，不存在根据法律、法规以及《公司章程》规定需要终止的情形，即不存在下列任意情形：

(1) 发行人公司章程规定的营业期限届满或者发行人公司章程规定的其他解散事由出现；

(2) 发行人股东大会决议解散；

(3) 发行人因公司合并或者分立需要解散；

(4) 发行人依法被吊销营业执照、责令关闭或者被撤销；

(5) 发行人经营管理发生严重困难，继续存续会使股东利益受到重大损失，通过其他途径不能解决的，持有发行人全部股东表决权 10% 以上的股东请求人民法院解散公司。

发行人应已依法建立、健全股东大会、董事会、监事会等组织结构，建立了独立董事制度，设置了董事会专门委员会，相关机构和人员能够依法履行职责。

2. 发行人会计基础工作规范，财务报表的编制和披露符合企业会计准则和相关信息披露规则的规定，在所有重大方面公允地反映了发行人的财务状况、经营成果和现金流量，并由注册会计师出具标准无保留意见的审计报告。发行人内部控制制度健全且被有效执行，能够合理保证公司运行效率、合法合规和财务报告的可靠性，并由注册会计师出具无保留结论的内部控制鉴证报告。

企业申请科创板上市并成为上市公司，需要建立、完善并严格实施相关财务内部控制制度，保护中小投资者合法权益。企业财务内控不规范包括但不限于以下情形：

(1) 为满足贷款银行受托支付要求，在无真实业务支持情况下，通过供应商等取得银行贷款或为客户提供银行贷款资金走账通道（“转贷”行为）；

(2)为获得银行融资,向关联方或供应商开具无真实交易背景的商业票据,进行票据贴现后获得银行融资;

(3)与关联方或第三方直接进行资金拆借;

(4)因外销业务结算需要,通过关联方或第三方代收货款;

(5)利用个人账户对外收付款项;

(6)出借公司账户为他人收付款项;

(7)其他财务内控不规范情形。

案例2　因内部控制不规范导致IPO被否

上海证券交易所于2019年11月11日受理了精英数智科技股份有限公司(以下简称精英数智)提交的首次公开发行股票并在科创板上市的申请文件。根据精英数智的首轮问询、第二轮问询和第三轮问询,就内部控制问题,精英数智被重点问询和关注:(1)精英数智在报告期内持续有大额频繁存取现金的情形,逐笔分析报告期内大额存取现金的情况,以列表形式列示现金存取对象、金额、用途及支付对象,存取时间、跨期情况、相关人员冲回所提取现金的方式;分析是否存在现金收付款、第三方回款、个人卡代收款、体外资金循环、商业贿赂等情形,对比可比公司情况,业务人员大额现金借款的原因及合理性,货币资金相关内部控制措施及执行情况;(2)报告期内,精英数智与失信客户签订大额商务合同是否表明相关内部控制未得到有效执行;(3)报告期各期末,公司对应收账款坏账计提的内控措施,对于此类应收账款未进行单项计提坏账是否表明相关会计政策未得到一贯执行;(4)发行人在合同审批流程中,对于客户偿付能力的判断主要根据在行业内多年的经验和对客户的综合了解,判断其是否具备付款能力,没有可量化、明确的客户分类和授信标准;(5)报告期内,精英数智存在部分信用政策异常项目,具体表现为付款条款约定异常,主要包括背靠背付款、付款期限不明确、付款期限约定模糊三种类型。2020年9月1日,科创板上市委发布《关于终止精英数智科技股份有限公司首次公开发行股票并在科创板上市审核的决定》。科创板上市委重点关注:通过项目服务商协助销售的商业合理性以及与最终达成销售交易价格的关系,相关内控制度是否健全有效,是否存在商业贿赂、利益输送或体外资金循环的情形。科创板上市委认为,精英数智未能充分、准确披露项目服务商所提供服务的内容、项目服务费的计费标准及确定方式,与项目服务商合作的相关内部控制不够健全,不符合《科创板注册管理办法》第5

条、第 11 条的规定；不符合《科创板上市审核规则》第 15 条、第 28 条的规定；上海证券交易所决定对精英数智的上市申请予以终止审核。

拟申请科创板上市的企业应保证内部控制制度健全且被有效执行，能够合理保证公司运行效率、合法合规和财务报告的可靠性，杜绝通过不规范的行为进行体外资金循环、利益输送、粉饰业绩。如企业存在财务内控不规范情形的，科创板要求：

(1)在申报科创板上市前进行整改或纠正，且自首次申报审计截止日(上市申报的最近一期经审计的财务报告资产负债表日)后，原则上不能再出现该等财务内控不规范和财务内部控制制度不能有效执行的情形；

(2)在上市申报文件中充分披露相关交易形成原因、资金流向、使用用途、利息、违反有关法律法规具体情况及后果(包括是否存在被处罚的情形或存在相关风险)、后续可能影响的承担机制、整改措施、相关内控建立及运行情况等；

(3)企业历史上财务内控不规范情形不存在后续影响，已排除或不存在重大风险隐患。

(一)发行人业务完整，具有直接面向市场独立持续经营的能力

根据《科创板注册管理办法》的规定，发行人业务完整，具有直接面向市场独立持续经营的能力具体体现在以下方面：

1. 资产完整，业务及人员、财务、机构独立，与控股股东、实际控制人及其控制的其他企业间不存在对发行人构成重大不利影响的同业竞争，不存在严重影响独立性或者显失公平的关联交易。

案例 3　因独立性存疑导致 IPO 被否

上海证券交易所于 2019 年 4 月 12 日受理了北京国科环宇科技股份有限公司(以下简称国科环宇)提交的首次公开发行股票并在科创板上市的申请文件。根据国科环宇的首轮问询、第二轮问询和第三轮问询，就独立性问题，国科环宇被重点问询和关注：(1)国科环宇并未购买机器、生产线等生产设备，除整体设计研发及简单组装、产品测试外，主要采用外协的方式完成生产过程，公司业务是否完整，是否具有直接面向市场独立持续经营的能力；(2)报告期内关联交易主要为向关联方单位 A 销售电子系统产品与服务，单位 A 报告期各期均为公司前两大客户之一，销售占比分别为 66.82%、25.73%、32.35%。披露持续关联交易的背景和原因，关联交易的定价方式、依据及价格的公允性，国科环宇履行的审

议程序，是否符合《科创板注册管理办法》第 12 条第 1 项规定的发行条件，分析说明并披露关联交易未来是否长期存在，关联交易是否可持续，若是，详细分析说明并披露关联交易对国科环宇独立开展业务的影响，测算关联交易对公司未来经营业绩的影响，并作风险提示；(3)国科环宇采取三类不同的销售模式：重大专项承研、项目销售及产品销售。主要客户 A 和 B 占发行人的收入比重合计 60%以上。国科环宇与关联方单位 A 产生的业务主要为载人航天工程重大专项研制项目，国科环宇与国科天成、单位 A 既有采购又有销售，说明国科环宇与上述客户的合作模式，单位 A 和国科天成提供的技术服务的具体内容、是否为核心技术，国科环宇是否具有独立提供的能力，说明 A 和 B 以外客户开拓特别是民用客户开拓的情况，是否存在对主要客户的依赖，并在此基础上国科环宇是否具备持续经营能力。2019 年 9 月 5 日，科创板上市委发布《关于终止北京国科环宇科技股份有限公司首次公开发行股票并在科创板上市审核的决定》。科创板上市委重点关注：国科环宇直接面向市场独立持续经营的能力，国科环宇会计基础工作的规范性和内部控制制度的有效性；关联交易的公允性。科创板上市委认为，国科环宇关联交易占比较高，业务开展对关联方存在较大依赖，无法说明关联交易价格公允性，重大专项承研业务非市场化取得，收入来源于拨付经费，国科环宇不符合业务完整，具有直接面向市场独立持续经营的能力的要求；同时，国科环宇首次申报时未能充分披露重大专项承研业务模式，对关联方的披露存在遗漏，未充分披露投资者作出价值判断和投资者决策所必需的信息，不符合《科创板注册管理办法》第 12 条、第 5 条的规定；2019 年国科环宇在北交所挂牌与本次申报财务数据存在重大差异，反应国科环宇存在内控不健全、会计基础工作薄弱的情形，不符合《科创板注册管理办法》第 11 条的规定；上海证券交易所决定对国科环宇的上市申请予以终止审核。

综合上述案例并结合科创板的相关规定，科创板上市企业应保持其资产、业务、人员、财务、机构的独立性。判断企业是否具备独立性，主要结合以下因素综合认定：

(1)发行人的资产、业务、人员、财务、机构是否独立于控股股东、实际控制人及其控制的其他企业

发行人的资产、业务、人员等不应存在依赖于控股股东、实际控制人及其控制的其他企业的情形，亦不应存在与控股股东、实际控制人及其控制的其他企业

有人员混同、合署办公的情形。发行人生产经营所涉及的主要资产的权利人(所有权人或合法使用权人)应为发行人自身,其主要资产、资源、人员等均不应存在被控股股东、实际控制人及其控制的其他企业占用或侵占的情形。

(2)发行人与其控股股东、实际控制人及其近亲属全资或控股的企业是否存在同业竞争

科创板上市要求发行人与其控股股东、实际控制人及其近亲属全资或控股的企业之间不存在对发行人构成重大不利影响的同业竞争。如发行人控股股东、实际控制人及其近亲属全资或控股的企业从事与发行人主营业务相同或相似的业务,需分析是否构成“同业竞争”,并需进一步确认该等同业竞争是否会影响发行人的独立性,对发行人构成重大不利影响。

(3)发行人是否严重依赖关联方

如发行人与关联方之间存在关联交易的,应满足:①该等关联交易经过发行人内部决策程序,且履行了关联股东/关联董事回避程序;②该等关联交易系必要的;③该等关联交易的定价公允、合理,遵循公平、公正和市场定价的原则;④不存在发行人与关联方之间利益输送的情形,该等关联交易亦未损害发行人及其股东的权益。

2. 发行人主营业务、控制权、管理团队和核心技术人员[1]稳定,最近2年内主营业务和董事、高级管理人员及核心技术人员均没有发生重大不利变化;[2]控股股东和受控股股东、实际控制人支配的股东所持发行人的股份权属清晰,最近2年实际控制人没有发生变更,不存在导致控制权可能变更的重大权属纠纷。

案例4　创始人离职、董事长变更

根据硕世生物(股票代码:688399)的披露,张旭与王国强等人同为江苏硕世生物科技股份有限公司(以下简称硕世生物)的联合创始人;当地政府人才引进对象除房永生、王国强、刘中华、吴青谊外,亦包括张旭;张旭分别于2016年、

---

① 申请在科创板上市的企业,应当根据企业生产经营需要和相关人员对企业生产经营发挥的实际作用,确定核心技术人员范围,原则上,核心技术人员通常包括公司技术负责人、研发负责人、研发部门主要成员、主要知识产权和非专利技术的发明人或设计人、主要技术标准的起草者等。

② 变动后新增的董事、高级管理人员及核心技术人员来自原股东委派或发行人内部培养产生的,原则上不构成重大不利变化。发行人管理层因退休、调任等原因发生岗位变化的,原则上不构成重大不利变化,但发行人应在上市申报文件中披露相关人员变动对公司生产经营的影响。

2019 年两次出让公司股权，硕世生物首次公开发行股票完成后，张旭的持股比例将下降为5%以下；2017 年 8 月，张旭辞任公司董事。就张旭的股权变动、离职相关事宜，上海证券交易所的问询关注：(1)张旭离职和退出公司日常经营管理活动的真实原因及背景，张旭离职是否会对公司的持续经营产生重大不利影响，是否会对硕世生物的科研实力构成重大不利影响；(2)硕世生物是否与张硕签订了竞业协议，其目前任职单位与硕世生物的主营业务是否类似，是否会对硕世生物的业务构成影响或潜在影响；(3)张旭是否曾为硕世生物的实际控制人，认定其自 2016 年以来对公司不构成实际控制的理由是否充分、是否符合公司实际情况，张旭的股权变动、董事变更，是否符合《科创板注册管理办法》中关于最近 2 年实际控制人没有发生变更的要求。

综合上述案例，申请在科创板上市的企业如历史上发生过核心团队(包括主要股东、高管团队、核心技术人员)变更的，需注意：

(1)主要股东的变更是否会影响公司实际控制人发生变动。科创板要求发行人最近 2 年未发生过实际控制人变更，否则需自实际控制人变更后继续运行 2 个完整会计年度，且发行人不存在导致控制权可能变更的重大权属纠纷或情形。

(2)高管团队和核心技术人员的变更是否会影响公司内部治理的持续、有效运行，是否会导致公司技术秘密的外泄，是否存在纠纷或潜在纠纷，是否会对公司核心业务(包括核心研发、销售经营等)构成影响，是否会对公司持续经营产生重大不利影响。

3. 发行人不存在主要资产、核心技术、商标等的重大权属纠纷，重大偿债风险，重大担保、诉讼、仲裁等或有事项，经营环境已经或者将要发生重大变化等对持续经营有重大不利影响的事项。

(二)发行人生产经营符合法律、行政法规的规定，符合国家产业政策

最近 3 年内，发行人及其控股股东、实际控制人不存在贪污、贿赂、侵占财产、挪用财产或者破坏社会主义市场经济秩序的刑事犯罪，不存在欺诈发行、重大信息披露违法或者其他涉及国家安全、公共安全、生态安全、生产安全、公众健康安全等领域的重大违法行为。董事、监事和高级管理人员不存在最近 3 年内受到中国证监会行政处罚，或者因涉嫌犯罪被司法机关立案侦查或者涉嫌违法违规被中国证监会立案调查，尚未有明确结论意见等情形。

科创板上市的企业应系合法合规经营的企业，不应存在重大违法违规行为。

在企业申请科创板上市前,应取得主管政府部门开具的工商、税务、社会保险、住房公积金、生产安全、产品质量、海关、外汇、环境保护等合规证明;企业的控股股东、实际控制人、董事、监事和高级管理人员应取得无犯罪记录证明。

案例 5　报告期内存在多起行政处罚

根据传音控股(股票代码:688036)的披露,报告期内,深圳传音控股股份有限公司(以下简称传音控股)及其控股子公司在境内受到 3 起行政处罚,境外受到多起税务行政处罚。就传音控股及其控股子公司存在行政处罚的相关事宜,上海证券交易所的问询关注:(1)处罚事项对发行人生产经营的影响;(2)该等事项是否构成重大违法违规;(3)境外律师认为不属于情节严重行政处罚的依据和合理性,并提供相应凭证;(4)报告期内,传音控股及其控股股东、实际控制人、董事、监事和高级管理人员是否存在重大违法违规行为;(5)内控制度是否完善,传音控股是否能有效控制境外子公司;(6)报告期内受到多起行政处罚是否符合《科创板注册管理办法》第 13 条的规定,是否构成传音控股科创板上市的障碍。

合法合规经营是上市公司的基本要求,因此,如企业存在受到行政处罚情形或者刑事犯罪的,会对其申请科创板上市存在一定的影响。对于企业在申请科创板上市前存在违法行为或存在受到行政处罚的,需注意:

(1)积极依法整改,并完善内部控制措施,规范并避免日后发生同类违法违规行为。

(2)确认该等行政处罚对公司持续经营能力的影响,包括但不限于罚款、赔偿金(如有)等经济性支出对于公司利润的影响,是否会影响公司财务指标不符合科创板的上市条件,且该等行政处罚是否会影响公司持续经营能力。

(3)确认该等违法行为是否构成重大违法行为、该等行政处罚是否构成重大行政处罚。根据科创板的相关规定,被处以罚款等处罚且情节严重。导致严重环境污染、重大人员伤亡、社会影响恶劣等,原则上均将被视为重大违法行为。

三、符合科创板上市条件

根据《科创板上市审核规则》《科创板股票上市规则》等法律、法规和规范性文件的规定,发行人申请科创板上市的发行条件具体如下:

1. 一般发行条件

(1)符合中国证监会规定的发行条件;

（2）发行后股本总额不低于人民币3000万元；

（3）公开发行的股份达到公司股份总数的25%以上；公司股本总额超过人民币4亿元的，公开发行股份的比例为10%以上。

2. 市值及财务指标条件

企业可以结合自身公司治理特点、财务状况、发展阶段及上市后的持续监管要求等因素，审慎选择适当的上市标准（如表8－2所示）。针对上市标准中的市值指标，企业可以向保荐机构咨询评估，一般而言，保荐机构对企业的市值进行预先评估并出具《关于发行人预计市值的分析报告》。

表8－2　市值及财务指标条件

申报企业类型	上市条件[a]
一般企业、未盈利企业	以下五套标准择其一： 1. 预计市值不低于人民币10亿元，最近两年净利润均为正且累计净利润不低于人民币5000万元，或者预计市值不低于人民币10亿元，最近1年净利润为正且营业收入不低于人民币1亿元。 2. 预计市值不低于人民币15亿元，最近1年营业收入不低于人民币2亿元，且最近3年累计研发投入[b]占最近3年累计营业收入的比例不低于15%。 3. 预计市值不低于人民币20亿元，最近1年营业收入不低于人民币3亿元，且最近3年经营活动产生的现金流量净额累计不低于人民币1亿元。 4. 预计市值不低于人民币30亿元，且最近1年营业收入不低于人民币3亿元。 5. 预计市值不低于人民币40亿元，主要业务或产品需经国家有关部门批准，市场空间大，目前已取得阶段性成果。医药行业企业需至少有一项核心产品获准开展二期临床试验，其他符合科创板定位的企业需具备明显的技术优势并满足相应条件
符合条件的红筹企业	1. 对于符合科创板定位的，符合国家战略、掌握核心技术、市场认可度高，已达到相当规模并已在境外上市的大型红筹企业：市值不低于人民币2000亿元； 2. 对于尚未在境外上市的红筹企业： （1）原则上要求：最近1年营业收入不低于30亿元人民币且估值不低于200亿元人民币； （2）营业收入快速增长，[c]拥有自主研发、国际领先技术，同行业竞争中处于相对优势地位的，以下两套标准择其一： ①预计市值不低于人民币100亿元； ②预计市值不低于人民币50亿元，且最近1年营业收入不低于人民币5亿元。

续表

申报企业类型	上市条件
存在表决权差异安排[d]的企业	以下两套标准择其一： 1. 预计市值不低于人民币 100 亿元； 2. 预计市值不低于人民币 50 亿元，且最近 1 年营业收入不低于人民币 5 亿元。

注：a 上市条件中所述净利润以扣除非经常性损益前后的孰低者为准，所称净利润、营业收入、经营活动产生的现金流量净额均指经审计的数值。

b 研发投入为企业研究开发活动形成的总支出。研发投入通常包括研发人员工资费用、直接投入费用、折旧费用与长期摊销费用、设计费用、装备调试费、无形资产摊销费用、委托外部研究开发费用、其他费用等。本期研发投入为本期费用化的研发费用与本期资本化的开发支出之和。

c"营业收入快速增长"是指符合以下标准之一：(1)最近 1 年营业收入不低于人民币 5 亿元的，最近 3 年营业收入复合增长率 10% 以上；(2)最近 1 年营业收入低于人民币 5 亿元的，最近 3 年营业收入复合增长率 20% 以上；(3)受行业周期性波动等因素影响，行业整体处于下行周期的，发行人最近 3 年营业收入复合增长率高于同行业可比公司同期平均增长水平。但处于研发阶段的红筹企业和对国家创新驱动发展战略有重要意义的红筹企业，不适用"营业收入快速增长"的要求。

d"表决权差异安排"是指发行人依照《公司法》第 131 条的规定，在一般规定的普通股份之外，发行拥有特别表决权的股份("特别表决权股份")。每一特别表决权股份拥有的表决权数量大于每一普通股份拥有的表决权数量，其他股东权利与普通股份相同。

四、符合科创板相关信息披露要求

科创板是国家首个试点注册制的上市板块，注册制的核心要求即为信息披露。无论是《科创板注册实施意见》《科创板注册管理办法》抑或是《科创板上市审核规则》等法律、法规和规范性文件对于发行人信息披露的相关规定均旨在建立和完善以信息披露为中心的股票发行上市制度，强化发行人对信息披露的诚信义务和法律责任。

根据《证券法》《科创板上市审核规则》的有关规定，发行人应真实、准确、完整地披露信息，保荐人、证券服务机构切实履行信息披露的把关责任；督促发行人及其保荐人、证券服务机构提高信息披露质量，便于投资者在信息充分的情况下作出投资决策。

为明晰发行人在科创板上市的申报文件和信息披露要求，中国证监会制定并公布了《公开发行证券的公司信息披露内容与格式准则第 41 号——科创板公司招股说明书》以及《公开发行证券的公司信息披露内容与格式准则第 42 号——首次公开发行股票并在科创板上市申请文件》，拟申请科创板上市的企业均需按照前述规定制作招股说明书等上市申请文件，并确保相关信息真实、准确和完整。

为进一步压严压实发行人信息披露主体责任和证券服务机构核查把关责任，中国证监会和上海证券交易所于2021年采取了多项举措并下发了包括《关于发布〈上海证券交易所科创板发行上市审核业务指南第2号——常见问题的信息披露和核查要求自查表〉的通知》《监管规则适用指引——关于申请首发上市企业股东信息披露》《监管规则适用指引——发行类第2号》等相关规定，要求发行人及证券服务机构进一步充分核查并履行信息披露义务。具体而言：

1.《关于发布〈上海证券交易所科创板发行上市审核业务指南第2号——常见问题的信息披露和核查要求自查表〉的通知》

根据《上海证券交易所科创板发行上市审核业务指南第2号——常见问题的信息披露和核查要求自查表》，发行人及其中介机构应在上市申请文件中披露以下事项（如表8-3所示）：

表8-3 发行人及其中介机构应披露的事项

类目	序号	问题
科创板审核问答落实情况	1-1	尚未盈利或最近一期存在累计未弥补亏损
	1-2	重大违法行为
	1-3	重大不利影响的同业竞争
	1-4	境外控制架构（控股股东和受控股股东、实际控制人支配的股东所持发行人股权清晰）
	1-5	最近2年内董事、高管及核心技术人员的重大不利变化
	1-6	研发投入
	1-7	主要依靠核心技术开展生产经营
	1-8	员工持股计划
	1-9	期权激励计划
	1-10	整体变更存在累计未弥补亏损
	1-11	研发支出资本化
	1-12	政府补助
	1-13	信息披露豁免
	1-14	工会、职工持股会及历史上自然人股东人数较多

续表

类目	序号	问题
	1－15	申报前后新增股东
	1－16	出资或改制瑕疵
	1－17	发行人资产来自上市公司
	1－18	实际控制人的认定
	1－19	没有或难以认定实际控制人情形下的股份锁定
	1－20	发行人租赁控股股东、实际控制人房产或商标、专利、主要技术来自控股股东、实际控制人的授权使用
	1－21	发行人与控股股东、实际控制人等关联方共同投资
	1－22	“三类股东”
	1－23	对赌协议
	1－24	同一控制下的企业合并
	1－25	客户集中
	1－26	持续经营能力
	1－27	财务内控不规范
	1－28	第三方回款
	1－29	会计政策、会计估计变更与会计差错更正
首发业务若干问题解答以及常见审核问题落实情况	2－1	共同控制的认定
	2－2	无实际控制人的认定
	2－3	控股股东、实际控制人支配的股权存在质押、冻结或发生诉讼仲裁等不确定性事项
	2－4	发行人报告期内存在应缴未缴社会保险和住房公积金
	2－5	客户
	2－6	供应商
	2－7	引用第三方数据
	2－8	劳务外包
	2－9	发行人使用或租赁使用集体建设用地、划拨地、农用地、耕地、基本农田及其上建造的房产
	2－10	环保问题
	2－11	合作研发

续表

类目	序号	问题
	2－12	重要专利系继受取得或与他人共有
	2－13	经营资质及产品质量瑕疵
	2－14	安全事故
	2－15	生产模式主要采用外协加工
	2－16	同行业可比公司的选取
	2－17	技术先进性的客观依据
	2－18	关联交易
	2－19	注销或转让重要关联方(含子公司)
	2－20	收入确认政策
	2－21	报告期收入波动较大
	2－22	境外销售收入金额较大或占比较高
	2－23	经销收入金额较大或占比较高
	2－24	毛利率波动较大或与同行业可比公司存在较大差异
	2－25	期间费用报告期内波动较大或占营业收入的比重与同行业可比公司存在较大差异
	2－26	股份支付
	2－27	应收账款及应收票据
	2－28	存货
	2－29	在建工程余额或发生额较大
	2－30	固定资产闲置或失去使用价值
	2－31	商誉余额较大
	2－32	税收优惠到期或即将到期
	2－33	无形资产认定与客户关系
	2－34	建筑施工类企业存在大量已竣工并实际交付的工程项目余额
	2－35	委托加工业务
	2－36	投资性房地产采用公允价值计量
	2－37	现金交易
	2－38	信息系统核查

续表

类目	序号	问题
	2－39	资金流水核查
	2－40	重大诉讼或仲裁
	2－41	发行人为新三板挂牌/摘牌公司、H股或境外上市公司，或者涉及境外分拆、退市
	2－42	发行人存在曾经申报IPO但未成功上市的情形
	2－43	重大事项提示
	2－44	红筹企业
	2－45	境内上市公司分拆
	2－46	存在特别表决权股份
	2－47	科创板定位中的例外条款——其他领域
	2－48	科创板定位中的例外条款——科技创新能力突出

2.《监管规则适用指引——关于申请首发上市企业股东信息披露》《监管规则适用指引——发行类第2号》

中国证监会于2021年2月5日发布了《监管规则适用指引——关于申请首发上市企业股东信息披露》，对首发上市企业股东信息的核查、披露、新增股东的新增股份锁定等事项作出了如下规范要求：

（1）发行人应当真实、准确、完整地披露股东信息，发行人历史沿革中存在股份代持等情形的，应当在提交申请前依法解除，并在招股说明书中披露形成原因、演变情况、解除过程、是否存在纠纷或潜在纠纷等。

（2）发行人在提交申报材料时应当出具专项承诺，说明发行人股东是否存在以下情形，并将该承诺对外披露：①法律法规规定禁止持股的主体直接或间接持有发行人股份；②本次发行的中介机构或其负责人、高级管理人员、经办人员直接或间接持有发行人股份；③以发行人股权进行不当利益输送。

（3）发行人提交申请前12个月内新增股东的，应当在招股说明书中充分披露新增股东的基本情况、入股原因、入股价格及定价依据，新股东与发行人其他股东、董事、监事、高级管理人员是否存在关联关系，新股东与本次发行的中介机构及其负责人、高级管理人员、经办人员是否存在关联关系，新增股东是否存在股份代持情形。且该等新增股东应当承诺所持新增股份自取得之日起36个月内不得转让。

(4)发行人的自然人股东入股交易价格明显异常的,中介机构应当核查该股东基本情况、入股背景等信息,并说明是否存在上述第(1)项、第(2)项的情形。发行人应当说明该自然人股东基本情况。

(5)发行人股东的股权架构为两层以上且为无实际经营业务的公司或有限合伙企业的,如该股东入股交易价格明显异常,中介机构应当对该股东层层穿透核查到最终持有人,说明是否存在上述第(1)项、第(2)项的情形。最终持有人为自然人的,发行人应当说明自然人基本情况。

(6)私募投资基金等金融产品持有发行人股份的,发行人应当披露金融产品纳入监管情况。

(7)发行人及其股东应当及时向中介机构提供真实、准确、完整的资料,积极和全面配合中介机构开展尽职调查,依法履行信息披露义务。

中国证监会于 2021 年 5 月 28 日进一步发布《监管规则适用指引——发行类第 2 号》,对首发上市企业股东信息的核查中涉及证监会系统离职人员①入股的核查工作提出了如下规范要求:

(1)披露发行人的股东中是否存在证监会系统离职人员;

(2)如果存在证监会系统离职人员入股但不属于不当入股②情形的,应当披露证监会系统离职人员基本信息、入股原因、入股价格及定价依据、入股资金来源等;证监会系统离职人员关于不存在不当入股情形的承诺;

(3)如果存在证监会系统离职人员不当入股情形的,应当予以清理,并披露证监会系统离职人员基本信息、入股原因、入股价格及定价依据、清理过程、是否存在相关利益安排等。

除上述信息披露事项外,发行人及其控股股东、实际控制人、持股 5% 以上股

① “证监会系统离职人员”指发行人申报时相关股东为离开证监会系统未满 10 年的工作人员,具体包括从证监会会机关、派出机构、沪深证券交易所、全国股转公司离职的工作人员,从证监会系统其他会管单位离职的会管干部,在发行部或公众公司部借调累计满 12 个月并在借调结束后 3 年内离职的证监会系统其他会管单位的非会管干部,从会机关、派出机构、沪深证券交易所、全国股转公司调动到证监会系统其他会管单位并在调动后 3 年内离职的非会管干部。

② “不当入股”的情形包括但不限于:(1)利用原职务影响谋取投资机会;(2)入股过程存在利益输送;(3)在入股禁止期内入股(“禁入期”系指副处级(中层)及以上离职人员离职后 3 年内、其他离职人员离职后 2 年内);(4)作为不适格股东入股;(5)入股资金来源违法违规。

东、董事、监事、高级管理人员及核心技术人员需根据《科创板股票上市规则》《上海证券交易所科创板股票发行上市审核问答》《监管规则适用指引——关于申请首发上市企业股东信息披露》等有关法律、法规和规范性文件的规定出具相应承诺函并在上市申请文件中予以披露,该等承诺函包括但不限于如表8-4所示内容。

表8-4 发行人及相关主体应出具的承诺函

承诺函	出具人
股份锁定承诺	控股股东、实际控制人及其一致行动人 持股5%以上股东 企业申报科创板上市前12个月内新增股东 持有发行人股份的董事、监事和高级管理人员 持有发行人股份的核心技术人员
持股意向承诺	控股股东、实际控制人及其一致行动人 持股5%以上股东
关于公司上市后稳定股价的承诺	发行人 控股股东、实际控制人及其一致行动人 董事、高级管理人员
关于填补被摊薄即期回报措施能够切实履行的承诺	控股股东、实际控制人及其一致行动人 董事(除独立董事)、高级管理人员
关于利润分配政策的承诺	发行人
关于欺诈发行回购的承诺	发行人 控股股东、实际控制人及其一致行动人
关于招股说明书虚假记载承担赔偿责任的承诺	发行人 控股股东、实际控制人及其一致行动人 董事、监事、高级管理人员
减少并规范关联交易的承诺	发行人 控股股东、实际控制人及其一致行动人 持股5%以上股东 董事、监事和高级管理人员
避免同业竞争的承诺	控股股东、实际控制人及其一致行动人
关于申请首次公开发行股票并在科创板上市股东信息披露的相关承诺	发行人
关于公司申报文件真实、准确、完整的承诺	发行人 董事、监事、高级管理人员
保证不影响和干扰审核的承诺函	发行人

续表

承诺函	出具人
履约承诺的约束措施	发行人 控股股东、实际控制人及其一致行动人 持股5%以上股东 董事、监事和高级管理人员

为保障企业科创板上市后股本稳定性，防止股东恶意减持套现，对二级市场产生不利影响，《公司法》《证券法》《科创板股票上市规则》等法律、法规和规范性文件对于企业上市后股东所持股份的限售安排（股份锁定）进行了规定。在企业申请科创板上市前，企业的相关股东应依法作出股份锁定承诺并予以披露，股东亦可作出严于法律法规规定的锁股承诺。

《公司法》《证券法》《科创板股票上市规则》等法律、法规和规范性文件对于股份锁定的强制性规定主要如表8－5所示。

表8－5　有关股份锁定的强制性规定

锁股对象	锁定期限	法律依据
公司发起人	自公司成立之日起1年内不得转让	《公司法》第141条
公司IPO前全部股东	自公司股票在证券交易所上市交易之日起1年内不得转让	《公司法》第141条
		《上海证券交易所股票上市规则》(2020年12月修订)第5.1.4条
公司控股股东、实际控制人	公司上市时未盈利的，在公司实现盈利前，自公司股票上市之日起3个完整会计年度内，不得减持首发前股份；自公司股票上市之日起第4个会计年度和第5个会计年度内，每年减持的首发前股份不得超过公司股份总数的2%	《科创板股票上市规则》第2.4.3条
	公司股票上市之日起36个月内，不得转让或者委托他人管理直接和间接持有的首发前股份，也不得提议由上市公司回购；控股股东和实际控制人的亲属所持股份应比照该股东本人进行锁定	《科创板股票上市规则》第2.4.4条
		《上海证券交易所科创板股票上市规则》(2020年12月修订)第5.1.5条
		《上海证券交易所科创板股票发行上市审核问答(二)》第2问

续表

<table>
<tr><th>锁股对象</th><th>锁定期限</th><th>法律依据</th></tr>
<tr><td rowspan="6">董事、监事、高级管理人员及核心技术人员</td><td>公司上市时未盈利的，在公司实现盈利前，自公司股票上市之日起 3 个完整会计年度内，不得减持首发前股份；在前述期间内离职的，也应当遵守前述规定</td><td>《科创板股票上市规则》第 2.4.3 条</td></tr>
<tr><td rowspan="3">董事、监事及高级管理人员：就任时确定的任期内和任期届满后 6 个月内，每年转让的股份不得超过其所持有本公司股份总数的 25%；所持本公司股份自公司股票上市交易之日起 1 年内不得转让；离职后半年内，不得转让其所持公司股份</td><td>《公司法》第 141 条</td></tr>
<tr><td>《上海证券交易所上市公司股东及董事、监事、高级管理人员减持股份实施细则》第 12 条</td></tr>
<tr><td>《上海证券交易所股票上市规则》(2020 年 12 月修订)第 3.1.7 条</td></tr>
<tr><td>核心技术人员：自公司股票上市之日起 12 个月内和离职后 6 个月内不得转让</td><td>《科创板股票上市规则》第 2.4.5 条</td></tr>
<tr><td>董事、监事及高级管理人员不得减持股份的特定情形：
(1)董监高因涉嫌证券期货违法犯罪，在被中国证监会立案调查或者被司法机关立案侦查期间，以及在行政处罚决定、刑事判决作出之后未满 6 个月的；
(2)董监高因违反上海证券交易所业务规则，被上海证券交易所公开谴责未满 3 个月的；
(3)法律、行政法规、部门规章、规范性文件以及上海证券交易所业务规则规定的其他情形</td><td>《上海证券交易所上市公司股东及董事、监事、高级管理人员减持股份实施细则》第 10 条</td></tr>
<tr><td rowspan="2">大股东(持股 5% 以上的股东)或特定股东(大股东以外的股东)</td><td>采取集中竞价交易方式减持的，在任意连续 90 日内，减持股份的总数不得超过公司股份总数的 1%</td><td>《上海证券交易所上市公司股东及董事、监事、高级管理人员减持股份实施细则》第 4 条</td></tr>
<tr><td>采取大宗交易方式减持的，在任意连续 90 日内，减持股份的总数不得超过公司股份总数的 2%；受让方在受让后 6 个月内，不得转让所受让的股份</td><td>《上海证券交易所上市公司股东及董事、监事、高级管理人员减持股份实施细则》第 5 条</td></tr>
</table>

续表

锁股对象	锁定期限	法律依据
	采取协议转让方式减持的,单个受让方的受让比例不得低于公司股份总数的5%;大股东减持采取协议转让方式,减持后不再具有大股东身份的,或是股东通过协议转让方式减持特定股份后,出让方、受让方在6个月内,若采取集中竞价交易方式减持的,在任意连续90日内,减持股份的总数不得超过公司股份总数的1%	《上海证券交易所上市公司股东及董事、监事、高级管理人员减持股份实施细则》第6条
	大股东不得减持股份的特定情形: (1)上市公司或者大股东因涉嫌证券期货违法犯罪,在被中国证监会立案调查或者被司法机关立案侦查期间,以及在行政处罚决定、刑事判决作出之后未满6个月的; (2)大股东因违反上海证券交易所业务规则,被上海证券交易所公开谴责未满3个月的; (3)法律、行政法规、部门规章、规范性文件以及上海证券交易所业务规则规定的其他情形	《上海证券交易所上市公司股东及董事、监事、高级管理人员减持股份实施细则》第9条
大股东(持股5%以上的股东)、董事、监事及高级管理人员	上市公司董事、监事、高级管理人员、持有上市公司股份5%以上的股东,将其持有的该公司的股票在买入后6个月内卖出,或者在卖出后6个月内又买入,由此所得收益归该公司所有,公司董事会应当收回其所得收益	《证券法》第44条 《上海证券交易所股票上市规则》(2020年12月修订)第3.1.8条
突击入股	申报前6个月内新增股东:新增股份自发行人完成增资扩股工商变更登记手续之日起锁定3年。在申报前6个月内从控股股东或实际控制人处受让的股份,应比照控股股东或实际控制人所持股份进行锁定	《上海证券交易所科创板股票发行上市审核问答(二)》第2问
	申报后,通过增资或股权转让产生的新股东:其所持股份上市后36个月之内不转让、不上市交易(继承、离婚原因除外)	《上海证券交易所科创板股票发行上市审核问答(二)》第2问
	申报前12个月内新增股东:其所持新增股份自取得之日起36个月内不得转让	《监管规则适用指引——关于申请首发上市企业股东信息披露》

续表

锁股对象	锁定期限	法律依据
创业投资基金	通过集中竞价交易方式减持其持有的首次公开发行前股份的比例限制： (1)截至首次公开发行上市日，投资期限不满36个月的，在任意连续90日内减持股份的总数不得超过公司股份总数的1%； (2)截至首次公开发行上市日，投资期限在36个月以上但不满48个月的，在任意连续60日内减持股份的总数不得超过公司股份总数的1%； (3)截至首次公开发行上市日，投资期限在48个月以上但不满60个月的，在任意连续30日内减持股份的总数不得超过公司股份总数的1%； (4)截至首次公开发行上市日，投资期限在60个月以上的，减持股份总数不受比例限制	《上海证券交易所上市公司创业投资基金股东减持股份实施细则》(2020年修订)第2条 《上市公司创业投资基金股东减持股份的特别规定》第2条
	通过大宗交易方式减持其持有的首次公开发行前股份的比例限制： (1)截至首次公开发行上市日，投资期限不满36个月的，在任意连续90日内减持股份的总数不得超过公司股份总数的2%； (2)截至首次公开发行上市日，投资期限在36个月以上但不满48个月的，在任意连续60日内减持股份的总数不得超过公司股份总数的2%； (3)截至首次公开发行上市日，投资期限在48个月以上但不满60个月的，在任意连续30日内减持股份的总数不得超过公司股份总数的2%； (4)截至首次公开发行上市日，投资期限在60个月以上的，减持股份总数不受比例限制	《上海证券交易所上市公司创业投资基金股东减持股份实施细则》(2020年修订)第3条
	发行人有实际控制人，且创业投资基金股东非实际控制人的，自发行人股票在证券交易所上市交易之日起1年内不得转让	《发行监管问答——关于首发企业中创业投资基金股东的锁定期安排》(2017年6月2日)
	发行人没有或难以认定实际控制人的，对于非发行人第一大股东但位列合计持股51%以上股东范围，并且符合一定条件的创业投资基金股东，按照《公司法》第141条的有关规定，自发行人股票在证券交易所上市交易之日起1年内不得转让	
	发行人没有或难以认定实际控制人的，对于非发行人第一大股东但位列合计持股51%以上股东范围，但不符合条件的创业投资基金股东，其所持股份自上市之日起锁定36个月	《私募基金监管问答——关于首发企业中创业投资基金股东的认定标准》

如拟申请科创板上市的企业根据科创板的相关规定拟披露的信息涉及国家秘密、商业秘密，披露后可能导致其违反国家有关保密的法律法规或者严重损害公司利益的，可以申请豁免披露，除应根据《科创板上市审核规则》和《上海证券交易所科创板股票发行上市审核问答》的规定提交信息豁免披露的申请文件、中介机构出具的专项核查报告外，还应同时满足以下条件：

(1)能够说明认定需要豁免披露的信息为国家秘密或商业秘密的依据理由并提供相关认定文件(如国家主管部门出具的关于企业申请豁免披露的信息为涉密信息的认定文件等)；

(2)豁免披露后的信息不应对投资者决策判断构成重大障碍；

(3)企业内部已建立相应的保密制度且符合相关法律、法规和规范性文件的规定，并能够得到有效执行。

五、符合《公司法》《证券法》的相关规定

企业申请科创板上市除需符合上述科创板规定的条件及要求外，还应符合《公司法》和《证券法》的相关规定，具体包括：

1. 企业申请科创板上市应符合《公司法》以下规定：

(1)发行人的资本划分为股份，每一股的金额相等；

(2)发行人首次公开发行的股票种类为同种类股票，每一股份具有同等权利，每股的发行条件和价格相同，发行符合公平、公正的原则；

(3)发行人首次公开发行的股票形式符合中国证监会的规定；

(4)发行人首次公开发行的股票属于记名股票；

(5)发行人已就首次公开发行股票并上市召开股东大会并形成合法有效的决议。

2. 企业申请科创板上市应符合《证券法》以下规定：

(1)发行人应当聘请证券公司担任保荐人；

(2)发行人具备健全且运行良好的组织机构；

(3)发行人具有持续经营能力；

(4)发行人最近 3 年的财务会计报告被出具了无保留意见的审计报告；

(5)发行人及其控股股东、实际控制人最近 3 年不存在贪污、贿赂、侵占财产、挪用财产或者破坏社会主义市场经济秩序的刑事犯罪。

首次公开发行股票并在科创板上市的程序

任　真[*]　茅丽婧[**]

企业申请科创板上市的,在向上海证券交易所递交上市申请文件前,均需经历与申请其他板块上市相同的流程,包括:股份改制(适用于企业为有限责任公司)、向主管中国证券监督管理委员会(以下简称中国证监会)派出机构(省证监局)报送上市辅导备案、保荐机构等证券服务机构对企业进行上市辅导、向省证监局申请上市辅导验收并完成验收。

本篇将结合《科创板首次公开发行股票注册管理办法(试行)》(以下简称《科创板注册管理办法》)、《上海证券交易所科创板股票发行上市审核规则》(以下简称《科创板上市审核规则》)等法律、法规和规范性文件的有关规定解析企业在完成上市辅导验收后经历的科创板注册程序并简要介绍科创板发行上市程序。

一、注册程序

申请科创板上市的注册程序主要分四个环节,包括:发行人内部决策、申报与受理、上海证券交易所审核(包括问询审核和科创板上市委审议)、中国证监会注册。简要流程如图 8－1 所示。

---

* 任真,上海市金茂律师事务所合伙人,华东政法大学法学学士,主要从事境内外证券发行、收购兼并、投融资、基金业务、股权激励等。

** 茅丽婧,上海市金茂律师事务所合伙人,华东政法大学法学学士,主要从事境内外证券发行、收购兼并、投融资、基金业务、股权激励等。

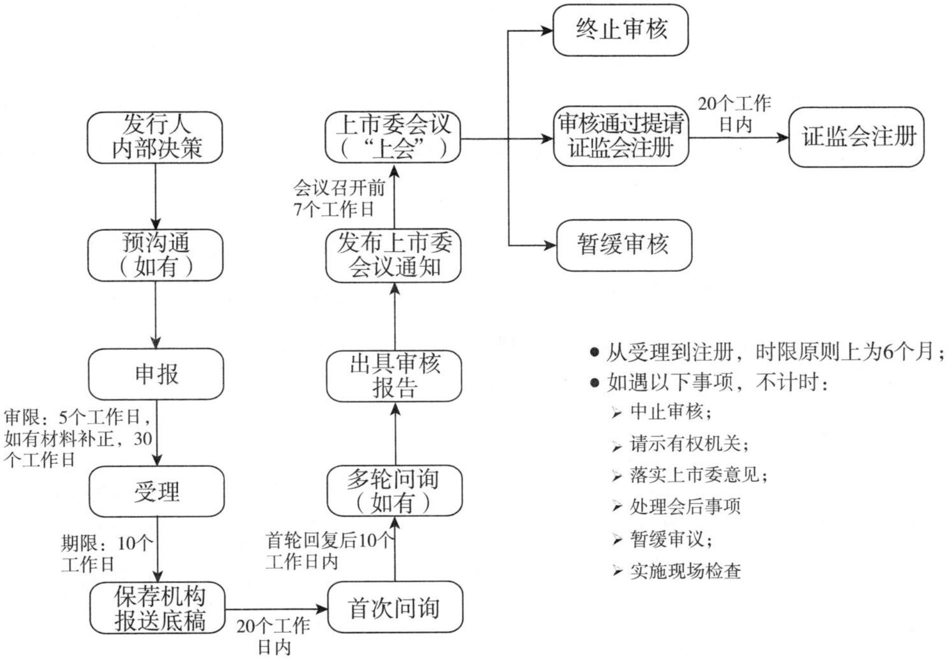

图 8－1　科创板上市简要流程

（一）发行人内部决策

根据《公司法》《科创板注册管理办法》的规定，企业首次公开发行股票并上市应经其内部决策，具体为：

1. 发行人董事会应当依法就首次公开发行股票的具体方案、募集资金使用的可行性及其他必须明确的事项作出决议，并提请股东大会批准。

2. 发行人股东大会就发行股票作出的决议，且至少应当包括下列事项：

（1）首次公开发行股票的种类和数量；

（2）发行对象；

（3）定价方式；

（4）募集资金用途；

（5）发行前滚存利润的分配方案；

（6）决议的有效期；

（7）对董事会办理股票发行具体事宜的授权；

（8）其他必须明确的事项。

企业上述董事会、股东大会需审议的其他必须明确的事项包括但不限于上市后3年股东分红回报规划、上市后3年内稳定股价的预案、填补公司首次公开发行股票被摊薄即期回报措施、适用于上市后的章程草案、上市有关承诺及相关约束措施、依法回购公司发行的全部新股并赔偿投资者损失的议案、公司未来发展规划和发展目标等。

企业上述董事会、股东大会的召集、召开程序、出席会议人员资格、表决方式及决议内容应符合《公司法》《证券法》《科创板注册管理办法》等有关法律、法规和规范性文件以及公司章程的规定，确保形成的董事会决议、股东大会决议系合法、有效的。

（二）申报与受理

企业申请科创板上市的，应按照中国证监会和上海证券交易所的有关规定和要求准备、制作相关申请文件，由保荐人保荐并向上海证券交易所申报。自申请文件经上海证券交易所受理之日起，发行人及其控股股东、实际控制人、董事、监事、高级管理人员，以及与发行人申请科创板上市相关的保荐人、证券服务机构及相关责任人员，即承担相应法律责任。

1. 申请文件准备及制作

根据《科创板上市审核规则》《公开发行证券的公司信息披露内容与格式准则第42号——首次公开发行股票并在科创板上市申请文件》《监管规则适用指引——关于申请首发上市企业股东信息披露》《关于发布〈上海证券交易所科创板发行上市审核业务指南第2号——常见问题的信息披露和核查要求自查表〉的通知》等法律、法规和规范性文件的规定和上海证券交易所的有关要求，发行人及其证券服务机构应结合其实际情况准备科创板股票上市申请文件清单（如表8－6所示）。

表8－6　科创板股票上市申请文件清单

一、招股文件
1－1　招股说明书（申报稿）
二、发行人关于本次发行上市的申请与授权文件
2－1　关于本次公开发行股票并在科创板上市的申请报告
2－2　董事会有关本次发行并上市的决议

续表

2－3　股东大会有关本次发行并上市的决议
2－4　关于符合科创板定位要求的专项说明
三、保荐人和证券服务机构关于本次发行上市的文件
3－1　保荐人关于本次发行上市的文件
3－1－1　关于发行人符合科创板定位要求的专项意见
3－1－2　发行保荐书
3－1－3　上市保荐书
3－1－4　保荐工作报告
3－1－5　关于发行人预计市值的分析报告
3－1－6　保荐机构相关子公司参与配售的相关文件(如有)
3－1－7　保荐机构关于签字保荐代表人申报的在审企业家数等执业情况的说明与承诺
3－2　会计师关于本次发行上市的文件
3－2－1　财务报表及审计报告
3－2－2　发行人审计报告基准日至招股说明书签署日之间的相关财务报表及审阅报告(如适用)
3－2－3　盈利预测报告及审核报告(如适用)
3－2－4　内部控制鉴证报告
3－2－5　经注册会计师鉴证的非经常性损益明细表
3－3　发行人律师关于本次发行上市的文件
3－3－1　法律意见书
3－3－2　律师工作报告
3－3－3　关于发行人董事、监事、高级管理人员、发行人控股股东和实际控制人在相关文件上签名盖章的真实性的鉴证意见
3－3－4　关于申请电子文件与预留原件一致的鉴证意见
四、发行人的设立文件
4－1　发行人的企业法人营业执照
4－2　发行人公司章程(草案)
4－3　发行人关于公司设立以来股本演变情况的说明及其董事、监事、高级管理人员的确认意见

续表

4－4　商务主管部门出具的外资确认文件(如适用)
五、与财务会计资料相关的其他文件
5－1　发行人关于最近3年及一期的纳税情况及政府补助情况
5－1－1　发行人最近3年及一期所得税纳税申报表
5－1－2　有关发行人税收优惠、政府补助的证明文件
5－1－3　主要税种纳税情况的说明
5－1－4　注册会计师对主要税种纳税情况说明出具的意见
5－1－5　发行人及其重要子公司或主要经营机构最近3年及一期纳税情况的证明
5－2　发行人需报送的其他财务资料
5－2－1　最近3年及一期原始财务报表
5－2－2　原始财务报表与申报财务报表的差异比较表
5－2－3　注册会计师对差异情况出具的意见
5－3 发行人设立时和最近3年及一期资产评估报告
5－4　发行人历次验资报告或出资证明
5－5　发行人大股东或控股股东最近1年及一期的原始财务报表及审计报告(如适用)
六、关于本次发行上市募集资金运用的文件
6－1　发行人关于募集资金运用方向的总体安排及其合理性、必要性的说明
6－2　募集资金投资项目的审批、核准或备案文件
6－3　发行人拟收购资产(或股权)的财务报表、审计报告、资产评估报告、盈利预测报告(如适用)
6－4　发行人拟收购资产(或股权)的合同或合同草案(如适用)
七、其他文件
7－1　产权和特许经营权证书
7－1－1　发行人拥有或使用的对其生产经营有重大影响的商标、专利、计算机软件著作权等知识产权以及土地使用权、房屋所有权等产权证书清单(需列明证书所有者或使用者名称、证书号码、权利期限、取得方式、是否及存在何种他项权利等内容)
7－1－2　发行人律师就7－1－1清单所列产权证书出具的鉴证意见
7－1－3　特许经营权证书(如适用)

续表

7－2　重要合同
7－2－1　对发行人有重大影响的商标、专利、专有技术等知识产权许可使用协议(如适用)
7－2－2　重大关联交易协议(如适用)
7－2－3　重组协议(如适用)
7－2－4　特别表决权股份等差异化表决安排涉及的协议(如适用)
7－2－5　高管员工配售协议(如适用)
7－2－6　其他重要商务合同(如适用)
7－3　特定行业(或企业)的管理部门出具的相关意见(如适用)
7－4　承诺事项
7－4－1　发行人及其实际控制人、控股股东、持股5%以上股东以及发行人董事、监事、高级管理人员等责任主体的重要承诺以及未履行承诺的约束措施
7－4－2　有关消除或避免同业竞争的协议以及发行人的控股股东和实际控制人出具的相关承诺
7－4－3　发行人全体董事、监事、高级管理人员对发行申请文件真实性、准确性、完整性的承诺书
7－4－4　发行人控股股东、实际控制人对招股说明书的确认意见
7－4－5　发行人关于申请电子文件与预留原件一致的承诺函
7－4－6　保荐人关于申请电子文件与预留原件一致的承诺函
7－4－7　发行人保证不影响和干扰审核的承诺函
7－5　说明事项
7－5－1　发行人关于申请文件不适用情况的说明
7－5－2　发行人关于招股说明书不适用情况的说明
7－5－3　信息披露豁免申请(如适用)
7－6　保荐协议
7－7　证监局辅导验收文件
7－8　其他文件
7－8－1　关于历次保荐机构信息的说明
7－8－2　保荐机构对本次申报中介机构及其签字人员符合执业条件要求的说明
7－8－3　发行人首次公开发行并在科创板上市项目常见问题的信息披露和核查要求自查表

续表

7－8－4　注册会计师对发行人首次公开发行并在科创板上市项目常见问题的信息披露和核查要求自查表的专项核查意见
7－8－5　发行人关于申请首次公开发行股票并在科创板上市股东信息披露的相关承诺
7－8－6　保荐机构关于股东信息披露专项核查报告
7－8－7　律师事务所关于股东信息披露专项核查报告
7－8－8　保荐机构关于取得国有股权管理方案的批复的预期时间的说明(如适用)
7－8－9　律师事务所关于取得国有股权管理方案的批复的预期时间的说明(如适用)
7－8－10　保荐机构(主承销商)相关资质证明文件
7－8－11　发行人律师相关资质证明文件
7－8－12　中介机构相关承诺函

注:1. 招股说明书的有效期为6个月,自公开发行前最后一次签署之日起计算。

2. 招股说明书中引用的财务报表在其最近一期截止日后6个月内有效。特别情况下发行人可以申请适当延长,延长至多不超过3个月。财务报表应当以年度末、半年度末或者季度末为截止日。

2. 预沟通

在提交上市申请文件前,对于重大疑难、无先例事项等涉及上海证券交易所业务规则理解与适用的问题,发行人及保荐人可以通过上海证券交易所发行上市审核业务系统进行咨询;确需当面咨询的,可以通过上海证券交易所发行上市审核业务系统预约。

3. 申报

就科创板上市申报而言,上海证券交易所实行电子化审核,即发行人通过保荐人向上海证券交易所发行上市审核业务系统提交电子版申请文件,书面原件留存备查,并由律师事务所鉴证申报的电子版申请文件与书面原件一致。

4. 受理

上海证券交易所收到注册申请文件后5个工作日内作出是否受理的决定。上海证券交易所受理发行上市申请文件当日,发行人应当在上海证券交易所网站预先披露招股说明书、发行保荐书、上市保荐书、审计报告和法律意见书等文件。

如发行人提交的上市申请文件与中国证监会及上海证券交易所规定的文件目录不相符、文档名称与文档内容不相符、文档格式不符合中国证监会和上海证券交易所要求、签章不完整或者不清晰、文档无法打开或者存在上海证券交易所认定的其他不齐备情形的，发行人应当予以补正，补正时限最长不超过30个工作日。发行人补正发行上市申请文件的，上海证券交易所收到发行上市申请文件的时间以发行人最终提交补正文件的时间为准。

需注意的是，上市申请文件经上海证券交易所受理后，未经中国证监会或者上海证券交易所同意，不得改动。但如发生重大事项的，发行人、保荐人、证券服务机构应当及时向上海证券交易所报告，并按要求更新注册申请文件和信息披露资料。

（三）上海证券交易所审核

上海证券交易所主要通过向发行人提出审核问询、发行人回答问题方式开展审核工作，基于科创板定位，判断发行人是否符合发行条件、上市条件和信息披露要求。上海证券交易所审核主要包括：上海证券交易所发行上市审核机构问询审核、科创板上市委审议。

1. 上海证券交易所发行上市审核机构问询审核

上海证券交易所设立独立的审核部门（上海证券交易所发行上市审核机构），负责审核发行人公开发行并上市的申请。

自发行人上市申请文件经上海证券交易所受理之日起20个工作日内，上海证券交易所通过保荐人向发行人提出首轮审核问询。在首轮审核问询发出后，发行人及其保荐人对上海证券交易所审核问询存在疑问的，可以通过上海证券交易所发行上市审核业务系统进行沟通；确需当面沟通的，可以通过上海证券交易所发行上市审核业务系统预约。

发行人及其保荐人、证券服务机构应当按照上海证券交易所发行上市审核机构审核问询要求进行必要的补充调查和核查，及时、逐项回复上海证券交易所发行上市审核机构提出的审核问询，相应补充或者修改发行上市申请文件，并于科创板上市委审议会议结束后10个工作日内汇总补充报送与审核问询回复相关的保荐工作底稿和更新后的验证版招股说明书。

需注意，首轮审核问询后，存在下列情形之一的，上海证券交易所发行上市审核机构收到发行人回复后10个工作日内可以继续提出审核问询：

（1）首轮审核问询后，发现新的需要问询事项；

（2）发行人及其保荐人、证券服务机构的回复未能有针对性地回答上海证券交易所发行上市审核机构提出的审核问询，或者上海证券交易所就其回复需要继续审核问询；

(3)发行人的信息披露仍未满足中国证监会和上海证券交易所规定的要求；

(4)上海证券交易所认为需要继续审核问询的其他情形。

上海证券交易所发行上市审核机构收到发行人及其保荐人、证券服务机构对上海证券交易所审核问询的回复后，认为不需要进一步审核问询的，将出具审核报告并提交科创板上市委审议。

值得注意的是，上海证券交易所依照相关规定，从发行上市申请已被上海证券交易所受理的发行人中抽取一定比例，对其信息披露质量进行现场检查。同时，如上海证券交易所在发行上市审核中发现发行上市申请文件存在重大疑问且发行人及其保荐人、证券服务机构回复中无法作出合理解释的，可以对发行人及其保荐人、证券服务机构进行现场检查。

2. 科创板上市委审议

上海证券交易所设立科创板股票上市委员会(科创板上市委)，负责对审核部门出具的审核报告和发行人的申请文件提出审议意见。科创板上市委审议程序如下：

(1)科创板上市委召开审议会议，对上海证券交易所发行上市审核机构出具的审核报告及发行上市申请文件进行审议。

在上海证券交易所发行上市审核机构向科创板上市委提交审核报告审议的同时，发行人和保荐人需及时提交更新后的上市申请文件(上会稿)，做好上会前准备。在上会稿预先披露后，上海证券交易所将发布科创板上市委审议会议通知公告。

(2)科创板上市委进行审议时要求对发行人及其保荐人进行现场问询的，发行人代表及保荐代表人应当到会接受问询，回答委员提出的问题。

(3)科创板上市委审议时，参会委员就审核报告的内容和发行上市审核机构提出的初步审核意见发表意见，通过合议形成意见：

①发行人符合发行条件、上市条件和信息披露要求的审议意见；

②发行人不符合发行条件、上市条件和信息披露要求的审议意见；

③发行人存在发行条件、上市条件或者信息披露方面的重大事项有待进一步核实，无法形成审议意见的，经会议合议，科创板上市委可以对该发行人的发

行上市申请暂缓审议。暂缓审议时间不超过2个月。对发行人的同一发行上市申请,科创板上市委只能暂缓审议一次。

上海证券交易所结合科创板上市委的审议意见,出具发行人符合发行条件、上市条件和信息披露要求的审核意见或者作出终止发行上市审核的决定。

如科创板上市委认为发行人符合发行条件、上市条件和信息披露要求,但要求发行人补充披露有关信息的,上海证券交易所发行上市审核机构告知保荐人组织落实;发行上市审核机构对发行人及其保荐人、证券服务机构的落实情况予以核对,通报参会委员,无须再次提请科创板上市委审议。发行人对相关事项补充披露后,上海证券交易所出具发行人符合发行条件、上市条件和信息披露要求的审核意见。

(四)中国证监会注册

上海证券交易所审核通过的,向中国证监会报送发行人符合发行条件、上市条件和信息披露要求的审核意见、相关审核资料和发行人的发行上市申请文件。

中国证监会收到上海证券交易所报送的前述资料后,履行发行注册程序。中国证监会在20个工作日内对发行人的注册申请作出同意注册或者不予注册的决定。发行注册主要关注上海证券交易所发行上市审核内容有无遗漏,审核程序是否符合规定,以及发行人在发行条件和信息披露要求的重大方面是否符合相关规定。中国证监会认为存在需要进一步说明或者落实事项的,可以要求上海证券交易所进一步问询,上海证券交易所向发行人及保荐人、证券服务机构提出反馈问题。

案例1　首家中国证监会无问询

2021年6月1日,上海复旦微电子集团股份有限公司成为首家在中国证监会注册阶段无任何问询问题而予以注册的科创板公司。根据该公司的披露文件,2021年3月31日科创板上市委审核时也未进行现场问询。

中国证监会认为上海证券交易所对影响发行条件的重大事项未予关注或者上海证券交易所的审核意见依据明显不充分的,可以退回上海证券交易所补充审核。中国证监会决定退回上海证券交易所补充审核的,上海证券交易所发行上市审核机构对要求补充审核的事项重新审核,并提交科创板上市委审议。上海证券交易所审核通过的,重新向中国证监会报送审核意见及相关资料;审核不通过的,作出终止发行上市审核的决定。

中国证监会同意注册的决定自作出之日起 1 年内有效,发行人应当在注册决定有效期内发行股票,发行时点由发行人自主选择。

发行人在取得中国证监会同意注册决定后,启动股票公开发行前,还需履行:

(1)发行人在上海证券交易所网站和符合中国证监会规定条件的网站披露招股意向书;

(2)发行人及时更新信息披露文件内容,财务报表过期的,发行人应当补充财务会计报告等文件;

(3)保荐人及证券服务机构应当持续履行尽职调查职责;

(4)发生重大事项的,发行人、保荐人应当及时向上海证券交易所报告;

(5)发现可能影响本次发行的重大事项的,中国证监会可以要求发行人暂缓或者暂停发行、上市;相关重大事项导致发行人不符合发行条件的,可以撤销注册。

案例 2　注册后发生影响发行的重大事项导致 IPO 暂缓

蚂蚁科技集团股份有限公司(以下简称蚂蚁集团)于 2020 年 8 月 25 日获得上海证券交易所科创板受理,2020 年 9 月 18 日获得科创板上市委审议通过,2020 年 9 月 23 日获得中国证监会注册。蚂蚁集团于 2020 年 10 月 29 日发行新股 192,131.15 万股,发行价人民币 68.8 元/股,原定于 2020 年 11 月 5 日在科创板上市。上市前,蚂蚁集团发生实际控制人及董事长、总经理被有关部门联合进行监管约谈、蚂蚁集团报告所处金融科技监管环境发生变化等重大事项。2020 年 11 月 3 日,上海证券交易所出具《关于暂缓蚂蚁科技集团股份有限公司科创板上市的决定》。因前述重大事项可能导致蚂蚁集团不符合上市条件或信息披露要求,根据《科创板注册管理办法》第 26 条和《科创板上市审核规则》第 60 条等规定并征询保荐机构的意见,上海证券交易所决定蚂蚁集团暂缓上市。

(五)注册程序的时限

注册程序的时限原则上不超过 6 个月:

(1)自受理发行上市申请文件之日起,上海证券交易所审核和中国证监会注册的时间总计不超过 3 个月;

(2)发行人及其保荐人、证券服务机构回复上海证券交易所审核问询的时间总计不超过 3 个月。

以下事项不计入上述时限：

(1)《科创板上市审核规则》规定的中止审核；

(2)请示有权机关、落实科创板上市委意见；

(3)暂缓审议；

(4)处理会后事项；

(5)实施现场检查；

(6)要求进行专项核查；

(7)要求发行人补充、修改申请文件等情形。

(六)其他事项

1. 审核中止

下列情形将触发科创板注册审核的中止；自下列情形消除或消失后，发行人可申请提交恢复申请：

(1)发行人及其控股股东、实际控制人涉及贪污、贿赂、侵占财产、挪用财产或者破坏社会主义市场经济秩序的刑事犯罪，发行欺诈发行、重大信息披露违法或者其他涉及国家安全、公共安全、生态安全、生产安全、公众健康安全等领域的重大违法行为，被立案调查或者被司法机关侦查，尚未结案；

(2)发行人的保荐人，以及律师事务所、会计师事务所等证券服务机构因首次公开发行股票、上市公司证券发行、并购重组业务涉嫌违法违规，或者其他业务涉嫌违法违规且对市场有重大影响被中国证监会立案调查，或者被司法机关侦查，尚未结案；

(3)发行人的签字保荐代表人，以及签字律师、签字会计师等证券服务机构签字人员因首次公开发行股票、上市公司证券发行、并购重组业务涉嫌违法违规，或者其他业务涉嫌违法违规且对市场有重大影响被中国证监会立案调查，或者被司法机关侦查，尚未结案；

(4)发行人的保荐人，以及律师事务所、会计师事务所等证券服务机构被中国证监会依法采取限制业务活动、责令停业整顿、指定其他机构托管、接管等监管措施，或者被交易所实施一定期限内不接受其出具的相关文件的纪律处分，尚未解除；

(5)发行人的签字保荐代表人、签字律师、签字会计师等中介机构签字人员被中国证监会依法采取限制证券从业资格等监管措施或者证券市场禁入的措

施,或者被交易所实施一定期限内不接受其出具的相关文件的纪律处分,尚未解除;

(6)发行人及保荐人主动要求中止发行上市审核程序或者发行注册程序,理由正当且经上海证券交易所或者中国证监会批准;

(7)发行人注册申请文件中记载的财务资料已过有效期,需要补充提交;

(8)中国证监会规定的其他情形。

如发生上述第(6)项或第(7)项中止审核情形的,发行人需要在中止审核后 3 个月内补充提交有效文件或者消除主动要求中止审核的相关情形。

2. 审核终止

下列情形将触发科创板注册审核的终止:

(1)发行人撤回注册申请文件或者保荐人撤销保荐;

(2)发行人未在要求的期限内对注册申请文件作出解释说明或者补充、修改;

(3)注册申请文件存在虚假记载、误导性陈述或者重大遗漏;

(4)发行人阻碍或者拒绝中国证监会、上海证券交易所依法对发行人实施检查、核查;

(5)发行人及其关联方以不正当手段严重干扰发行上市审核或者发行注册工作;

(6)发行人法人资格终止;

(7)注册申请文件内容存在重大缺陷,严重影响投资者理解和发行上市审核或者发行注册工作;

(8)发行人注册申请文件中记载的财务资料已过有效期且逾期 3 个月未更新;

(9)发行人中止发行上市审核程序超过上海证券交易所规定的时限或者中止发行注册程序超过 3 个月仍未恢复;

(10)上海证券交易所不同意发行人公开发行股票并上市;

(11)中国证监会规定的其他情形。

以上情形同时系发行程序的终止情形。

3. 再次申请

上海证券交易所因不同意发行人股票公开发行并上市,作出终止发行上市审核决定,或者中国证监会作出不予注册决定的,自决定作出之日起6个月后,发行人可以再次提出公开发行股票并上市申请。

二、发行上市程序

根据《科创板注册管理办法》《证券发行与承销管理办法》《上海证券交易所科创板股票发行与承销实施办法》《上海证券交易所科创板股票发行与承销业务指引》等法律、法规和规范性文件的有关规定,科创板发行上市简要流程如图8-2所示。

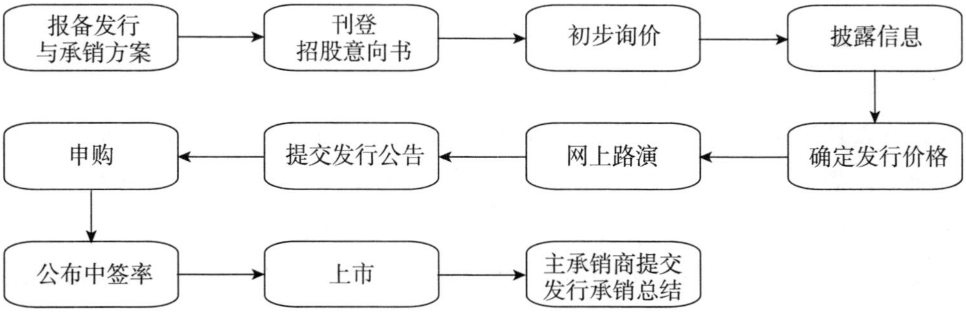

图8-2　科创板发行上市简要流程

上市前法律尽职调查

任　真[*]　茅丽婧[**]

根据《科创板首次公开发行股票注册管理办法(试行)》(以下简称《科创板注册管理办法》)的有关规定,律师事务所应当按照依法制定的业务规则和行业自律规范的要求,审慎履行职责,充分了解发行人经营情况和风险,对包括招股说明书在内的注册申请文件和信息披露资料进行全面核查验证;发行人及其控股股东、实际控制人应当全面配合律师事务所开展尽职调查和其他相关工作。

本篇将结合科创板上市的条件以及《律师事务所从事证券法律业务管理办法》《律师事务所证券法律业务执业规则(试行)》等法律、法规和规范性文件的规定解析在科创板上市前律师事务所对拟上市企业的法律尽职调查。

一、法律尽职调查的范围

为核验发行人是否符合科创板上市的条件,律师事务所(发行人律师)将根据所适用的法律、法规和规范性文件对发行人及其报告期内的控股子公司、分公司等分支机构(无论截至报告期期末是否注销或转出)进行全面的法律尽职调查。尽职调查主要覆盖的内容如表8-7所示。

---

* 任真,上海市金茂律师事务所合伙人,华东政法大学法学学士,主要从事境内外证券发行、收购兼并、投融资、基金业务、股权激励等。

** 茅丽婧,上海市金茂律师事务所合伙人,华东政法大学法学学士,主要从事境内外证券发行、收购兼并、投融资、基金业务、股权激励等。

表 8-7　法律尽职调查主要覆盖的内容

核查项目	主要内容
基本情况	1. 发行人基本信息;2. 存续状态;3. 注册地址与实际经营地
控股股东、实际控制人	1. 控股股东、实际控制人基本信息(控股股东为机构的,包括其历史沿革和股权结构);2. 实际控制人的认定;3. 是否存在一致行动人;4. 报告期内控股股东、实际控制人变更情况;5. 控股股东、实际控制人报告期内银行账户资金流水情况
股东情况	1. 股东基本情况;2. 股东适格性;3. 股东入股原因、入股价格及定价依据;4. 股东穿透后的股权结构及最终持有人情况;5. 股东之间关联关系;6. 是否为私募基金产品或其他金融产品;7. 与发行人是否存在不当利益输送;8. 股权(股份)冻结、质押等受限情况;9. 股东与发行人及其控股股东、实际控制人是否存在对赌协议及其解除情况;10. 5% 以上股东报告期内银行账户资金流水情况
历史沿革	1. 发行人设立情况;2. 历次股东增减资情况,包括定价及定价依据、出资到位情况等;3. 历次股权(股份)转让情况,包括定价及定价依据、交割情况等;4. 历次变更的真实性以及法律程序履行情况;5. 股权(股份)代持情况;6. 纠纷或潜在纠纷情况
公司业务	1. 主营业务情况;2. 业务合规性,包括但不限于所必需的经营资质和许可取得情况;3. 报告期内业务变更情况;4. 主要客户与供应商情况;5. 主要业务合同履行情况
组织机构及内部治理	1. 组织机构建立及执行情况;2. 内部治理制度建立及运行情况
董事、监事、高级管理人员和核心技术人员	1. 董事、监事、高级管理人员和核心技术人员基本情况、任职资格、兼职及对外投资情况;2. 董事、监事、高级管理人员和核心技术人员报告期内变更情况;3. 董事、监事、高级管理人员和核心技术人员与发行人之间关联交易情况;4. 董事、监事、高级管理人员和核心技术人员个人银行账户资金流水情况
关联交易与同业竞争	1. 关联方情况;2. 重要关联方注销或转移情况;3. 企业与控股股东、实际控制人、董事、监事和高级管理人员及其亲属直接或间接共同设立公司;4. 关联交易情况;5. 同业竞争情况
主要财产	1. 不动产(包括土地使用权、房屋产权)的取得情况,包括取得方式、是否存在权属争议;2. 租赁物业情况(包括租赁合同的签署及履行、租赁备案情况);3. 知识产权(包括专利、商标、计算机软件著作权等)的取得情况,包括取得方式、是否存在权属争议;4. 对外投资情况;5. 资产受限情况;6. 报告期内重大资产出售、转移情况
重大债权债务	1. 报告期内贷款情况;2. 报告期内对外担保情况;3. 报告期内向第三方提供借款情况;4. 报告期内产生的金额较大或对发行人产生重大影响的债权债务

续表

核查项目	主要内容
环境保护、生产安全及产品质量	1. 环境保护措施;2. 环保资质、许可或登记情况;3. 环境事故情况;4. 生产经营所在地的消防情况;5. 生产安全经营资质的取得情况;6. 安全事故情况;7. 产品质量的标准;8. 产品质量瑕疵情况
劳动人事	1. 报告期内用工情况,包括在册员工、劳务派遣、劳务外包、退休返聘情况;2. 社会保险和住房公积金缴纳情况;3. 劳动仲裁及劳动人事纠纷情况;4. 劳动人事行政处罚情况
税务	1. 适用的税种税率;2. 报告期内税收优惠情况;3. 报告期内财政补贴情况;4. 税务合规性
诉讼、仲裁、行政处罚	1. 发行人及其控股子公司、实际控制人、5% 以上股东、董事、监事、高级管理人员和核心技术人员报告期内执行完毕和尚未了结的重大诉讼、仲裁情况;2. 发行人及其控股子公司、控股股东、实际控制人、董事、监事、高级管理人员和核心技术人员是否存在重大违法违规行为,是否存在受到行政处罚、涉嫌刑事犯罪情况
上市相关	1. 上市相关的内部决策履行情况;2. 募集资金的运用;3. 上市申请文件的信息披露情况;4. 中介机构执业情况;5. 根据《上海证券交易所科创板发行上市审核业务指南第 2 号——常见问题的信息披露和核查要求自查表》等法律、法规和规范性文件规定的科创板上市要求核查的事项

具体法律尽职调查事项以发行人律师向发行人出具的法律尽职调查清单为准。根据尽职调查工作的深入和实际进展情况,律师事务所还将向发行人提交补充资料清单。发行人应根据该等法律尽职调查清单如实、完整地提供相关材料与信息。

二、法律尽职调查的方法

律师事务所将采取查验发行人提供的书面材料、实地调查、访谈相关人员或机构、向相关政府主管部门查询、网络及其他公开渠道查询等方式进行法律尽职调查,包括但不限于:

(1)对发行人及其控股子公司的主要经营场所进行实地调查,查验发行人主要财产的资产状况及生产系统、经营设备的运行情况,了解发行人主要职能部门的设置及运作情况;

(2)访谈发行人的股东、董事、监事、高级管理人员、核心技术人员及关键岗位人员;

(3)就律师事务所认为重要的或不可忽略的相关问题，向发行人或相关方进行询问并取得其书面确认；

(4)调取发行人及相关关联方的工商档案、知识产权档案、不动产档案；

(5)通过网络公开渠道检索发行人及相关关联方的信息，了解发行人的最新动态和社会评价状况；

(6)协同保荐机构、审计机构制定关于发行人及其控股子公司、控股股东、实际控制人、董事、监事、高级管理人员及关键岗位人员的银行流水核查计划、确定核查对象，通过查阅银行流水、访谈询问等方式核查发行人的独立性及财务内控规范等方面；

(7)协同保荐机构、审计机构制定关于报告期内发行人主要供应商和客户的核查计划、确定核查对象，通过查阅文件、访谈询问、现场查看、发放询证函、调取工商档案等方式对发行人与该等主要客户和供应商之间交易信息的真实性以及是否与发行人存在关联关系进行核查；

(8)必要时，律师事务所将协同保荐机构、审计机构走访政府主管部门、其他有关单位，通过访谈询问、现场查看等方式取得有关部门或有关人士出具的情况说明、书面确认或证明文件。

三、法律尽职调查的主要关注点

发行人律师将根据《科创板注册管理办法》、《上海证券交易所科创板股票发行上市审核规则》、《上海证券交易所科创板股票上市规则》、《上海证券交易所科创板股票发行上市审核问答》以及《关于发布〈上海证券交易所科创板发行上市审核业务指南第 2 号——常见问题的信息披露和核查要求自查表〉的通知》开展法律尽职调查。以下事项系发行人律师在法律尽职调查过程中常见的重点关注事项并将在上市申请文件中披露核查结论、发表法律意见。

(一)控股股东、实际控制人

实际控制人是拥有公司控制权的主体。发行人律师在确定公司控制权归属时，尊重企业的实际情况，以发行人自身的认定为主，首先基于发行人的股权结构进行确认；同时，通过对公司章程、协议或其他安排以及发行人股东大会(股东出席会议情况、表决过程、审议结果、董事提名和任命等)、董事会(重大决策的提议和表决过程等)、监事会及发行人经营管理的实际运作情况的核查对实际控制人认定进行核验。

一般而言,发行人股权较为分散但存在单一股东控制比例达到30%的情形的,若无相反的证据,原则上应将该股东认定为控股股东或实际控制人。

案例1　认定实际控制人的相关案例

根据联测科技(股票代码:688113)的披露文件,江苏联测机电科技股份有限公司控股股东和实际控制人为赵某国。根据赵某国与李某、郁某旋、张某签订的《一致行动确认书》,《一致行动确认书》签署之日前,李某、郁某旋、张某在行使股东权利中与赵某国保持了一致行动,《一致行动确认书》签署之日后,李某、郁某旋、张某愿意在行使股东权利中继续与赵某国保持一致行动。李某、郁某旋、张某为实际控制人的一致行动人,四人合计持有公司44.88%的股份。基于《一致行动确认书》中约定"如各方在事先共同协商的过程中不能达成一致意见的应以赵某国意见为准",赵某国实际支配合计发行人表决权比例达到44.88%。同时,根据发行人其他持股5%以上的股东黄某溶、史某祥、史某平出具的《关于不谋求公司实际控制权的承诺函》,因此赵某国为发行人控股股东和实际控制人,李某、郁某旋、张某为实际控制人的一致行动人。发行人认定赵某国为实际控制人的依据充分,发行人不是无实际控制人,发行人也不是受上述四人共同控制。发行人在认定实际控制人时,并非仅依据《一致行动确认书》等一致行动协议的约定进行认定,而是本着实事求是的原则,依据发行人及发行人股东的实际情况,根据实际控制人持有公司表决权股份情况、公司章程、一致行动确认安排以及发行人股东大会、董事会、监事会及发行人经营管理的实际运作情况进行认定,并由持股5%以上的股东赵某国、李某、郁某旋、张某、黄某溶、史某祥、史某平进行了确认。此外,依据《一致行动确认书》的约定,发行人历次股东大会、董事会、监事会及发行人经营管理的实际运作情况以及其他持有发行人5%股份以上股东出具的《关于不谋求公司实际控制权的承诺函》,发行人的实际控制人为赵某国,实际控制人一致行动人为李某、郁某旋、张某,符合发行人实际情况,符合《上海证券交易所科创板股票发行上市审核问答(二)》等监管要求的规定。

结合上述案例并根据相关法律、法规和规范性文件的规定,法定或约定形成的一致行动关系并不必然导致多人共同拥有公司控制权的情况,还需通过协议约定的具体内容、发行人股东大会、董事会、监事会及经营管理的实际运作情况判断是否构成共同实际控制人。

根据《上海证券交易所科创板股票发行上市审核问答(二)》,实际控制人的配偶、直系亲属,如其持有公司股份达到5%以上或者虽未超过5%但是担任公司董事、高级管理人员并在公司经营决策中发挥重要作用,除非有相反证据,原则上应认定为共同实际控制人。

(二)历史沿革

1. 关于出资瑕疵的核查

在核查发行人历史沿革过程中,发行人律师将核查发行人历史沿革中股东是否全面履行了出资义务,是否存在抽逃出资、出资不实的情形,出资方式等是否存在瑕疵,是否因出资瑕疵受到过行政处罚。

对于曾存在出资瑕疵的发行人,应结合保荐机构、发行人律师、审计机构的整改意见消除、规范出资瑕疵,包括但不限于补足出资、调整出资方式、重新验资等。

案例2　出资瑕疵

根据爱威科技(股票代码:688067)的披露文件,发行人历史上存在专利技术出资超出比例的出资瑕疵。2001年6月,全体股东以专利技术作价350万元入股爱威科技,该专利技术出资占当时爱威科技股份有限公司注册资本的比例为35%。根据当时有效的《公司法》(1999年修正)第24条第2款的规定,“以工业产权、非专利技术作价出资的金额不得超过有限责任公司注册资本的百分之二十,国家对采用高新技术成果有特别规定的除外”。因此,该专利技术出资的金额占发行人注册资本的比例不符合当时有关法律法规的规定。但根据发行人工商主管部门出具的证明、发行人说明并经中介机构核查,该等专利技术出资已经在当时的登记机关登记,发行人未因此受到工商主管部门行政处罚,且股东之间不存在出资纠纷。发行人于2012年9月整体变更时该专利技术出资比例仅占当时注册资本的6.86%,前述出资比例不符合相关规定的情形已因发行人整体变更得到纠正。同时,自2016年起我国《公司法》已修改了相关出资比例限制条款,发行人前述出资比例符合现行有效的《公司法》规定。因此,保荐机构、发行人律师认为,发行人未因历史上的出资瑕疵遭受行政处罚,亦未构成重大违法行为,历史上的出资瑕疵已经消除,不会对本次发行构成法律障碍,不存在纠纷或潜在纠纷。

2. 关于股权(股份)代持的核查

发行人律师将核查发行人历史沿革中历次股权(股份)变动的真实性,核查方式包括但不限于抽查股东出资/股权受让前后的银行流水、对股东进行访谈询问、查阅股权(股份)变动的相关协议、付款凭证、工商登记资料等。

对于存在股权(股份)代持的发行人,名义股东应与隐名股东结合保荐机构、发行人律师、审计机构的意见解除股权(股份)代持,避免因股权(股份)代持导致发行人股权权属不清晰、不稳定的情形。

3. 关于在新三板挂牌的发行人的核查

如发行人在科创板上市前曾在全国中小企业股份转让系统挂牌(新三板挂牌)的,发行人律师将核查发行人申请新三板挂牌时、挂牌期间、摘牌时公开的信息披露文件,核查:

(1)发行人在信息披露、股权交易、董事会或股东大会决策等方面的合法合规性,摘牌程序的合法合规性(如有),是否存在受到处罚的情形、是否构成重大违法及发行上市障碍;

(2)在挂牌期间新增股东的适格性,不适格股东合计持股比例较高的原因及对发行人生产经营的影响;对于挂牌期间形成的契约性基金、信托计划、资产管理计划等“三类股东”,核查该等股东的合规性,是否已纳入国家金融监管部门有效监管,并依法履行了审批、备案或报告等程序;

(3)发行人申请科创板上市的申请文件与其在新三板公开披露的文件等公开信息是否存在重大差异。

(三)董事、监事、高级管理人员和核心技术人员

上市申请过程中,上市中介机构核查董事、监事、高级管理人员和核心技术人员的任职资格、失信情况;除此之外,根据《首发业务若干问题解答》(2020年6月修订),发行人及其控股股东、实际控制人、董事、监事、高管等相关人员应按照诚实信用原则,向中介机构提供完整的银行账户信息,配合中介机构核查资金流水。中介机构应勤勉尽责,采用可靠手段获取核查资料,在确定核查范围、实施核查程序方面保持应有的职业谨慎。在符合银行账户查询相关法律法规的前提下,资金流水核查范围除发行人银行账户资金流水以外,结合发行人实际情况,还可能包括控股股东、实际控制人、发行人主要关联方、董事、监事、高管、关键岗位人员等开立或控制的银行账户资金流水,以及与上述银行账户发生异常往来的发行人关联方及员工开立或控制的银行账户资金流水。

因此,在核查实际控制人、5%以上持股股东、董事、监事、高级管理人员、核

心技术人员、发行人的控股子公司过程中，为核查发行人与该等人员或机构之间的关联交易、发行人的独立性、财务内控规范等合规事项，发行人律师将连同保荐机构、审计机构在确认核查范围的基础上核查该等人员或机构或发行人关键岗位人员在报告期内的银行账户资金流水，重点关注大额或异常交易，并基于银行账户资金流水核查结果对相关人员进行访谈确认，核验发行人是否存在异常关联交易、是否存在影响发行人独立性的情形、是否存在财务内控不规范的情形等。

(四)关联交易与同业竞争

1. 关于关联方的核查

发行人律师将参考《上市公司信息披露管理办法》《上海证券交易所科创板股票上市规则》《企业会计准则第36号——关联方披露》核查发行人的关联方情况。在核查关联方时，发行人律师一般通过控股股东、实际控制人、持股5%以上股东、董事、监事和高级管理人员提供的调查表、网络核查的方式核查关联方。企业需促使其相关股东和相关人员配合如实、全面、完整地填写调查表、提供关联方信息。

2. 关于注销或转让重要关联方的核查

对于报告期内存在注销或转让重要关联方(如子公司、实际控制人控制的其他企业、与发行人报告期内存在关联交易的企业等)，发行人律师还将就以下事项进行核查：

(1)注销或转让重要关联方(含子公司)的原因，相关关联方是否存在违法违规行为，是否构成控股股东、实际控制人的重大违法行为，是否影响发行人董事、高级管理人员的任职资格；

(2)已注销关联方的注销程序是否合规；已注销企业注销后资产、人员去向；

(3)已转让企业股权受让方的基本情况、转让是否真实、转让价格是否公允、与发行人或发行人的主要客户及供应商是否存在可能导致利益输送的特殊关系；

(4)承接已注销企业资产或业务的主体、已转让或已辞任企业后续与发行人交易情况(如有)及定价公允性，是否存在关联交易非关联化的安排。

案例3　关于子公司注销

根据威高骨科(股票代码:688161)的披露文件，报告期内，发行人有多家子公司注销；并有子公司泉州威高骨科医疗器械有限公司于2020年7月决议解散。

《关于山东威高骨科材料股份有限公司首次公开发行股票并在科创板上市申请文件的第二轮审核问询函》要求发行人进一步说明“上述子公司注销或解散前是否存在违法违规行为，是否存在纠纷及潜在纠纷”，并要求发行人律师核查并发表意见。基于此，发行人律师核查了该等子公司的注销程序和手续，取得了该等子公司的相关政府主管机关（包括市场监督管理局、税务局、人力资源和社会保障局等）出具的合规证明，同时登录相关主管部门网站及中国执行信息公开网查询该等子公司不存在行政处罚事项、不存在相关被执行的信息。

3. 关于发行人与控股股东、实际控制人等主体共同投资的核查

发行人如存在与其控股股东、实际控制人、董事、监事、高级管理人员及其亲属直接或者间接共同设立公司的情形，发行人律师还就以下事项进行核查：

（1）发行人与上述主体共同设立公司的背景、原因和必要性，发行人对该公司的出资情况、出资价格是否公允；

（2）如发行人与共同设立的公司存在业务或资金往来的，将核查相关交易的真实性、合法性、必要性、合理性及公允性，核查是否存在损害发行人利益的行为；

（3）如公司共同投资方为董事、高级管理人员及其近亲属，核查是否符合《公司法》第148条的规定，即董事、高级管理人员是否存在：

①挪用公司资金；

②将公司资金以其个人名义或者以其他个人名义开立账户存储；

③违反公司章程的规定，未经股东会、股东大会或者董事会同意，将公司资金借贷给他人或者以公司财产为他人提供担保；

④违反公司章程的规定或者未经股东会、股东大会同意，与本公司订立合同或者进行交易；

⑤未经股东会或者股东大会同意，利用职务便利为自己或者他人谋取属于公司的商业机会，自营或者为他人经营与所任职公司同类的业务；

⑥接受他人与公司交易的佣金归为己有；

⑦擅自披露公司秘密；

⑧违反对公司忠实义务的其他行为。

4. 关于同业竞争的核查

同业竞争的认定需按照实质重于形式的原则并结合以下因素进行确认，不

能简单地以产品销售地域不同、产品的档次不同等认定不构成同业竞争：

(1)相关企业的历史沿革、资产、人员、主营业务(包括产品服务的特点、技术、商标商号、客户、供应商)等方面与发行人的关系；

(2)相关企业与发行人的业务是否具有可替代性、竞争性，是否存在利益冲突，是否在同一市场范围内销售等。

对于发行人同业竞争情形是否存在重大比例影响，一般结合：(1)竞争方的同类收入或毛利占发行人该类业务收入或毛利的比例以及占发行人营业收入或毛利总额的比例；(2)竞争方与发行人的经营地域、产品或服务的定位，同业竞争是否会导致发行人与竞争方之间的非公平竞争、是否会导致发行人与竞争方之间存在利益输送、是否会导致发行人与竞争方之间相互或者单方让渡商业机会的情形，对未来发展的潜在影响等方面进行综合分析。但是，如果竞争方的同类收入或毛利占发行人该类业务收入或毛利的比例达到30%以上的，如无充分相反证据，原则上应认定该等同业竞争构成重大不利影响。

如在申请科创板上市前，发行人与其控股股东、实际控制人及其近亲属全资或控股的企业之间存在所从事业务相同或相近的情况，则应清理该等同业竞争情形，可采取以下一种或多种方式：

(1)收购存在同业竞争的相关企业，使之成为发行人的全资子公司；

(2)注销存在同业竞争的相关企业；

(3)将存在同业竞争的相关企业出售给无关联关系的第三方；

(4)变更存在同业竞争的相关企业的业务，并由该等企业出具避免与发行人从事相同或相似业务的书面承诺。

(五)主要财产

针对发行人所拥有的主要财产如发行人的部分专利系继受取得或与他人共有的，发行人律师还将就以下事项进行核查：

(1)继受取得或与他人共有专利的重要性，与所提供产品或服务的内在联系；

(2)继受取得或与他人共有专利的背景、过程，是否存在瑕疵、纠纷和潜在纠纷；

(3)原权利人、共有人的基本信息，是否与发行人或其控股股东、实际控制人存在关联关系，共有人使用或许可专利的具体情况；

(4)发行人继受取得相关专利或与他人共有相关专利是否对发行人持续经营存在重大不利影响,是否影响发行人的独立性。

(六)劳动人事

值得注意的是,如发行人存在将较多劳务活动交由专门劳务外包公司实施的情况的,发行人律师还将核查该等劳务公司经营的合法合规性等情况,比如,是否为独立经营的实体、是否具备必要的专业资质、业务实施及人员管理是否符合相关法律法规规定、发行人与其发生业务交易的背景是否存在重大风险等。

案例4　关于劳务采购存在瑕疵

根据中科通达(股票代码:688038)的披露文件,报告期内发行人武汉中科通达高新技术股份有限公司瑕疵劳务采购金额逐年递增。为说明该等瑕疵劳务的整改情况,发行人及保荐机构在问询回复中明确:(1)发行人过往已签署的瑕疵劳务采购合同对应的主体工程均已建设完成,2020年度未与瑕疵劳务公司签署新的劳务采购协议,发行人未来不会新增瑕疵劳务合同金额。(2)发行人的整改措施充分有效。(3)劳务公司不是专门或主要为发行人提供服务,劳务公司与发行人不存在关联关系或其他利益关系。(4)发行人劳务费用定价公允,不存在跨期核算情形。(5)发行人将部分劳务分包给存在资质瑕疵的劳务公司,双方签署的劳务施工协议有被认定为无效的可能性,存在效力瑕疵。发行人劳务分包资质瑕疵存在遭受行政处罚的可能性,但受当前国家宏观政策影响,发行人遭受处罚的风险较小,主管部门确认该行为不属于重大违法行为,且实际控制人承诺对发行人可能存在的处罚支出或损失予以补偿,因此,发行人劳务分包资质瑕疵对发行人本次发行及上市不构成实质性障碍。(6)发行人已在招股说明书中对上述事项作风险提示。

企业股份改制

任　真[*]　茅丽婧[**]

根据《科创板首次公开发行股票注册管理办法(试行)》的规定,申请在科创板上市的企业应是依法设立且持续经营3年以上的股份有限公司,有限责任公司按原账面净资产值折股整体变更为股份有限公司的,持续经营时间可以从有限责任公司成立之日起计算。因此,如企业的公司类型为有限责任公司的,在申请科创板上市前的必经之路即为有限责任公司整体变更为股份有限公司,即"股份改制"或"股改"。

本篇将结合《公司法》等相关法律、法规和规范性文件的规定解析企业股改的相关法律问题。

一、股份有限公司的设立条件

有限责任公司整体变更为股份有限公司,股份有限公司采取的是发起设立方式。

根据《公司法》的规定,设立股份有限公司,应当具备下列条件。

(一)发起人符合法定人数

股份有限公司发起设立,应有2人以上200人以下为发起人,其中须有半数以上的发起人在中国境内有住所。发起人应当依法签订发起人协议,明确各自

* 任真,上海市金茂律师事务所合伙人,华东政法大学法学学士,主要从事境内外证券发行、收购兼并、投融资、基金业务、股权激励等。

** 茅丽婧,上海市金茂律师事务所合伙人,华东政法大学法学学士,主要从事境内外证券发行、收购兼并、投融资、基金业务、股权激励等。

在公司设立过程中的权利和义务。

(二)有符合公司章程规定的全体发起人认购的股本总额

股份有限公司采取发起设立方式设立的,注册资本为在公司登记机关登记的全体发起人认购的股本总额。在发起人认购的股份缴足前,不得向他人募集股份。

发起人应当书面认足公司章程规定其认购的股份,并按照公司章程规定缴纳出资。以非货币财产出资的,应当依法办理其财产权的转移手续。

(三)股份发行、筹办事项符合法律规定

股份有限公司设立时的股份发行及筹办事项均应履行法律、法规和规范性文件规定的合法程序,包括但不限于签署发起人协议、建立公司筹备委员会、履行审计、评估程序、召开创立大会等内部决策会议、组建公司董事会、监事会和高级管理人员团队、对实收资本进行验资等。

(四)发起人制定公司章程

发起人应根据《公司法》的有关规定制定适用于股份有限公司的公司章程。公司章程应当载明:公司名称和住所;公司经营范围;公司设立方式;公司股份总数、每股金额和注册资本;发起人的姓名或者名称、认购的股份数、出资方式和出资时间;董事会的组成、职权和议事规则;公司法定代表人;监事会的组成、职权和议事规则;公司利润分配办法;公司的解散事由与清算办法;公司的通知和公告办法;股东大会会议认为需要规定的其他事项。

如企业为日后科创板上市进行股改的,股份有限公司章程的制定建议一并参考《上市公司章程指引》《上海证券交易所科创板股票上市规则》《上海证券交易所科创板上市公司自律监管规则适用指引第 1 号——规范运作》等法律、法规和规范性文件中有关公司治理、股东权利义务的相关规定。

(五)有公司名称,建立符合股份有限公司要求的组织机构

企业以有限责任公司整体变更为股份有限公司前,可以先行向主管公司登记机关进行股份有限公司的企业名称预先核准手续,确认股份有限公司的名称。

企业整体变更为股份有限公司的同时,还应依法建立股东大会、董事会、监事会等组织机构,并在公司章程中规定该等组织机构的相应职责和职权,并制定相应的会议议事规则,建立、健全股份有限公司运行所必需的组织机构和内部治

理机制。

(六)有公司住所

股份有限公司应有固定的生产经营场所,具备必要的生产经营条件。

股份有限公司的住所可以与整体变更前的有限责任公司保持一致,具体可由企业根据其自身情况确认股份有限公司的注册所在地。

二、有限责任公司整体变更为股份有限公司的程序

(一)有限责任公司整体变更为股份有限公司依法应履行的程序

1. 企业召开有限责任公司阶段的股东会,决议有限责任公司整体变更为股份有限公司的初步方案(包括但不限于股份有限公司的名称、确认股改审计基准日、评估基准日等)、聘请股改的审计机构、评估机构。

因企业股改系为日后在科创板上市,因此股改时聘请的审计机构、评估机构均需具备证券从业资格。

2. 办理股份有限公司名称预核准的相关工商登记备案手续。

企业名称预核准的有效期一般为自核准通知书出具之日起6个月。

3. 审计机构对企业在有限责任公司阶段截至股改审计基准日的净资产进行审计,评估机构对该等净资产进行评估。

4. 企业召开有限责任公司阶段的股东会,决议有限责任公司整体变更为股份有限公司的具体方案(包括但不限于根据审计结果和评估机构确认股改的折股方案、发起人数量、股份有限公司的注册资本和股本规模、经营范围等)。

根据《公司法》的有关规定,有限责任公司变更为股份有限公司时,折合的实收股本总额不得高于公司净资产额。

5. 企业股改前的全体股东作为发起人签订发行人协议,明确股份有限公司的设立方式、注册资本和股本规模、发起人基本情况及各自认购的股数、公司筹备等相关事宜,并约定各发起人在股份有限公司设立过程中的权利和义务。

6. 发起人制定股份有限公司的章程。

7. 股份有限公司召开创立大会,审议股份有限公司设立的相关议案。

发起人应当在创立大会召开15日前将会议日期通知各认股人。创立大会应有代表股份总数过半数的发起人、认股人出席,方可举行。

创立大会审议发起人关于公司筹办情况的报告、通过股份有限公司的章程

等公司治理制度、选举股份有限公司第一届董事会成员、选举股份有限公司第一届监事会股东代表监事、对公司的设立费用进行审核、对发起人用于抵作股款的财产的作价进行审核、通过有关股份有限公司设立的其他相关议案。如发生不可抗力或者经营条件发生重大变化直接影响公司设立的,创立大会可以作出不设立公司的决议。

根据《公司法》的有关规定,创立大会对前款所列事项作出决议,必须经出席会议的认股人所持表决权过半数通过。

8. 股份有限公司召开第一届职工大会/职工代表大会,选举第一届监事会职工代表监事。

9. 股份有限公司召开第一届董事会会议,选举董事长、聘任总经理等高级管理人员、审议应由董事会审议通过的公司治理制度。

10. 股份有限公司召开第一届监事会会议,选举监事会主席。

11. 办理股份有限公司设立的工商登记备案手续。

董事会应于创立大会结束后 30 日内,向公司登记机关报送公司登记申请书,创立大会的会议记录,公司章程,验资证明,法定代表人、董事、监事的任职文件及其身份证明,发起人的法人资格证明或者自然人身份证明,公司住所证明等材料,申请股份有限公司设立登记。

提交股份有限公司设立登记的申请材料的具体要求建议企业提前与主管公司登记机关进行确认、核实。

12. 聘请具有证券从业资格的会计师事务所验资并取得验资报告。

(二)外商投资企业的股改

按照《公司法》《证券法》《外商投资法》等有关法律的规定,外商投资企业可以依法改制为外商投资股份有限公司,依法通过公开发行股票、公司债券等证券和其他方式进行融资。设立外商投资股份有限公司应符合中国吸收外商投资的产业政策,应限于国家鼓励和允许外商投资的行业。

根据《外商投资法》的有关规定,自 2020 年 1 月 1 日起,企业类型为公司的外商投资企业的组织形式、组织机构及其活动准则适用《公司法》,但外商投资企业应当通过企业登记系统以及企业信用信息公示系统向商务主管部门报送外商投资信息。如为外商投资企业的有限责任公司,在实施股改时可参考作为内资企业的有限责任公司整体变更为股份有限公司的相关程序,具体可建议企业提前与主管公司登记机关进行确认、核实。

三、股改过程中关注的主要法律问题

(一)股改时存在瑕疵

在有限责任公司整体变更为股份有限公司过程中可能存在的瑕疵主要包括:

(1)出具审计报告、评估报告或验资报告的会计师事务所、评估机构不具备证券从业资格;

(2)公司股改的实收资本低于注册资本;

(3)公司未履行审计、评估或验资程序。

对于上述股改瑕疵,在科创板上市前均需进行整改,整改方案包括但不限于:

(1)核查股改瑕疵形成的原因,分析是否构成重大违法行为,是否因此受到行政处罚;

(2)消除股改瑕疵,如对于出具股改审计报告、评估报告或验资报告的中介机构不具备相应资质的,重新聘请具有证券从业资格的会计师事务所、评估机构进行复核;对于实收资本低于注册资本,补足出资并重新进行验资;

(3)进行二次股改,规范股改流程。

以上整改方案均需由上市中介机构根据每一企业的具体情况进行分析后确认具体方案。

案例1　股改过程中存在瑕疵

根据明微电子(股票代码:688699)的披露文件,发行人于2008年1月31日整体变更为股份公司时,为公司改制出具审计报告和验资报告的深圳星源会计师事务所以及出具评估报告的深圳市鹏信资产评估土地房地产估价有限公司不具备证券、期货从业资格;同时,根据利安达会计师事务所有限责任公司(以下简称利安达)于2010年1月17日出具的《关于深圳市明微电子股份有限公司改制设立股份公司时资本金投入的专项说明》,深圳市明微电子股份有限公司(以下简称明微有限)截至2007年12月31日的净资产将调减3,516,722.67元,故整体变更时用于折股的净资产相应减少。为充实公司的股改前净资产,经2010年3月23日召开的明微电子年度股东大会决议通过,明微电子各发起人决定按照各自的持股比例以现金方式补足。根据利安达于2011年2月1日出具的利安达专字〔2011〕第1275号《验资复核报告》，相关股东已于2010年3月24日补足款项；发行人会计师亦于2020年3月26日就发行人历史上的出资情况进行复核并出具容诚专字〔2020〕518Z0028号《验资复核报告》，认为："公司相关股东已于2010年3月24日以现金补足资本，公司注册资本已足额到位。公司在折股过程中存在的上述瑕疵得到纠正后，公司设立合法、合规、出资完整；上述情形不会对公司首次公开发行股票构成实质性障碍。"同时，发行人亦委托有证券、期货从业资格的银信资产评估有限公司出具了银信复报字〔2017〕沪第007号《"关于深圳市明微电子有限公司的资产评估报告书"复核报告》对明微有限整体变更时的资产评估价值进行复核，对原评估报告结果予以确认。综上，明微有限在整体变更时的验资机构和评估机构无相应的证券、期货从业资格，且实际用于折股的净资产低于整体变更后的注册资本，但由于各发起人均已按比例用现金予以补足，且该次出资已由具有证券、期货从业资格的评估机构、审计机构出具了复核报告，就发行人设立时的评估、审计、验资情况进行了复核和确认。因此，发行人设立时存在的上述瑕疵已经解决，不会对本次发行上市构成实质性障碍。

（二）股改时存在累计未弥补亏损

部分企业因前期技术研发、市场培育等方面投入较大，在有限责任公司整体变更为股份有限公司前，存在累计未弥补亏损。该等情形下，企业可以依照发起人协议，履行董事会、股东会等内部决策程序后，以不高于净资产金额折股，通过整体变更设立股份有限公司的方式解决以前累计未弥补亏损。股改后的股份有限公司（作为申请科创板上市的发行人）的持续经营时间亦可以从有限责任公司成立之日起计算。

对于股改时存在累计未弥补亏损的，科创板要求：

（1）整体变更相关事项需已经董事会、股东会表决通过，相关程序合法合规；

（2）股改过程中不存在侵害债权人合法权益情形，与债权人不存在纠纷；

（3）股改已完成工商登记注册和税务登记相关程序；

（4）整体变更相关事项符合《公司法》等法律法规规定。

案例2　股改时存在累计未弥补亏损

根据倍轻松（股票代码：688793）的披露文件，倍轻松的前身深圳市倍轻松科技开发有限公司（以下简称轻松有限）整体变更设立股份公司时，存在累计未弥补亏损。根据深圳市鹏城会计师事务所有限公司出具的深鹏所审字〔2006〕920号《审计报告》和发行人的财务报表，截至2006年11月30日，轻松有限母公司的总资产、净资产和未分配利润分别为894.34万元、385.16万元、-210.44万元。轻松有限整体变更为股份公司时存在未分配利润为负的情况，主要原因系轻松有限为进行产品研发和业务拓展投入了大量的研发、人员支出，但前期产生的收入不足以覆盖同期支出所致。母公司报表层面，倍轻松历史形成的未弥补亏损已在2009年年末通过公司经营产生的净利润得到填补，上述未分配利润为负的情形已消除。倍轻松在其招股说明书中披露了整体变更的具体方案及相应的会计处理，同时载明，公司整体变更为股份公司后，受益于前期的市场累积和技术沉淀，发行人市场地位和产品竞争力不断提升，规模效应进一步凸显，盈利能力持续增强。因此，公司整体变更时存在未分配利润为负的情形，不会对公司未来持续盈利能力产生重大不利影响。根据倍轻松招股说明书的披露，轻松有限整体变更设立股份公司相关事项经董事会、股东会表决通过，相关程序合法合规，整体变更中不存在侵害债权人合法权益情形，没有与债权人发生纠纷，已完成工商登记和税务登记相关程序，整体变更相关事项符合《公司法》等法律法规规定。

结合上述案例并根据科创板的相关要求，发行人应在招股说明书中充分披露其由有限责任公司整体变更为股份有限公司的基准日未分配利润为负的形成原因，该情形是否已消除，整体变更后的变化情况和发展趋势，与报告期内盈利水平变动的匹配关系，对未来盈利能力的影响，整体变更的具体方案及相应的会计处理、整改措施（如有），并充分揭示相关风险。

（三）整体变更采取溢价折股

在有限责任公司整体变更为股份有限公司过程中，如存在溢价折股的情形的，应和主管税务机关确认股东纳税事宜。

根据国家税务总局于2010年5月31日发布的《关于进一步加强高收入者个人所得税征收管理的通知》（国税发〔2010〕54号），"以未分配利润、盈余公积和除股票溢价发行外的其他资本公积转增注册资本和股本，应缴纳个人所得税"。

对于企业在股改过程中存在以股票溢价形成的资本公积进行溢价折股的，建议提前和主管税务机关沟通、确认自然人发起人是否需要缴纳个人所得税，如需缴付的，建议及时履行代扣代缴义务并备存相关完税证明。

拟上市企业的公司治理

任　真[*]　茅丽婧[**]

除按照《公司法》规定外，拟在科创板上市的企业需参考《上市公司治理准则》、《上市公司章程指引》、《上海证券交易所科创板股票上市规则》（以下简称《科创板股票上市规则》）和《上海证券交易所科创板上市公司自律监管规则适用指引第1号——规范运作》等科创板上市公司适用的法律、法规和规范性文件建立组织机构，规范公司内部治理。

本篇将结合《公司法》《上市公司治理准则》《上市公司章程指引》《科创板股票上市规则》《上海证券交易所科创板上市公司自律监管规则适用指引第1号——规范运作》的相关规定简述拟上市企业的公司治理。

一、组织机构建立

企业在整体变更为股份有限公司的同时应依据《公司法》的有关规定建立股东大会、董事会、监事会和以总经理为首的高管团队的组织机构，并可以参考《上市公司治理准则》的有关规定同步建立独立董事制度、设置董事会专门委员会。① 股东大会、董事会、监事会和高级管理人员以及独立董事、董事会专门委员会各自的职权和职责具体如下所述。

---

* 任真，上海市金茂律师事务所合伙人，华东政法大学法学学士，主要从事境内外证券发行、收购兼并、投融资、基金业务、股权激励等。

** 茅丽婧，上海市金茂律师事务所合伙人，华东政法大学法学学士，主要从事境内外证券发行、收购兼并、投融资、基金业务、股权激励等。

① 独立董事制度的建立和董事会专门委员会的设置不应晚于企业向主管省证监局申请上市辅导验收前。

（一）股东大会

股份有限公司股东大会由全体股东组成。股东大会依法行使以下职权：

（1）决定公司的经营方针和投资计划；

（2）选举和更换非由职工代表担任的董事、监事，决定有关董事、监事的报酬事项；

（3）审议批准董事会的报告；

（4）审议批准监事会的报告；

（5）审议批准公司的年度财务预算方案、决算方案；

（6）审议批准公司的利润分配方案和弥补亏损方案；

（7）对公司增加或者减少注册资本作出决议；

（8）对发行公司债券作出决议；

（9）对公司合并、分立、解散、清算或者变更公司形式作出决议；

（10）修改公司章程；

（11）对公司聘用、解聘会计师事务所作出决议；

（12）审议批准章程规定的担保事项；

（13）审议公司在 1 年内购买、出售重大资产超过公司最近一期经审计总资产 30% 的事项；

（14）审议股权激励计划；

（15）审议批准变更募集资金用途事项；

（16）审议法律、行政法规、部门规章和公司章程规定应当由股东大会决定的其他事项。

除上述事项外，股份有限公司的下列对外担保行为，须经股东大会审议通过：

（1）本公司及本公司控股子公司的对外担保总额，达到或超过最近一期经审计净资产的 50% 以后提供的任何担保；

（2）公司的对外担保总额，达到或超过最近一期经审计总资产的 30% 以后提供的任何担保；

（3）为资产负债率超过 70% 的担保对象提供的担保；

（4）单笔担保额超过最近一期经审计净资产 10% 的担保；

（5）对股东、实际控制人及其关联方提供的担保。

（二）董事会

股份有限公司设置董事会，董事成员为5人至19人。董事会依法行使以下职权：

（1）召集股东大会，并向股东大会报告工作；

（2）执行股东大会的决议；

（3）决定公司的经营计划和投资方案；

（4）制订公司的年度财务预算方案、决算方案；

（5）制订公司的利润分配方案和亏损弥补方案；

（6）制订公司增加或者减少注册资本、发行债券或其他证券及上市方案；

（7）拟订公司重大收购、收购本公司股票或者合并、分立、解散及变更公司形式的方案；

（8）在股东大会授权范围内，决定公司对外投资、收购出售资产、资产抵押、对外担保事项、委托理财、关联交易等事项；

（9）决定公司内部管理机构的设置；

（10）选举或更换董事长，聘任或者解聘公司总经理；根据总经理的提名，聘任或者解聘公司副总经理、财务负责人、董事会秘书等高级管理人员，并决定其报酬事项和奖惩事项；

（11）制定公司的基本管理制度；

（12）管理公司信息披露事项；

（13）制订章程的修改方案；

（14）向股东大会提请聘请或更换为公司审计的会计师事务所；

（15）听取公司总经理的工作汇报并检查总经理的工作；

（16）法律、行政法规、部门规章和章程规定，以及股东大会授予的其他职权。

拟上市企业的，最近2年内曾担任过董事或者高级管理人员的监事人数不得超过监事总数的1/2。

（三）监事会

股份有限公司设置监事会，监事会成员不得少于3人。监事会应当包括股东代表和职工代表，其中职工代表的比例不得低于1/3，职工代表由公司职工通过职工代表大会、职工大会或者其他形式民主选举产生。董事、总经理和其他高级管理人员不得兼任监事。

监事会依法行使以下职权：

(1)向股东大会报告工作；

(2)应当对董事会编制的公司定期报告进行审核并提出书面审核意见；

(3)检查公司财务；

(4)对董事、高级管理人员执行公司职务的行为进行监督，对违反法律、行政法规、公司章程或者股东大会决议的董事、高级管理人员提出罢免的建议；

(5)当董事、高级管理人员的行为损害公司的利益时，要求董事、高级管理人员予以纠正；

(6)提议召开临时股东大会，在董事会不履行《公司法》规定的召集和主持股东大会职责时召集和主持股东大会；

(7)向股东大会提出提案；

(8)依照《公司法》第151条的规定，对董事、高级管理人员提起诉讼；

(9)发现公司经营情况异常，可以进行调查；必要时，可以聘请会计师事务所、律师事务所等专业机构协助其工作，费用由公司承担；

(10)法律、行政法规、部门规章和章程规定的以及股东大会授予的其他职权。

(四)总经理及其他高级管理人员

总经理、副总经理、财务负责人、董事会秘书是公司的高级管理人员，公司章程规定高级管理人员的任职资格和职权、职责。

总经理对董事会负责，行使下列职权：

(1)主持公司的生产经营管理工作，组织实施董事会决议，并向董事会报告工作；

(2)组织实施公司年度经营计划和投资方案；

(3)拟订公司内部管理机构设置方案；

(4)拟订公司的基本管理制度；

(5)制定公司的具体规章；

(6)提请董事会聘任或者解聘公司副总经理、财务负责人等高级管理人员；

(7)决定聘任或者解聘除应由董事会决定聘任或者解聘以外的负责管理人员；

(8)章程或董事会授予的其他职权。

董事会秘书负责股东大会和董事会会议的筹备、文件保管以及股东资料管理;企业上市后,董事会秘书还是企业与交易所之间的指定联络人,办理信息披露事务等事宜。董事会秘书的主要职责是:

(1)协助处理董事会的日常工作;

(2)组织筹备董事会会议和股东大会,参加股东大会、董事会会议、监事会会议及高级管理人员相关会议,负责股东大会、董事会会议记录工作并签字,保存股东大会、董事会决议、记录等重要文件;

(3)负责保管公司股东名册、公司发行在外的债券权益人名单;负责保管董事、监事及高级管理人员名册;负责保管控股股东及董事、监事和高级管理人员持有公司股票的资料;

(4)组织董事、监事和高级管理人员进行法律、法规和规范性文件的培训,协助前述人员了解各自在信息披露中的权利和义务;

(5)督促董事、监事和高级管理人员遵守法律、行政法规、部门规章和公司章程,切实履行其所作出的承诺;

(6)法律、行政法规、部门规章和公司章程规定的以及董事会赋予的其他职责。

(五)独立董事

独立董事是指不在企业担任除董事外的其他职务,并与企业及企业主要股东不存在可能妨碍其进行独立客观判断的关系的董事。①

独立董事对企业及全体股东负有诚信与勤勉义务。独立董事应当依法履行董事义务,充分了解公司经营运作情况和董事会议题内容,维护企业和全体股东的利益,尤其关注中小股东的合法权益保护。独立董事应当独立履行职责,不受企业主要股东、实际控制人或者其他与企业存在利害关系的单位或个人的影响。

除具有《公司法》和其他相关法律、法规、规范性文件以及公司章程赋予董事的职权外,独立董事还拥有以下特别职权:

(1)须提交股东大会审议的关联交易应由独立董事认可后,提交董事会讨论;独立董事作出判断前,可以聘请中介机构出具独立财务顾问报告,作为其判

---

① 上市公司的董事会成员中应当包括至少1/3的独立董事,其中至少包括一名会计专业人士(会计专业人士是指具有高级职称或注册会计师资格的人士)。

断的依据；

(2)向董事会提议聘用或解聘会计师事务所；

(3)向董事会提请召开临时股东大会；

(4)提议召开董事会；

(5)独立聘请外部审计机构和咨询机构；

(6)可以在股东大会召开前公开向股东征集投票权,但不得采取有偿或者变相有偿方式进行征集；

(7)法律、法规、规范性文件及公司章程规定的独立董事其他职权。

独立董事除履行上述职责外,还应当对以下事项向董事会或股东大会发表独立意见：

(1)提名、任免董事；

(2)聘任或解聘高级管理人员；

(3)公司董事、高级管理人员的薪酬；

(4)公司现金分红政策的制定、调整、决策程序、执行情况及信息披露,以及利润分配政策是否损害中小投资人合法权益；

(5)公司董事会未做出现金利润分配预案的；

(6)需要披露的关联交易、对外担保(不含对合并报表范围内子公司提供担保)、委托理财、对外提供财务资助、变更募集资金用途、公司自主变更会计政策、股票及其衍生品种投资等重大事项；

(7)公司的股东、实际控制人及关联企业对公司现有或新发生的总额高于300万元或高于公司最近经审计净资产值的5%的借款或其他资金往来,以及公司是否采取有效措施回收欠款；

(8)重大资产重组方案、股权激励计划；

(9)公司拟决定其股票不再在上海证券交易所交易,或者转而申请在其他证券交易场所交易或者转让；

(10)独立董事认为可能损害中小股东权益的事项；

(11)国家法律、法规和公司章程规定的其他事项。

(六)董事会专门委员会

董事会专门委员会包括审计委员会、战略委员会、提名委员会、薪酬与考核委员会。专门委员会对董事会负责,其提案应当提交董事会审议决定。

董事会专门委员会成员全部由董事组成，其中审计委员会、提名委员会、薪酬与考核委员会中独立董事应当占多数并担任召集人，审计委员会的召集人应当为会计专业人士。4 个专门委员会的主要职权和职责如表 8 –8 所示。

表 8 –8　董事会专门委员会的职权及职责

专门委员会	审计委员会	战略委员会	提名委员会	薪酬与考核委员会
主要职责	1. 监督及评估外部审计工作，提议聘请或者更换外部审计机构； 2. 监督及评估内部审计工作，负责内部审计与外部审计的协调； 3. 审核公司的财务信息及其披露； 4. 监督及评估公司的内部控制； 5. 负责法律法规、公司章程和董事会授权的其他事项	对公司长期发展战略和重大投资决策进行研究并提出建议	1. 研究董事、高级管理人员的选择标准和程序并提出建议； 2. 遴选合格的董事人选和高级管理人员人选； 3. 对董事人选和高级管理人员人选进行审核并提出建议	1. 研究董事与高级管理人员考核的标准，进行考核并提出建议； 2. 研究和审查董事、高级管理人员的薪酬政策与方案

二、公司内部治理制度

企业申请在科创板上市前，应至少建立并规范以下内部治理制度，并采取措施使以下内部治理制度得到有效执行（如表 8 –9 所示）。

表 8 –9　公司内部治理制度清单

序号	制度（供参考）
1	公司章程
2	股东大会议事规则
3	董事会议事规则
4	监事会议事规则
5	董事会战略委员会实施细则
6	董事会提名委员会实施细则

续表

序号	制度(供参考)
7	董事会薪酬与考核委员会实施细则
8	董事会审计委员会实施细则
9	独立董事工作细则
10	董事会秘书工作细则
11	总经理工作细则
12	关联交易决策制度
13	对外担保管理制度
14	对外投资决策制度
15	筹资管理制度
16	防范控股股东及关联方占用公司资金管理制度
17	累积投票制实施细则
18	控股子公司管理制度
19	募集资金管理制度
20	内部控制制度
21	内部审计制度
22	财务管理制度
23	会计核算制度
24	预算管理制度
25	资金管理制度
26	重大信息内部报告制度/内幕信息管理制度(适用于上市后)
27	信息披露管理制度(适用于上市后)
28	投资者关系管理制度(适用于上市后)

三、控股股东、实际控制人规范

控股股东、实际控制人及其相关人员应当遵守有关法律法规及公司章程的规定,促进公司规范运作,提高公司质量。

控股股东、实际控制人应当遵守诚实信用原则,规范行使权利,严格履行其做出的各项承诺,维护公司和全体股东的共同利益。

控股股东、实际控制人不得滥用权利,不得通过关联交易、利润分配、资产重组、对外投资等方式损害公司及其他股东的利益,谋取属于公司的商业机会。控股股东、实际控制人与公司发生关联交易,应当遵循关联交易程序公平与实质公平的原则,并签署书面协议,不得造成公司对其利益的输送。

控股股东、实际控制人应当维护公司的独立性,采取切实措施保障公司资产完整、人员独立、财务独立、机构独立和业务独立。具体体现为:

1. 控股股东、实际控制人不得通过以下方式影响公司资产的完整性:

(1)与生产型公司共用和生产经营有关的生产系统、辅助生产系统和配套设施;

(2)与非生产型公司共用和经营有关的业务体系及相关资产;

(3)以显失公平的方式与公司共用商标、专利、非专利技术等;

(4)以无偿或明显不公平的条件占有、使用、收益或者处分公司的资产;

(5)未按照法律规定及合同约定及时办理投入或者转让给公司资产的过户手续;

(6)有关法律法规规定或者认定的其他情形。

2. 控股股东、实际控制人不得通过以下方式影响公司人员的独立性:

(1)通过行使有关法律法规及公司章程规定的股东权利以外的方式,影响公司人事任免或者限制公司董监高或者其他在公司任职的人员履行职责;

(2)任命公司总经理、副总经理、财务负责人或者董事会秘书在本公司或本公司控制的企业担任除董事、监事以外的经营管理类职务;

(3)要求公司为其无偿提供服务;

(4)指使公司董监高以及其他在公司任职的人员实施损害公司利益的决策或者行为;

(5)有关法律法规规定或认定的其他情形。

3. 控股股东、实际控制人不得通过以下方式影响公司财务的独立性:

(1)与公司共用银行账户或者借用公司银行账户;

(2)通过借款、违规担保等方式非经营性占用公司资金;

(3)通过财务会计核算系统或者其他管理软件,控制公司的财务核算或资金调动;

(4)要求公司为其支付或垫支工资、福利、保险、广告等费用或其他支出；

(5)有关法律法规规定或认定的其他情形。

4. 控股股东、实际控制人应当支持公司董事会、监事会、业务经营部门或者其他机构及其人员的独立运作，不得通过行使有关法律法规及公司章程规定的股东权利以外的方式，干预公司机构的设立、调整或者撤销，或对公司董事会、监事会和其他机构及其人员行使职权进行限制或者施加其他不正当影响。

5. 控股股东、实际控制人应当支持并配合公司建立独立的生产经营模式，不得与公司在业务范围、业务性质、客户对象、产品可替代性等方面存在可能损害公司利益的竞争，不得利用其控制地位，谋取属于公司的商业机会。

控股股东、实际控制人应当维护公司在生产经营、内部管理、对外投资、对外担保等方面的独立决策，支持并配合公司依法履行重大事项的内部决策程序，以行使提案权、表决权等有关法律法规及公司章程规定的股东权利方式，通过股东大会依法参与公司重大事项的决策。

四、董事、监事和高级管理人员规范

根据《公司法》等法律、法规和规范性文件的规定，有以下情形之一的，不能担任股份有限公司的董事、监事或高级管理人员：

(1)无民事行为能力或者限制民事行为能力；

(2)因贪污、贿赂、侵占财产、挪用财产或者破坏社会主义市场经济秩序，被判处刑罚，执行期满未逾 5 年，或者因犯罪被剥夺政治权利，执行期满未逾 5 年；

(3)担任破产清算的公司、企业的董事或者厂长、经理，对该公司、企业的破产负有个人责任的，自该公司、企业破产清算完结之日起未逾 3 年；

(4)担任因违法被吊销营业执照、责令关闭的公司、企业的法定代表人，并负有个人责任的，自该公司、企业被吊销营业执照之日起未逾 3 年；

(5)个人所负数额较大的债务到期未清偿；

(6)最近 3 年曾受中国证监会行政处罚，或者被中国证监会采取证券市场禁入措施，期限尚未届满；

(7)最近 3 年曾受证券交易所公开谴责或者 2 次以上通报批评；

(8)被证券交易所公开认定为不适合担任公司董事，期限尚未届满；

(9)法律、行政法规、部门规章规定或者上海证券交易所规定的其他内容。

董事、监事或高级管理人员应当遵守法律、行政法规和公司章程，对公司负勤勉忠实义务：

1. 董事、监事或高级管理人员负有下列勤勉义务。

（1）应谨慎、认真、勤勉地行使公司赋予的权利，以保证公司的商业行为符合国家法律、行政法规以及国家各项经济政策的要求，商业活动不超过营业执照规定的业务范围；

（2）应公平对待所有股东；

（3）及时了解公司业务经营管理状况；

（4）应当对公司定期报告签署书面确认意见。保证公司所披露的信息真实、准确、完整；

（5）董事、高级管理人员应当如实向监事会提供有关情况和资料，不得妨碍监事会或者监事行使职权；

（6）法律、行政法规、部门规章及公司章程规定的其他勤勉义务。

2. 董事、监事或高级管理人员负有下列忠实义务：

（1）不得利用职权收受贿赂或者其他非法收入，不得侵占公司的财产；

（2）不得挪用公司资金；

（3）不得将公司资产或者资金以其个人名义或者其他个人名义开立账户存储；

（4）不得违反公司章程的规定，未经股东大会或董事会同意，将公司资金借贷给他人或者以公司财产为他人提供担保；

（5）不得违反公司章程的规定或未经股东大会同意，与本公司订立合同或者进行交易；

（6）未经股东大会同意，不得利用职务便利，为自己或他人谋取本应属于公司的商业机会，自营或者为他人经营与本公司同类的业务；

（7）不得接受与公司交易的佣金归为己有；

（8）不得擅自披露公司秘密；

（9）不得利用其关联关系损害公司利益；

（10）法律、行政法规、部门规章及公司章程规定的其他忠实义务。

五、关联交易规范

不同法律、法规和规范性文件对于“关联方”的认定存在一定差异。对于拟申请在科创板上市的发行人，关联方的认定可参考《上市公司信息披露管理办法》《科创板股票上市规则》《企业会计准则第 36 号——关联方披露》的如下规定（见表 8－10）。

表 8－10　关联方认定的相关规定

上市公司信息披露管理办法	科创板股票上市规则	企业会计准则 第 36 号——关联方披露
关联人包括关联法人（或者其他组织）和关联自然人。 具有以下情形之一的法人（或者其他组织），为上市公司的关联法人（或者其他组织）： 1. 直接或者间接地控制上市公司的法人（或者其他组织）； 2. 由前项所述法人（或者其他组织）直接或者间接控制的除上市公司及其控股子公司以外的法人（或者其他组织）； 3. 关联自然人直接或者间接控制的、或者担任董事、高级管理人员的，除上市公司及其控股子公司以外的法人（或者其他组织）； 4. 持有上市公司 5% 以上股份的法人（或者其他组织）及其一致行动人； 5. 在过去 12 个月内或者根据相关协议安排在未来 12 个月内，存在上述情形之一的； 6. 中国证监会、证券交易所或者上市公司根据实质重于形式的原则认定的其他与上市公司有特殊关系，可能或者已经造成上市公司对其利益倾斜的法人（或者其他组织）	上市公司的关联人，指具有下列情形之一的自然人、法人或其他组织： 1. 直接或者间接控制上市公司的自然人、法人或其他组织； 2. 直接或间接持有上市公司 5% 以上股份的自然人； 3. 上市公司董事、监事或高级管理人员； 4. 与本项第 1 目、第 2 目和第 3 目所述关联自然人关系密切的家庭成员，包括配偶、年满 18 周岁的子女及其配偶、父母及配偶的父母、兄弟姐妹及其配偶、配偶的兄弟姐妹、子女配偶的父母； 5. 直接持有上市公司 5% 以上股份的法人或其他组织； 6. 直接或间接控制上市公司的法人或其他组织的董事、监事、高级管理人员或其他主要负责人； 7. 由本项第 1 目至第 6 目所列关联法人或关联自然人直接或者间接控制的，或者由前述关联自然人（独立董事除外）担任董事、高级管理人员的法人或其他组织，但上市公司及其控股子公司除外	一方控制、共同控制另一方或对另一方施加重大影响，以及两方或两方以上同受一方控制、共同控制或重大影响的，构成关联方。 控制，是指有权决定一个企业的财务和经营政策，并能据以从该企业的经营活动中获取利益。 共同控制，是指按照合同约定对某项经济活动所共有的控制，仅在与该项经济活动相关的重要财务和经营决策需要分享控制权的投资方一致同意时存在。 重大影响，是指对一个企业的财务和经营政策有参与决策的权力，但并不能够控制或者与其他方一起共同控制这些政策的制定。 下列各方构成企业的关联方： 1. 该企业的母公司； 2. 该企业的子公司； 3. 与该企业受同一母公司控制的其他企业； 4. 对该企业实施共同控制的投资方； 5. 对该企业施加重大影响的投资方

续表

上市公司信息披露管理办法	科创板股票上市规则	企业会计准则 第36号——关联方披露
具有以下情形之一的自然人，为上市公司的关联自然人： 1. 直接或者间接持有上市公司5%以上股份的自然人； 2. 上市公司董事、监事及高级管理人员； 3. 直接或者间接地控制上市公司的法人的董事、监事及高级管理人员； 4. 上述第1、2项所述人士的关系密切的家庭成员，包括配偶、父母、年满18周岁的子女及其配偶、兄弟姐妹及其配偶，配偶的父母、兄弟姐妹，子女配偶的父母； 5. 在过去12个月内或者根据相关协议安排在未来12个月内，存在上述情形之一的； 6. 中国证监会、证券交易所或者上市公司根据实质重于形式的原则认定的其他与上市公司有特殊关系，可能或者已经造成上市公司对其利益倾斜的自然人	8. 间接持有上市公司5%以上股份的法人或其他组织； 9. 中国证监会、上海证券交易所或者上市公司根据实质重于形式原则认定的其他与上市公司有特殊关系，可能导致上市公司利益对其倾斜的自然人、法人或其他组织。 在交易发生之日前12个月内，或相关交易协议生效或安排实施后12个月内，具有前述所列情形之一的法人、其他组织或自然人，视同上市公司的关联方。 上市公司与本项第1目所列法人或其他组织直接或间接控制的法人或其他组织受同一国有资产监督管理机构控制的，不因此而形成关联关系，但该法人或其他组织的法定代表人、总经理、负责人或者半数以上董事兼任上市公司董事、监事或者高级管理人员的除外	6. 该企业的合营企业； 7. 该企业的联营企业； 8. 该企业的主要投资者个人及与其关系密切的家庭成员。主要投资者个人，是指能够控制、共同控制一个企业或者对一个企业施加重大影响的个人投资者； 9. 该企业或其母公司的关键管理人员及与其关系密切的家庭成员。关键管理人员，是指有权力并负责计划、指挥和控制企业活动的人员。与主要投资者个人或关键管理人员关系密切的家庭成员，是指在处理与企业的交易时可能影响该个人或受该个人影响的家庭成员； 10. 该企业主要投资者个人、关键管理人员或与其关系密切的家庭成员控制、共同控制或施加重大影响的其他企业。 仅与企业存在下列关系的各方，不构成企业的关联方： 1. 与该企业发生日常往来的资金提供者、公用事业部门、政府部门和机构； 2. 与该企业发生大量交易而存在经济依存关系的单个客户、供应商、特许商、经销商或代理商； 3. 与该企业共同控制合营企业的合营者。 仅仅同受国家控制而不存在其他关联方关系的企业，不构成关联方

值得注意的是，根据《科创板股票上市规则》，以下情形下，相关法人、组织和自然人亦将视为关联方：

(1)在交易发生之日前12个月内，或相关交易协议生效或安排实施后12个月内，具有构成关联方情形的法人、其他组织或自然人，视同公司的关联方；

(2)根据实质重于形式原则认定的其他与公司有特殊关系，且该等关系可能导致公司利益对其倾斜的自然人、法人或其他组织。

《上市公司信息披露管理办法》《科创板股票上市规则》《企业会计准则第36号——关联方披露》对于关联交易的定义分别作出了如下规定(见表8-11)。

表8-11　关联交易认定

上市公司信息披露管理办法	科创板股票上市规则	企业会计准则 第36号——关联方披露
上市公司的关联交易，是指上市公司或者其控股子公司与上市公司关联人之间发生的转移资源或者义务的事项	"关联交易"，是指上市公司或者其合并报表范围内的子公司等其他主体与上市公司关联人之间发生的交易，包括以下所列交易和日常经营范围内发生的可能引致资源或者义务转移的事项： (1)购买或者出售资产； (2)对外投资(购买银行理财产品的除外)； (3)转让或受让研发项目； (4)签订许可使用协议； (5)提供担保； (6)租入或者租出资产； (7)委托或者受托管理资产和业务； (8)赠与或者受赠资产； (9)债权、债务重组； (10)提供财务资助； (11)上海证券交易所认定的其他交易。 上述购买或者出售资产，不包括购买原材料、燃料和动力，以及出售产品或商品等与日常经营相关的交易行为	关联方交易，是指关联方之间转移资源、劳务或义务的行为，而不论是否收取价款。 关联方交易的类型通常包括下列各项： (1)购买或销售商品； (2)购买或销售商品以外的其他资产； (3)提供或接受劳务； (4)担保； (5)提供资金(贷款或股权投资)； (6)租赁； (7)代理； (8)研究与开发项目的转移； (9)许可协议； (10)代表企业或由企业代表另一方进行债务结算； (11)关键管理人员薪酬

企业与关联方发生关联交易的,应当保证关联交易的合法性、必要性、合理性和公允性,保持企业的独立性,不得利用关联交易调节财务指标,损害公司及其股东的利益。

企业应当与关联方就关联交易签订书面协议。协议的签订应当遵循平等、自愿、等价、有偿的原则,协议内容应当明确、具体、可执行。

企业应当采取有效措施防止关联方以垄断采购或者销售渠道等方式干预企业的经营,损害公司利益。关联交易应当具有商业实质,价格应当公允,原则上不偏离市场独立第三方的价格或者收费标准等交易条件。

企业应当建立关联交易决策制度,在公司董事会、股东大会审议关联交易时,关联董事、关联股东(包括其一致行动人)应予以回避表决,且不得代理其他董事或股东行使表决权。

六、信息披露规范

在企业申请上市阶段以及企业上市后,企业及其控股股东、实际控制人、董事、监事、高级管理人员等信息披露义务人应严格遵守科创板上市的信息披露规定和内幕信息知情人报送制度:

(1)一方面,对于法律、法规和规范性文件规定必须披露或者可能对上市公司股票交易价格产生较大影响或者对投资决策有较大影响的事项,企业及相关信息披露义务人应及时、公平地披露信息,保证所披露信息的真实、准确、完整、客观,不存在误导性陈述,并确保所有投资者可以平等获取信息;

(2)另一方面,不得将尚未公开的重大信息向单个或部分投资者透露或泄露,或者利用知悉的内幕信息操纵证券市场或以其他方式进行非法牟利。

根据《刑法修正案(十一)》《证券法》的有关规定,欺诈发行、信息披露造假、操作市场的,对于企业、其控股股东、实际控制人、直接负责的主管人员、其他责任人员处以罚款、没收违法所得的行政处罚,数额巨大、后果严重或者其他严重情节或更有甚者,将构成刑事犯罪,被处以刑罚。

案例1　欺诈发行股票、违规披露重要信息

2011年3月30日,被告单位丹东欣泰电气股份有限公司(以下简称欣泰电气公司)提出在创业板上市的申请因持续盈利能力不符合条件而被中国证券监督管理委员会(以下简称证监会)驳回。2011年至2013年6月,被告人温某某、刘某某合谋决定采取虚减应收账款、少计提坏账准备等手段,虚构有关财务数据,并在向证监会报送的首次公开发行股票并在创业板上市申请文件的定期财务报告中载入重大虚假内容。2014 年 1 月 3 日,证监会核准欣泰电气公司在创业板上市。随后欣泰电气公司在《首次公开发行股票并在创业板上市招股说明书》中亦载入了具有重大虚假内容的财务报告。2014 年 1 月 27 日,欣泰电气公司股票在深圳证券交易所创业板挂牌上市,首次以每股发行价 16.31 元的价格向社会公众公开发行 1577.8 万股,共募集资金 2.57 亿元。被告单位欣泰电气公司上市后,被告人温某某、刘某某继续沿用前述手段进行财务造假,向公众披露了具有重大虚假内容的 2013 年年度报告、2014 年半年度报告、2014 年年度报告等重要信息。2017 年 7 月,深圳证券交易所决定欣泰电气公司退市、摘牌,主承销商兴业证券股份有限公司先行赔付 1 万余名投资人的损失共计 2.36 余亿元。法院认为,被告单位欣泰电气公司、被告人温某某、刘某某的行为均构成欺诈发行股票罪;被告人温某某、刘某某的行为还构成违规披露重要信息罪,依法应当数罪并罚。温某某到案后如实供述自己的罪行,刘某某具有自首情节,依法可以从轻处罚。据此,依法以欺诈发行股票罪判处被告单位欣泰电气公司罚金人民币 832 万元(已缴纳);以欺诈发行股票罪、违规披露重要信息罪判处被告人温某某有期徒刑 3 年,并处罚金人民币 10 万元(已缴纳);以欺诈发行股票罪、违规披露重要信息罪判处被告人刘某某有期徒刑 2 年,并处罚金人民币 8 万元(已履行)。

上述案例是上市公司在申请上市前后连续财务造假而受到刑事处罚并被依法强制退市的典型案例。科创板是以信息披露为核心的证券发行注册制。欺诈发行、财务造假等行为,系科创板上市严厉打击的行为。企业在申请上市阶段以及企业上市后应确保信息披露的真实、准确、完整,不存在虚假陈述、误导性陈述、重大隐瞒或遗漏之处。

专 题 九

上市后再融资

上市公司再融资概述

孙晓波[*]　沈　粤[**]　韩春燕[***]

一、上市公司再融资概念与历史回顾

上市公司再融资(SEO)的概念是相对于首次股票发行(IPO)而言的。上市公司在公开证券市场上首次公开发行股票融资后,随着公司的自身发展逐渐有新的融资需求,需要进一步通过各种融资渠道和融资方式向社会再次融资的行为都称为再融资。再融资制度作为资本市场的一项基础性制度,对上市公司的持续发展、支持实体经济运转、深化企业改革等方面起到了较大的推动作用。

我国的再融资市场因为公司自身的融资规律和政策变化反复出现过爆发期、收紧期及平静期。由于上市公司可以通过再融资行为实现在资本市场上便捷、高效、规模化的融资,因此近年来再融资市场越来越受到各方面的重视。近期上市公司再融资新规密集落地,在为企业提供融资便利和制度包容的同时也通过强调以信息披露为核心的注册制理念对上市公司再融资进行了强监管,这也是随着注册制改革的深入推进,市场化法治化改革配套推进的结果。

二、上市公司再融资历史回顾

在我国证券市场中,每个阶段上市公司主要的再融资的方式有发展变化的

---

* 孙晓波,上海市金茂律师事务所律师,上海财经大学硕士,具有证券从业资格和基金从业资格。

** 沈粤,上海市金茂律师事务所律师,上海交通大学硕士,上海市律师协会信托业务研究委员会委员。

*** 韩春燕,上海市金茂律师事务所合伙人,华东政法大学法学学士,曾任上海市律师协会证券业务、金融工具业务研究委员会委员,现任上海市律师协会并购业务委员会委员、上海市黄浦区金融法律服务律师志愿团成员,上海市巾帼志愿团成员,2011 年获"上海市第四届优秀女律师"。

过程,整体而言监管机构对再融资市场的政策导向作用比较明显。1993 年至 1998 年是以配股为主的再融资时期。这个时期正处于我国证券市场发展的初期,监管部门在此时期实行发行额度的计划管理制度,因上市公司配股发行均面向原股东,无须向监管部门申请额度,定价也低于市场价格,受到市场的追捧。1998 年至 2001 年再融资市场进入了改革的试验阶段。1998 年沪深两市的上市公司开始再融资增发新股的试点工作,同年中国证券监督管理委员会(以下简称证监会)批准发行了首只可转债。在这个过程中,市场逐渐形成了以配股为主,增发新股和可转换债券为辅的再融资模式。2001 年之后,随着再融资监管政策陆续出台,各种再融资方式不仅有章可循且条件清晰明确,市场逐渐呈现多样化的再融资模式。2006 年,《上市公司证券发行管理办法》的发布标志着再融资市场开始进入规范化发展时期,再融资市场规模总量在这个时期基本保持稳定。2014 年,监管部门新出的政策放宽了创业板定增条件,提升了市场再融资的信心,资本市场再融资规模连续 3 年有较快速的增长。2017 年,随着监管部门根据市场情况修订了再融资细则及减持新规,以增发为主的再融资市场受政策收紧影响而集体回落。2019 年至 2020 年,监管部门发布了一系列再融资新规,市场随之进入了新一轮的政策宽松期,此次再融资新规的实行为企业的再融资规模增长提供了积极的政策支持。

三、上市公司再融资的主要方式及对比

现行的上市公司再融资方式主要包括以下几类:

股权融资类:配股(向原股东配售股份)、公开增发(向不特定对象公开募集股份)、非公开发行(采用非公开方式向特定对象发行股票,在市场中又常被称为定向增发或者定增)。

债权融资类:公司债券。

混合融资类:可转换公司债券(一般简称为可转债)、可交换公司债券(一般简称为可交债)、优先股。

结构性融资类:企业资产证券化(ABS)等。

其中可以公开募集的再融资方式为:配股、公开增发、可转换公司债券、公开发行优先股、公司债;可以私募的再融资方式为:非公开发行(定增)、非公开发行优先股、企业资产证券化。

本文仅就2020年2月修订的《上市公司证券发行管理办法》、2020年6月修订的《创业板上市公司证券发行注册管理办法(试行)》、2020年7月发布的《科创板上市公司证券发行注册管理办法(试行)》涉及的股票和可转换债券进行阐述和对比。

(一)配股

配股,是指公司依照原股东持有股份的一定比例向原股东再次发行股票的行为。配股由于发行手续简便、发行时间较短、融资能力强而受到上市公司青睐,是我国上市公司最早开始尝试的再融资方式。配股的优点在于不仅可以扩大资本规模,还可以改善上市公司的资本结构,提高公司的市场价值和筹措资金的能力,降低融资成本。配股也是进行资产重组的重要方式。由于配股是面向原股东再次发行的,在发行后二级市场上的价格要做除权处理,因此对流通股的原股东具有一定的强制性,即如果流通股的原股东不在配股前出售股票或参与配股,则就要承受除权的损失。

(二)增发新股

增发新股,是指上市公司以原有股本为基础,向特定的投资者以公开或非公开的方式发行股票再次筹集资金并增加股本的融资行为。增发新股不仅会改变上市公司的股东结构,增加股东的来源,还能在一定程度上提高上市公司的每股净值。增发新股一般采用市场化定价方式,在股市上升期则会有比较好的资金筹集能力。增发新股由于发行价格和发行规模没有限制,对流通市场而言容易导致增发价格提升,二级市场投资风险增加。

(三)可转换公司债

可转换公司债券(以下简称可转债)是指发行人在一定期间内依据约定的条件可以转换成普通股股票的公司债券。可转债作为一种特殊的再融资模式,有以下几个特点:一是发行的再融资品种为债券,但这种债权不同于普通债券,而是在一定条件下可以转换成股票的债券;二是可转债会在合同中约定转换成股票的期限;三是可转债持有者可能会从债权人转变成股东,四是债券市场价格的变动会随着上市公司股票价格的变动而变动。由于可转债给予了投资者在一定条件下由债券转换成股票的权利,有转换成股票而大幅获利的可能性,所以在利率上一般会低于一般企业债券。

(四)各规定的比较

综合对比各板块的再融资发行条件与监管条件我们可以看出,主板和创业板对上市公司的硬性指标要求具体而繁多,而对科创板上市公司除详细地规定了禁止性发行条件之外各项条框要求较少(如表9-1所示)。

表9-1　各板块再融资发行条件对比

内容	主板	创业板	科创板
基本条件	第六条　上市公司的组织机构健全、运行良好,符合下列规定: (一)公司章程合法有效,股东大会、董事会、监事会和独立董事制度健全,能够依法有效履行职责; (二)公司内部控制制度健全,能够有效保证公司运行的效率、合法合规性和财务报告的可靠性;内部控制制度的完整性、合理性、有效性不存在重大缺陷; (三)现任董事、监事和高级管理人员具备任职资格,能够忠实和勤勉地履行职务,不存在违反公司法第一百四十七条、第一百四十八条规定的行为,且最近三十六个月内未受到过中国证监会的行政处罚、最近十二个月内未受到过证券交易所的公开谴责; (四)上市公司与控股股东或实际控制人的人员、资产、财务分开,机构、业务独立,能够自主经营管理; (五)最近十二个月内不存在违规对外提供担保的行为	第九条　上市公司向不特定对象发行股票,应当符合下列规定: (一)具备健全且运行良好的组织机构; (二)现任董事、监事和高级管理人员符合法律、行政法规规定的任职要求; (三)具有完整的业务体系和直接面向市场独立经营的能力,不存在对持续经营有重大不利影响的情形; (四)会计基础工作规范,内部控制制度健全且有效执行,财务报表的编制和披露符合企业会计准则和相关信息披露规则的规定,在所有重大方面公允反映了上市公司的财务状况、经营成果和现金流量,最近三年财务会计报告被出具无保留意见审计报告; (五)最近二年盈利,净利润以扣除非经常性损益前后孰低者为计算依据; (六)除金融类企业外,最近一期末不存在金额较大的财务性投资	第九条　上市公司向不特定对象发行股票,应当符合下列规定: (一)具备健全且运行良好的组织机构; (二)现任董事、监事和高级管理人员具备法律、行政法规规定的任职要求; (三)具有完整的业务体系和直接面向市场独立经营的能力,不存在对持续经营有重大不利影响的情形; (四)会计基础工作规范,内部控制制度健全且有效执行,财务报表的编制和披露符合企业会计准则和相关信息披露规则的规定,在所有重大方面公允反映了上市公司的财务状况、经营成果和现金流量,最近三年财务会计报告被出具无保留意见审计报告; (五)除金融类企业外,最近一期末不存在金额较大的财务性投资

续表

内容	主板	创业板	科创板
盈利性条件	第七条　上市公司的盈利能力具有可持续性,符合下列规定: (一)最近三个会计年度连续盈利。扣除非经常性损益后的净利润与扣除前的净利润相比,以低者作为计算依据; (二)业务和盈利来源相对稳定,不存在严重依赖于控股股东、实际控制人的情形; (三)现有主营业务或投资方向能够可持续发展,经营模式和投资计划稳健,主要产品或服务的市场前景良好,行业经营环境和市场需求不存在现实或可预见的重大不利变化; (四)高级管理人员和核心技术人员稳定,最近十二个月内未发生重大不利变化; (五)公司重要资产、核心技术或其他重大权益的取得合法,能够持续使用,不存在现实或可预见的重大不利变化; (六)不存在可能严重影响公司持续经营的担保、诉讼、仲裁或其他重大事项; (七)最近二十四个月内曾公开发行证券的,不存在发行当年营业利润比上年下降百分之五十以上的情形	第九条　上市公司向不特定对象发行股票,应当符合下列规定: …… (五)最近二年盈利,净利润以扣除非经常性损益前后孰低者为计算依据 ……	无具体要求

续表

内容	主板	创业板	科创板
财务性条件	第八条　上市公司的财务状况良好,符合下列规定: (一)会计基础工作规范,严格遵循国家统一会计制度的规定; (二)最近三年及一期财务报表未被注册会计师出具保留意见、否定意见或无法表示意见的审计报告;被注册会计师出具带强调事项段的无保留意见审计报告的,所涉及的事项对发行人无重大不利影响或者在发行前重大不利影响已经消除; (三)资产质量良好。不良资产不足以对公司财务状况造成重大不利影响; (四)经营成果真实,现金流量正常。营业收入和成本费用的确认严格遵循国家有关企业会计准则的规定,最近三年资产减值准备计提充分合理,不存在操纵经营业绩的情形; (五)最近三年以现金方式累计分配的利润不少于最近三年实现的年均可分配利润的百分之三十。 第九条　上市公司最近三十六个月内财务会计文件无虚假记载,且不存在下列重大违法行为: (一)违反证券法律、行政法规或规章,受到中国证监会的行政处罚,或者受到刑事处罚; (二)违反工商、税收、土地、环保、海关法律、行政法规或规章,受到行政处罚且情节严重,或者受到刑事处罚; (三)违反国家其他法律、行政法规且情节严重的行为	第九条　上市公司向不特定对象发行股票,应当符合下列规定: …… (四)会计基础工作规范,内部控制制度健全且有效执行,财务报表的编制和披露符合企业会计准则和相关信息披露规则的规定,在所有重大方面公允反映了上市公司的财务状况、经营成果和现金流量,最近三年财务会计报告被出具无保留意见审计报告; (五)最近二年盈利,净利润以扣除非经常性损益前后孰低者为计算依据; (六)除金融类企业外,最近一期末不存在金额较大的财务性投资。 第十一条　上市公司存在下列情形之一的,不得向特定对象发行股票: …… (二)最近一年财务报表的编制和披露在重大方面不符合企业会计准则或者相关信息披露规则的规定;最近一年财务会计报告被出具否定意见或者无法表示意见的审计报告;最近一年财务会计报告被出具保留意见的审计报告,且保留意见所涉及事项对上市公司的重大不利影响尚未消除。本次发行涉及重大资产重组的除外 ……	第九条　上市公司向不特定对象发行股票,应当符合下列规定: …… (四)会计基础工作规范,内部控制制度健全且有效执行,财务报表的编制和披露符合企业会计准则和相关信息披露规则的规定,在所有重大方面公允反映了上市公司的财务状况、经营成果和现金流量,最近三年财务会计报告被出具无保留意见审计报告。 (五)除金融类企业外,最近一期末不存在金额较大的财务性投资。 第十一条　上市公司存在下列情形之一的,不得向特定对象发行股票: …… (二)最近一年财务报表的编制和披露在重大方面不符合企业会计准则或者相关信息披露规则的规定;最近一年财务会计报告被出具否定意见或者无法表示意见的审计报告;最近一年财务会计报告被出具保留意见的审计报告,且保留意见所涉及事项对上市公司的重大不利影响尚未消除。本次发行涉及重大资产重组的除外 ……

续表

内容	主板	创业板	科创板
募投资金使用条件	第十条　上市公司募集资金的数额和使用应当符合下列规定： (一)募集资金数额不超过项目需要量； (二)募集资金用途符合国家产业政策和有关环境保护、土地管理等法律和行政法规的规定； (三)除金融类企业外,本次募集资金使用项目不得为持有交易性金融资产和可供出售的金融资产、借予他人、委托理财等财务性投资,不得直接或间接投资于以买卖有价证券为主要业务的公司； (四)投资项目实施后,不会与控股股东或实际控制人产生同业竞争或影响公司生产经营的独立性； (五)建立募集资金专项存储制度,募集资金必须存放于公司董事会决定的专项账户	第十二条　上市公司发行股票,募集资金使用应当符合下列规定： (一)符合国家产业政策和有关环境保护、土地管理等法律、行政法规规定； (二)除金融类企业外,本次募集资金使用不得为持有财务性投资,不得直接或者间接投资于以买卖有价证券为主要业务的公司； (三)募集资金项目实施后,不会与控股股东、实际控制人及其控制的其他企业新增构成重大不利影响的同业竞争、显失公平的关联交易,或者严重影响公司生产经营的独立性	第十二条　上市公司发行股票,募集资金使用应当符合下列规定： (一)应当投资于科技创新领域的业务； (二)符合国家产业政策和有关环境保护、土地管理等法律、行政法规规定； (三)募集资金项目实施后,不会与控股股东、实际控制人及其控制的其他企业新增构成重大不利影响的同业竞争、显失公平的关联交易,或者严重影响公司生产经营的独立性
配股发行条件	第十二条　向原股东配售股份(简称“配股”),除符合本章第一节规定外,还应当符合下列规定： (一)拟配售股份数量不超过本次配售股份前股本总额的百分之三十； (二)控股股东应当在股东大会召开前公开承诺认配股份的数量； (三)采用证券法规定的代销方式发行。 控股股东不履行认配股份的承诺,或者代销期限届满,原股东认购股票的数量未达到拟配售数量百分之七十的,发行人应当按照发行价并加算银行同期存款利息返还已经认购的股东	第五十三条　上市公司配股的,拟配售股份数量不超过本次配售前股本总额的百分之五十,并应当采用代销方式发行。 控股股东应当在股东大会召开前公开承诺认配股份的数量。控股股东不履行认配股份的承诺,或者代销期限届满,原股东认购股票的数量未达到拟配售数量百分之七十的,上市公司应当按照发行价并加算银行同期存款利息返还已经认购的股东	第五十三条　上市公司配股的,拟配售股份数量不超过本次配售前股本总额的百分之五十,并应当采用代销方式发行。 控股股东应当在股东大会召开前公开承诺认配股份的数量。控股股东不履行认配股份的承诺,或者代销期限届满,原股东认购股票的数量未达到拟配售数量百分之七十的,上市公司应当按照发行价并加算银行同期存款利息返还已经认购的股东

续表

内容	主板	创业板	科创板
增发发行条件	第十三条　向不特定对象公开募集股份(简称“增发”),除符合本章第一节规定外,还应当符合下列规定: (一)最近三个会计年度加权平均净资产收益率平均不低于百分之六。扣除非经常性损益后的净利润与扣除前的净利润相比,以低者作为加权平均净资产收益率的计算依据; (二)除金融类企业外,最近一期末不存在持有金额较大的交易性金融资产和可供出售的金融资产、借予他人款项、委托理财等财务性投资的情形; (三)发行价格应不低于公告招股意向书前二十个交易日公司股票均价或前一个交易日的均价	第五十四条　上市公司增发的,发行价格应当不低于公告招股意向书前二十个交易日或者前一个交易日公司股票均价	第五十四条　上市公司增发的,发行价格应当不低于公告招股意向书前二十个交易日或者前一个交易日公司股票均价
非公开发行股票条件	第三十七条　非公开发行股票的特定对象应当符合下列规定: (一)特定对象符合股东大会决议规定的条件; (二)发行对象不超过三十五名。 发行对象为境外战略投资者的,应当遵守国家的相关规定。 第三十八条　上市公司非公开发行股票,应当符合下列规定: (一)发行价格不低于定价基准日前二十个交易日公司股票均价的百分之八十; (二)本次发行的股份自发行结束之日起,六个月内不得转让;控股股东、实际控制人及其控制的企业认购的股份,十八个月内不得转让;	第五十五条　上市公司向特定对象发行证券,发行对象应当符合股东大会决议规定的条件,且每次发行对象不超过三十五名。 第五十六条　上市公司向特定对象发行股票,发行价格应当不低于定价基准日前二十个交易日公司股票均价的百分之八十。 前款所称“定价基准日”,是指计算发行底价的基准日。 第五十九条　向特定对象发行的股票,自发行结束之日起六个月内不得转让。发行对象属于本办法第五十七条第二款规定情形的,其认购的股票自发行结束之日起十八个月内不得转让	第五十五条　上市公司向特定对象发行证券,发行对象应当符合股东大会决议规定的条件,且每次发行对象不超过三十五名。 第五十六条　上市公司向特定对象发行股票,发行价格应当不低于定价基准日前二十个交易日公司股票均价的百分之八十。前款所称“定价基准日”,是指计算发行底价的基准日。 第五十九条　向特定对象发行的股票,自发行结束之日起六个月内不得转让。发行对象属于本办法第五十七条第二款规定情形的,其认购的股票自发行结束之日起十八个月内不得转让

续表

内容	主板	创业板	科创板
	(三)募集资金使用符合本办法第十条的规定； (四)本次发行将导致上市公司控制权发生变化的,还应当符合中国证监会的其他规定		
可转债发行条件	第十四条　公开发行可转换公司债券的公司,除应当符合本章第一节规定外,还应当符合下列规定： (一)最近三个会计年度加权平均净资产收益率平均不低于百分之六。扣除非经常性损益后的净利润与扣除前的净利润相比,以低者作为加权平均净资产收益率的计算依据； (二)本次发行后累计公司债券余额不超过最近一期末净资产额的百分之四十； (三)最近三个会计年度实现的年均可分配利润不少于公司债券一年的利息 ……	第十三条　上市公司发行可转债,应当符合下列规定： (一)具备健全且运行良好的组织机构； (二)最近三年平均可分配利润足以支付公司债券一年的利息； (三)具有合理的资产负债结构和正常的现金流量。 除前款规定条件外,上市公司向不特定对象发行可转债,还应当遵守本办法第九条第(二)项至第(六)项、第十条的规定；向特定对象发行可转债,还应当遵守本办法第十一条的规定。但是,按照公司债券募集办法,上市公司通过收购本公司股份的方式进行公司债券转换的除外	第十三条　上市公司发行可转债,应当符合下列规定： (一)具备健全且运行良好的组织机构； (二)最近三年平均可分配利润足以支付公司债券一年的利息； (三)具有合理的资产负债结构和正常的现金流量。 除前款规定条件外,上市公司向不特定对象发行可转债,还应当遵守本办法第九条第(二)项至第(五)项、第十条的规定；向特定对象发行可转债,还应当遵守本办法第十一条的规定。但是,按照公司债券募集办法,上市公司通过收购本公司股份的方式进行公司债券转换的除外
认股权和债券分离交易的可转换公司债券发行条件	第二十七条　上市公司可以公开发行认股权和债券分离交易的可转换公司债券(简称“分离交易的可转换公司债券”)。 发行分离交易的可转换公司债券,除符合本章第一节规定外,还应当符合下列规定： (一)公司最近一期末经审计的净资产不低于人民币十五亿元；	无对应条款	无对应条款

续表

内容	主板	创业板	科创板
	(二)最近三个会计年度实现的年均可分配利润不少于公司债券一年的利息; (三)最近三个会计年度经营活动产生的现金流量净额平均不少于公司债券一年的利息,符合本办法第十四条第(一)项规定的公司除外; (四)本次发行后累计公司债券余额不超过最近一期末净资产额的百分之四十,预计所附认股权全部行权后募集的资金总量不超过拟发行公司债券金额		
禁止性条件	第十一条　上市公司存在下列情形之一的,不得公开发行证券: (一)本次发行申请文件有虚假记载、误导性陈述或重大遗漏; (二)擅自改变前次公开发行证券募集资金的用途而未作纠正; (三)上市公司最近十二个月内受到过证券交易所的公开谴责; (四)上市公司及其控股股东或实际控制人最近十二个月内存在未履行向投资者作出的公开承诺的行为; (五)上市公司或其现任董事、高级管理人员因涉嫌犯罪被司法机关立案侦查或涉嫌违法违规被中国证监会立案调查; (六)严重损害投资者的合法权益和社会公共利益的其他情形	第十条　上市公司存在下列情形之一的,不得向不特定对象发行股票: (一)擅自改变前次募集资金用途未作纠正,或者未经股东大会认可; (二)上市公司及其现任董事、监事和高级管理人员最近三年受到中国证监会行政处罚,或者最近一年受到证券交易所公开谴责,或者因涉嫌犯罪正在被司法机关立案侦查或者涉嫌违法违规正在被中国证监会立案调查; (三)上市公司及其控股股东、实际控制人最近一年存在未履行向投资者作出的公开承诺的情形; (四)上市公司及其控股股东、实际控制人最近三年存在贪污、贿赂、侵占财产、挪用财产或者破坏社会主义市场经济秩序的刑事犯罪,或者存在严重损害上市公司利益、投资者合法权益、社会公共利益的重大违法行为	第十条　上市公司存在下列情形之一的,不得向不特定对象发行股票: (一)擅自改变前次募集资金用途未作纠正,或者未经股东大会认可; (二)上市公司及其现任董事、监事和高级管理人员最近三年受到中国证监会行政处罚,或者最近一年受到证券交易所公开谴责,或者因涉嫌犯罪正被司法机关立案侦查或者涉嫌违法违规正在被中国证监会立案调查; (三)上市公司及其控股股东、实际控制人最近一年存在未履行向投资者作出的公开承诺的情形; (四)上市公司及其控股股东、实际控制人最近三年存在贪污、贿赂、侵占财产、挪用财产或者破坏社会主义市场经济秩序的刑事犯罪,或者存在严重损害上市公司利益、投资者合法权益、社会公共利益的重大违法行为

续表

内容	主板	创业板	科创板
	第三十九条　上市公司存在下列情形之一的,不得非公开发行股票: (一)本次发行申请文件有虚假记载、误导性陈述或重大遗漏; (二)上市公司的权益被控股股东或实际控制人严重损害且尚未消除; (三)上市公司及其附属公司违规对外提供担保且尚未解除; (四)现任董事、高级管理人员最近三十六个月内受到过中国证监会的行政处罚,或者最近十二个月内受到过证券交易所公开谴责; (五)上市公司或其现任董事、高级管理人员因涉嫌犯罪正被司法机关立案侦查或涉嫌违法违规正被中国证监会立案调查; (六)最近一年及一期财务报表被注册会计师出具保留意见、否定意见或无法表示意见的审计报告。保留意见、否定意见或无法表示意见所涉及事项的重大影响已经消除或者本次发行涉及重大重组的除外; (七)严重损害投资者合法权益和社会公共利益的其他情形	第十一条　上市公司存在下列情形之一的,不得向特定对象发行股票: (一)擅自改变前次募集资金用途未作纠正,或者未经股东大会认可; (二)最近一年财务报表的编制和披露在重大方面不符合企业会计准则或者相关信息披露规则的规定;最近一年财务会计报告被出具否定意见或者无法表示意见的审计报告;最近一年财务会计报告被出具保留意见的审计报告,且保留意见所涉及事项对上市公司的重大不利影响尚未消除。本次发行涉及重大资产重组的除外; (三)现任董事、监事和高级管理人员最近三年受到中国证监会行政处罚,或者最近一年受到证券交易所公开谴责; (四)上市公司及其现任董事、监事和高级管理人员因涉嫌犯罪正在被司法机关立案侦查或者涉嫌违法违规正在被中国证监会立案调查; (五)控股股东、实际控制人最近三年存在严重损害上市公司利益或者投资者合法权益的重大违法行为; (六)最近三年存在严重损害投资者合法权益或者社会公共利益的重大违法行为。 第十四条　上市公司存在下列情形之一的,不得发行可转债:	第十一条　上市公司存在下列情形之一的,不得向特定对象发行股票: (一)擅自改变前次募集资金用途未作纠正,或者未经股东大会认可; (二)最近一年财务报表的编制和披露在重大方面不符合企业会计准则或者相关信息披露规则的规定;最近一年财务会计报告被出具否定意见或者无法表示意见的审计报告;最近一年财务会计报告被出具保留意见的审计报告,且保留意见所涉及事项对上市公司的重大不利影响尚未消除。本次发行涉及重大资产重组的除外; (三)现任董事、监事和高级管理人员最近三年受到中国证监会行政处罚,或者最近一年受到证券交易所公开谴责; (四)上市公司及其现任董事、监事和高级管理人员因涉嫌犯罪正在被司法机关立案侦查或者涉嫌违法违规正在被中国证监会立案调查; (五)控股股东、实际控制人最近三年存在严重损害上市公司利益或者投资者合法权益的重大违法行为; (六)最近三年存在严重损害投资者合法权益或者社会公共利益的重大违法行为。 第十四条　上市公司存在下列情形之一的,不得发行可转债:

续表

内容	主板	创业板	科创板
		(一)对已公开发行的公司债券或者其他债务有违约或者延迟支付本息的事实,仍处于继续状态; (二)违反《证券法》规定,改变公开发行公司债券所募资金用途	(一)对已公开发行的公司债券或者其他债务有违约或者延迟支付本息的事实,仍处于继续状态; (二)违反《证券法》规定,改变公开发行公司债券所募资金用途

四、上市公司再融资影响

上市公司不同的再融资行为在多方面对上市公司产生不同程度的影响,如经营管理、公司控制权、财务成本等方面。在融资后经营管理压力方面,配股和增发摊薄了公司当年的每股收益和净资产收益率,但由于公司再融资后现金增多,会在一定程度上优化公司的财务现状,从而有利于公司长远的发展。在控制权方面,第一大股东及实际控制人对上市公司有足够的控制力,一般情况下可以保证自己在再融资过程中的控制权稳定,除非大股东由于特殊情况在增发时需要大量减持,则会对控制权有一定的稀释。另外,几种再融资方式在融资后的财务成本有所差异。股权融资的情况下,上市公司现金分红是软约束,不具有刚性要求,股息是税后支付,在资金的使用上有比较灵活的弹性空间,适合资产负债率较高、偿债压力较大、对资金灵活使用需求较高的公司;债权融资的情况下,可转债的利息是硬约束但由于可以在一定条件下转为股票,所以可转债的利率相对普通债券较低,债券利息会在税前支付,这种融资方式适合资产负债率较低的公司。但不同的公司会根据自身的企业环境会有不同的选择。

上市公司再融资政策与案例

孙晓波[*]　沈　粤[**]　韩春燕[***]

一、上市公司再融资 2020 新规解读

2020 年 2 月 14 日，中国证券监督管理委员会（以下简称证监会）发布《关于修改〈上市公司证券发行管理办法〉的决定》、《关于修改〈创业板上市公司证券发行管理暂行办法〉的决定》《关于修改〈上市公司非公开发行股票实施细则〉的决定》（以下统称《再融资新规》）、《发行监管问答——关于引导规范上市公司融资行为的监管要求（修订稿）》。这些规则的修订，释放了上市公司再融资市场监管环境宽松的信号。

同年 7 月 3 日，证监会发布《科创板上市公司证券发行注册管理办法（试行）》（以下简称《科创板再融资办法》）正式稿。随后上海证券交易所依据《科创板再融资办法》发布了《上海证券交易所科创板上市公司证券发行上市审核规则》（以下简称《科创板审核规则》）、《上海证券交易所科创板上市公司证券发行承销实施细则》（以下简称《科创板承销细则》）、《上海证券交易所科创板上市公司证券发行上市审核问答》（以下简称《科创板审核问答》）3 项规则，主要规定了科创板再融资的审核标准、审核程序和发行承销环节的业务要求。

这 3 项规则与证监会发布的《科创板再融资办法》、《科创板上市公司公开发

* 孙晓波，上海市金茂律师事务所律师，上海财经大学硕士，具有证券从业资格和基金从业资格。

** 沈粤，上海市金茂律师事务所律师，上海交通大学硕士，上海市律师协会信托业务研究委员会委员。

*** 韩春燕，上海市金茂律师事务所合伙人，华东政法大学法学学士，曾任上海市律师协会证券业务、金融工具业务研究委员会委员，现任上海市律师协会并购业务委员会委员、上海市黄浦区金融法律服务律师志愿团成员，上海市巾帼志愿团成员，2011 年获“上海市第四届优秀女律师”。

行证券信息披露内容与格式准则》、《关于做好2020年科创板上市公司适用再融资简易程序相关工作的通知》(以下简称《科创板再融资简易程序通知》)等规章和规范性文件一起,构成了科创板上市公司证券发行的完整规则体系。

此次《再融资新规》的发布,较之前的规则有了较大程度的放松,监管机构期望通过再融资政策改革进而推动金融供给侧结构性改革,完善再融资市场化约束机制,增强资本市场服务实体经济的能力,保障企业未来的可持续发展。此次再融资制度部分条款调整的主要内容分析如下。

(一)减少发行条件,拓宽创业板上市公司再融资范围

取消创业板公开发行证券最近一期末资产负债率高于45%的条件;取消创业板非公开发行股票连续2年盈利的条件;将创业板前次募集资金基本使用完毕,且使用进度和效果与披露情况基本一致由发行条件调整为信息披露要求。该项改革的实施,减少了发行条件的限制,有利于创业板上市公司根据经营发展需要自主决定公开或非公开发行股票募集资金并优化资产负债结构,有利于促进创业板上市公司通过公开或非公开发行股票有效配置资源。

(二)优化非公开发行股票的制度安排,支持上市公司引入战略投资者

上市公司董事会决议提前确定全部发行对象且为战略投资者的,定价基准日可以为关于本次非公开发行股票的董事会决议公告日、股东大会决议公告日或者发行期首日。此举为公司选择发行价格时点提供了较大的自主选择范围,有利于吸引战略投资者。调整非公开发行股票定价和锁定机制,将发行价格由不得低于定价基准日前20个交易日公司股票均价的9折改为8折。此举进一步下调股票最低折扣价格,扩大了非公开发行对象的获利空间。将锁定期由36个月和12个月分别缩短至18个月和6个月,且不适用减持规则的相关限制。此举给予非公开发行对象更短的锁定期,方便投资者更灵活的决定退出时机,在一定程度上调动投资者的积极性。将主板(中小板)、创业板非公开发行股票发行对象数量由分别不超过10名和5名,统一调整为不超过35名。此举增加了非公开发行股票的对象人数,有利于增加潜在投资人、提升非公开发行的成功率,并可能提高上市公司通过非公开发行途径增加融资金额,提高股权融资比重。

(三)延长再融资批文有效期

将再融资批文有效期从6个月延长至12个月,给予上市公司充分的发行窗口选择空间,有利于公司根据需求选择融资时间同时也给公司降低融资成本提

供了可能。

（四）尝试差异化的分类审核制度安排

为便利上市公司再融资，支持优质上市公司利用资本市场发展，对符合标准的上市公司非公开发行股票申请，有条件地减少审核环节，尝试差异化的分类审核制度安排。监管机构制定了《上市公司再融资分类审核实施方案（试行）》，对在上海、深圳证券交易所上市公司信息披露工作评价中，最近连续两个考评期评价结果为A的上市公司采取快速审核。

《科创板再融资办法》的特别安排

2020年，《科创板再融资办法》颁布。该办法共七章、93条，主要内容为：一是明确适用范围。上市公司发行股票、可转换公司债券、存托凭证等证券品种的，适用《科创板再融资办法》。将存托凭证纳入科创板的再融资范围是与主板、创业板不同的特殊安排，为科创板多样化的融资模式预留了政策空间。二是精简优化发行条件。区分向不特定对象发行和向特定对象发行，差异化设置各类证券品种的再融资条件。该项举措更加适应科技与创新公司的快速融资需求，为科创板上市公司便捷高效融资提供了政策上的支持。三是明确发行上市审核和注册程序。上交所审核期限为2个月，证监会注册期限为15个工作日。同时，针对"小额快速"融资设置简易程序。快速、简洁的审核提升了融资速度，为发行人快速融资投入企业生产提供了可能。四是强化信息披露要求，要求有针对性地披露行业特点、业务模式、公司治理等内容，充分披露科研水平、科研人员、科研资金投入等信息。有松有紧，有紧有松，松紧结合是科创板上市公司监管的重要思路，强化以信息披露为重要抓手，并进行严格治理，是未来监管的方向。五是对发行承销作出特别规定，就发行价格、定价基准日、锁定期以及可转债的转股期限、转股价格、交易方式等作出专门安排。与其他板块相关规定相比，科创板相关安排体现了其灵活、高效、自主、便捷的优势。六是强化监督管理和法律责任，加大对上市公司、中介机构等市场主体违法违规行为的追责力度，细化看门人的职责。

除此之外，《科创板再融资办法》进一步精简优化发行条件。科创板再融资主要关注上市公司的规范运行，发行条件中不再有盈利要求。上海证券交易所科创板再融资审核时，除关注上市公司是否符合发行条件之外，将重点审核上市公司是否充分披露对投资者作出投资决策有重大影响的信息，是否充分揭示了公司经营面临的风险因素。

《科创板上市审核规则》也体现了“以信息披露为核心”的注册制理念,为科创板再融资行为提出了更加严格的信息披露要求。从未达到盈利预测相关规定来看,监管机构加大了处罚力度,同时增加中介机构的责任,对保荐代表人也进行相应处罚。并在给予科创板上市公司宽松的再融资环境同时加大了对公司的自律监管措施,并将自律范围扩大到各上市公司及控股股东、实际控制人、董监高,实现监管违规行为全覆盖,对适用简易审核程序的违规行为从重处罚,有益于再融资市场快速、平稳、健康发展。《科创板再融资简易程序通知》的再融资制度中设计了向特定对象发行股票适用简易程序。对于运营规范的科创板上市公司,年度股东大会可以根据公司章程的规定,授权董事会决定向特定对象发行融资总额不超过人民币 3 亿元且不超过最近一年末净资产 20% 的股票。上海证券交易所受理简易程序的申请后,对于保荐人发表明确肯定核查意见的,将不再进行审核问询,自受理之日起 3 个工作日内出具审核意见并报证监会注册,证监会将自收到交易所审核意见后 3 个工作日内作出予以注册或不予注册的决定。

二、上市公司再融资业务法律层面关注要点

2020 年 6 月 10 日,证监会发行监管部发布《关于发行审核业务问答部分条款调整事项的通知》对 2019 年发布的《首发业务若干问题解答》《再融资业务若干问题解答》部分条款进行了补充完善和修订。根据再融资业务问答的最新内容,上市公司再融资业务法律层面关注的点主要体现在以下几个方面:

1. 同业竞争。发行人与控股股东、实际控制人及其控制的企业是否存在同业竞争,已存在的同业竞争是否已制定解决方案并明确未来整合时间安排,已做出的关于避免或解决同业竞争承诺的履行情况及是否存在违反承诺的情形,是否损害上市公司利益。发行人与控股股东、实际控制人及其控制的企业之间如存在相同、相似业务的,需要对同业竞争作出合理的解释;对于已存在的或可能存在的同业竞争,发行人应当披露解决同业竞争的具体措施以及应当披露独立董事对发行人是否存在同业竞争和避免同业竞争措施的有效性所发表的意见。

2. 关联交易。关联交易要做好信息披露工作,按照按经常性关联交易和偶发性关联交易披露关联交易情况,关联交易对公司主要业务的影响,以及减少和规范关联交易的措施等。

3.公开承诺。发行人及其控股股东或实际控制人作出的公开承诺(包括但不限于解决同业竞争、资产注入、股权激励、解决产权瑕疵、持股意向等各项承诺事项)应对承诺事项的具体内容、履约方式及时间、履约能力分析、履约风险及对策、不能履约时的制约措施等方面进行充分的信息披露。

4.合规运营。主要关注上市公司最近36个月内不存在重大违法行为或不得存在严重损害投资者合法权益和社会公共利益的情形。

5.土地核查问题。募集资金用于收购资产的,发行人应当披露标的资产土地使用权的取得方式;募投项目涉及租赁土地的情形,需要特别关注出租方的土地使用合法、合规情况;募投项目涉及使用集体建设用地的情形,需要着重梳理集体建设用地的使用规范情况,保障土地使用的稳定性;发行人募投项目用地是否有存在占用基本农田、违规使用农地等其他不符合国家土地法律法规政策情形;发行人募投项目用地尚未取得的,应当披露募投项目用地的计划、募投项目用地落实的风险及无法取得用地的替代措施及影响等。

6.诉讼情况。发行人在报告期内发生或虽在报告期外发生但仍对发行人产生较大影响的诉讼或仲裁的有关情况,如诉讼或仲裁事项涉及核心专利、商标、技术、主要产品等方面的诉讼、仲裁事项,或对发行人生产经营、财务状况、未来发展产生重大影响的,应当充分评估涉及诉讼或仲裁的风险及是否构成再融资法律障碍。

7.担保情况。上市公司为合并报表范围外的公司提供担保的,发行人应当按照相关法律法规的要求规范担保行为,履行必要的决策程序,不得超过担保限额,及时履行信息披露义务,严格控制担保风险。尤其是对于前述担保事项对方未提供反担保的,发行人应当披露原因并向投资者揭示风险。

8.产业政策。上市公司再融资募集资金用途需符合国家产业政策,募集资金投资后不得新增过剩产能或投资于限制类、淘汰类项目。募投项目涉及境外投资的,发行人应当根据《企业境外投资管理办法》等相关规定取得发改部门的核准或备案文件,完成商务部门核准或备案并取得其颁发的企业境外投资证书。

9.募投项目实施方式。需要保证发行人能够对募投项目实施进行有效控制,原则上要求实施主体为母公司或其拥有控制权的子公司。拟通过参股公司实施募投项目的,需要从历史原因、资金监管、经营决策、参与分红等多方面论证。发行人通过与控股股东、实际控制人、董事、监事、高级管理人员及其亲属共同出资设立的公司实施募投项目的,共同设立公司的原因、背景、必要性和合规性、相关利益冲突的防范措施;通过该公司实施募投项目的原因、必要性和合理性;共同投资行为是否履行了关联交易的相关程序及其合法合规性。

10. 认购资金来源。关于非公开发行股票中董事会决议确定认购对象的,发行人应当披露各认购对象的认购资金来源;以竞价方式确定认购对象的,发行人应当在发行情况报告书中披露是否存在发行人及其控股股东或实际控制人直接或通过其利益相关方向认购对象提供财务资助、补偿、承诺收益或其他协议安排的情形。

11. 股东大会决议有效期。上市公司拟申请再融资的,需就再融资事项提交股东大会审议,股东大会决议需明确有效期,并注意召开时间、延期情况等程序性事项,以及公司重大变化、决议效力等实体性事项。

12. 股权质押。控股股东或实际控制人所持发行人股份被质押应当结合质押的原因及合理性、质押资金具体用途、约定的质权实现情形、控股股东和实际控制人的财务状况和清偿能力、股价变动情况等,判断是否存在较大的平仓风险,是否可能导致控股股东、实际控制人发生变更,并制定控股股东、实际控制人维持控制权稳定性的相关措施。

13. 可转债涉及担保事项。以保证方式提供担保的,对法人和自然人的保证能力均需要进行核查;以抵押或质押方式提供担保的,应当披露抵押或质押财产的详细评估情况;以上市公司股票提供质押的,应当明确抵押或质押财产追加机制。

14. 募集资金拟投资于 PPP 项目的,需充分披露 PPP 项目是否履行了有权机关立项、环评、土地管理、安全、能源管理等方面的审批、备案程序,项目涉及用地是否合法合规,并从涉及政府出资或政府付费及不涉及政府出资或政府付费两种方式,披露所需的政府审批程序、是否符合法律法规的规定、是否存在潜在风险等内容。

三、科创版上市公司再融资情况及监管要点

伴随证监会及上海证券交易所修订并发布了《科创板再融资办法》及配套规定,科创板再融资开始有章可循并逐渐升温。截至 2021 年 5 月科创板再融资已申报 16 单,其中嘉元科技、华润微、优刻得 – W、广大特财、中微公司 5 家公司已

经取得了批文。

2020 年 8 月,嘉元科技率先申请可转债,成为新规后科创板首例再融资,并于 2021 年 2 月 23 日正式发行其已获批可转债——嘉元转债。自此科创板再融资大幕拉开,并呈现增长之势。嘉元转债为科创板首单可转债,同时也是首例在 2020 年 12 月 31 日发布的《可转换公司债券管理办法》新规施行以后的科创板可转债。首单科创板可转债的发行具体条款明确而清晰,能为后续未有相关操作经验的科创板可转债提供参考。由于投资人购买科创板股票有一定的门槛,而购买债券却没有这样的要求,故嘉元转债设计了既满足债券发行的需要同时又保持科创板股票的投资门槛的条款,即支持未开通科创板的投资者投资,仅在债券转股时才要求投资者具备科创板投资资格(投资科创板股票要求 2 年投资经验、50 万元门槛)。另外,与一般可转债类似,嘉元转债做了下修、赎回和回售条款等常规化设计。

在整理科创板上市公司的再融资申请及问询函中,我们关注到以下监管部门部分关注的问题(截至 2021 年 5 月 22 日)。

(一)关于融资规模

1. 补充流动资金问题

(1)测算本次募投项目中实际补充流动资金的具体数额,及其占本次拟募集资金总额的比例,说明测算过程及依据;

(2)若前述比例超过 30%,结合《科创板上市公司证券发行上市审核问答》第 4 问,充分论证补充流动资金高于 30% 的合理性;

(3)募投项目中用于补充流动资金是否用于替换暂时用于补充流动资金的前次闲置募集资金,本次补充流动资金规模是否考虑了用于前次闲置募集资金的金额;

(4)补流资金是否会用于 IPO 募投项目,是否直接或间接增厚前次募投项目效益;

(5)结合 IPO 募投项目中补流资金实际使用情况及目前流动资金缺口测算情况,论证本次补流资金规模的合理性;

(6)结合前次募集资金用于补充营运资金的效果、公司货币资金余额及使用安排、资产负债率等财务指标及同行业对比情况,论证本次补充流动资金规模的必要性、合理性。

上述问询问题涉及的代表企业有:北京神州细胞生物技术集团股份公司、上海硅产业集团股份有限公司、航天宏图信息技术股份有限公司、中微半导体设备(上海)股份有限公司、张家港广大特材股份有限公司、华润微电子有限公司、广东嘉元科技股份有限公司。

2. 投资金额合理性问题

(1)模拟测算IPO募投项目及本次募投项目全部投入完成的情况下公司的资产构成情况,并与同行业上市公司的资产结构进行对比,分析资产结构的合理性以及研发制造生产模式是否发生改变;

(2)研发项目具体投资金额明细,拟使用募集资金金的测算依据,结合报告期内各新药研发项目的资金投入情况,说明投资金额的合理性。

上述问询问题涉及的代表企业,如北京神州细胞生物技术集团股份公司。

3. 可转债融资规模

发行人及其子公司报告期末是否存在已获准未发行的债务融资工具,如存在,说明已获准未发行债务融资工具如在本次可转债发行前发行是否仍符合累计公司债券余额不超过最近一期末净资产额的50%的要求。

上述问询问题涉及的代表企业有:山石网科通信技术股份有限公司、天合光能股份有限公司、湖南金博碳素股份有限公司。

4. 资本性支出问题

本次募投项目各项投资构成是否属于资本性支出,结合同行业可比公司情况,说明将募投项目中的基本预备费和其他费用划分为资本性支出的依据和合理性。

上述问询问题涉及的代表企业有:天合光能股份有限公司。

(二)关于募投项目

主要围绕募投项目的目的、必要性、合理性、可行性,以及项目如何盈利、预计效益展开说明。

1. 募投项目的投入

(1)本次与前次募投项目的具体联系与差异;

(2)募投项目具体投资数额安排明细;

(3)结合公司现有同类项目投资额及同行业公司情况,说明本次募投项目投资数额的测算过程,测算依据及谨慎性;

(4)各项投资构成是否属于资本性支出，是否以募集资金投入。

2. 募投项目的必要性、合理性

目标市场规模，竞争格局、目标用户、发展前景等因素，进一步说明选择该产品作为本次募投项目的必要性与合理性。

3. 募投项目的可行性

(1)本次募投项目方向选择的主要考虑及可行性；

(2)募投项目市场的行业发展情况、市场空间、竞争格局、公司拟作为募投项目在研产品的竞争优劣势；

(3)是否存在重大不确定风险；

(4)募投项目所需设备是否涉及进口，当前国际贸易形势是否会对募投项目实施产生重大不利影响。

4. 募投项目的进展

(1)募投项目进展、截至目前可披露的项目结果，是否存在进展未及预期的情形；

(2)产品上市后进展及可披露的研究结果，距离申报及取得上市批件尚需进行的工作及计划、资金储备情况，是否存在项目失败或者结果未达预期的情形；

(3)公司选择募投项目的具体考虑及可行性，发行人的商业化准备情况；

(4)结合自身财务状况、融资能力，披露募集资金以外所需剩余资金的具体来源，如募集资金不能全额募足或发行失败，项目实施是否存在较大的不确定性；

(5)募投项目土地、环评备案进展情况，项目用地是否符合相关土地规划用途。

5. 募投项目的效益

(1)分析项目具体的盈利模式；

(2)说明与同行业可比公司相比的优势和劣势；

(3)本次募投项目的预计效益情况；

(4)结合项目的主要产品、经营模式及盈利模式、可比公司的效益情况，说明募投项目收益具体测算过程，营业收入及营业成本的测算依据，毛利率等效益指标与同行业可比公司可比业务相比是否存在重大差异，如是，进一步说明存在相关差异的原因及合理性。结合同行业可比公司情况说明效益测算的谨慎性、合理性。

上述问询问题涉及的代表企业有:北京神州细胞生物技术集团股份公司、山石网科通信技术股份有限公司、上海硅产业集团股份有限公司、杭州安恒信息技术股份有限公司、天合光能股份有限公司、湖南金博碳素股份有限公司、交控科技股份有限公司、航天宏图信息技术股份有限公司、中微半导体设备(上海)股份有限公司、张家港广大特材股份有限公司、华润微电子有限公司、广东嘉元科技股份有限公司。

6. 募投项目为购置场地

(1)本次募投项目相关场地建造或购置的进展情况,不动产产权性质,相关场地是否均为公司自用,是否规划用于出租或出售,是否变相投资房地产业务;

(2)公司目前场地的使用是否饱和,对比同行业上市公司情况,并结合现有员工和拟招聘员工人员情况、现有场所情况及人均面积,说明新建或购置场地的具体测算依据以及上述项目建设的必要性;

(3)量化分析各募投项目自建和租赁办公场地两种方式的费用对比情况;

(4)模拟测算 IPO 募投项目及本次募投项目全部建设完成的情况下公司的资产构成情况,并与同行业上市公司的资产结构进行对比,分析资产结构的合理性以及研发生产模式是否发生改变;

(5)结合本次募投项目新增资产情况,量化分析相关折旧或摊销对公司财物、未来经营业绩的影响。

上述问询问题涉及的代表企业有:杭州安恒信息技术股份有限公司。

(三)关于发行对象

(1)发行对象计划认购发行人股份的数量或金额区间,增加委派董事、高管的具体计划,是否会改变发行人当前控制格局,是否符合发行人首次公开发行上市时作出的承诺;

(2)结合《科创板再融资办法》第 57 条的规定及本次发行方案,说明发行对象是否属于该办法定义的“战略投资者”,如否,请修改募集说明书相关表述;

(3)发行对象本次认购发行人股份是否符合国资管理相关规定并履行相应审批程序,上市公司是否履行相关决策程序和信息披露义务;

(4)发行对象公司的认购资金来源,是否存在对外募集、代持、结构化安排或者直接间接使用发行人资金用于本次认购的情形。是否存在发行人直接或通过其利益相关方向其他公司提供财务资助、补偿、承诺收益或其他协议安排的情形。

上述问询问题涉及的代表企业有：交控科技股份有限公司。

（四）关于时间间隔

（1）结合 IPO 招股说明书等申报文件关于前募项目的实施进度安排，及实际的执行情况，分析新材料研发中心项目等是否按计划投入，是否存在延期，相关决策履行及信息披露情况；

（2）在 IPO 募投资金尚有较多结余，在 18 个月内再次融资的合理性。

上述问询问题涉及的代表企业：中微半导体设备（上海）股份有限公司、张家港广大特材股份有限公司、华润微电子有限公司。

（五）关于经营情况

（1）根据发行人在研产品的竞争情况、选择产品管线的商业竞争策略、商业化准备具体进展、资金储备和融资渠道情况，说明发行人采取同步推进在研项目的主要考虑及可行性。

（2）结合 IPO 募集资金使用进展、日常资金运营等资金支出情况、融资渠道、商业化安排等情况，预计产生收入的时间及达到盈亏平衡点的时间，说明发行人是否存在流动性风险，并根据实际情况就存在的风险进行充分提示。

（3）结合本次募投项目与首发募投的具体区别和联系，说明本次募投项目是否会导致前次募投项目变更或无法按计划投入。

（4）结合相关产品存在竞争态势激烈、获批及上市存在不确定性、无法保证商业化预期等情形，分析本项目实施的必要性、合理性。

（5）结合相关产品研发管线较首发申报时取得的主要进展，分析是否存在产品管线研发不及预期乃至失败的情形与风险，并进一步分析本次募投项目实施的可行性，是否存在重大不确定性。

上述问询问题涉及的代表企业有：北京神州细胞生物技术集团股份公司。

（6）报告期内直销和渠道代理销售收入占比，渠道商数量变动及留存率、各类型渠道商收入占比、渠道销售政策变动情况。

（7）根据招股说明书口径，按照主要产品的销售形式披露报告期内营业收入的构成情况。

（8）结合公司经营战略、市场形势，说明营业收入按销售模式、销售形式划分的营业收入构成变动的原因及合理性。

(9)量化分析市场需求减少、采取价格竞争策略、固定成本上升、开展安全集成业务、加大产品研发和营销体系建设投入等各因素对业绩下滑的具体影响。

(10)根据招股说明书口径,披露主营业务成本构成是否发生重大变动。

(11)业绩下滑是否对本次募投项目造成不利影响,未来是否存在业绩持续下滑的风险,发行人拟采取的应对措施及有效性,相关风险披露是否充分。

(12)应收票据及应收账款逐年增长的原因及合理性,是否与信用政策相匹配,信用政策是否发生变化,是否存在放宽信用期刺激销售的情形,信用政策与同行业可比公司相比是否存在重大差异,如是,进一步说明原因及合理性。

(13)结合下游客户资质及还款能力分析重要应收款是否存在回款风险,相关坏账准备计提是否充分,新增单项计提的应收账款客户基本情况、账龄、计提比例测算过程。

(14)报告期1年以内到期应收账款余额逐年下降的具体原因及合理性,与同行业可比公司是否存在重大差异。

(15)各期应收账款信用期内及逾期款项金额及占比,主要逾期客户情况、应收账款金额及逾期金额、造成逾期的主要原因、是否存在回款风险。

上述问询问题涉及的代表企业有:山石网科通信技术股份有限公司、广东嘉元科技股份有限公司。

(16)量化分析大幅亏损的原因。

(17)面对龙头企业的竞争压力,分析说明公司的应对策略;结合订单变动情况,说明公司产品是否具备持续的竞争力。

(18)结合公司近两年的经营情况和市场竞争格局,说明公司未来的盈利前景。

上述问询问题涉及的代表企业有:优刻得科技股份有限公司。

(六)关于前募项目

(1)该项目预计效益的具体情况及效益实现的预计时点;

(2)该项目达到预定可使用状态时点的实际效益情况是否达到预计效益测算中该时点对应的标准,并说明原因,是否对本次募投项目实施构成不利影响;

(3)公司是否按照预计进度推进,是否存在变更投向或延期及原因;

(4)测算首发募集资金是否将出现大量闲置、结余及其金额;

(5)请结合日常运营需要、公司资产负债结构与同行业公司的对比情况,说明在持有大额货币资金、闲置募集资金的情况下,18 个月内再次融资的合理性和必要性,是否符合《科创板上市审核问答》第 1 问的要求;

(6)说明首发募投项目实际投资金额与承诺投资金额存在差异的原因及合理性;

(7)本次募投项目相较于首发募投项目以及公司现有业务,在运营模式、盈利模式或服务模式及其他方面的区别和联系;

(8)在首发募投项目仍在建设的情况下,发行人是否具备实施本次募投项目相关的技术、人员、市场基础,本次募投项目实施是否存在重大不确定性,本次募投项目的决策是否谨慎、合理。

上述问询问题涉及的代表企业有:北京神州细胞生物技术集团股份公司、山石网科通信技术股份有限公司、杭州安恒信息技术股份有限公司、天合光能股份有限公司、湖南金博碳素股份有限公司、航天宏图信息技术股份有限公司、优刻得科技股份有限公司、华润微电子有限公司、广东嘉元科技股份有限公司。

(七)关于财务性投资

(1)报告期至今,公司实施或拟实施的财务性投资及类金融业务的具体情况、持有原因及未来计划。

(2)最近一期末是否持有金额较大、期限较长的财务性投资;本次董事会前 6 个月内发行人新投入和拟投入的财务性投资金额,相关财务性投资是否已从本次募集资金总额中扣除。

上述问询问题涉及的代表企业有:北京神州细胞生物技术集团股份公司、上海硅产业集团股份有限公司、湖南金博碳素股份有限公司。

(3)列表说明股权投资的基本情况,包括但不限于被公司名称、主营业务、投资时点、持股比例、投资金额及占最近一期末总资产比例、相关审议决策程序和信息披露义务的履行情况等,说明相关投资是否符合发行人主营业务及战略发展方向,发行人是否有能力通过该投资有效协同行业上下游资源以达到战略整合或拓展主业的目的。

(4)上述投资是否属于财务性投资,如否,说明未认定为财务性投资的原因。

上述问询问题涉及的代表企业有:杭州安恒信息技术股份有限公司。

(5)结合相关投资情况分析公司是否满足最近一期不存在金额较大财务性投资的要求。

(6)自本次发行相关董事会决议日前6个月起至本次发行前,公司实施或拟实施的财务性投资(包括类金融投资)的具体情况;相关财务性投资金额是否已从本次募集资金总额中扣除。

(7)公司持有的理财产品的具体品种、金额、收益率及持有时间。

上述问询问题涉及的代表企业有:交控科技股份有限公司、航天宏图信息技术股份有限公司、华润微电子有限公司、广东嘉元科技股份有限公司。

(8)与其他公司共同出资新设一家合资公司合作事项的进展情况;现金出资的资金来源、出资是否到位。

(9)本次补流资金是否计划用于该合作事项,如有,具体分析计划投入的金额及具体使用安排。

(10)与某公司共同出资设立合资公司的行为是否构成财务性投资。

(11)报告期至今,公司实施或拟实施的财务性投资及类金融业务的具体情况;最近一期末是否持有金额较大、期限较长的财务性投资;本次董事会前6个月内发行人新投入和拟投入的财务性投资金额。

(12)结合前述情况,分析相关财务性投资是否已从本次募集资金总额中扣除。

上述问询问题涉及的代表企业有:张家港广大特材股份有限公司。

(八)关于商业纠纷

(1)发行人相关商业纠纷的最新进展以及该纠纷是否会对发行人商业化安排构成重大不利影响。

上述问询问题涉及的代表企业有:北京神州细胞生物技术集团股份有限公司。

(2)诉讼最新进展,是否存在新诉讼。

上述问询问题涉及的代表企业有:天合光能股份有限公司。

(九)关于研发支出资本化

(1)本次募投项目研发费用资本化的判断条件、时点及依据,项目整体资本化比例是否合理,是否与发行人现有业务和同行业可比上市公司同类业务存在差异,如是,进一步说明存在相关差异的原因及合理性;

(2)结合募集资金中非资本性支出金额情况,计算补流的总金额及其占本次拟募集资金总额的比例是否超过30%;

(3)认为本次募投项目中已形成的研发成果确定具有持续盈利能力,可以带来经济利益的依据；

(4)本次募投项目中的研发支出与前期未能资本化的研发支出是否存在本质差别及具体原因。

上述问询问题涉及的代表企业有：山石网科通信技术股份有限公司。

(十)关于应收账款

报告期内应收账款的信用政策及变动，对比同行业应收账款政策及变化，分析公司应收账款持续增长的原因，并根据实际情况就应收账款余额持续增长、可能存在回款和坏账损失风险等事项进行充分风险提示。

上述问询问题涉及的代表企业有：山石网科通信技术股份有限公司。

(十一)关于公司财务状况

(1)结合公司收入结构、主要产品销售单价及销量变化，说明公司收入变化的原因。

(2)公司目前主要产品产能及产能利用率情况，分析产能利用率变化的主要原因。

上述问询问题涉及的代表企业有：上海硅产业集团股份有限公司。

(3)有境外收入的，报告期内发行人境外市场销售收入及占比，涉及的具体产品及地区。

(4)结合境外客户的变动情况等，具体分析报告期内发行人境外收入同比大幅下降的原因。

(5)外销收入的变化，是否说明发行人相关产品的竞争力减弱。

(6)当前国内外贸易环境变化情况，及其对发行人经营能力和财务数据的影响。

上述问询问题涉及的代表企业有：张家港广大特材股份有限公司。

(十二)关于主要客户

(1)客户的主要业务，从发行人采购的主要产品、相关产品的价格，并说明交易的公允性；

(2)客户与发行人建立购销业务的过程、合作历史，是否与公司存在可能导致利益输送的关系。

上述问询问题涉及的代表企业有：杭州安恒信息技术股份有限公司。

（十三）关于控制权稳定

控股股东及实际控制人、第二大股东是否就防止控制权稀释或变更风险采取或拟采取相关措施。

上述问询问题涉及的代表企业有：湖南金博碳素股份有限公司。

（十四）关于存货

（1）存货余额大幅度增加的原因，是否与发行人收入规模相匹配；

（2）报告期内发生商品余额变动的原因，是否与发行人收入规模相匹配；

（3）存货周转率低于同行业可比公司的合理性，存货跌价准备是否足额计提。

上述问询问题涉及的代表企业有：交控科技股份有限公司。

（十五）关于其他事项

（1）在持有大额货币资金及交易性金融资产的情况下，进行短期借款和长期借款的合理性。

（2）结合未受限货币资金、可支配银行票据情况、借款利息支付金额、借款和应付账款到期情况，说明公司是否存在流动性风险，公司目前资金状况是否能够支撑公司的日常运营。

（3）应付账款的账龄情况，说明一年以上应付账款未支付的原因，是否存在纠纷。

（4）在建工程中是否存在长期大额挂账、推迟转固的情形。

上述问询问题涉及的代表企业有：北京神州细胞生物技术集团股份公司。

（5）发行人股东关于同业竞争的承诺事项是否发生变更，是否存在超期未履行承诺或违反承诺的情形。

上述问询问题涉及的代表企业有：山石网科通信技术股份有限公司。

（6）本次募投项目实施后，公司存在关联交易金额增加的风险；说明新增关联交易的原因及必要性，是否属于显失公平的关联交易，本次募投项目的实施是否严重影响上市公司生产经营的独立性。

（7）披露相关重大风险，包括但不限于持续亏损的风险、市场竞争激烈导致产品继续降价的风险、公司毛利率持续下滑的风险。

上述问询问题涉及的代表企业有：上海硅产业集团股份有限公司、湖南金博碳素股份有限公司、优刻得科技股份有限公司。